高等院校“十三五”规划教材

U0894299

# 经济法

(第二版)

主　编　陈　园　翁　怡
副主编　魏　雄　陆　音

南京大学出版社

# 前　言

市场经济就是法制经济，发展社会主义市场经济，健全社会主义法制，需要大批既懂经济又懂法律的管理人才。掌握和运用经济法知识，也是对经济管理人员的基本要求。目前，经济法课程已经成为各高校经济类和管理类专业普遍开设的基础课程之一。本书正是为经管类专业开设经济法课程而编写的教材。

考虑到经济管理类人员的学习特点，本教材理论阐述简洁，尽量避免经济法学界一些尚存争议的问题出现在本教材中。在编写体例上有以下特点：

第一，在内容的选取上不局限于作为部门法的经济法，而是扩大到与经济相关的法。实际上，由于培养目标的不同，工商管理类和经济类专业的学生不可能也没有必要如同法学专业的学生一样，严格按照法律部门的划分标准对经济法、民法、商法、知识产权法、诉讼法等都进行比较系统的学习，他们需要学习和掌握的是能够解决企业经营管理实际问题的相关经济法律法规知识。

本书不拘泥于传统法律部门的划分，按照经济管理类专业人才培养目标的要求，考虑到企业经营管理人员在日常经营管理中有可能遇到的实际问题，尝试从有利于企业经营管理人员实际应用的角度对有关法律问题进行归纳和整理，其内容既包含了传统意义上的经济法、商法课程的部分内容，也包含了民法、知识产权法课程的部分内容。本次再版增加了"合同的担保"和"社会保险"方面的内容。

第二，每章均有学习要点以及案例研究形式的引例，以调动学生的学习兴趣，引导其深入学习；每章后附有练习题，采用单项选择题、多项选择题、简答题和案例分析题四种题型，供学生练习和自测。将经济法律规定与案例结合，突出应用性和操作性。

第三，以最新的法律法规为依据。主要有 2018 年 1 月 1 日起实施的《中华人民共和国反不正当竞争法》、2018 年 12 月 29 日修改的《中华人民共和国劳动法》、2019 年 1 月 1 日起施行的《中华人民共和国个人所得税法》、2017 年 11 月 19 日公布实施的《中华人民共和国增值税暂行条例》等。

本书由南昌航空大学陈园、福建师范大学协和学院翁恰担任主编；南昌航空大学魏雄、陆音担任副主编。本书由陈园拟定编写大纲，负责教材整体框架设计，对全书进行总纂。

在编写过程中，我们参考了国内外公开出版的有关专著和教材；南京大学出版社的编辑对本书的出版提出了宝贵的意见，在此一并鸣谢。

由于时间仓促和水平有限，疏漏之处在所难免。敬请读者批评指正。

**编　者**

**2019 年 6 月**

# 目 录

# 第一章 企业法

## 学习要点

☆ 掌握各类企业的设立及其事务的管理。

☆ 熟悉个人独资企业、合伙企业等各类企业的概念和特征。

☆ 了解企业的概念和特征、企业的分类、企业法的概念。

## 引 例

2012 年,21 岁的大三学生谢华同学得到祖父遗赠 40 万元,经过一番准备,于 2009 年 6 月,投资 30 万元,设立了一家酒吧,聘用同学周某(22 岁)做业务员,并约定超过 5 万元的合同必须经过他同意。由于生意不景气,欠外债 10 万元。2009 年 8 月谢华以酒吧作抵押向银行贷款 10 万元,作为营业资金。周某利用外出采购材料之机,将经手的 8 万元营业款借给某个体户,周某从该个体户处接受好处费 7 000 元。又与张三签订了 10 万元的合同,造成企业亏损 3 万元。周某的行为使得酒吧无力继续经营。谢华决定解散企业,同时谢华要求周某尽快归还出借的资金,但周某不仅不归还资金,反而不辞而别。试问:

1. 王德华聘用业务员周某有无不妥,为什么?
2. 周某的借款合同是否有效?周某是否承担赔偿责任?
3. 周某与张三的合同是否有效?亏损的 3 万元如何处理?
4. 该企业所欠债务如何处理,为什么?

## 第一节 企业法概述

### 一、企业的概念和分类

#### (一) 企业的概念及特征

企业是依法成立并具有一定组织形式及法律地位的以营利为目的的从事商品生产及服务的独立核算的经济组织。

企业有如下几个特征:

1. 企业是社会经济组织。企业是一种社会组织,它须由多人组成,是一个群体,且必须有自己的组织机构及活动规则。企业是一种社会经济组织,必须从事经济活动;企业作为社会经济组织，还必须是一定的人员和一定的物的结合。

2. 企业是以营利为目的从事生产经营活动的社会经济组织。企业必须是从事生产经营活动的社会组织，所谓生产经营活动是指创造社会财富的活动，包括生产、交易、服务等经营活动。企业是以营利为目的的，企业从事生产经营活动是为了赚取利润。

3. 企业是实行独立核算的社会经济组织。实行独立核算即要单独计算成本费用，以收抵支，计算盈亏，对经济业务做出全面反映和控制。不实行独立核算的社会经济组织不能称为企业。

4. 企业是依法设立的具有一定法律地位的经济组织。所谓依法设立，不仅指企业的成立必须符合法律规定的设立条件，而且指企业必须按照法定程序成立。

### （二）企业的分类

依据不同的分类标准，可将企业分为不同类型。

1. 按企业投资人的出资方式和责任形式，可将企业分为个人独资企业、合伙企业和公司企业。这一标准是企业形态划分的主要标准，有助于明确投资人的出资方式和责任形式，是世界上大多数国家所采用的分类标准。

2. 按企业的经济性质，可将企业分为全民所有制企业、集体所有制企业、私营企业、混合所有制企业。采用这种划分方法除了可明确企业财产所有权的归属外，还方便国家对不同经济性质的企业采用不同的经济政策和监管办法。

3. 按企业所属行业，可将企业划分为工业企业、农业企业、商业企业、矿业企业、各种服务性企业等。这种划分有利于经济统计、为国家经济布局提供相应数据。

4. 按出资者的不同，可将企业分为独资企业、合资企业、公司企业、内资企业、外资企业、中外合资企业、中外合作企业等。其划分的目的是配合国家统计和宏观决策的需要。

5. 按企业的法律地位，可将企业划分为法人企业和非法人企业。这样划分能明确反映出企业的法律地位及责任能力，有利于国家管理，也有利于企业间的经济交往活动。

## 二、企业法的概念和法律渊源

### （一）企业法的概念和特征

企业法是规范和调整企业设立、存续和终止过程中各种法律关系的法律规范的总称，它是企业设立、变更、生产经营及终止的行为规范，也是国家对企业进行管理调控的法律依据。

企业法有如下几个特征：

1. 企业法是规范企业法律地位及其内外部组织关系的组织法。企业法规定和调整企业的设立、变更、终止，企业的法律地位，企业的资本，出资者相互之间及与企业的关系，企业内部组织机构，企业与其他企业之间的控制与被控制关系等。

2. 企业法是规范企业本身的组织和运作的行为法。如企业的兼并或改组、股份和债券的发行和转让、盈余的分配等。但这些行为应以企业本身的组织和运作为出发点，超过企业组织范畴的行为，如买卖、租赁、信贷、运输、承揽等，不属企业法调整。

3. 企业法主要是强制性规范，兼具任意性规范。企业是最基本的市场主体和最主要的经济力量，为了维护社会经济秩序，企业法更多地体现了国家的意志和干预。但企业法也有一定的任意性规划，以体现出资人和企业的意愿。

4. 企业法是具有一定国际性的国内法。从本质上讲，企业法是国内法，但由于目前世界各国经济联系日益密切以及市场经济对市场主体带有普遍的规律性要求，企业法在适应本国实际的同时要借鉴和吸收国际通行的企业制度，体现企业组织活动准则的国际共性。

### （二）法律渊源

法律渊源是指法律规范存在的具体形式。在我国，企业法的主要渊源包括：

1. 宪法

宪法是国家的根本大法，它由全国人民代表大会制定，具有最高的法律效力，任何法律规范不得与之相抵触。宪法中有关企业的基本类型和管理制度的规定，是企业立法的基本原则和指导思想，也是我国企业法的渊源。

2. 法律

法律是指由全国人民代表大会及其常委会制定的法律规范。前者称为基本法律，后者称为一般法律，但二者效力没有区别。调整企业法律关系的主要法律有：《民法通则》第三章第二节"企业法人"、《全民所有制工业企业法》《公司法》《合伙企业法》《个人独资企业法》《中外合资企业法》《中外合作企业法》《外资企业法》等。

3. 行政法规

行政法规是以宪法和法律为依据，由国务院制定的具有法律效力的规范性文件。如《全民所有制工业企业转换经营机制条例》、《城镇集体所有制企业条例》等。

4. 部门规章

是指国务院各部委根据法律发布的命令、指示和规章。部门规章对企业具有效力。

5. 地方性法规和规章

地方性法规是指省、自治区、直辖市人民代表大会及其常委会和经全国人大授权享有地方立法权的经济特区的人民代表大会及其常委会制定的，在该辖区内具有法律效力的法规。地方规章是指省会城市、自治区首府、直辖市的政府和经国务院批准的较大的市的人民政府制定的规范性文件。

6. 国际条约

国际条约能否构成一国的法律渊源，多有争论。比较一致的观点是国际条约被纳入国内法，并规定可以直接援引适用，就可成为一国的法律渊源。

7. 国际惯例

国际惯例一旦纳入国际条约或一国制定法的体系，就可成为直接法律渊源。

# 第二节　个人独资企业法

## 一、个人独资企业的概念及特征

个人独资企业是指依照《个人独资企业法》在中国境内设立，由一个自然人投资，财产为投资人所有，投资人以其个人财产对企业债务承担无限责任的经营实体。

个人独资企业具有以下法律特征：

1. 个人独资企业是由一个自然人投资设立的。个人独资企业的投资人是一个具有中国国籍的自然人，国家机关、国家授权投资的机构或者国家授权的部门、企业、事业单位等都不能作为个人独资企业的投资人。

2. 个人独资企业的财产为投资人个人所有，即投资人对个人独资企业的财产依法享有所有权。个人独资企业的全部资产，包括以独资企业名义所获得的利润归投资者个人所有。

3. 投资人以其个人财产对企业的债务承担无限责任。这实际上将企业责任与投资人的责任连为一体，所以《个人独资企业法》对个人独资企业的资本没有做出任何强制性的规定。

4. 个人独资企业不具有法人资格。但它是独立的民事主体，可以以自己的名义从事民事活动。在经营管理上，投资人享有决定企业一切事项、管理企业事务的权力。

## 二、个人独资企业法的概念

个人独资企业法是指调整在国家协调经济运行过程中发生的关于个人独资企业的各种经济关系的法律规范总称。

个人独资企业在中国数量众多，而且符合社会主义市场经济发展的需要。为了规范个人独资企业行为，保护个人独资企业投资人和债权人的合法权益，维护社会经济秩序，促进社会主义市场经济的发展，第九届全国人大常委会第十一次会议于1999年8月30日通过了《中华人民共和国个人独资企业法》(以下简称《个人独资企业法》)，自2000年1月1日起施行。《个人独资企业法》是从中国实际出发，同时又借鉴国外通行做法而制定的，对于促进个人独资企业规范经营、健康发展，吸纳社会劳动力，创造社会财富，具有重要意义。

## 三、个人独资企业的设立

### (一) 个人独资企业的设立条件

设立个人独资企业应当具备下列条件：

1. 投资人为一个自然人。法律、行政法规禁止从事营利性活动的人(如政府公务员)，不得作为投资人申请设立个人独资企业。

2. 有合法的企业名称。个人独资企业的名称应当与其责任形式及经营范围相符合。应当注意的是，个人独资企业不得使用“有限”“有限责任”或者“公司”字样。

3. 有投资人申报的出资。与公司企业不同，投资人无须提交验资报告或者权属证明文件，登记机关对投资人申报的出资权属、出资数额或是否交付等情况不予审查，由投资人对其申报的出资情况承担法律责任。投资人在申请企业设立登记时明确以其家庭共有财产作为个人出资的，应当依法以家庭共有财产对企业债务承担无限责任。

4. 有固定的生产经营场所和必要的生产经营条件。

5. 有必要的从业人员。关于从业人员的人数，法律并没有做具体规定，由企业视经营情况而定。

### (二) 个人独资企业的设立程序

个人独资企业的设立包括下列程序：

(1) 投资人申请。申请设立个人独资企业，应当由投资人或者其委托的代理人向个人独资企业所在地的登记机关提交设立申请书、投资人身份证明、生产经营场所使用证明等文件。委托代理人申请设立登记时，应当出具投资人的委托书和代理人的合法证明。个人独资企业不得从事法律、行政法规所禁止经营的业务。从事法律、行政法规规定须报经有关部门审批的业务，应当在申请设立登记时提交有关部门的批准文件。

(2) 工商登记。工商行政管理登记机关应当在收到设立申请文件之日起15日内，对符合《个人独资企业法》规定条件的，予以登记，发给营业执照。个人独资企业的营业执照的签发为个人独资企业成立日期。

个人独资企业设立分支机构，应由投资人或其代理人向分支机构所在地登记机关申请登记，领取营业执照。分支机构的民事责任由设立该分支机构的个人独资企业承担。

## 四、个人独资企业的经营管理

个人独资企业投资人可以自行管理企业事务，也可以委托或者聘用其他具有民事行为能力的人负责企业的事务管理。

投资人委托或者聘用他人管理个人独资企业事务，应当与受托人或者被聘用的人签订书面合同，明确委托的具体内容和授予的权利范围。受托人或者被聘用的人员应当履行诚信、勤勉义务，按照与投资人签订的合同负责个人独资企业的事务管理，不得有下列行为：① 利用职务上的便利，索取或者收受贿赂；② 利用职务或者工作上的便利侵占企业财产；③ 挪用企业的资金归个人使用或者借贷给他人；④ 擅自将企业资金以个人名义或者以他人名义开立账户储存；⑤ 擅自以企业财产提供担保；⑥ 未经投资人同意，从事与本企业相竞争的业务；⑦ 未经投资人同意，同本企业订立合同或者进行交易；⑧ 未经投资人同意，擅自将企业商标或者其他知识产权转让给他人使用；⑨ 泄露本企业的商业秘密；⑩ 法律、行政法规禁止的其他行为。

需要特别指出的是，投资人对受托人或者被聘用的人员职权的限制，不得对抗善意第三人。

## 五、个人独资企业的权力和义务

### （一）个人独资企业的权力

国家依法保护个人独资企业的财产和其他合法权益。个人独资企业依法享有经营自主权，可以依法申请贷款、取得土地使用权，并享有法律、行政法规规定的其他权利。任何单位和个人不得违反法律、行政法规的规定，以任何方式强制个人独资企业提供财力、物力、人力；对于违法强制提供财力、物力、人力的行为，个人独资企业有权拒绝。

### （二）个人独资企业的义务

1. 个人独资企业从事经营活动必须遵守法律、行政法规，遵守诚实信用原则，不得损害社会公共利益。

2. 个人独资企业应当依法履行纳税义务。个人独资企业按《个人所得税法》征收个人所得税。

3. 个人独资企业应当依法设置会计账簿，进行会计核算。个人独资企业的财务会计管理应当与专门的财务会计法律法规规定相衔接。

4. 个人独资企业应当保障职工权益。个人独资企业招用职工的，应当依法与职工签订劳动合同，保障职工的劳动安全，按时、足额发放职工工资。个人独资企业应当按照国家规定参加社会保险，为职工缴纳社会保险费。

## 六、个人独资企业的解散和清算

### （一）个人独资企业的解散

个人独资企业出现下列情形之一时，应当解散：(1) 投资人决定解散；(2) 投资人死亡或者被宣告死亡，无继承人或者继承人决定放弃继承；(3) 被依法吊销营业执照；(4) 法律、行政法规规定的其他情形。

**(二) 个人独资企业的清算**

个人独资企业解散，由投资人自行清算或者由债权人申请人民法院指定清算人进行清算。投资人自行清算的，应当在清算前 15 日内书面通知债权人，无法通知的，应当予以公告。债权人应当在接到通知之日起 60 日内，向投资人申报其债权。

清算期间，个人独资企业不得开展与清算目的无关的经营活动。清偿债务前，投资人不得转移、隐匿财产。

个人独资企业解散的，财产应当按照下列顺序清偿：(1) 所欠职工工资和社会保险费用；(2) 所欠税款；(3) 其他债务。

个人独资企业财产不足以清偿债务的，投资人应当以其个人的其他财产予以清偿。个人独资企业解散后，原投资人对个人独资企业存续期间的债务仍应承担偿还责任，但债权人在 5 年内未向债务人提出偿债请求的，该责任消灭。

个人独资企业清算结束后，投资人或者人民法院指定的清算人应当编制清算报告，并于 15 日内向登记机关办理注销登记。

## 第三节　合伙企业法

### 一、合伙企业的概念与类型

**(一) 合伙企业的概念与特征**

合伙企业是指自然人、法人和其他组织依照《合伙企业法》在中国境内设立的普通合伙企业和有限合伙企业。

合伙企业具有以下法律特征：

1. 由两个以上的投资人共同投资兴办的。合伙企业的投资人可以为自然人，也可以为法人和其他组织，但是必须为两人或者两人以上；有限合伙企业由 2 人以上 50 人以下合伙人设立。须注意的是，国有独资公司、国有企业、上市公司以及公益性的事业单位、社会团体不得成为普通合伙人。

2. 合伙协议是合伙企业成立的基础。全体合伙人协商一致，以书面协议确定各方出资、利润分配和亏损分担，合伙人按照合伙协议享有权利，履行义务。

3. 合伙企业确定有区别的责任制度。普通合伙人对合伙企业债务承担无限连带责任；有限合伙人对合伙企业债务承担有限责任。

4. 合伙企业属人合型企业。合伙企业的设立是基于合伙人之间的相互信赖，在合伙企业中普通合伙人共同参与企业的经营管理，合伙人对于执行合伙事务享有同等的权利；但有限合伙企业的有限合伙人不执行合伙事务，不对外代表合伙企业。合伙企业吸收新的合伙人必须经全体合伙人一致同意。

**(二) 合伙企业的类型**

1. 普通合伙企业

普通合伙企业是指由普通合伙人组成，合伙人对合伙企业债务承担无限连带责任的企业。

2. 特殊的普通合伙企业

特殊的普通合伙企业是指以专业知识和专门技能为客户提供有偿服务的专业服务机构，也称有限责任合伙。比如律师事务所、审计师事务所、诊所等。

3. 有限合伙企业

有限合伙企业是指由普通合伙人和有限合伙人组成，普通合伙人对合伙企业债务承担无限连带责任，有限合伙人以其认缴的出资额为限对合伙企业债务承担责任的企业。

## 二、合伙企业法的概念

合伙企业法是指调整合伙企业在设立、经营、变更、终止形成过程中的各种社会关系的法律规范总称。狭义的合伙企业法是指在1997年2月23日由第八届全国人大常委会第二十四次会议通过的，自1997年8月1日起实施的《中华人民共和国合伙企业法》(以下简称《合伙企业法》)。该法于2006年8月27日经第十届全国人民代表大会常务委员会第二十三次会议修订，并于2007年6月1日起施行。广义的合伙企业法是指国家立法机关及其他有权机关依法制定的、调整合伙企业的各种法律规范总称。

## 三、普通合伙企业

### (一) 普通合伙企业的设立

1. 普通合伙企业的设立条件

设立普通合伙企业，须具备以下条件：

(1) 有两个以上合伙人，并且都是依法承担无限责任者。合伙人应当是具有完全民事行为能力的人，法律、行政法规禁止从事营利性活动的人，不得成为合伙企业的合伙人。

(2) 有书面合伙协议。合伙协议是各合伙人通过协商达成的确定相互间的权利义务的具有法律约束力的协议。合伙协议应当载明下列事项：合伙企业的名称和主要经营场所的地点；合伙目的和合伙企业的经营范围；合伙人的姓名及其住所；合伙人出资的方式、数额和缴付出资的期限；利润分配和亏损分担办法；合伙企业事务的执行；入伙与退伙；争议解决的办法；合伙企业的解散与清算；违约责任。

合伙协议经全体合伙人签名、盖章后生效。合伙人依照合伙协议享有权利，承担责任，经全体合伙人协商一致，可以修改或者补充合伙协议。

(3) 有各合伙人认缴或者实际缴付的出资。合伙人可以用货币、实物、土地使用权、知识产权或者其他财产权利出资，也可以用劳务出资。对货币以外的出资需要评估作价的，可以由全体合伙人协商确定，也可以由全体合伙人委托法定评估机构进行评估；以劳务出资的，其评估办法由全体合伙人协商确定。合伙人应当按照合伙协议约定的出资方式、数额和缴付出资的期限，履行出资义务。各合伙人实际缴付的出资，为对合伙企业的出资。

(4) 有合伙企业的名称和生产经营场所。合伙企业在其名称中应标明“普通合伙”字样，并不得出现“有限”或者“有限责任”字样。

(5) 法律、行政法规规定的其他条件。

2. 普通合伙企业的设立程序

申请设立合伙企业，应当向企业登记机关提交登记申请书、合伙协议书、合伙人身份证明等文件。合伙企业的经营范围中有属于法律、行政法规规定在登记前须经批准的项目的，该项经营业务应当依法经过批准，并在登记时提交批准文件。

申请人提交的登记申请材料齐全、符合法定形式，企业登记机关能够当场登记的，应予当场登记，发给营业执照。否则，企业登记机关应当自受理申请之日起二十日内，做出是否登记的决定。予以登记的，发给营业执照；不予登记的，应当给予书面答复，并说明理由。

合伙企业的营业执照签发日期，为合伙企业成立日期。合伙企业领取营业执照前，合伙人不得以合伙企业名义从事合伙业务。

合伙企业设立分支机构，应当向分支机构所在地的企业登记机关申请登记，领取营业执照。

**（二）普通合伙企业的财产**

1. 合伙企业财产的范围

合伙人的出资、以合伙企业名义取得的收益和依法取得的其他财产，均为合伙企业的财产。

2. 合伙企业财产的性质

合伙企业的财产由全体合伙人共同管理和使用。合伙企业的合伙财产，具有共有财产的性质，即由全体合伙人共同共有。对合伙财产的占有、使用、收益和处分，均应当依据全体合伙人的共同意志进行。合伙人在合伙企业清算前，不得请求分割合伙企业的财产；但合伙企业法另有规定的除外。合伙人在合伙企业清算前私自转移或者处分合伙企业财产的，合伙企业不得以此对抗善意第三人。

3. 合伙企业财产的转让

合伙人向合伙人以外的人转让其在合伙企业中的全部或者部分财产份额时，须经其他合伙人一致同意，合伙协议另有约定的除外；合伙人之间转让在合伙企业中的全部或者部分财产份额时，应当通知其他合伙人。合伙人向合伙人以外的人转让其在合伙企业中的财产份额的，在同等条件下，其他合伙人有优先购买权，但是，合伙协议另有约定的除外。

合伙人以外的人依法受让合伙人在合伙企业中的财产份额的，经修改合伙协议即成为合伙企业的合伙人，依照《合伙企业法》和修改后的合伙协议享有权利，履行义务。

4. 合伙企业财产的质押

合伙人以其在合伙企业中的财产份额出质的，须经其他合伙人一致同意；未经其他合伙人一致同意，其行为无效，由此给善意第三人造成损失的，由行为人依法承担赔偿责任。

**（三）普通合伙企业的合伙事务执行**

1. 合伙企业事务的执行方式

合伙人对执行合伙企业事务享有同等的权利。可以采取下列两种方式执行合伙企业事务：其一，由全体合伙人共同执行；其二，由合伙协议约定或者全体合伙人决定，委托一个或者数个合伙人对外代表合伙企业，执行合伙事务。作为合伙人的法人、其他组织执行合伙事务的，由其委派的代表执行。

合伙人分别执行合伙事务的，执行事务合伙人可以对其他合伙人执行的事务提出异议。提出异议时，应当暂停该项事务的执行。如果发生争议的，依照合伙企业法规定的表决原则做出决定。

委托一个或者数个合伙人执行合伙事务的，其他合伙人不再执行合伙事务。不执行合伙事务的合伙人有权监督执行事务合伙人执行合伙事务的情况。执行事务合伙人应当定期向其他合伙人报告事务执行情况以及合伙企业的经营和财务状况，其执行合伙事务所产生的收益归合伙企业，所产生的费用和亏损由合伙企业承担。受委托执行合伙事务的合伙人不按照合伙协议或者全体合伙人的决定执行事务的，其他合伙人可以决定撤销该委托。

合伙企业对合伙人执行合伙企业事务以及对外代表合伙企业权利的限制，不得对抗善意第三人。这一限制属于内部限制，只有在第三人对此知情的情况下，才能对其生效。例如，合伙企业不得以合伙事务执行人超越授权范围与不知内情的第三人签订合同为由，主张该合同无效。

合伙企业可以聘任合伙人以外的人担任合伙企业的经营管理人员。被聘任的合伙企业的经营管理人员应当在合伙企业授权范围内履行职务。被聘任的合伙企业的经营管理人员，超越合伙企业授权范围履行职务，或者在履行职务过程中因故意或者重大过失给合伙企业造成损失的，依法承担赔偿责任。

2. 合伙人决议的原则

合伙人对合伙企业有关事项做出决议，按照合伙协议约定的表决办法办理。合伙协议未约定或者约定不明确的，实行合伙人一人一票并经全体合伙人过半数通过的表决办法。除合伙协议另有约定外，合伙企业的下列事项应当经全体合伙人一致同意：(1) 改变合伙企业的名称；(2) 改变合伙企业的经营范围、主要经营场所的地点；(3) 处分合伙企业的不动产；(4) 转让或者处分合伙企业的知识产权和其他财产权利；(5) 以合伙企业名义为他人提供担保；(6) 聘任合伙人以外的人担任合伙企业的经营管理人员。

3. 合伙企业的利润分配与亏损分担

合伙企业的利润分配、亏损分担，按照合伙协议的约定办理；合伙协议未约定或者约定不明确的，由合伙人协商决定；协商不成的，由合伙人按照实缴出资比例分配、分担；无法确定出资比例的，由合伙人平均分配、分担。合伙协议不得约定将全部利润分配给部分合伙人或者由部分合伙人承担全部亏损。

4. 合伙人对合伙企业的义务

合伙人不得自营或者同他人合作经营与本合伙企业相竞争的业务。除合伙协议另有约定或者经全体合伙人一致同意外，合伙人不得同本合伙企业进行交易。合伙人不得从事损害本合伙企业利益的活动。

### (四) 普通合伙企业的债务清偿

1. 合伙企业的债务清偿

合伙企业债务，应先以其全部财产进行清偿。合伙企业财产不足以清偿到期债务的，各合伙人承担无限连带责任。合伙企业的债权人不应当越过合伙企业而直接要求以合伙人的财产进行清偿。各合伙人按亏损分担原则以其在合伙企业出资以外的财产承担清偿责任。合伙人之间的债务分担比例对债权人没有约束力。债权人可根据自己的利益，请求全体合伙人中的一人或数人承担全部清偿责任，也可以按照自己确定的比例向各合伙人分别求偿。如果合伙人实际支付的清偿数额超过了其依照既定比例所应承担的数额，该合伙人有权就该超过部分，向其他未支付或者未足额支付应承担数额的合伙人追偿。

2. 合伙人个人债务的清偿

合伙人发生与合伙企业无关的债务，相关债权人不得以其债权抵销其对合伙企业的债务；也不得代位行使合伙人在合伙企业中的权利。合伙人的自有财产不足清偿其与合伙企业无关的债务的，该合伙人可以以其从合伙企业中分取的收益用于清偿；债权人也可以依法请求人民法院强制执行该合伙人在合伙企业中的财产份额用于清偿。

### （五）入伙与退伙

1. 入伙

入伙，是指在合伙企业存续期间，合伙人以外的第三人加入合伙企业，从而取得合伙人资格的行为。新合伙人入伙，除合伙协议另有约定外，应当经全体合伙人一致同意，并依法订立书面入伙协议。订立入伙协议时，原合伙人应当向新合伙人如实告知原合伙企业经营状况和财务状况。入伙的新合伙人与原合伙人享有同等权利，承担同等责任，但入伙协议另有约定的，从其约定。新合伙人对入伙前合伙企业的债务承担无限连带责任。

2. 退伙

退伙是指合伙人退出合伙企业，从而丧失合伙人资格的行为。合伙人退伙，一般有两种原因：一是自愿退伙，二是法定退伙。

自愿退伙，是指合伙人基于自愿的意思表示而退伙。自愿退伙可分为协议退伙和通知退伙两种情况。

（1）协议退伙。合伙协议约定合伙期限的，在合伙企业存续期间，有下列情形之一的，合伙人可以退伙：合伙协议约定的退伙事由出现；经全体合伙人一致同意；发生合伙人难以继续参加合伙的事由；其他合伙人严重违反合伙协议约定的义务。

（2）通知退伙。合伙协议未约定合伙期限的，合伙人在不给合伙企业事务执行造成不利影响的情况下，可以退伙，但应当提前30日通知其他合伙人。合伙人违反协议退伙和通知退伙规定而退伙的，应当赔偿由此给合伙企业造成的损失。

法定退伙，是指合伙人因出现法律规定的事由而退伙。法定退伙分为两种：一是当然退伙，二是除名。

（1）当然退伙。合伙人当然退伙的情形有：作为合伙人的自然人死亡或者被依法宣告死亡；个人丧失偿债能力；作为合伙人的法人或者其他组织依法被吊销营业执照、责令关闭、撤销，或者被宣告破产；法律规定或者合伙协议约定合伙人必须具有相关资格而丧失该资格；合伙人在合伙企业中的全部财产份额被人民法院强制执行。

普通合伙人被依法认定为无民事行为能力人或者限制行为能力人的，经其他合伙人一致同意，可以依法转为有限合伙人，普通合伙企业依法转为有限合伙企业。其他合伙人未能一致同意的，该无民事行为能力或者限制民事行为能力的合伙人退伙。合伙人当然退伙的情形以实际发生之日为退伙生效日。当然退伙事由基于法定而存在，合伙人不能在合伙协议中做出与之相反的约定。

（2）除名。合伙人有下列情形之一的，经其他合伙人一致同意，可以决议将其除名：未履行出资义务；因故意或者重大过失给合伙企业造成损失；执行合伙事务时有不正当行为；发生合伙协议约定的事由。对合伙人的除名决议应当书面通知被除名人。被除名人接到除名通知之日，除名生效，被除名人退伙。被除名人对除名决议有异议的，可以自接到除名通知之日起30日内，向人民法院起诉。

3. 退伙后的财产处理

合伙人退伙的，其他合伙人应当与该退伙人按照退伙时的合伙企业的财产状况进行结算，退还退伙人的财产份额。退伙人对合伙企业造成的损失负有赔偿责任的，相应扣减其应当赔偿的数额。退伙时有未了结的合伙企业事务的,待该事务了结后进行结算。

退伙人在合伙企业中财产份额的退还办法,由合伙协议约定或者由全体合伙人决定,可退还货币,也可以退还实物。

退伙人对基于其退伙前的原因发生的合伙企业债务,承担无限连带责任。合伙人退伙时,合伙企业财产少于合伙企业债务的,退伙人应当依法分担亏损。

4. 合伙人财产份额的继承

合伙人死亡或者被依法宣告死亡的,对该合伙人在合伙企业中的财产份额享有合法继承权的继承人,依照合伙协议的约定或者经全体合伙人同意,从继承开始之日起,即取得该合伙企业的合伙人资格。

有下列情形之一的,合伙企业应当向合伙人的继承人退还被继承合伙人的财产份额:(1) 继承人不愿意作合伙人;(2) 法律规定或者合伙协议约定合伙人必须具有相关资格,而该继承人未取得该资格;(3) 合伙协议约定不能成为合伙人的其他情形。

合伙人的继承人为无民事行为能力人或者限制民事行为能力人的,经全体合伙人一致同意,可以依法成为有限合伙人,普通合伙企业依法转为有限合伙企业。全体合伙人未能一致同意的,合伙企业应当将被继承合伙人的财产份额退还该继承人。

**(六) 特殊的普通合伙企业**

1. 特殊的普通合伙企业的设立

《合伙企业法》第 55 条规定:“以专业知识和专门技能为客户提供有偿服务的专业服务机构,可以设立为特殊的普通合伙企业。”特殊的普通合伙企业名称中应当标明“特殊普通合伙”字样。特殊的普通合伙企业应当建立执业风险基金、办理职业保险,执业风险基金用于偿付合伙人执业活动造成的债务。执业风险基金应当单独立户管理。

2. 特殊的普通合伙企业的责任承担

《合伙企业法》规定:一个合伙人或者数个合伙人在执业活动中因故意或者重大过失造成合伙企业债务的,应当承担无限责任或者无限连带责任,其他合伙人以其在合伙企业中的财产份额为限承担责任。若合伙人在执业活动中非因故意或者重大过失造成的合伙企业债务以及合伙企业的其他债务,由全体合伙人承担无限连带责任。合伙人执业活动中因故意或者重大过失造成的合伙企业债务,在以合伙企业财产对外承担责任后,该合伙人应当按照合伙协议的约定对给合伙企业造成的损失承担赔偿责任。

## 四、有限合伙企业

有限合伙企业是普通合伙企业的特例,除法律对有限合伙企业的有特别规定外,适合普通合伙企业的规定。

**(一) 有限合伙企业的设立**

有限合伙企业由二个以上五十个以下合伙人设立;但是,法律另有规定的除外。有限合伙企业至少应当有一个普通合伙人。有限合伙企业名称中应当标明“有限合伙”字样。

有限合伙企业成立的基础是合伙协议,合伙协议应当特别载明下列事项:(1) 普通合伙人和有限合伙人的姓名或者名称、住所;(2) 执行事务合伙人应具备的条件和选择程序;(3) 执行事务合伙人权限与违约处理办法;(4) 执行事务合伙人的除名条件和更换程序;(5) 有限合伙人入伙、退伙的条件、程序以及相关责任;(6) 有限合伙人和普通合伙人相互转变程序。

**(二) 有限合伙企业的出资**

有限合伙人可以用货币、实物、知识产权、土地使用权或者其他财产权利作价出资,但有限合伙人不得以劳务出资。有限合伙人应当按照合伙协议的约定按期足额缴纳出资;未按期足额缴纳的,应当承担补缴义务,并对其他合伙人承担违约责任。有限合伙企业登记事项中应当载明有限合伙人的姓名或者名称及认缴的出资数额。

**(三) 有限合伙企业的合伙事务事务执行**

有限合伙企业由普通合伙人执行合伙事务。执行事务合伙人可以要求在合伙协议中确定执行事务的报酬及报酬提取方式。

有限合伙人不执行合伙事务,不得对外代表有限合伙企业。有限合伙人的下列行为,不视为执行合伙事务:(1) 参与决定普通合伙人入伙、退伙;(2) 对企业的经营管理提出建议;(3) 参与选择承办有限合伙企业审计业务的会计师事务所;(4) 获取经审计的有限合伙企业财务会计报告;(5) 对涉及自身利益的情况,查阅有限合伙企业财务会计账簿等财务资料;(6) 在有限合伙企业中的利益受到侵害时,向有责任的合伙人主张权利或者提起诉讼;(7) 执行事务合伙人怠于行使权利时,督促其行使权利或者为了本企业的利益以自己的名义提起诉讼;(8) 依法为本企业提供担保。

如果第三人有理由相信有限合伙人为普通合伙人并与其交易的,该有限合伙人对该笔交易承担与普通合伙人同样的责任。有限合伙人未经授权以有限合伙企业名义与他人进行交易,给有限合伙企业或者其他合伙人造成损失的,该有限合伙人应当承担赔偿责任。

**(四) 有限合伙人的权利**

在合伙协议没有约定的情况下,有限合伙企业的有限合伙人享有下列权利:有限合伙人可以同本有限合伙企业进行交易;可以自营或者同他人合作经营与本有限合伙企业相竞争的业务;可以将其在有限合伙企业中的财产份额出质;还可以按照合伙协议的约定向合伙人以外的人转让其在有限合伙企业中的财产份额,但应当提前三十日通知其他合伙人。

有限合伙人的自有财产不足清偿其与合伙企业无关的债务的,该合伙人可以以其从有限合伙企业中分取的收益用于清偿。

**(五) 有限合伙人的入伙与退伙**

1. 入伙

新入伙的有限合伙人对入伙前有限合伙企业的债务,以其认缴的出资额为限承担责任。

2. 退伙

与普通合伙人的退伙不同,有限合伙人的下列情形不视为退伙:(1) 作为有限合伙人的自然人在有限合伙企业存续期间丧失民事行为能力的,其他合伙人不得因此要求其退伙。(2) 作为有限合伙人的自然人死亡、被依法宣告死亡或者作为有限合伙人的法人及其他组织终止时,其继承人或者权利承受人可以依法取得该有限合伙人在有限合伙企业中的资格。(3) 有限合伙人退伙后,对基于其退伙前的原因发生的有限合伙企业债务,以其退伙时从有限合伙企业中取回的财产承担责任。

**(六) 有限合伙人与普通合伙人的相互转变**

除合伙协议另有约定外,普通合伙人转变为有限合伙人,或者有限合伙人转变为普通合伙人，应当经全体合伙人一致同意。有限合伙人转变为普通合伙人的，对其作为有限合伙人期间有限合伙企业发生的债务承担无限连带责任。普通合伙人转变为有限合伙人的，对其作为普通合伙人期间合伙企业发生的债务承担无限连带责任。

## 五、合伙企业的解散和清算

1. 合伙企业的解散

合伙企业有下列情形之一的，应当解散：(1) 合伙协议约定的经营期限届满，合伙人不愿继续经营的；(2) 合伙协议约定的解散事由出现；(3) 全体合伙人决定解散；(4) 合伙人已不具备法定人数满三十天；(5) 合伙协议约定的合伙目的已经实现或者无法实现；(6) 依法被吊销营业执照、责令关闭或者被撤销；(7) 法律、行政法规规定的其他原因。

2. 合伙企业的清算

合伙企业解散应当进行清算，并通知和公告债权人。合伙企业解散，清算人由全体合伙人担任；经全体合伙人过半数同意，可以自合伙企业解散事由出现后十五日内指定一个或者数个合伙人，或者委托第三人，担任清算人。如果自合伙企业解散事由出现之日起十五日内未确定清算人的，合伙人或者其他利害关系人可以申请人民法院指定清算人。清算人依照法律规定执行清算事务。

合伙企业财产在支付清算费用后，按下列顺序偿还：(1) 职工工资和社会保险费用；(2) 法定补偿金；(3) 所欠税款；(4) 合伙企业的债务。

合伙企业清算结束，清算人应当编制清算报告，经全体合伙人签名、盖章后，在十五日内向企业登记机关报送清算报告，申请办理合伙企业注销登记。

合伙企业注销后，原普通合伙人对合伙企业存续期间的债务仍应承担无限连带责任。

## 练习题

### 一、单项选择题

1. 个人独资企业的债权人在该企业解散后的法定期限内未向该企业的投资人提出偿债请求的，该投资人的偿债责任消灭。这里的法定期限为(　　)。

A. 1年　　B. 2年　　C. 3年　　D. 5年

2. 个人独资企业的名称中可以出现的字样是(　　)。

A. 公司　　B. 工作室　　C. 有限　　D. 有限责任

3. 个人独资企业分支机构在经营活动中产生的债务由(　　)。

A. 分支机构承担

B. 个人独资企业承担

C. 个人独资企业聘任的经营管理人员承担

D. 个人独资企业投资人和分支机构负责人共同承担

4. 除合伙协议另有约定外，有限合伙人的下列行为，不符合合伙企业法规定的是(　　)。

A. 执行合伙企业事务

B. 同本合伙企业进行交易

C. 将其在合伙企业中的财产份额出质

D. 同他人合作经营与本企业相竞争的业务

5. 下列情形中，不属于个人独资企业应当解散的原因是（　）。

A. 投资人决定解散　　B. 达到了破产界限

C. 被依法吊销营业执照　　D. 投资人死亡且无继承人

6. 下列选项中，属于普通合伙人当然退伙的情形是（　）。

A. 未履行出资义务　　B. 个人丧失偿债能力

C. 合伙协议约定的退伙事由出现　　D. 执行合伙企业事务时有不正当行为

7. 某有限合伙企业在经营期间吸收甲为有限合伙人。关于甲入伙前有限合伙企业的债务，下列表述中，符合《合伙企业法》规定的是（　）。

A. 甲不承担责任　　B. 甲承担无限连带责任

C. 甲以其认缴的出资额为限承担责任　　D. 甲以其实缴的出资额为限承担责任

8. 某普通合伙企业决定解散，经清算人确认：企业欠职工工资和社会保险费用10 000元，欠国家税款8 000元，另外发生清算费用3 000元。下列几种清偿顺序中，符合合伙企业法律制度规定的是（　）。

A. 先支付职工工资和社会保险费用，再缴纳税款，然后支付清算费用

B. 先缴纳税款，再支付职工工资和社会保险费用，然后支付清算费用

C. 先支付清算费用，再缴纳税款，然后支付职工工资和社会保险费用

D. 先支付清算费用，再支付职工工资和社会保险费用，然后缴纳税款

## 二、多项选择题

1. 下列关于个人独资企业特点的表述，正确的有（　）。

A. 个人独资企业的出资人为一个自然人

B. 个人独资企业的出资人为一个自然人或法人

C. 个人独资企业的全部财产为出资人所有

D. 个人独资企业以投资人的全部个人财产对企业债务承担无限责任

E. 个人独资企业以投资人的出资额为限对企业债务承担有限责任

2. 根据合伙企业法律制度的规定，有限合伙人的下列行为中，不视为合伙事务的有（　）。

A. 参与决定普通合伙人入伙

B. 参与对外签订买卖合同

C. 对企业的经营管理提出建议

D. 获取经审计的有限合伙企业财务会计报告

E. 依法为本企业提供担保

3. 根据合伙企业法律制度的规定，下列情形中，经其他合伙人一致同意，可以决议将其除名的是（　）。

A. 普通合伙人甲在执行事务中有贪污合伙企业财产的行为

B. 普通合伙人乙未履行出资义务

C. 普通合伙人丙个人丧失偿债能力

D. 普通合伙人丁参加了另一同类营业的合伙组织

E. 普通合伙人戊丧失合伙协议约定的合伙人资格

4. 甲、乙分别为某有限合伙企业的普通合伙人和有限合伙人。后甲转变为有限合伙

人，乙转变为普通合伙人。下列关于甲、乙合伙人性质转变后的企业债务承担的表述，正确的有（　　）。

A. 甲、乙对企业债务承担责任的形式不变

B. 甲对其作为有限合伙人期间的企业债务承担有限责任

C. 甲对其作为有限合伙人期间的企业债务承担无限连带责任

D. 乙对其作为普通合伙人期间的企业债务承担有限责任

E. 乙对其作为普通合伙人期间的企业债务承担无限连带责任

**三、简答题**

1. 简述企业法的特征。
2. 简述个人独资企业的设立条件。
3. 简述普通合伙企业的设立条件。
4. 简述合伙企业财产支付清算费用后的偿还顺序。

**四、案例分析题**

甲、乙、丙三人于 2007 年 10 月 1 日书面订立了一份合伙协议。协议约定，三人共同出资 10 万元开设一家综合商店，其中甲出资 4 万元，乙出资 3 万元，丙出资 3 万元；三人按出资比例分享收益或分摊亏损。2007 年 10 月 20 日，三人缴清了全部出资，并经登记管理机关核准登记领取了营业执照。

2008 年 2 月 1 日，为了解决资金周转困难，甲、乙、丙三人向荣昌市商业银行（以下简称银行）贷款 8 万元，期限为 1 年。2008 年 5 月 1 日，甲向乙、丙二人提出，准备将自己在综合商店的全部财产份额以 4 万元的价格转让丁后，自己退出综合商店，乙、丙二人协商后表示同意。

2008 年 5 月 10 日，甲办理了退伙结算手续；丁向甲交付了 4 万元；乙、丙向丁介绍了有关综合商店的经营和财务状况后，共同修订了合伙协议，并向原登记管理机关办理了变更登记手续。2008 年年终结算，该综合商店发生严重亏损。

2009 年 1 月 20 日，乙、丙、丁三人商定解散综合商店，并将综合商店现有财产 5 万元予以分配，但对如何清偿银行贷款未做处理。2009 年 2 月 2 日，银行贷款到期后，银行便要求甲偿还全部贷款，甲说自己早已退出综合商店，对合伙债务由丁承担，自己不负责。银行找到丁要求偿还全部贷款，丁说这笔贷款是在自己入伙前由甲、乙、丙三人借的，自己不负责。银行又找乙、丙要求偿还全部贷款，乙、丙均表示只按合伙协议约定的比例偿还应由其偿付的份额。

要求：根据以上事实，回答下列问题：

(1) 丁入伙是否符合入伙的条件和程序，并说明理由。

(2) 甲、乙、丙、丁的主张能否成立，并说明理由。

(3) 综合商店所欠银行贷款如何清偿？

(4) 甲、乙、丙、丁之间如何分担清偿责任？

# 第二章 公司法

## 学习要点

1. 掌握公司设立、变更、解散与清算的条件和程序，股东的权利与义务，公司内部各机构的职权以及议事规则，公司董事、监事以及公司高级管理人员的义务以及法律责任，一人有限公司和国有独资公司的特殊性。

2. 熟悉公司的概念、特征和分类。

3. 了解公司债与股份的异同，公司的增资、减资、合并和分立程序。

## 引 例

甲有限责任公司是一家经营电器批发的企业，注册资本100万元。近年来由于市场不景气，公司资本总额与其实有资产悬殊，2018年4月，甲有限责任公司决定减少注册资本。5月，股东会以代表1/2以上表决权的股东通过决议，将公司注册资本减至人民币40万元；公司自做出减少注册资本决议之日就向公司登记机关办理变更登记。

问题：甲有限责任公司在减少注册资本的过程中存在哪些问题？

## 第一节 公司和公司法概述

### 一、公司的概念和特征

#### （一）公司的概念

公司是企业的一种组织形式，是依照《公司法》的规定设立的，以营利为目的，由股东投资设立的企业法人。《公司法》所称公司是指依照本法在中国境内设立的有限责任公司和股份有限公司。

#### （二）公司的特征

公司虽然是企业的一种组织形式，但与其他企业有着显著的区别，这种区别体现在公司的特征之中。概括起来，公司具有以下特征：

(1) 依法设立。这是指公司必须以法定条件、法定程序设立。一方面要求公司的章程、资本、组织机构、活动原则等必须合法；另一方面要求公司设立要经过法定程序进行工商登记。

(2) 以营利为目的。这是指出资者设立公司的目的是为了盈利，即从公司经营中获得利润，因此，盈利的目的不仅要求公司本身为盈利而活动，而且要求公司有盈利时应当分配给股东。

(3) 以股东的投资行为为基础设立。股东投资行为形成的权利是股权,股权是一种独立的特殊权利,既不同于所有权,也不同于经营权,更不同于债权。《公司法》规定,公司股东依法享有受益权、参与重大决策的权利和选择经营者的权利等。

(4) 具有法人资格,即公司有自己独立的财产,能够以其财产独立承担责任,股东以其认缴的出资额或认购的股份为限对公司债务承担有限责任。我国《公司法》规定的有限责任公司和股份有限公司都具有法人资格。

## 二、公司的分类

### (一) 以股东对公司所负责任为标准划分

1. 有限责任公司

有限责任公司是股东以其认缴的出资额为限对公司承担责任,公司以其全部财产对公司的债务承担责任的公司。

2. 股份有限公司

股份有限公司是将其全部资本分为等额股份,股东以其持有的股份为限对公司承担责任,公司以其全部财产对公司的债务承担责任的公司。

3. 无限公司

无限公司是股东对公司的债务承担无限连带责任的公司。

4. 两合公司

两合公司由承担无限责任的股东和承担有限责任的股东组成的公司。一般的,无限责任股东是公司的经营管理者,有限责任股东则不参与公司的经营管理。

### (二) 以公司的信用基础为标准划分

1. 资合公司

资合公司是指以资本的结合作为信用基础的公司,此类公司仅以资本的实力取信于人,股东个人是否有财产、能力或信誉与公司无关。资合公司以股份有限公司为典型。

2. 人合公司

人合公司是指以股东个人的财力、能力和信誉作为信用基础的公司,其典型形式是无限公司。

3. 资合兼人合公司

资合兼人合公司是指同时以公司资本和股东个人信用作为公司信用基础的公司,典型形式为两合公司。

### (三) 以公司的管辖为标准分类

1. 母公司与子公司

母公司与子公司是按公司外部组织关系所做的分类,在不同公司之间存在控制与依附关系时,处于控制地位的是母公司,处于依附地位的是子公司,虽然它们存在控制与被控制的组织关系,但它们都具有法人资格,在法律上和财务上是彼此独立的企业。

2. 总公司与分公司

总公司与分公司是从公司内部组织关系上进行的分类,分公司其实只是总公司的分支机构,并非真正意义上的公司,分公司没有独立的公司名称、章程,没有独立的财产,不具有法人资格，但可以领取营业执照，进行经营活动，但其民事责任由总公司承担。

**（四）以公司国籍为标准的分类**

以国籍为标准分类，可以将公司分为本国公司、外国公司和跨国公司。各国确定公司国籍的标准不尽相同，我国采用以公司注册登记地和设立依据法律地相结合的标准确定公司的国籍：本国公司是指依本国法律在本国境内设立的公司；外国公司是指依照外国法律在中国境外设立的公司；跨国公司是指以本国为基地，在其他国家或地区设立的分公司、子公司或其他参股性投资企业，从事国际性生产和经营及服务活动的大型经济组织。

## 三、公司法概述

**（一）公司法概念**

公司法是指调整在公司设立、组织、运营等过程中发生的各种法律关系的法律规范的总称。公司法的宗旨是为了规范公司的组织和行为，保护公司、股东和债权人的合法权益，维护社会经济秩序，促进社会主义市场经济的发展。公司法的概念有广义与狭义之分，狭义的公司法，仅指专门调整公司问题的法典，如《公司法》。广义的公司法，除包括专门的公司法外，还包括其他有关公司的法律、法规、行政规章、司法解释以及其他各法之中的调整公司组织关系、规范公司组织行为的法律规范，《公司登记管理条例》《民法通则》等。

《中华人民共和国公司法》（以下简称《公司法》），于 1993 年 12 月 29 日第八届全国人民代表大会常务委员会第五次会议通过，1994 年 7 月 1 日起施行。该法全面规定了有限责任公司和股份有限公司的设立、组织、运营及其行为等有关问题。《公司法》于 1999 年、2004 年进行了两次修订，2005 年 10 月 27 日全国人大常委会对《公司法》进行了全面修订，自 2006 年 1 月 1 日起施行。2013 年 12 月 28 日第十二届全国人民代表大会常务委员会第六次会议对公司有关注册资本等内容进行修订，于 2014 年 3 月 1 日起正式实施。2018 年 10 月 26 日，第十三届全国人大常委会第六次会议对公司有关回购股份等内容再次进行修订，并自公布之日起施行。

**（二）公司法特征**

1. 公司法兼具组织法和活动法的双重属性，以组织法为主

公司法主要内容是公司设立、变更、公司章程、股东权利和股东义务等与公司组织有关制度，体现了国家对公司制度的干预，而对于公司有关与第三人之间关系，如合同订立、合同履行、违约或侵权责任承担等则主要由合同法、民法等加以调整，公司法也部分涉及这方面的内容，如股东对外责任的承担。

2. 公司法兼具实体法和程序法的双重属性，以实体法为主

公司法主要规定公司的权利和义务、股东的权利和义务以及法律责任等，除此外还规定了公司设立、变更、解散程序以及当有关主体权利受到侵害时的救济程序等，但公司法主要内容还是实体法。

3. 公司法兼具强制法和任意法的双重属性，以强制法为主

由于公司法主要是组织法，涉及公司权利、股东权利、债权人利益保护以及交易安全，因此公司法规定多为强制性的，通过国家强制性的立法，来保障社会交易安全，促进经济秩序的稳定，但是公司法作为商法的一个组成部分，也有一些规定为非强制性，体现了私法的“意思自治”的精神。

# 第二节 有限责任公司

## 一、有限责任公司的概念和特征

### (一) 有限责任公司的概念

有限责任公司，是指依公司法设立的，由不超过一定人数的股东出资组成，每个股东以其所认缴的出资额为限的公司承担责任，公司以其全部资产对公司的债务承担责任的企业法人。

### (二) 有限责任公司的特征

1. 人资两合性。有限责任公司则兼具资合性和人合性。资金的联合和股东间的信任是有限责任公司两个不可或缺的信用基础，因此股东若向公司股东之外的第三人转让股份就有严格的限制。

2. 封闭性。公司设立时，出资总额全部由发起人认缴；发起人数一般不得超过 50 人；出资不能像股份那样自由转让；股东相对稳定。出资证明不能像股票那样上市交易，且公司的财务会计等信息资料就也无须向社会公开。

3. 规模可大可小，适应性强。有限责任公司的股东人数相对较少，适应于现实经济生活开办各种规模不等的企业，尤其是中小型企业的需要。

4. 设立程序简单。只要符合法律规定的公司设立条件，工商行政主管部门均予注册，没有烦琐的审查批准程序。

5. 组织设置灵活，内部机构比较精干，且股东一般都参与公司经营管理。因有限责任公司多数属于中小型企业，股东会、董事会等组织机构的设置往往根据需要选择。

## 二、有限责任公司的设立

### (一) 有限责任公司的设立条件

根据《公司法》第 23 条的规定，设立有限责任公司应具备下列条件：

(1) 股东符合法定人数。

公司应由 50 个以下的股东共同出资。股东可以是自然人，可以是法人，但不能是非法人的其他经济组织。

股东不能超过 50 人，这里主要是基于有限责任公司是人合公司所决定，若人数过多则不利于公司管理和经营决策，因此一般较适应于经营规模相对较小的经济组织。

(2) 有符合公司章程规定的全体股东认缴的出资额。

《公司法》第 26 条规定：有限责任公司的注册资本为在公司登记机关登记的全体股东认缴的出资额。法律、行政法规以及国务院决定对有限责任公司注册资本实缴、注册资本最低限额另有规定的，从其规定。

第 28 条规定：股东应当按期足额缴纳公司章程中规定的各自所认缴的出资额。股东以货币出资的，应当将货币出资足额存入有限责任公司在银行开设的账户；以非货币财产出资的，应当依法办理其财产权的转移手续。股东不按照前款规定缴纳出资的，除应当向公司足额缴纳外，还应当向已按期足额缴纳出资的股东承担违约责任。

法律、行政法规对有限责任公司注册资本的最低限额有较高规定的，从其规定。如《证券法》规定，设立综合类证券公司，注册资本最低限额为人民币5亿元；经纪类证券公司注册资本最低限额为人民币5 000万元。

(3) 股东共同制定公司章程。

章程是公司“宪法”，是记载公司组织、活动基本准则的公开性法律文件。设立有限责任公司必须由股东共同依法制定公司章程。股东应当在公司章程上签名、盖章，并置备于公司登记行政主管机关。公司章程对公司、股东、董事、监事、高级管理人员具有约束力。

(4) 有公司名称，建立符合有限责任公司要求的组织机构。

公司的名称是公司独立人格的标志，一般也称为“商号”。公司设立自己的名称时，必须符合法律、法规的规定，并应当经过公司登记管理机关进行预先核准登记，其一般以下列部分依次组成：所在地区的行政区划名称、商号、行业或经营特点、企业法律形式。公司应当设立符合有限责任公司要求的组织机构，即股东会、董事会或者执行董事、监事会或者监事等。

(5) 有公司住所。

设立公司必须有住所。没有住所的公司，不得设立。公司以其主要办事机构所在地为住所，其对于确立公司登记机关和民事活动中的文书送到、地域管辖等有重要作用。

**(二) 有限责任公司的设立程序**

(1) 确定设立公司，订立发起人协议。

有限责任公司只能由发起人发起设立。经过对公司规模、公司法律形式等进行分析和选择后，发起人应该签订发起人协议，对拟设立公司的基本情况做出意向性规定，明确各方权利义务，并授权特定的人办理相关设立事务。

(2) 申请名称预先核准登记。

应由相关主体向国家工商行政主管部门进行预先名称等，在获得名称预先核准登记后，公司应当在6个月内设立公司，且不得以预先获得的公司名称进行相关经营活动，其只能在公司获得正式登记后，才能以公司名义进行相关经营活动。

(3) 制定公司章程。

设立公司必须先订立章程，将要设立的公司的基本情况都通过章程反映出来，这样才便于有关部门审查、批准和登记。章程应由全体股东或其委托的代表亲笔签字；法人股东要加盖公章和法定代表人亲笔签字。

(4) 设立审批。

国家法律、行政法规规定必须经有关部门审批的，应当在公司登记前办理审批手续。

(5) 认缴出资。

股东可以以货币形式出资，也可以用实物、知识产权、土地使用权等可以用货币估价的非货币财产出资，但是法律规定的不可以出资的财产除外，如权属不明的财产。此外禁止劳务出资。股东应当按照其在发起人协议以及公司章程中认缴出资，股东的出资无须经国家核准登记的注册会计师验证和出具证明，从而简化了公司登记程序，也节约了成本。对于非货币必须实际交付或进行转让登记。其中涉及国有资产的，应由国有资产管理部门确认产权归属。

(6) 确立公司组织机构。

股东认足公司章程规定的出资后，应依法建立公司组织机构，并选出相关负责人。股东只有确立了公司组织机构及公司高级管理人选后，才可申请设立登记。

(7) 设立登记。

股东认足公司章程规定的出资后，由全体股东指定的代表或共同委托的代理人向公司登记机关申请设立登记。在经过工商行政主管部门登记后，公司正式成立。

(8) 签发出资证明书。

公司成立后应向股东签发出资证明书。出资证明书是证明股东已缴纳出资额的文件，由公司在登记注册后签发。

## 三、有限责任公司的组织机构

### (一) 有限责任公司的权力机构——股东会

1. 股东会性质

有限责任公司的权力机构是股东会，它是由全体股东所组成的表达公司意思的常设的机构，是每一个公司都必需的机构。

2. 股东会的职权

(1) 决定公司的经营方针和投资计划；

(2) 选举和更换非由职工代表担任的董事、监事，决定有关董事、监事的报酬事项；

(3) 审议批准董事会的报告；

(4) 审议批准监事会或者监事的报告；

(5) 审议批准公司的年度财务预算方案、决算方案；

(6) 审议批准公司的利润分配方案和弥补亏损方案；

(7) 对公司增加或者减少注册资本做出决议；

(8) 对发行公司债券做出决议；

(9) 对公司合并、分立、解散、清算或者变更公司形式做出决议；

(10) 修改公司章程；

(11) 公司章程规定的其他职权。

对前款所列事项股东以书面形式一致表示同意的，可以不召开股东会会议，直接做出决定，并由全体股东在决定文件上签名、盖章。

3. 股东会议召集和主持

股东会有首次会议、定期会议和临时会议之分。首次股东会会议由出资最多的股东召集和主持。

有权提议召开临时会议的人包括：(1) 代表 1/10 以上表决权的股东；(2) 1/3 以上董事；(3) 监事会或者不设监事会的公司的监事。有限责任公司设立董事会的，股东会会议由董事会召集，董事长主持；董事长不能履行职务或者不履行职务的，由副董事长主持；副董事长不能履行职务或者不履行职务的，由半数以上董事共同推举一名董事主持。

有限责任公司不设董事会的，股东会会议由执行董事召集和主持。董事会或者执行董事不能履行或者不履行召集股东会会议职责的，由监事会或者不设监事会的公司的监事召集和主持；监事会或者监事不召集和主持的，代表十分之一以上表决权的股东可以自行召集和主持。

4. 股东会的议事方式和表决

股东会会议由股东按照出资比例行使表决权；但是，公司章程另有规定的除外。股东会行使职权，主要以决议形式定之。股东会决议可分为两种：一种是普通决议。这是对公司一般事项所做的决议，只须经代表 1/2 以上表决权的股东通过；另一种是特别决议，这是对重要的事项所做的决议。股东会会议做出修改公司章程、增加或者减少注册资本的决议，以及公司合并、分立、解散或者变更公司形式的决议，必须经代表 2/3 以上表决权的股东通过。

股东会会议就当对所议事项的决定作成会议记录，出席会议的股东应当在会议记录上签名。

**（二）有限责任公司的执行机构——董事会或执行董事**

1. 董事会或执行董事的性质

董事会或执行董事它是由股东选举产生的，对内执行公司业务，对外代表公司的常设性机构。

2. 董事会的职权

公司法第 46 条规定：董事会对股东会负责，行使的职权包括以下内容：

（1）召集股东会会议，并向股东会报告工作；

（2）执行股东会的决议；

（3）决定公司的经营计划和投资方案；

（4）制订公司的年度财务预算方案、决算方案；

（5）制订公司的利润分配方案和弥补亏损方案；

（6）制订公司增加或者减少注册资本以及发行公司债券的方案；

（7）制订公司合并、分立、解散或者变更公司形式的方案；

（8）决定公司内部管理机构的设置；

（9）决定聘任或者解聘公司经理及其报酬事项，并根据经理的提名决定聘任或者解聘公司副经理、财务负责人及其报酬事项；

（10）制定公司的基本管理制度；

（11）公司章程规定的其他职权。

3. 董事会的组成

董事会由股东会选举的董事组成，其成员一般为 3 至 13 人，但股东人数较少、公司规模较小，也可不设董事会，只设立执行董事；2 个以上的国有企业或者 2 个以上的其他国有投资主体投资设立的有限责任公司，其董事会成员中应当有公司职工代表；其他有限责任公司董事会成员中可以有公司职工代表。董事会中的职工代表由公司职工通过职工代表大会、职工大会或者其他形式民主选举产生。

董事会设董事长 1 人，可以设副董事长。董事长、副董事长的产生办法由公司章程规定。董事长可以是公司的法人代表，也可以不是公司的法人代表，公司董事任期为 3 年。

股东人数较少或者规模较小的有限责任公司，可以设 1 名执行董事，不设董事会。执行董事可以兼任公司经理。执行董事的职权由公司章程规定。

4. 董事任期和解除

董事任期由公司章程规定，但每届任期不得超过三年。董事任期届满，连选可以连任。董事任期届满未及时改选，或者董事在任期内辞职导致董事会成员低于法定人数的，在改选出的董事就任前，原董事仍应当依照法律、行政法规和公司章程的规定，履行董事职务。

5. 董事会会议的召集

董事会会议由董事长召集和主持；董事长不能履行职务或者不履行职务的，由副董事长召集和主持；副董事长不能履行职务或者不履行职务的，由半数以上董事共同推举 1 名董事召集和主持。

6. 董事会的议事方式和表决

董事会的议事方式和表决程序，除本法有规定的以外，由公司章程规定。董事会应当对所议事项的决定作成会议记录，出席会议的董事应当在会议记录上签名。董事会决议的表决，实行一人一票。

7. 经理

经理，是公司董事会聘任的主持日常管理工作的高级职员，他对董事会负责。经理机构可称为辅助执行机构，即辅助董事会执行的工作机构。不设董事会的公司，执行董事可以兼任公司经理。有限责任公司可以设经理，由董事会决定聘任或者解聘。

经理对董事会负责，经理列席董事会会议。

**（三）有限责任公司的监督机构——监事会或监事**

1. 监事会或监事的性质

监事会或监事是对公司执行机构的业务活动进行专门监督的机构。

2. 监事会或者监事的职权

(1) 检查公司财务；

(2) 对董事、高级管理人员执行公司职务的行为进行监督，对违反法律、行政法规、公司章程或者股东会决议的董事、高级管理人员提出罢免的建议；

(3) 当董事、高级管理人员的行为损害公司的利益时，要求董事、高级管理人员予以纠正；

(4) 提议召开临时股东会会议，在董事会不履行本法规定的召集和主持股东会会议职责时召集和主持股东会会议；

(5) 向股东会会议提出提案；

(6) 依照公司法规定，对董事、高级管理人员提起诉讼；

(7) 公司章程规定的其他职权。

监事应当列席董事会会议，并对董事会决议事项提出质询或者建议。监事会、不设监事会的公司的监事发现公司经营情况异常，可以进行调查；必要时，可以聘请会计师事务所等协助其工作，费用由公司承担。

3. 监事会的组成

监事会由股东和职工分别选举的监事组成。有限责任公司设监事会，其成员不得少于3人。股东人数较少或者规模较小的有限责任公司，可以设1至2名监事，不设监事会。

监事会应当包括股东代表和适当比例的公司职工代表，其中职工代表的比例不得低于1/3，具体比例由公司章程规定。监事会中的职工代表由公司职工通过职工代表大会、职工大会或者其他形式民主选举产生。

董事、高级管理人员不得兼任监事。

4. 监事的任期和解除

监事的任期每届为3年。监事任期届满，连选可以连任。监事任期届满未及时改选，或者监事在任期内辞职导致监事会成员低于法定人数的，在改选出的监事就任前，原监事仍应当依照法律、行政法规和公司章程的规定，履行监事职务。

监事会每年度至少召开一次会议，监事可以提议召开临时监事会会议。监事会的议事方式和表决程序，除本法有规定的外，由公司章程规定。监事会决议应当经半数以上监事通过。监事会应当对所议事项的决定作成会议记录，出席会议的监事应当在会议记录上签名。

监事会、不设监事会的公司的监事行使职权所必需的费用，由公司承担。

## 四、一人有限责任公司

一人有限责任公司，是指只有一个自然人股东或者一个法人股东的有限责任公司。一个自然人只能投资设立一个一人有限责任公司。该一人有限责任公司不能投资设立新的一人有限责任公司。

一人有限责任公司应当在公司登记中注明自然人独资或者法人独资，并在公司营业执照中载明。一人有限责任公司章程由股东制定。一人有限责任公司不设股东会。股东做出股东会所列决定时，应当采用书面形式，并由股东签名后置备于公司。

一人有限责任公司应当在每一会计年度终了时编制财务会计报告，并经会计师事务所审计。一人有限责任公司的股东不能证明公司财产独立于股东自己的财产的，应当对公司债务承担连带责任。

## 五、国有独资公司

### （一）国有独资公司定义

国有独资公司，是指国家单独出资、由国务院或者地方人民政府授权本级人民政府国有资产监督管理机构履行出资人职责的有限责任公司。我国公司法并没有将其单列出有限责任公司的一种类型，对于国有独资公司特有制度由法律、行政法规加以规定，而其设立、出资、公司治理等同于一般有限责任公司国有独资公司，适用《公司法》的规定。

### （二）特征和意义

国有独资公司同其他公司相比较主要有以下特征：

1. 国家责任的有限性

国有独资公司股东对公司责任方式同其他有限责任公司的股东一样，即国家作为投资者，在其国有资产投资范围内承担有限责任，从这点上也就可以避免国有资产不必要的流失。

2. 投资主体的唯一性

国有独资公司只有唯一股东即国家，其从实质上也是一人公司。国家作为唯一股东其股东权的行使由国务院或地方人民政府授权本级人民政府国有资产监督管理机构代表国家行使。

3. 公司组织机构的特殊性

国有独资公司股东仅为国家一人，国有资产授权管理可直接行使投资者决策权力，无须设立股东会。同时董事也是由国务院或地方人民政府国有资产监督管理机构委派或任命。

### （三）国有独资公司的组织机构

1. 权力机构

国有独资公司不设股东会，由国有资产监督管理机构行使股东会职权。国有资产监督管理机构可以授权公司董事会行使股东会的部分职权，决定公司的重大事项，但公司的合并、分立、解散、增加或者减少注册资本和发行公司债券，必须由国有资产监督管理机构决定；其中，重要的国有独资公司合并、分立、解散、申请破产的，应当由国有资产监督管理机构审核后，报本级人民政府批准。

2. 执行机构是董事会

董事每届任期不得超过3年。董事会成员中应当有公司职工代表。董事会成员由国有资产监督管理机构委派；但是，董事会成员中的职工代表由公司职工代表大会选举产生。

董事会设董事长一人，可以设副董事长。董事长、副董事长由国有资产监督管理机构从董事会成员中指定。

国有独资公司设经理，由董事会聘任或者解聘。经理依照《公司法》第50条关于有限责任公司经理职权的规定行使职权。经国有资产监督管理机构同意，董事会成员可以兼任经理。

3. 监督机构

国有独资公司监事会成员不得少于5人，其中职工代表的比例不得低于1/3，具体比例由公司章程规定。监事会成员由国有资产监督管理机构委派；但是，监事会成员中的职工代表由公司职工代表大会选举产生。监事会主席由国有资产监督管理机构从监事会成员中指定。

此外，国有独资公司的董事长、副董事长、董事、高级管理人员，未经国有资产监督管理机构同意，不得在其他有限责任公司、股份有限公司或者其他经济组织兼职。

## 六、有限责任公司的股权转让

有限责任公司股东转让股权，包括股东之间转让股权、股东向股东以外的人转让股权、人民法院强制转让股东股权等几种情形。

1. 股东之间转让股权

根据《公司法》规定，有限责任公司的股东之间可以相互转让其全部或者部分股权。有限责任公司的股东之间转让股权，无论是转让全部股权还是转让部分股权，因不会有新股东的产生，其他股东之间原有的“人合”关系不会受到影响，因此，也就没有必要对这种股权转让进行限制。但公司章程对股权转让另有规定的，从其规定。

2. 股东向股东以外的人转让股权

有限责任公司的股东向股东以外的人转让股权，无论是转让全部股权还是转让部分股权，因有新股东的产生，其他股东之间原有的“人合”关系就可能会受到影响，因此，就有必要对这种股权转让进行限制。

根据《公司法》规定，股东向股东以外的人转让股权，应当经其他股东过半数同意。股东应就其股权转让事项书面通知其他股东征求同意，其他股东自接到书面通知之日起满30日未答复的，视为同意转让。其他股东半数以上不同意转让的，不同意的股东应当购买该转让的股权，不购买的，视为同意转让。经股东同意转让的股权，在同等条件下，其他股东有优先购买权。两个以上股东主张行使优先购买权的，协商确定各自的购买比例；协商不成的，按照转让时各自的出资比例行使优先购买权。公司章程可以对股东向股东以外的人转让股权做出与《公司法》不同的规定。公司章程对股权转让另有规定的，从其规定。

3. 人民法院强制转让股东股权

人民法院依照法律规定的强制执行程序转让股东的股权，是指人民法院依照民事诉讼法等法律规定的执行程序，强制执行已生效的法律文书，以拍卖、变卖或者其他方式转让有限责任公司股东的股权。

根据《公司法》规定，人民法院依照法律规定的强制执行程序转让股东的股权时，应当通知公司及全体股东，其他股东在同等条件下有优先购买权。其他股东自人民法院通知之日起满20日不行使优先购买权的，视为放弃优先购买权。

## 第三节　股份有限公司

### 一、股份有限公司的概念和特征

股份有限公司是指依照公司法规定设立的，由一定数量以上的股东组成，公司的全部资本分为等额股份，股东以其认购的股份为限对公司承担责任，公司以其全部资产对公司的债务承担责任的公司。股份有限公司具有以下主要特征：

1. 股份有限公司的股东均负有限责任，股东以其认购股份为限对公司承担责任。这是股份有限公司与无限公司、两合公司、股份两合公司最主要的区别。

2. 股份有限公司的全部资本均分为等额股份，股份采用股票的形式。这是股份有限公司与有限责任公司最主要的区别。

3. 股份有限公司的股东可以自由转让股份，而有限责任公司的股东转让出资往往受到严格限制。

4. 股份有限公司的设立程序比有限责任公司的设立程序要复杂和烦琐。

### 二、股份有限公司的设立

**(一) 股份有限公司设立的条件**

根据《公司法》第76条的规定，设立股份有限公司应具备下列条件：

(1) 发起人符合法定人数。设立股份有限公司的发起人应当在2人以上200人以下，其中须有半数以上在我国境内有住所。发起人应签订发起人协议，明确各自在公司设立过程中的权利和义务。发起人可以是自然人、法人。

(2) 有符合公司章程规定的全体发起人认购的股本总额或者募集的实收股本总额。股份公司设立时没有最低注册资本的要求，采取认缴制度，但法律、行政法规对股份有限公司注册资本的最低限额有较高规定的，从其规定。以募集设立方式设立的，发起人认购的股份不得少于公司股份总数的35%，但法律、法规另有规定的除外。

(3) 股份发行、筹办事项符合法律规定。以募集设立方式设立股份有限公司的，其股本除由发起人自己认购一部分外，还须向社会公众募集，《公司法》对公开募集股份做了较严格的限制。

(4) 发起人制定公司章程。采用募集方式设立的经创立大会通过。

(5) 有公司名称，建立符合股份有限公司要求的组织机构。公司应当设立符合股份有限公司要求的组织机构，即股东大会、董事会、经理的监事会，以保证公司的正常运行。

(6) 有公司住所。公司以其主要办事机构所在地为其住所。公司必须有住所，以保证公司生产经营活动的顺利进行，维护正常的社会经济秩序。

**(二) 股份有限公司设立的方式**

股份有限公司设立的方式有两种：发起设立和募集设立。

1. 发起设立

发起设立是指公司的全部股份或者首期发行的股份由发起人自行认购，不向发起人之外的任何人募集而设立公司。发起设立的程序分为以下步骤：

(1) 发起人认购股份。采取发起设立方式设立的股份有限公司，其注册资本是在公司登记机关登记的全体发起人认购的股本总额。在缴足前，不得向他人募集股份。

(2) 发起人缴清股款。发起人可以用货币出资，也可以用实物、知识产权、非专利技术或者土地使用权作价出资。

(3) 召开创立大会。发起人缴清全部股款并验资后30日内应当召开创立大会，选举董事会和监事会。发起人应当在创立大会召开15日前将会议日期通知各认股人或者予以公告。创立大会应有代表股份总数1/2以上的认股人出席方可举行。

(4) 申请设立登记。董事会应于创立大会结束后30日内，向公司登记机关报送文件，申请设立登记。公司登记机关对符合条件的予以登记，发给公司营业执照。公司营业执照签发之日，为公司成立之日。公司成立后，应当进行公告。

2. 募集设立

募集设立是指发起人认购公司全部股份或首期发行股份的一部分，其余向社会募集或向特定对象公开募集而设立公司。募集设立须经过以下程序：

(1) 发起人认购股份。发起人认购的股份不得少于公司股份总数的35%，其余股份应当向社会公开募集。法律、法规另有规定的，从其规定。

(2) 制作招股说明书。招股说明书应当附有发起人制定的公司章程，并载明下列事项：发起人认购的股份数；每股的票面金额和发行价格；无记名股票的发行总数；认股人的权利、义务；募集资金的用途；本次募股的起止期限及逾期未募足时认股人可撤回所认股份的说明。

(3) 签订承销协议和代收股款协议。发起人向社会公开募集股份，应当同银行签订代销、代收股款协议。

(4) 提出申请。发起人向社会公开募集股份时，必须向国务院证券管理部门递交募股申请和有关文件。

(5) 国务院证券管理部门审查批准。

(6) 公开募集股份。发起人经国务院证券管理部门批准后，可以向社会公开募集股份。认股人认购后，应按照所认股数额缴纳股款。

(7) 召开创立大会。发行股份的股款缴足后，经法定的验资机构验资并出具证明，发起人应当在30日内召开公司创立大会。创立大会应有代表股份总数1/2以上的认股人出席，方可举行。

发行股份超过招股说明书规定的截止期限未募足的，或者发行股份的股款缴足后，发起人在30日内未召开创立大会的，认股人可以按照所缴股款并加算银行同期存款利息，要求发起人返还。

(8) 进行设立登记。公司在创立大会结束后30日内，由董事会向公司登记机关申请设立登记。登记机关对符合条件的予以登记，发给营业执照。

**(三) 股份有限公司发起人承担的责任**

根据《公司法》规定股份有限公司发起人承担的责任主要包括：

1. 在公司不能成立时，对设立行为所产生的债务和费用负连带责任；对认股人已缴纳的股款，负返还股款并加算银行同期存款利息的连带责任。

2. 在公司设立过程中，由于发起人的过失致使公司利益受到损害的，应当对公司承担赔偿责任。

3. 在公司成立后，发起人未按照公司章程的规定缴足出资的，应当补缴，其他发起人承担连带责任；公司成立后，发现作为设立公司出资的非货币财产的实际价款显著低于公司章程所定价款的，应当由交付该出资的发起人补足其差额，其他发起人承担连带责任。

## 三、股份有限公司的组织机构

根据《公司法》规定，股份有限公司的组织机构包括股东大会、董事会、监事会。

### (一) 股东大会

1. 股东大会的组成、性质和职权

股份有限公司的股东大会由公司的全体股东组成，是公司的权力机构。《公司法》关于有限责任公司股东会职权的规定，适用于股份有限公司股东大会。股份有限公司的股东大会依法行使下列职权：

(1) 决定公司的经营方针和投资计划；

(2) 选举和更换非由职工代表担任的董事、监事，决定有关董事、监事的报酬事项；

(3) 审议批准董事会的报告；

(4) 审议批准监事会或者监事的报告；

(5) 审议批准公司的年度财务预算方案、决算方案；

(6) 审议批准公司的利润分配方案和弥补亏损方案；

(7) 对公司增加或者减少注册资本做出决议；

(8) 对发行公司债券做出决议；

(9) 对公司合并、分立、解散清算或者变更公司形式做出决议；

(10) 修改公司章程；

(11) 公司章程规定的其他职权。

根据《上市公司章程指引》规定，上市公司的股东大会除行使上述职权外，还有权对公司聘用、解聘会计师事务所做出决议；有权审议代表公司发行在外有表决权股份的5%以上的股东的提案；有权审议法律、法规和公司章程规定应当由股东大会决定的其他事项。

2. 股东大会的形式

股东大会分为股东年会和临时股东大会。股东年会又称为定期股东大会或者股东常会，在有的国家也称之为普通股东大会。股东年会定期举行，通常在每年的一定时期内召开。《公司法》规定，股东大会应当每年召开1次年会。临时股东大会又称为股东临时会议，是根据需要临时召开的不定期的股东大会。根据《公司法》规定，有下列情形之一的，应当在2个月内召开临时股东大会：

(1) 董事人数不足《公司法》规定人数或者公司章程所定人数的2/3时；

(2) 公司未弥补的亏损达实收股本总额1/3时；

(3) 单独或者合计持有公司10%以上股份的股东请求时；

(4) 董事会认为必要时；

(5) 监事会提议召开时；

(6) 公司章程规定的其他情形。

3. 股东大会的召开

股东大会会议由董事会召集，董事长主持；董事长不能履行职务或者不履行职务的，由副董事长主持；副董事长不能履行职务或者不履行职务的，由半数以上董事共同推举一名董事主持。

董事会不能履行或者不履行召集股东大会会议职责的，监事会应当及时召集和主持；监事会不召集和主持的，连续90日以上单独或者合计持有公司10%以上股份的股东可以自行召集和主持。

召开股东大会会议，应当将会议召开的时间、地点和审议的事项于会议召开20日前通知各股东；临时股东大会应当于会议召开15日前通知各股东；发行无记名股票的，应当于会议召开30日前公告会议召开的时间、地点和审议事项。

单独或者合计持有公司3%以上股份的股东，可以在股东大会召开10日前提出临时提案并书面提交董事会，董事会应当在收到提案后2日内通知其他股东，并将该临时提案提交股东大会审议。临时提案的内容应当属于股东大会职权范围，并有明确议题和具体决议事项。股东大会不得对上述通知中未列明的事项做出决议。无记名股票持有人出席股东大会会议的，应当于会议召开5日前至股东大会闭会时将股票交存于公司。

4. 股东大会的决议

股东出席股东大会会议，所持每一股份有一表决权，但是，公司持有的本公司股份没有表决权。股东可以委托代理人出席股东大会会议，代理人应当向公司提交股东授权委托书，并在授权范围内行使表决权。

股东大会做出决议，必须经出席会议的股东所持表决权过半数通过。但是，股东大会做出修改公司章程、增加或者减少注册资本的决议，以及公司合并、分立、解散或者变更公司形式的决议，必须经出席会议的股东所持表决权的2/3以上通过。

《公司法》和公司章程规定公司转让、受让重大资产或者对外提供担保等事项必须经股东大会做出决议的，董事会应当及时召集股东大会会议，由股东大会就上述事项进行表决。

股东大会选举董事、监事，可以根据公司章程的规定或者股东大会的决议，实行累积投票制。所谓累积投票制，是指股东大会选举董事或者监事时，每一股份拥有与应选董事或者监事人数相同的表决权，股东拥有的表决权可以集中使用。

股东大会应当对所议事项的决定作成会议记录，主持人、出席会议的董事应当在会议记录上签名。会议记录应当与出席股东的签名册及代理出席的委托书一并保存。

**(二) 董事会**

1. 性质

股份有限公司的董事会是由股东大会选举产生的若干名董事组成的行使经营决策和管理权的公司执行机关。特征：是常设机关；是公司业务机关；是公司经营决策机关；是公司的对外代表机关。

2. 董事任期和董事会的职权

有限责任公司董事任期的规定，适用于股份有限公司董事；有限责任公司董事会职权的规定，适用于股份有限公司董事会。

3. 董事会的组成方式及董事的资格

董事会成员由股东大会选举产生。股份有限公司设董事会，其成员为5～19人。董事会成员中可以有公司职工代表。董事会中的职工代表由公司职工通过职工代表大会、职工大会或者其他形式民主选举产生。

4. 董事会的议事规则

(1) 董事会例会(即常会)

每年度至少召开两次会议(无上限,章程可确定),每次会议应当于会议召开 10 日前通知全体董事和监事。

(2) 临时会议(即特别会议)

代表 1/10 以上表决权的股东、1/3 以上董事或者监事会,可以提议召开董事会临时会议。董事长应当自接到提议后 10 日内,召集和主持董事会会议。董事会召开临时会议,可以另定召集董事会的通知方式和通知时限。

董事会设董事长 1 人,可以设副董事长。董事长和副董事长由董事会以全体董事的过半数选举产生。董事长召集和主持董事会会议,检查董事会决议的实施情况。副董事长协助董事长工作,董事长不能履行职务或者不履行职务的,由副董事长履行职务;副董事长不能履行职务或者不履行职务的,由半数以上董事共同推举 1 名董事履行职务。

董事会会议应有过半数的董事出席方可举行。董事会做出决议,必须经全体董事的过半数通过。董事会决议的表决,实行一人一票。

董事会会议,应由董事本人出席;董事因故不能出席,可以书面委托其他董事代为出席,委托书中应载明授权范围。董事会应当对会议所议事项的决定作成会议记录,出席会议的董事应当在会议记录上签名。董事应当对董事会的决议承担责任。董事会的决议违反法律、行政法规或者公司章程、股东大会决议,致使公司遭受严重损失的,参与决议的董事对公司负赔偿责任。但经证明在表决时曾表明异议并记载于会议记录的,该董事可以免除责任。

5. 表决权的排除

上市公司董事与董事会会议决议事项所涉及的企业有关联关系的,不得对该项决议行使表决权,也不得代理其他董事行使表决权。该董事会会议由过半数的无关联关系董事出席即可举行,董事会会议所作决议须经无关联关系董事过半数通过。出席董事会的无关联关系董事人数不足 3 人的,应将该事项提交上市公司股东大会审议。

6. 经理

股份有限公司的经理是指受聘于董事会的负责公司日常事务的高级行政管理人员。经理对董事会负责,为公司内部法定的辅助业务执行机关。

股份有限公司设经理,由董事会决定聘任或者解聘。关于有限责任公司经理职权的规定,适用于股份有限公司经理。公司董事会可以决定由董事会成员兼任经理。

### (三) 监事会

1. 性质

监事会是股份有限公司依照公司法所设立的,对公司事务进行监督的专门机构。它是股份有限公司必备的常设机关。

2. 监事会的组成

股份有限公司设监事会,其成员不得少于 3 人。监事会应当包括股东代表和适当比例的公司职工代表,其中职工代表的比例不得低于 1/3,具体比例由公司章程规定。监事会中的职工代表由公司职工通过职工代表大会、职工大会或者其他形式民主选举产生。

监事会设主席 1 人,可以设副主席。监事会主席和副主席由全体监事过半数选举产生。监事会主席召集和主持监事会会议;监事会主席不能履行职务或者不履行职务的,由监事会副主席召集和主持监事会会议；监事会副主席不能履行职务或者不履行职务的，由半数以上监事共同推举1名监事召集和主持监事会会议。董事、高级管理人员不得兼任监事。

3. 监事会的职权

（1）实体性职权。监事会的实体性职权包括会计监察权和业务监察权。

（2）程序性职权。监事会的程序性职权包括以下几种：

① 召开临时股东会的提议权和股东会的召集及主持权；

② 股东大会提案权；

③ 公司经营情况调查权，董事、高级管理人员应当如实向监事会或者不设监事会的有限责任公司的监事提供有关情况和资料，不得妨碍监事会或者监事行使职权；

④ 诉讼提起权：董事、监事、高级管理人员执行公司职务时违反法律、行政法规或者公司章程的规定，给公司造成损失的，应当承担赔偿责任。

董事、高级管理人员有《公司法》第150条规定的情形的，股份有限公司连续180日以上单独或者合计持有公司1%以上股份的股东，可以书面请求监事会向人民法院提起诉讼。

（3）具体性职权

关于有限责任公司监事会职权的规定，适用于股份有限公司监事会。监事会行使职权所必需的费用，由公司承担。

4. 监事会的召开

监事会每6个月至少召开一次会议。监事可以提议召开临时监事会会议。监事会的议事方式和表决程序，除本法有规定的外，由公司章程规定。监事会决议应当经半数以上监事通过。监事会应当对所议事项的决定作成会议记录，出席会议的监事应当在会议记录上签名。

## 四、上市公司

### （一）上市公司的概念和特征

上市公司是指其股票在证券交易所上市交易的股份有限公司。其特征：① 股票在证券交易所交易；② 是受国务院证券监督管理机构和法律严格监管的股份公司；③ 是股票经国务院证券监督管理机构批准已公开发行的股份公司。

### （二）公司上市的条件及程序

1. 公司上市的条件

股份有限公司申请股票上市，应当符合下列条件：

① 股票经国务院证券监督管理机构核准已公开发行；

② 公司股本总额不少于人民币3 000万元；

③ 公开发行的股份达到公司股份总数的25%以上；公司股本总额超过人民币4亿元的，公开发行股份的比例为10%以上；

④ 公司最近3年无重大违法行为，财务会计报告无虚假记载。证券交易所可以规定高于前款规定的上市条件，并报国务院证券监督管理机构批准。

2. 公司上市的程序

（1）公司发行新股，由股东大会做出决议。

（2）根据证券法第49条的规定聘请具有保荐资格的机构为保荐人。

(3) 报送法定文件。

(4) 公开发行文件。公司经国务院证券监督管理机构核准公开发行新股时，必须公告新股招股说明书和财务会计报告，并制作认股书。招股说明书的内容和格式须按有关规定制作。

(5) 签订承销协议。发起人向社会公开募集股份，应当由依法设立的证券公司承销，签订承销协议。发起人向社会公开募集股份，应当同银行签订代收股款协议。代收股款的银行应当按照协议代收和保存股款，向缴纳股款的认股人出具收款单据，并负有向有关部门出具收款证明的义务。

(6) 变更登记和公告。公司发行新股募足股款后，必须向公司登记机关办理变更登记并公告

**(三) 上市公司的上市暂停与终止**

1. 上市暂停

上市公司有下列情形之一的，由证券交易所决定暂停其股票上市交易：

① 公司股本总额、股权分布等发生变化不再具备上市条件；

② 公司不按照规定公开其财务状况，或者对财务会计报告作虚假记载，可能误导投资者；

③ 公司有重大违法行为；

④ 公司最近三年连续亏损；

⑤ 证券交易所上市规则规定的其他情形。

2. 上市终止

上市公司有下列情形之一的，由证券交易所决定终止其股票上市交易：

① 公司股本总额、股权分布等发生变化不再具备上市条件，在证券交易所规定的期限内仍不能达到上市条件；

② 公司不按照规定公开其财务状况，或者对财务会计报告作虚假记载，且拒绝纠正；

③ 公司最近三年连续亏损，在其后一个年度内未能恢复盈利；

④ 公司解散或者被宣告破产；

⑤ 证券交易所上市规则规定的其他情形。

**(四) 上市公司的信息公开义务**

上市公司必须依照法律、行政法规的规定，公开其财务状况、经营情况及重大诉讼，在每会计年度内半年公布一次财务会计报告。发行人、上市公司依法披露的信息，必须真实、准确、完整，不得有虚假记载、误导性陈述或者重大遗漏。

发生可能对上市公司股票交易价格产生较大影响的重大事件，投资者尚未得知时，上市公司应当立即将有关该重大事件的情况向国务院证券监督管理机构和证券交易所报送临时报告，并予公告，说明事件的起因、目前的状态和可能产生的法律后果。

发行人、上市公司公告的招股说明书、公司债券募集办法、财务会计报告、上市报告文件、年度报告、中期报告、临时报告以及其他信息披露资料，有虚假记载、误导性陈述或者重大遗漏，致使投资者在证券交易中遭受损失的，发行人、上市公司应当承担赔偿责任；发行人、上市公司的董事、监事、高级管理人员和其他直接责任人员以及保荐人、承销的证券公司，应当与发行人、上市公司承担连带赔偿责任，但是能够证明自己没有过错的除外；发行

人、上市公司的控股股东、实际控制人有过错的,应当与发行人、上市公司承担连带赔偿责任。

依法必须披露的信息,应当在国务院证券监督管理机构指定的媒体发布,同时将其置备于公司住所、证券交易所,供社会公众查阅。

## 五、股份有限公司的股份发行和转让

### (一) 股份和股票的概念

股份有限公司的资本划分为股份。股份是一个抽象概念,它是由股份有限公司发行、通过股票形式来表现、体现股东权利和义务的公司资本的组成部分。它有以下基本含义:

1. 从公司资本角度看,股份是公司资本的组成单位,即公司的全部资本分为均等的股份,每股的金额相等,全部股份金额的总和即为公司资本的总额。

2. 从股东角度看,股份是股东权利和义务的体现,即股东权利和义务的大小取决于其拥有股份的数额。

3. 从股票角度看,股份是股票的存在基础,如果没有股份的存在,股票也就失去了存在的依据。

公司的股份采取股票的形式,股票是公司签发的证明股东所持股份的凭证。股票具有以下特征:

1. 股票是有价证券。股票是一种具有财产价值的证券,反映着股票的持有人对公司的权利。

2. 股票是证权证券。股票表现的是股东的权利,任何人只要合法持有股票,就可以依法向公司行使权利。

3. 股票是要式证券。股票应当采取纸面形式或者国务院证券监督管理机构规定的其他形式,其记载的内容和事项应当符合法律的规定。

4. 股票是流通证券。股票可以在证券交易市场依法进行交易。

### (二) 股份的发行原则和价格

股份的发行,实行公平、公正的原则,同种类的每一股份应当具有同等权利。同次发行的同种类股票,每股的发行条件和价格应当相同;任何单位或者个人所认购的股份,每股应当支付相同价款。

股票的发行价格可以分为平价发行价格和溢价发行价格。平价发行是指股票的发行价格与股票的票面金额相同,也称为等价发行、券面发行。溢价发行是指股票的实际发行价格超过其票面金额。根据《公司法》规定,股票发行价格可以按票面金额,也可以超过票面金额,但不得低于票面金额。

### (三) 股票的形式和种类

股票采用纸面形式或者国务院证券监督管理机构规定的其他形式。股票应当载明下列主要事项:公司名称、公司成立日期、股票种类、票面金额及代表的股份数、股票的编号。股票由法定代表人签名,公司盖章。发起人的股票,应当标明"发起人股票"字样。

公司发行的股票,可以为记名股票,也可以为无记名股票。公司向发起人、法人发行的股票,应当为记名股票,并应当记载该发起人、法人的名称或者姓名,不得另立户名或者以代表人姓名记名。

公司发行记名股票的，应当置备股东名册，记载下列事项：股东的姓名或者名称及住所；各股东所持股份数；各股东所持股票的编号；各股东取得股份的日期。发行无记名股票的，公司应当记载其股票数量、编号及发行日期。

国务院可以对公司发行《公司法》规定以外的其他种类的股份，另行做出规定。

股份有限公司成立后，即向股东正式交付股票，公司成立前不得向股东交付股票。

**（四）设立股份有限公司公开发行股票的条件及报送的文件**

根据《证券法》规定，设立股份有限公司公开发行股票，应当符合《公司法》规定的条件和国务院证券监督管理机构规定的其他条件。

设立股份有限公司公开发行股票，除符合上述条件外，还应当向国务院证券监督管理机构报送募股申请和有关文件，包括：公司章程、发起人协议、发起人姓名或者名称、发起人认购的股份数、出资种类及验资证明、招股说明书、代收股款银行的名称及地址、承销机构名称及有关的协议。依法应当聘请保荐人的，还应当报送保荐人出具的发行保荐书。法律、行政法规规定设立公司必须报经批准的，还应当提交相应的批准文件。

**（五）公司公开发行新股的条件及报送的文件**

发行新股是指股份有限公司成立后再向社会募集股份，增加公司注册资本的行为。

公司发行新股，应当依照公司章程的规定由股东大会或者董事会对下列事项做出决议：

（1）新股种类及数量；

（2）新股发行价格；

（3）新股发行的起止日期；

（4）向原有股东发行新股的种类及数额。

根据《证券法》规定，公司公开发行新股，应当符合下列条件：

（1）具备健全且运行良好的组织机构；

（2）具有持续盈利能力，财务状况良好；

（3）最近3年财务会计文件无虚假记载，无其他重大违法行为；

（4）经国务院批准的国务院证券监督机构规定的其他条件。

上市公司非公开发行新股，应当符合经国务院批准的国务院证券监督管理机构规定的条件，并报国务院证券监督管理机构核准。

公司公开发行新股，应当向国务院证券监督管理机构报送募股申请和有关文件，包括：公司营业执照、公司章程、股东大会决议、招股说明书、财务会计报告、代收股款银行的名称及地址、承销机构名称及有关的协议。依法应当聘请保荐人的，还应当报送保荐人出具的发行保荐书。

公司经国务院证券监督管理机构核准公开发行新股时，必须公告新股招股说明书和财务会计报告，并制作认股书。公司公开发行新股应当由依法设立的证券公司承销，签订承销协议，并同银行签订代收股款协议。公司发行新股，可以根据公司经营情况和财务状况，确定其作价方案。公司发行新股募足股款后，必须向公司登记机关办理变更登记，并公告。

**（六）股份的转让**

股份有限公司的股份转让，指股份有限公司的股份所有人把自己的股份转让给他人，从而使他人成为公司股东的行为。

1. 股份转让的法律规定

股份转让实行依法转让的原则。每个股东都有权依公司法的规定，转让自己所持有的公司股份。但为了保护公司、股东及债权人的利益，《公司法》对股份转让做了必要的限制。主要有：

(1) 对股份转让场所的限制。股份的转让，应当在依法设立的证券交易场所进行，或者按照国务院规定的其他方式进行。

(2) 对股份转让方式的限制。记名股票，由股东以背书方式或者法律、行政法规规定的其他方式转让，转让后由公司将受让人的姓名或者名称及住所记载于股东名册。无记名股票的转让，由股东将该股票交付给受让人后即发生转让的效力。上市公司的股票，依照有关法律、行政法规及证券交易所交易规则上市交易。

(3) 对发起人转让本公司股份的限制。股份有限公司发起人持有的本公司股份，自公司成立之日起一年内不得转让。公司公开发行股份前已发行的股份，自公司股票在证券交易所上市交易之日起一年内不得转让。

(4) 对董事、监事和经理转让本公司股份的限制。股份有限公司的董事、监事和经理等高级管理人员应当向公司申报所持有的股份及其变动情况，在任职期间每年转让的股份不得超过其所持有本公司股份总数的25%，所持本公司股份自公司股票上市交易之日起一年内不得转让。上述人员离职后半年内，不得转让其所持有的本公司股份。

2. 股份回购的法律规定

股份回购是指公司按照法律或者公司章程的规定，从公司股东手中买回自己公司股份的行为。根据我国公司法的规定，公司有下列情形之一的，可以收购本公司股份：

(1) 减少公司注册资本；

(2) 与持有本公司股份的其他公司合并；

(3) 用于员工持股计划或者股权激励；

(4) 股东因对股东大会做出的公司合并、分立决议持异议，要求公司收购其股份的；

(5) 将股份用于转换上市公司发行的可转换为股票的公司债券；

(6) 上市公司为维护公司价值及股东权益所必需。

公司因前款第(一)项、第(二)项规定的情形收购本公司股份的，应当经股东大会决议。公司因前款第(三)项、第(五)项、第(六)项规定的情形收购本公司股份的，可以依照公司章程的规定或者股东大会的授权，经三分之二以上董事出席的董事会会议决议。

公司依照第一款规定收购本公司股份后，属于第(一)项情形的，应当自收购之日起十日内注销；属于第(二)项、第(四)项情形的，应当在六个月内转让或者注销；属于第(三)项、第(五)项、第(六)项情形的，公司合计持有的本公司股份数不得超过本公司已发行股份总额的百分之十，并应当在三年内转让或者注销。

上市公司收购本公司股份的，应当依照《中华人民共和国证券法》的规定履行信息披露义务。上市公司因本条第一款第(三)项、第(五)项、第(六)项规定的情形收购本公司股份的，应当通过公开的集中交易方式进行。

公司不得接受本公司的股票作为质押权的标的。

## 第四节 公司法规定的其他制度

### 一、公司董事、监事和高级管理人员的资格、义务

#### (一) 公司董事、监事和高级管理人员的资格

我国公司法对公司董事、监事和高级管理人员的任职资格条件在公司的第 146 条做出了消极条件的规定,即具有下列情形之一的不得担任公司董事、监事和高级管理人员:

1. 无民事行为或限制民事行为能力;

2. 因贪污、贿赂、侵占财产、挪用财产或者破坏社会主义市场经济秩序,被判处刑罚,执行期满未逾五年,或者因犯罪被剥夺政治权利,执行期满未逾五年;

3. 担任破产清算的公司、企业的董事或者厂长、经理,对该公司、企业的破产负有个人责任的,自该公司、企业破产清算完结之日起未逾三年;

4. 担任因违法被吊销营业执照、责令关闭的公司、企业的法定代表人,并负有个人责任的,自该公司、企业被吊销营业执照之日起未逾三年;

5. 个人所负数额较大的债务到期未清偿。

董事、监事、高级管理人员在任职期间出现上述所列情形的,公司应当解除其职务。除此之外,公司的董事、高级管理人员不得兼任公司监事。

#### (二) 公司董事、监事和高级管理人员义务

公司董事、监事和高级管理人员作为公司法人治理的议事机关工作人员,其享有依据相关法律或公司章程规定,对公司进行管理并获得报酬的权利。而另一个方面为了防止公司董事、监事和高级管理人员滥用权利而损害股东或公司的利益,有必要强化公司董事、监事和高级管理人员的义务。概括来讲,主要为忠实义务和勤勉义务。

1. 忠实义务

忠实义务,又称为诚信义务,是指公司董事、监事和高级管理人员,在行使职权过程中应当以维护和实现公司最大合法利益为己任;当个人的利益与公司利益发生冲突时,以公司利益为重。董事、监事、高级管理人员不得利用职权收受贿赂或者其他非法收入,不得侵占公司的财产,若对公司造成损害的要对公司进行赔偿,构成犯罪的可以追究其刑事责任。

2. 勤勉义务

勤勉义务,又称为注意义务,是指公司董事、监事和高级管理人员应把自己当作善良管理人来管理公司,理性而谨慎地处理公司事务,实现公司利益最大化。对于公司管理人员尽到了勤勉义务,即使造成了公司损失的,公司管理人员无须对公司和股东承担法律责任,否则在公司对外承担责任后,公司和股东可以向公司董事、监事和高级管理人员进行追偿。而违反勤勉义务在实践中主要有以下几种形式:(1) 不遵守法律、法规和公司章程;(2) 超越权限履行职权;(3) 疏于公司经营管理,不了解公司经营和管理状况;(4) 不如实向股东会或股东大会提供公司财务账簿等有关资料,对公司股东咨询拒绝如实回答等。

根据我国《公司法》第 148 条规定,董事、高级管理人员不得有下列行为:

(1) 挪用公司资金;

(2) 将公司资金以其个人名义或者以其他个人名义开立账户存储;

（3）违反公司章程的规定，未经股东会、股东大会或者董事会同意，将公司资金借贷给他人或者以公司财产为他人提供担保；

（4）违反公司章程的规定或者未经股东会、股东大会同意，与本公司订立合同或者进行交易；

（5）未经股东会或者股东大会同意，利用职务便利为自己或者他人谋取属于公司的商业机会，自营或者为他人经营与所任职公司同类的业务；

（6）接受他人与公司交易的佣金归为己有；

（7）擅自披露公司秘密；

（8）违反对公司忠实义务的其他行为。

董事、高级管理人员违反前款规定所得的收入应当归公司所有。董事、监事、高级管理人员执行公司职务时违反法律、行政法规或者公司章程的规定，给公司造成损失的，应当承担赔偿责任。股东可以就此请求公司监事会向人民法院起诉，也可直接向人民法院起诉。

## 二、公司债券

1. 公司债券概念

公司债券，是指公司依照法定的条件及程序，并通过法定形式，以债务人身份与不特定的社会公众之间所形成的一种金钱债务。公司债券是其书面凭证。公司债券，是指公司依照法定程序发行的、约定在一定期限还本付息的有价证券。

2. 公司债券的特点

公司债是这一种依照公司依法发行公司债券而形成的到期还本付息的有价证券，其具有要式性、证权性和有期限性的特点。

其同公司股份的一样都是公司融资方式，都体现为一种有价证券，具有流通性，但是二者还是存在区别：

（1）权利主体的法律地位不同。公司债券的持有人是公司的债权人，作为一般债权人享有民事债权，不享有股东权利。公司股份的持有者是公司的股东，享有一系列的股东权；

（2）权利内容不同。公司债券持有人无权参与公司经营活动，对公司的权利只是按期收回本息，而公司则负有无论经营好坏必须按时偿还公司债券持有人本息的义务。而公司股份的持有人拥有股权，有权参与公司经营活动，享有表决权、利润分配请求权、知情权等一系列权利；

（3）支付的对价形式不同。公司债券的认购仅限于金钱给付，而股权的获得，其对价可以是现金，也可以是各类非货币财产；

（4）资金用途不同：公司债券所募集的资金只能用于核准的用途，而股份所募集的资金责任没有严格的限制；

（5）权利主体的风险大小和利润多少不同：公司债券到期应还本付息，利润固定且较少，即使公司破产，公司债券的持有人，也可以参与分配，而股份持有人在原则上禁止退股，且只有公司在盈利的情况下才可以分配红利，没有利润就没有分配，其风险较大，但是红利分配不固定。

3. 公司债券的种类

依公司债券是否记载持券人的姓名或名称，可把公司债券分为记名公司债券和不记名公司债券；依公司债券能否转换为公司股票为标准，可把公司债券分为转换公司债券与非转换公司债券。

4. 公司债券的发行条件

(1) 股份有限公司的净资产额不低于人民币3 000万元,有限责任公司的净资产额不低于人民币6 000万元;

(2) 公司发行债券其累计债券总额不超过公司净资产的40%;

(3) 公司最近3年平均可分配利润足以支付公司债券1年的利息;

(4) 筹集的资金投向符合国家产业政策;

(5) 债券的利率不得超过国务院限定的利率水平;

(6) 国务院规定的其他条件。

有下列情形之一的,不得再次公开发行公司债券:

(1) 前一次发行的公司债券尚未募足的;

(2) 对已发行的公司债券或者其他债务有违约或者延迟支付本息的事实,且仍处于继续状态的;

(3) 违反本法规定,改变公开发行公司债券所募资金的用途。

5. 公司债券的发行程序

由公司权力机关做出决议;报请国务院授权的部门或者国务院证券监督管理机构核准;公告债券的募集办法;发行债券。

## 三、公司财务、会计

公司财务会计制度是关于公司财务、会计方面的一系列规则,它包括财务制度和会计制度。

**(一) 公司财务、会计的基本要求**

1. 公司应当依照法律、行政法规和国务院财政部门的规定,建立本公司的财务、会计制度。

2. 公司应当在每会计年度终了时编制财务会计报告,并依法经会计师事务所审计。财务会计报告应当依照法律、行政法规和国务院财政部门的规定制作。公司财务会计报告主要包括:资产负债表、利润表、现金流量表等报表及附注。对于上市公司,在每一会计年度的上半年结束之日,还应当制作中期财务会计报告。

3. 公司应当依法披露有关财务、会计资料。有限责任公司应当按照公司章程规定的期限将财务会计报告送交各股东。股份有限公司的财务会计报告应当在召开股东大会年会的20日前置备于本公司,供股东查阅。公开发行股票的股份有限公司必须公告其财务会计报告。

4. 公司应当依法聘用会计师事务所对财务会计报告审查验证。公司聘用、解聘承办公司审计业务的会计师事务所,依照公司章程的规定,由股东会、股东大会或者董事会决定。公司股东会、股东大会或者董事会就解聘会计师事务所进行表决时,应当允许会计师事务所陈述意见。公司应当向聘用的会计师事务所提供真实、完整的会计凭证、会计账簿、财务会计报告及其他会计资料,不得拒绝、隐匿、谎报。

5. 公司除法定的会计账簿外,不得另立会计账簿。对公司资产,不得以任何个人名义开立账户存储。

### (二) 公司利润分配

利润分配是公司股东获取投资收益的渠道之一,公司利润分配须符合法律规定或章程约定。

1. 利润分配顺序

利润是指企业在一定时期(一年)内生产经营的财务成果,包括营业利润、投资净收益以及营业外收支净额。

公司利润按下列顺序分配:

(1) 弥补以前年度亏损(在不超过税法规定的弥补期限之内);

(2) 缴纳所得税;

(3) 弥补在税前利润弥补亏损之后仍存在的亏损;

(4) 提取法定公积金;

(5) 提取任意公积金;

(6) 支付股利。

股东会或者董事会违反规定,在弥补亏损和提取法定公积金、法定公益金之前向股东分配利润的,必须将违反规定分配的利润退还公司。

2. 公积金

公积金是公司为预防亏损和增加财力、扩大营业规模而依照法律和公司章程规定或股东大会决议,从公司利润或公司资本收益中提取的一种储备金。公积金分为资本公积金和盈余公积金。

(1) 资本公积金是直接由资本原因所形成的公积金,主要来自超过票面金额发行股份所得的溢价款、法定财产重估增值、接受捐赠的资产价值等。

(2) 盈余公积金是从公司盈余中提取的公积金。盈余公积金又分为法定盈余公积金和任意盈余公积金两种。法定盈余公积金按照税后利润(减弥补亏损)的10%提取,当盈余公积金累计金额已达注册资本50%以上时可不再提取;任意盈余公积金按照公司章程规定或股东会决议提取和使用。

(3) 法定盈余公积金和资本公积金一般有两个用途。

① 弥补亏损。

② 转增资本。

3. 股利

股利又称红利,是公司盈利中分派给股东的部分。投资人向公司投资的目的就是为了获得股利。

公司弥补亏损和提取公积金后所余税后利润,有限责任公司依照股东所持出资比例或章程约定分配;股份有限公司按照股东持有的股份比例分配,但股份有限公司章程规定不按持股比例分配的除外。

## 四、公司注册资本的增加和减少

1. 公司注册资本的增加

公司在经营过程中,可能会因为某种原因需要筹集资金,扩大生产经营规模。这时,公司可以依照法律规定增加注册资本。公司增加注册资本,必须依法进行。

根据《公司法》规定,有限责任公司增加注册资本时,股东认缴新增资本的出资,依照《公司法》设立有限责任公司缴纳出资的有关规定执行。股份有限公司为增加注册资本发行新股时，股东认购新股，依照《公司法》设立股份有限公司缴纳股款的有关规定执行。公司增加注册资本，应当依法向公司登记机关办理变更登记。

2. 公司注册资本的减少

公司在经营过程中，可能会因为某种原因要减少注册资本。但是减资将直接影响到公司债权人债权的实现，因此我国公司法严格规定了公司减资程序：(1) 董事会制定减资方案；(2) 股东会或股东大会对减资方案进行特别决议；(3) 编制资产负债表即财产清单；(4) 通知或公告债权人，即公司应当自做出减少注册资本决议之日起 10 日内通知债权人，并于 30 日内在报纸上公告。债权人自接到通知之日起 30 日内，未接到通知的自公告之日起 45 日内，有权要求公司提前清偿债务或提供相应担保，否则公司不得减资；(5) 办理变更登记并公告。

## 五、公司合并、分立

### (一) 公司合并

1. 公司合并的定义

公司合并是指两个或两个以上的公司，依法达成合意，依照法定程序，不经过清算程序归为一个公司的法律行为。法律特征是：

(1) 公司合并双方为公司，而非各公司的股东；

(2) 公司合并必须依法定程序进行，由于公司合并涉及相关公司股东、债权之利益，必须依法对合并行为予以规制。对于涉及国有资产的公司合并还要经过有关国家部门的批准；

(3) 公司合并是一种协议行为，为自愿行为，而非行政行为，非管理行为；

(4) 公司合并中的公司类型多受到限制。多数国家的公司法对于公司合并采取种类限制主义，要求只有同类责任形式的公司才可以合并。包括我国在内少数国家或地区采取非限制主义，不论合并公司属何种责任形式都可以合并。

2. 公司合并的方式

公司合并一股采取两种方式：一种是吸收合并，指两个或两个以上公司合并时，其中一个或一个以上公司吸纳其他公司后继续存在，其他公司随之消灭。另一种是新设合并，原先公司同时归于消灭，共同联合创立一个新公司。其特点是合并各方解散，主体资格均于消灭，产生一个新的公司。

3. 公司合并的程序

(1) 董事会制定合并方案，并以提案形式提交股东会或股东大会决议。

(2) 股东会或股东大会做出合并决议。有限责任公司股东会做出合并决议，必须经代表 2/3 以上表决权的股东通过；股份有限公司股东大会做出合并决议，必须经出席会议的股东所持表决权的 2/3 以上通过；国有独资公司的合并由国有资产监督管理机构决定。

(3) 合并各方订立合并协议。公司合并，应当由合并各方在平等协商的基础上签订合并协议，合并协议是公司合并的基础。合并协议缔结后，必须经过股东会议通过发生效力。股份有限公司还须经有关主管部门的批准后，始生效力。

(4) 合并协议的通过、批准。公司合并事关股东权益，必须由股东大会通过，有限责任公司必须经代表 2/3 以上表决权的股东通过，股份有限公司必须经出席会议的股东所持表决权的2/3以上通过。此外涉及股份有限公司的合并协议,必须报请国务院授权的部门或者省级人民政府批准。

(5) 资产负债表及财产清单的编制。

(6) 通告债权人。公司应当自做出合并决议之日起10日内通知债权人,并于30日内在报纸上公告。债权人自接到通知书之日起30日内,未接到通知书的自公告之日起45日内,可以要求公司清偿债务或者提供相应的担保,否则公司不能合并。

(7) 办理合并登记。依照合并中不同公司的生灭变化可分为三种情况办理工商登记,即设立登记、变更登记和注销登记。

4. 公司合并后债务承担

公司合并时,合并各方的债权、债务,应当由合并后存续的公司或者新设的公司承继。

### (二) 公司分立

1. 公司分立的定义

公司分立,是指一个公司依照有关法律、法规规定,不经过清算程序,分成两个或两个以上公司的法律行为。

2. 公司分立的形式

一般为存续分立和解散分立两种形式。一种是派生分立,是指一个公司分立为两个或两个以上公司的行为,原公司继续存在,原公司的债权债务可由原公司与新公司分别承担,也可按协议归原公司独立承担。另一种是新设分立,指一个公司将其全部财产分割,解散原公司,并分别归入两个或两个以上新设公司中重新分配的行为,以原有公司的法人资格消灭为前提,成立新公司。

3. 公司分立的程序

同公司合并的程序,只是在登记时有细微差别,即分立而存续的公司,其登记事项发生变化的,应当申请变更登记;因分立而解散的公司,应当申请注销登记;因分立而新设立的公司,应当申请设立登记。

## 六、公司解算、清算

### (一) 公司解散

1. 公司解散的概念

公司解散,是公司法人资格因出现法定的或章程约定的原因而使公司法人资格消灭的法律行为。在理论上公司解散可以分为自愿解散和强制解散:自愿解散,是指公司依据公司章程或公司股东(大)会决议而解散公司的法律行为;强制解散,是指公司因违反有关法律、行政法规,依政府有关部门或法院的强制命令而解散的法律行为。原因有:(1) 公司依法被吊销营业执照、责令关闭或被撤销。(2) 司法解散(法院命令或判决)。(3) 破产解散。

2. 我国公司法规定公司解散有以下六种情形

(1) 公司章程规定的营业期限届满或者公司章程规定的其他解散事由出现;

(2) 股东会或者股东大会决议解散;

(3) 因公司合并或者分立需要解散;

(4) 依法被吊销营业执照、责令关闭或者被撤销;

(5) 公司经营管理发生严重困难,继续存续会使股东利益受到重大损失,通过其他途径不能解决的，持有公司全部股东表决权10%以上的股东，可以请求人民法院解散公司；

(6) 公司被依法宣告破产。

**(二) 公司清算**

1. 公司清算的概念

公司清算，是指公司于解散时，清理其财产和债权、债务，依法进行分配，从而结束其法人资格的法律行为。其直接原因是公司被宣布解散。公司清算必须公正。保证公正清算的前提是按照法律规定的程序进行。

2. 公司清算的程序

(1) 成立清算组。

清算组或清算人，是指在普通清算中代表被解散公司依法执行清算事务的机关。公司应当在解散事由出现之日15日内成立清算组，开始清算。有限责任公司由股东组成，股份有限公司由公司董事或股东大会确定的人员组成。逾期不成立，债权人可以申请人民法院指定有关人员组成清算组进行清算。清算组成立后应及时开展清算相关工作。

依据我国公司法普通清算组的职权主要有：① 清理公司财产，分别编制资产负债表和财产清单；② 通知、公告债权人；③ 处理与清算有关的公司未了结的业务；④ 清缴所欠税款以及清算过程中产生的税款；⑤ 清理债权、债务；⑥ 处理公司清偿债务后的剩余财产；⑦ 代表公司参与民事诉讼活动。

同时公司法还规定：清算组成员应当忠于职守，依法履行清算义务。清算组成员不得利用职权收受贿赂或者其他非法收入，不得侵占公司财产。清算组成员因故意或者重大过失给公司或者债权人造成损失的，应当承担赔偿责任。

(2) 通知公告债权人

清算组在成立之日起10日内通知债权人，并于60日内在报纸上公告，从而保护公司债权人合法利益。

(3) 债权人申报债权

债权人应当自接到通知书之日起30日内，未接到通知书的自公告之日起45日内，向清算组申报其债权。债权人申报债权，应当说明债权的有关事项，并提供证明材料。清算组应当对债权进行登记。在申报债权期间，清算组不得对债权人进行清偿。

(4) 清理公司财产，编制资产负债表和财产清单

清算组在清理公司财产的基础上，编制公司资产负债表和财产清单。若公司财产能够清偿公司债务，则制定公司清算方案，报股东(大)会或人民法院确认后实施；若发现公司财产不足清偿债务的，应当依法向人民法院申请宣告破产。公司经人民法院裁定宣告破产后，清算组应当将清算事务移交给人民法院，公司被依法宣告破产的，依照有关企业破产的法律实施破产清算。

(5) 分配财产

公司财产在分别支付清算费用、职工的工资、社会保险费用和法定补偿金，缴纳所欠税款，清偿公司债务后的剩余财产，有限责任公司按照股东的出资比例分配，股份有限公司按照股东持有的股份比例分配。

(6) 制作清算报告，并申请注销登记

清算结束，清算组应当制作清算报告和清算期间收支报表及各种财务账簿，并报股东会、股东大会或者人民法院确认。确认后报送公司登记机关，申请注销公司登记，公告公司终止。

## 练习题

### 一、单项选择题

1. 下列哪个选项不是公司的特征(　　)。

A. 营利性　　B. 独立性

C. 股东责任的无限性　　D. 合法性

2. 下列股东会议采取一般决议方式的是(　　)。

A. 公司合并　　B. 公司法律形式变更

C. 公司减资　　D. 公司董事选举

3. 下列关于分公司特征的表述正确的是(　　)。

A. 分公司有独立的法人资格

B. 分公司不建股东会、董事会、监事会等完整的内部管理系统，只设分公司经理或负责人

C. 分公司拥有独立的财产权

D. 分公司有独立的责任能力

4. 依据我国现行公司法，公司主要指在中国境内设立的(　　)。

A. 有限责任公司　　B. 股份两合公司

C. 无限公司　　D. 两合公司

5. 某股份有限公司由甲、乙、丙、丁、戊等五人采取募集方式设立。依我国公司法的规定，五个发起人的出资总额应不少于(　　)。

A. 20%　　B. 30%　　C. 35%　　D. 40%

6. 关于公司发行公司债券所筹资金的用途，下列说法正确的是(　　)。

A. 用于弥补公司亏损　　B. 用于董事会决定的用途

C. 用于监事会同意的用途　　D. 用于审批机关批准的用途

7. 根据我国立法规定，下列选项不符合股份有限公司上市条件的是(　　)。

A. 公司在最近3年内无重大违法行为，财务会计报告无虚假记载

B. 开业时间在3年以上，最近3年连续盈利

C. 公司股本总额不少于人民币3 000万元

D. 股票经国务院证券管理部门批准已向社会公开发行

8. 下列关于股份有限公司发起人，说法正确的是(　　)。

A. 在中国发起设立股份有限责任公司，发起人必须是中国人

B. 股份有限责任公司的股东越多越好，发起人没有人数限制

C. 发起人人数应当在2人以上200人以下

D. 发起人不仅人数应在2人以上200人以下，同时发起人须半数以上在中国境内有住所

9. 根据我国公司法规定，股份有限公司增资决议必须经(　　)。

A. 股东会全体股东一致通过

B. 出席会议的股东所持表决权半数以上通过

C. 出席会议的股东所持表决权的三分之二以上通过

D. 全体股东所持表决权三分之二以上通过

10. 下列关于有限责任公司的注册资本，说法正确的是(　　)。

A. 有限责任公司的注册资本为全体股东实缴出资之和

B. 有限责任公司的注册资本必须达到法定最低限额3万元

C. 有限责任公司的注册资本为公司全部资产

D. 有限责任公司的注册资本为全体股东在公司登记机关登记的全体股东认缴的出资额

## 二、多项选择题

1. 下列货币中，公司股东可以用做出资方式的是(　　)。

A. 货币　　B. 土地使用权　　C. 商标权　　D. 个人信用

2. 我国公司法对股份有限公司股东转让股份所做的限制有(　　)。

A. 未上市的股票未经股东大会的同意不得转让

B. 发起人持有的本公司股份，自公司成立之日起1年内不得转让

C. 公司董事在任职期间每年转让的股份不得超过其所持有本公司股份总数的25%

D. 公司董事在离职后半年内不得转让其所持有的本公司股份

3. 下列关于有限责任公司章程，说法正确的有(　　)。

A. 公司设立时的公司章程需要全体股东共同制定并签名、盖章

B. 公司章程应当载明股东的出资方式、出资额和出资时间

C. 公司章程应当载明公司经营范围

D. 公司章程内容只能法定

4. 有限责任公司的股东向股东以外的人转让出资，(　　)。

A. 经出席股东会会议的股东所持表决权的半数以上通过

B. 经出席股东会会议的股东所持表决权的三分之二以上通过

C. 其他股东有优先购买权

D. 不同意也不购买的股东视为同意

5. 下列关于一人有限责任公司的表述，错误的是(　　)。

A. 一人有限责任公司的最低注册资本额不低于人民币10万元

B. 一人有限责任公司只能由一个自然人股东而不能由一个法人股东投资设立

C. 一个自然人只能投资设立一个一人有限责任公司

D. 一人有限责任公司不设股东会

## 三、简答题

1. 简述公司法特征。

2. 简述有限责任公司设立条件。

3. 简述发起人责任。

4. 公司股东(大)会特别决议的事项有哪些？

5. 公司董事、监事和高级管理人员的义务有哪些？

6. 简述对中小股东权利保护制度。

7. 股东临时大会召集提议主体有哪些？

8. 简述公司利润分配顺序。

## 四、案例题

1. 甲公司召开股东会通过了如下决议:分立为乙公司和丙公司并注销甲公司:公司原有债务由新成立的乙公司独自承担。甲公司通过分立决议之后的第20天,发布公告并通知了公司债权人武某。武某与甲公司达成了由乙公司独自承担债务的协议。

问题:

(1) 甲公司的分立属于何种分立形式?

(2) 甲公司的分立程序有无瑕疵?为什么?

(3) 武某和甲公司的债务承担协议是否符合法律规定?为什么?

2. 刘某某系A公司股东,持投40%,2012年开始参与公司的经营,但从未享受股东权利。公司从未召开过股东会,也未将公司的财务会计报告、会计账簿等资料提供给苏某某查阅。其对公司的情况不知情,故于2015年7月14日向公司提出书面查账申请,但A公司并未在规定的15日内向其提供完整的会计账簿。刘某某起诉,要求判令A公司提供2012年至今的完整的(包括公司运营的“A天猫旗舰店”)财务会计报告和会计账簿供刘某某查阅、复制。开庭当日,刘某某又以A公司在天猫开有“A天猫旗舰店”,估算年销售额人民币150万元,销售利润率70%等为由,怀疑此业务未依法记入公司账簿,请求判决刘某某请某会计师事务所对上述会计账簿进行查阅。A公司仅凭一份B公司工商基本信息欲证明刘某某查账申请有不正当目的,并未举证证明刘某某存在不正当目的。

问题:

(1) 刘某某如何来证明其是A公司的股东?

(2) 刘某某查阅复制公司会计账簿需要履行怎样的前置程序?

(3) 刘某某是否可以请某会计师事务所来查阅会计账簿?A公司能否拒绝?

# 第三章 破产法

## 学习要点

☆ 掌握破产的概念与特征，破产申请的提出与受理，债务人财产，债权的申报和债权人会议、债权委员会，重整与和解，破产清算等内容。

☆ 熟悉企业破产法的概念。

☆ 了解破产法立法概况、法律责任。

## 引 例

案情：ABC服装公司是在江西省工商行政管理局注册登记的公司，其主要办事机构在该省的××市。因经营不善，资不抵债6 000万元，有意向法院申请破产。

问题：

(1) ABC服装公司可以自己直接申请公司破产吗？ABC公司如果申请破产，应由谁受理？

(2) 向人民法院申请破产时，需要向法院提交哪些材料？

参考结论：

(1) ① 根据《中华人民共和国破产法》(以下简称《企业破产法》)第7条的规定，债务人有本法第二条规定的情形时，可以向人民法院提出重整、和解或破产清算申请。因此，ABC公司可以自己直接申请公司破产。

② 破产申请应向对案件有管辖权的人民法院提出。对于地域管辖，《企业破产法》规定：破产案件由债务人住所地人民法院管辖。债务人住所地通常认为是债务人的主要办事机构所在地。债务人若无办事机构则由其注册地人民法院管辖。因此，本案中ABC公司应向××市中级人民法院提出破产申请。

(2) 根据《企业破产法》第8条的相关规定，向人民法院提出破产申请，应当提交破产申请书和有关证据。破产申请书应当载明下列事项：

① 申请人、被申请人的基本情况；

② 申请目的；

③ 申请的事实和理由；

④ 人民法院认为应当载明的其他事项。

债务人提出申请的，还应当向人民法院提出财产状况说明、债务清册、债权清册、有关财务报告、职工安置预案及职工工资的支付和社会保险费用的缴纳情况。

# 第一节 破产法概述

## 一、破产的概念与特征

破产是指对丧失清偿能力的债务人，经法院审理并在其监督之下，强制清算其全部财产，公平清偿全体债权人的法律制度。作为一项法律制度，破产具有以下特征：

1. 破产是以债务人不能清偿债务为前提

破产的基本前提是债务人不能清偿到期的债务，因为当债务人不能清偿到期债务时，会严重影响债权人利益的实现，破产是对这种事实予以法律的确认，通过法院的司法裁决承认债务人事实上的破产状态。

2. 破产是以债务人的全部财产集中清偿全部债务的过程

当债务人不能清偿债务时，清算组要对债务人的全部债权进行清理登记，依法制定分配方案，集中进行分配，通过破产程序，将债务人的全部财产分配给全体债权人，了结债权债务关系。

3. 破产债权人的债权得到公平的清偿

一般一个债务人有几个债权人，其财产不足以清偿所有债权人的债权时，如果债权人分别行使权利，那么债权人很难得到同等受偿机会。为此，清算组把债务人的全部财产集中起来，按法律规定的程序和债权比例分配给各个债权人。得不到清偿的部分，由所有债权人共同分担，从而使债权人得到相对公平的清偿。

4. 破产是在法院主持和监督下依法定程序实施的清理程序

为了规范债务人的破产行为，维护债权人和债务人的合法权益，破产必须在法院的主持和监督下依照法定程序进行，破产程序要优于一般的民事程序。

破产是市场经济优胜劣汰的集中体现。破产法可以使债权人的债权在破产程序中得到公平清偿，对债务人也是一种法律的救济，可以通过和解、重整、破产企业的整体变价，从而给企业“复活”的机会。破产法还可以减轻社会经济震荡，优化资源配置，促进经济发展。

## 二、破产法的概念与法律适用

破产法是规定在债务人丧失清偿能力时，法院强制对其全部财产进行清算分配，公平清偿债权人，或通过债务人与债权人会议达成的和解协议清偿债务，或进行企业重整，避免债务人破产的法律规范的总称。

中华人民共和国成立后，“破产”一词消失多年。首次于1986年12月2日，第六届全国人大常委会第18次会议通过了《中华人民共和国企业破产法(试行)》(下称旧破产法)，该法适用于全民所有制企业。此后，我国还制定了一系列相关的法律、法规和司法解释等。2006年8月27日，第十届全国人大常委会第23次会议通过了新的《中华人民共和国企业破产法》(下称《企业破产法》)，自2007年6月1日起施行，旧破产法同时废止。关于《企业破产法》的主体适用范围如下：

根据《企业破产法》第2条规定，其主体适用范围是所有的企业法人，该法第135条规定：“其他法律规定企业法人以外的组织的清算，属于破产清算的，参照适用本法规定的程序”，适当扩大了破产法的适用范围。目前，根据其他法律规定可以参照适用破产法的主体，主要是合伙企业、农民专业合作社以及民办学校等。

此外,《企业破产法》还规定有若干主体适用法律的特殊情况。一是金融机构破产,国务院可以依据本法和其他有关法律的规定制定实施办法。二是国有企业政策性破产。根据国务院有关文件规定,政策性破产已经于2008年年底退出历史舞台。

### 三、破产原因

破产原因,也称破产界限,指认定债务人丧失清偿能力,当事人得以提出破产申请,法院据以启动破产程序的法律事实。破产原因也是和解与重整程序开始的原因。

各国立法规定破产原因的方式主要有列举主义与概括主义。前者列举各种表明债务人丧失清偿能力的具体行为。后者则对破产原因从法学理论上做抽象规定。通常概括规定破产的原因有"不能清偿""资不抵债"以及"停止支付"。

我国立法采取概括主义。根据我国《企业破产法》第2条的规定,破产原因是企业法人不能清偿到期债务,并且资产不足以清偿全部债务或者明显缺乏清偿能力。据此规定,破产原因可以分为两种情况:

第一,债务人不能清偿到期债务,并且资产不足以清偿全部债务,主要适用于债务人提出破产申请且其资不抵债情况通过形式审查即可判断的案件。

第二,债务人不能清偿到期债务,并且明显缺乏清偿能力,主要适用于债权人提出破产申请和债务人提出破产申请但其资不抵债状况通过形式审查不易判断的案件。所谓"明显缺乏清偿能力",主要起到与停止支付相同的作用,即可据此推定债务人不能清偿。当债权人经人民法院强制执行仍不能得到清偿,或债务人作为被执行人在其他执行案件中不能清偿债务时,如无反证,均可认定债务人丧失清偿能力、发生破产原因,法院应当依法受理破产案件。同时,《企业破产法》第7条规定,只要债务人不能清偿到期债务,债权人无须考虑资不抵债问题,均可向人民法院提出破产申请。

## 第二节　破产的申请和案件受理

### 一、破产案件的申请

在我国,破产程序的开始以法院受理为准,而不是以破产申请人的申请为准。破产申请人主要有以下几类:

1. 债务人提出申请

根据法律规定,债务人发生破产原因,可以向人民法院提出重整、和解或者破产清算申请。

2. 债权人提出申请

债务人不能清偿到期债务,债权人可以向人民法院提出对债务人进行重整或者破产清算的申请。

3. 清算人提出申请

企业法人已解散但未清算或者未清算完毕,资产不足以清偿债务的,依法负有清算责任的人应当向人民法院申请破产清算。《公司法》第188条第1款也规定:"清算组在清理公司财产、编制资产负债表和财产清单后,发现公司财产不足以清偿债务的,应当依法向人民法院申请宣告破产。”

4. 其他人提出申请

破产企业的职工作为债权人也可以申请债务人企业破产，但为慎重起见，职工提出破产申请应经职工代表大会或者全体职工 2/3 以上多数同意。

## 二、破产案件的管辖

根据《企业破产法》和相关规定，我国企业破产案件的管辖，有地域管辖和级别管辖。

1. 地域管辖

《企业破产法》规定，破产案件的地域管辖由债务人住所地人民法院管辖。债务人住所地指债务人的主要办事机构所在地。

2. 级别管辖

根据最高人民法院对旧破产法的司法解释规定，破产案件的级别管辖依破产企业的工商登记情况确定：① 基层人民法院一般管辖县、县级市或者区的工商行政管理机关核准登记企业的破产案件；② 中级人民法院一般管辖地区、地级市（含本级）以上的工商行政管理机关核准登记企业的破产案件；③ 纳入国家计划调整的国有企业破产案件即政策性破产，由中级人民法院管辖。④ 金融机构、上市公司破产案件或者具有重大影响、法律关系复杂的破产案件，则应由中级人民法院管辖。⑤ 省、自治区、直辖市范围内因特殊情况需要对个别企业破产案件的地域管辖做调整的，须经共同上级人民法院批准。

## 三、破产申请应提交的材料

破产申请人向人民法院提出破产申请时，应当提交破产申请书和有关证据。破产申请书应当载明下列事项：(1) 申请人、被申请人的基本情况；(2) 申请目的；(3) 申请的事实和理由；(4) 人民法院认为应当载明的其他事项。

债务人提出申请的，还应当向人民法院提交下列材料：

(1) 财产状况说明；(2) 债务清册、债权清册；(3) 有关财务会计报告；(4) 职工安置预案；(5) 职工工资的支付和社会保险费用的缴纳情况。由于企业（尤其是私营企业、外商投资企业等非国有企业）在破产后并不负有安置职工的义务，也无此能力，真正负有此项义务的是地方政府，所以破产申请时要求提交的“职工安置预案”，实际上应由地方政府有关部门制定。所以，债务人为国有企业的，职工安置预案应列明拟安置职工基本情况、安置障碍及主要解决方案、稳定因素评估及主要应对措施等。债务人为非国有企业的，职工安置预案应列明债务人解除职工劳动关系后依法应对职工的补偿方案，但并不要求企业自身能够解决资金等问题。

在人民法院受理破产申请前，申请人可以请求撤回申请。

## 四、破产案件的受理

### （一）受理的期限规定

1. 裁定日

债权人提出破产申请的，人民法院应当自收到申请之日起 5 日内通知债务人。债务人对债权人提出的破产申请有异议的，应当自收到人民法院的通知之日起 7 日内向人民法院提出，并提交相关的证据材料。人民法院应当自异议期满之日起 10 日内裁定是否受理。除上述情形外，人民法院应当自收到破产申请之日起15日内裁定是否受理。有特殊情况需要延长受理案件期限的，经上一级人民法院批准，可以延长15日。

2. 送达日

人民法院裁定受理破产申请的，应当将裁定自做出之日起5日内送达申请人。债权人提出申请的，人民法院应当自裁定做出之日起5日内送达债务人。债务人应当自裁定送达之日起15日内，向人民法院提交财产状况说明、债务清册、债权清册、有关财务会计报告以及职工工资的支付和社会保险费用的缴纳情况。债务人违反法律规定，拒不向人民法院提交或者提交不真实的上述文件与情况说明的，人民法院可以对直接责任人员依法处以罚款。

人民法院裁定不受理破产申请的，也应当自裁定做出之日起5日内送达申请人并说明理由。

3. 公告日

人民法院应当自裁定受理破产申请之日起25日内通知已知债权人，并予以公告。通知和公告应当载明下列事项：(1) 申请人、被申请人的名称或者姓名；(2) 人民法院受理破产申请的时间；(3) 申报债权的期限、地点和注意事项；(4) 管理人的名称或者姓名及其处理事务的地址；(5) 债务人的债务人或者财产持有人应当向管理人提出清偿债务或者交付财产的要求；(6) 第一次债权人会议召开的时间和地点；(7) 人民法院认为应当通知和公告的其他事项。

**(二) 破产申请受理的效力**

人民法院受理破产案件后，将产生如下法律后果：

1. 对受理案件的人民法院的效力

人民法院裁定受理破产案件的，应同时指定管理人。人民法院应当自裁定受理破产申请之日起25日内通知已知债权人，并予以公告。

2. 对债务人的效力

自人民法院受理破产申请的裁定送达债务人之日起至破产程序终结之日，债务人的法定代表人或者经法院指定的财务管理人员和其他经营管理人员应当承担下列义务：(1) 妥善保管其占有和管理的财产、印章和账簿、文书等资料；(2) 根据人民法院、管理人的要求进行工作，并如实回答询问；(3) 列席债权人会议并如实回答债权人的询问；(4) 未经人民法院许可，不得离开住所地；(5) 不得新任其他企业的董事、监事、高级管理人员。

3. 对债权人的效力

法院受理破产申请后，债权人应当向管理人申报债权，并应自动停止个别追索行为，同时债务人对个别债权人的债务清偿无效。债务人以其自有财产向债权人提供物权担保的，其在担保物价值内向债权人所做的债务清偿，不受此限制。

4. 对债务人的债务人或财产持有人的效力

法院受理破产申请后，债务人的债务人或者财产持有人应当向"管理人"清偿债务或者交付财产。他们故意违反规定向债务人清偿债务或交付财产，使债权人受到损失的，不免除其清偿债务或交付财产的义务。

5. 对管理人的效力

人民法院受理破产申请后，管理人对破产申请受理前成立而债务人和对方当事人均未履行完毕的合同有权决定"解除或者继续履行"，并通知对方当事人。

在第一次债权人会议召开前，管理人继续履行债务人和对方当事人均未履行完毕的合同，应当征得人民法院的许可。

管理人自破产申请受理之日起"2 个月"内未通知对方当事人，或者自收到对方当事人催告之日起"30 日"内未答复的，视为解除合同。管理人决定继续履行合同的，对方当事人应当履行；但是，对方当事人有权要求管理人提供担保。管理人不提供担保的，视为解除合同。

管理人依照《企业破产法》规定解除合同的，对方当事人以因合同解除产生的损害赔偿请求权申报债权。对方当事人申报的破产债权以实际损失为限，违约金不得作为破产债权申报，定金则按照定金罚则以双倍数额申报破产债权。

*6. 对其他民事诉讼程序的效力*

已经审结但尚未执行的民事案件：人民法院受理破产申请后，有关债务人财产的保全措施应当解除，执行程序应当中止。保全措施解除后，有关财产计入债务人财产；执行程序中止后，债权人凭生效的法律文书向受理破产案件的人民法院申报债权。

人民法院受理破产申请后，已经开始而尚未终结的有关债务人的民事诉讼或者仲裁应当"中止"；在管理人接管债务人的财产后，该诉讼或者仲裁继续进行。

人民法院受理破产申请后，有关债务人的民事诉讼，只能向受理破产申请的人民法院提出。如果当事人约定以仲裁方式解决纠纷的，仍应当以仲裁方式解决。

**（三）关于上诉**

1. 在整个破产程序中，当事人可以提起上诉的仅限于"不予受理"和"驳回破产申请"两个裁定。

2. 当事人对人民法院的其他裁定（如宣告破产的裁定、对破产财产分配方案的裁定等）不服，均不能提起上诉。

**（四）管理人**

管理人，是指人民法院裁定受理破产案件后，全面接管破产企业，负责破产企业财产的保管、清理、估价、处理和分配等事务，并负责监管和解、重整程序的专门机构。管理人是破产程序中最为重要的机构。

管理人由人民法院指定，债权人会议认为管理人不能依法、公正执行职务或者有其他不能胜任职务情形的，可以申请人民法院予以更换。

个人担任管理人的，应当参加职业责任保险。但因故意犯罪受过刑事处罚、曾被吊销相关专业职业证书或与本案有利害关系等情形的人不得担任管理人。人民法院也可以指定由有关部门、机构的人员组成的清算组或律师事务所、会计师事务所、破产清算事务所等社会中介机构担任管理人。

管理人应当履行下列职责：(1) 接管债务人的财产、印章和账簿、文书等资料；(2) 调查债务人财产状况，制作财产状况报告；(3) 决定债务人的内部管理事务；(4) 决定债务人的日常开支和其他必要开支；(5) 在第一次债权人会议召开之前，决定继续或者停止债务人的营业；(6) 管理和处分债务人的财产；(7) 代表债务人参加诉讼、仲裁或者其他法律程序；(8) 提议召开债权人会议；(9) 人民法院认为管理人应当履行的其他职责。

管理人应当勤勉尽责，忠实执行职务。管理人没有正当理由不得辞去职务。管理人辞去职务应当经人民法院许可。管理人的报酬由人民法院确定。债权人会议对管理人的报酬有异议的，有权向人民法院提出。

**(五) 债务人财产**

根据《企业破产法》第三十条规定，债务人财产包括破产申请受理时属于债务人的全部财产，以及破产申请受理后至破产程序终结前债务人取得的财产。债务人财产在破产宣告后称为破产财产。据此规定，确定债务人财产范围的界定时点是破产申请受理时，而不是破产宣告时，已作为担保物的财产也属于破产财产。这是新旧破产法对债务人财产范围规定的不同之处。

1. 债务人财产的收回

人民法院受理破产申请后，债务人的出资人尚未完全履行出资义务的，管理人应当要求该出资人缴纳所认缴的出资。

为维护债权人及债务人的合法权益，《企业破产法》第36条规定：债务人的董事、监事和高级管理人员利用职权从企业获取的非正常收入和侵占的企业财产，管理人应当追回。

在人民法院受理破产申请后，管理人可以通过清偿债务或者提供债权人可以接受的担保，取回质物、留置物。管理人所做的债务清偿或者替代担保，在质物或者留置物的价值低于被担保的债权额时，以该质物或者留置物当时的市场价值为限。否则，就可能出现对无担保债权不公平清偿的情况。

2. 破产撤销权与无效行为

《企业破产法》规定了破产撤销权与无效行为制度。该法第31条规定，人民法院受理破产申请前1年内，涉及债务人财产的下列行为，管理人有权请求人民法院予以撤销：(1) 无偿转让财产的；(2) 以明显不合理的价格进行交易的；(3) 对没有财产担保的债务提供财产担保的；(4) 对未到期的债务提前清偿的；(5) 放弃债权的。另外，人民法院受理破产申请前6个月内，债务人不能清偿到期债务，并且资产不足以清偿全部债务或者明显缺乏清偿能力，仍对个别债权人进行清偿的，管理人有权请求人民法院予以撤销，但个别清偿使债务人财产受益的除外。

该法第33条规定，涉及债务人财产的下列行为无效：(1) 为逃避债务而隐匿、转移财产的；(2) 虚构债务或者承认不真实的债务的。

在破产清算程序终结后2年内，债权人可以行使破产撤销权或针对债务人的无效行为而追回财产。在此期间内追回的财产，应对全体债权人进行分配。在此期间之后，债权人发现因无效行为或行使撤销权追回的财产时，仍可行使相应权利追回财产，但追回的财产不再用于对全体债权人清偿，仅用于对追回财产的个别债权人进行清偿。

3. 取回权

破产法上的取回权分为一般取回权与特别取回权。

《企业破产法》第38条规定：人民法院受理破产申请后，债务人占有的不属于债务人的财产，该财产的权利人可以通过管理人取回。一般取回权的行使通常只限于取回原物。如在破产案件受理前，原物已被债务人卖出或灭失，权利人的取回权消灭，只能以物价即直接损失额作为普通破产债权要求清偿。但是，如果该财产因灭失而产生的保险赔偿，该财产的权利人有权取回代偿物，这就是代偿取回权。

该法第39条规定：人民法院受理破产申请时，出卖人已将买卖标的物向作为买受人的债务人发运，债务人尚未收到且未付清全部价款的，出卖人可以取回在运途中的标的物。但是，管理人可以支付全部价款，请求出卖人交付标的物。这是对特别取回权中出卖人取回权的规定。

4. 抵销权

破产法上的抵销权，是指债权人在破产申请受理前对债务人即破产人负有债务的，无论是否已到清偿期限、标的是否相同，均可在破产财产最终分配确定前向管理人主张相互抵销的权利。《企业破产法》第 40 条规定：债权人在破产申请受理前对债务人负有债务的，可以向管理人主张抵销。

破产法上的抵销权只能由债权人向管理人提出行使，管理人（或债务人即破产人）不得主动主张债务抵销。因为抵销权作为债权人的一项权利，是可以任由其行使或放弃的，而管理人主动主张抵销，将使个别债权人受益，使破产财产减少，客观上对多数破产债权人不利，与管理人应当为全体债权人共同利益活动的职责不符。

为防止破产抵销权被当事人所滥用，损害他人利益，《企业破产法》规定不得抵销的一些具体情形，主要有以下几种：

(1) 债务人的债务人在破产申请受理后取得他人对债务人的债权的，禁止抵销，因为债权转手后的抵销会损害其他破产债权人的利益。破产债权一般只能获得其债权名义数额一定比例的清偿，甚至得不到清偿，实际价值与收购价格远低于名义价值。但当它用于抵销债务时，却可获得全额清偿，在破产清偿与抵销清偿之间有巨大的差额。如不禁止债务人的债务人用破产申请受理后取得的他人破产债权对自己债务进行抵销，则势必出现债务人低价收买破产债权以抵销须全额偿付的债务，非法牟利，损害其他破产债权人利益的现象。

(2) 债权人已知债务人有不能清偿到期债务或者破产申请的事实，对债务人负担债务的，禁止抵销；但是，债权人因为法律规定或者有破产申请一年前所发生的原因而负担债务的除外。如不禁止此种情况下的抵销，就可能出现债权人在知道债务人有不能清偿到期债务或者破产申请的事实时，通过购买债务人的财产造成负债，却恶意地不予清偿，待到破产程序启动后再用其不能获得完全清偿的破产债权与该项债务进行抵销。但债权人负担的债务，是因为法律规定如继承或者是破产申请一年前所发生的原因则除外。如在破产申请一年前当事人签订了企业合并合同，但延迟至破产申请受理的一年内才完成工商变更登记，而企业的合并各方有的对债务人享有债权，有的对债务人负有债务，合并后即可以进行抵销。

(3) 债务人的债务人已知债务人有不能清偿到期债务或者破产申请的事实，对债务人取得债权的；但是，债务人的债务人因为法律规定或者有破产申请一年前所发生的原因而取得债权的除外。此项规定禁止抵销的理由与第一种情况实质相同，只不过将禁止的时间提前到“已知债务人有不能清偿到期债务或者破产申请的事实”。所谓“对债务人取得债权”，一般均是指取得他人对债务人的债权。因为只有在此种情况下才存在取得债权成本与抵销清偿之间的差额，有利可图，如果是债务人的债务人自己通过与债务人的正常交易而取得债权，实际上不仅无差额之利可图，反而可能造成新的损失。

(4) 股东的破产债权，不得与其欠付的注册资本金相抵销。

如果当事人违反法律禁止抵销规定进行了抵销，管理人可以向法院申请予以撤销。

**(六) 破产费用和共益债务**

破产费用，是在破产程序中为全体债权人共同利益，因破产程序进行而支付的各项费用的总称。《企业破产法》第 41 条规定，人民法院受理破产申请后发生的下列费用，为破产费用：(1) 破产案件的诉讼费用；(2) 管理、变价和分配债务人财产的费用；(3) 管理人执行职务的费用、报酬和聘用工作人员的费用。

共益债务，是在破产程序中发生的应由债务人财产负担的债务的总称。该法第 42 条规定，人民法院受理破产申请后发生的下列债务，为共益债务：(1) 因管理人或者债务人请求对方当事人履行双方均未履行完毕的合同所产生的债务；(2) 债务人财产受无因管理所产生的债务；(3) 因债务人不当得利所产生的债务；(4) 为债务人继续营业而应支付的劳动报酬和社会保险费用以及由此产生的其他债务；(5) 管理人或者相关人员执行职务致人损害所产生的债务；(6) 债务人财产致人损害所产生的债务。

破产费用和共益债务由债务人财产随时清偿。债务人财产不足以清偿所有破产费用和共益债务的，先行清偿破产费用。债务人财产不足以清偿所有破产费用或者共益债务的，按照比例清偿。债务人财产不足以清偿破产费用的，管理人应当提请人民法院终结破产程序。

**(七) 破产债权**

人民法院受理破产申请时对债务人享有的债权称为破产债权。根据破产法的一般原则，破产案件受理后，债权人只有在依法申报债权并得以确认后，才能行使破产参与、受偿等权利。债权人行使各项权利，应依照破产规定的程序进行。

《企业破产法》规定，人民法院受理破产申请后，应当确定债权人申报债权的期限。债权申报期限自人民法院发布受理破产申请公告之日起计算，最短不得少于30日，最长不得超过3个月。在法律规定的期间内，人民法院可以根据案件具体情况确定申报债权的期限。债权人应当在人民法院确定的债权申报期限内向管理人申报债权。在人民法院确定的债权申报期限内，债权人未申报债权的，可以在破产财产最后分配前补充申报；但是，此前已进行的分配，不再对其补充分配。

债权人申报债权时，应当书面说明债权的数额和有无财产担保，并提交有关证据。

不必申报的债权主要包括：债务人所欠职工的工资和医疗、伤残补助、抚恤费用，所欠的应当划入职工个人账户的基本养老保险、基本医疗保险费用，以及法律、行政法规规定应当支付给职工的补偿金，由管理人调查后列出清单并予以公示。

除此之外，其他债权如税收债权、社会保障债权以及对债务人特定财产享有担保权的债权均须依法申报。有关破产债权申报中需要特别注意的事项主要包括：

(1) 未到期的债权，在破产申请受理时视为到期。附利息的债权自破产申请受理时起停止计息。无利息的债权以本金申报债权。

(2) 附条件、附期限的债权和诉讼仲裁未决的债权，债权人也可以申报。职工劳动债权计算到解除劳动合同时止，所以管理人接管企业后的一项重要工作，就是及时解除所有不必维持的劳动合同，避免给债权人扩大损失。

(3) 申报的债权是连带债权的，应当说明。连带债权人可以由其中一人代表全体连带债权人申报债权，也可以共同申报债权。

(4) 连带债务人数人的破产案件均被受理的，其债权人有权就全部债权分别在各破产案件中申报债权，以保障债权人能够在各破产案件中充分实现连带债务人的连带责任。

(5) 债务人的保证人或者其他连带债务人已经代替债务人清偿债务的，以其对债务人的求偿权申报债权；尚未代替债务人清偿债务的，以其对债务人的将来求偿权预先申报债权。但是，债权人已向管理人申报全部债权的除外。

(6) 管理人或者债务人依照破产法规定解除双方均未履行完毕的合同，对方当事人以因合同解除所产生的损害赔偿请求权申报债权。这时可申报的债权以实际损失为限，违约金不得作为破产债权申报，定金则按照定金罚则以双倍数额申报破产债权。

(7) 债务人是委托合同的委托人，其破产案件被人民法院受理，受托人不知该事实，继续处理委托事务的，受托人以由此产生的请求权申报破产债权。

(8) 债务人是票据的出票人，其破产案件被人民法院受理，该票据的付款人继续付款或者承兑的，付款人以由此产生的请求权申报债权。

(9) 享有优先受偿权的债权人行使优先受偿权利未能完全受偿的，债权人以未受偿的债权申报债权；放弃优先受偿权利的，债权人以其债权申报债权。

管理人收到债权申报后，应当登记造册，对申报的债权进行审查，并编制债权表。债权表和债权申报材料由管理人保存，供利害关系人查阅。管理人编制的债权表，应当提交第一次债权人会议核查。债务人、债权人对债权表记载的债权无异议的，由人民法院裁定确认。债权人、债务人对债权表记载的债权有异议的，可以向受理破产申请的人民法院提起诉讼。

## 第三节 债权人会议和债权人委员会

### 一、债权人会议

#### (一) 债权人会议的概念

我国破产程序中的债权人会议，是由所有依法申报债权的债权人组成，以保障债权人共同利益为目的，为实现债权人的破产程序参与权，讨论决定有关破产事宜，表达债权人意志，协调债权人行为的破产议事机构。

在破产程序中，债权人会议不是一个独立的民事权利主体，而只是具有自治性质的机构。债权人会议依召集会议的方式进行活动，虽属于法定必设机关，但不是常设的机构，而是临时性机构。债权人会议仅为决议机关，虽享有法定职权，但本身无执行功能，其所做出的相关决议一般由管理人负责执行。

#### (二) 债权人会议的成员与权力

依法申报债权的债权人为债权人会议的成员，有权参加债权人会议，享有表决权。需要注意的是：(1) 凡是申报债权者均有权参加第一次债权人会议，对于第一次会议以后的债权人会议，只有债权得到确认者才有权行使表决权。(2) 因债权存在争议而未被列入债权表决权者，如果已经提起债权确认诉讼，可以参加债权人会议；但债权尚未确定的债权人，除人民法院能够为其行使表决权而临时确定债权额的外，不得行使表决权。(3) 对债务人的特定财产享有担保权的债权人，未放弃优先受偿权利的，对通过“和解协议和破产财产的分配方案”的事项不享有表决权。(4) 债务人的保证人，代替债务人清偿债务后，可以作为债权人，享有表决权。

为维护企业职工的权益，立法规定，债权人会议应当有债务人的职工和工会的代表参加，但职工和工会的代表在债权人会议上没有表决权。

为保证债权人会议的顺利进行，我国立法规定，债权人会议设主席一人。债权人会议主席不是由债权人会议选举产生，也不是由债权数额最多的债权人担任，而是由人民法院在有表决权的债权人中指定。

在债权人会议上除有权出席会议的债权人之外，还有其他列席人员。债权人会议的列席人员是指不属于会议正式成员，为协助债权人会议顺利召开，因履行法定义务或职务义务而参加会议的人员，无表决权。债务人的法定代表人有义务列席债权人会议。经人民法院决定，债务人企业的财务管理人员和其他经营管理人员也有义务列席债权人会议。管理人作为负有财产管理职责的人也应当列席债权人会议。有义务列席债权人会议的债务人的有关人员，经人民法院传唤，无正当理由拒不列席债权人会议的，人民法院可以拘传，并依法处以罚款。

**（三）债权人会议的召集**

债权人会议是依召集方式活动的议决机关。第一次债权人会议由人民法院召集，自债权申报期限届满之日起15日内召开。以后的债权人会议，在人民法院认为必要时，或者管理人、债权人委员会、占债权总额1/4以上的债权人向债权人会议主席提议时召开。召开债权人会议，管理人应当提前15日通知已知的债权人。

**（四）债权人会议的职权**

《企业破产法》第61条对债权人会议的职权作有规定：债权人会议行使下列职权：(1)核查债权；(2)申请人民法院更换管理人，审查管理人的费用和报酬；(3)监督管理人；(4)选任和更换债权人委员会成员；(5)决定继续或者停止债务人的营业；(6)通过重整计划；(7)通过和解协议；(8)通过债务人财产的管理方案；(9)通过破产财产的变价方案；(10)通过破产财产分配方案；(11)人民法院认为应当由债权人会议行使的其他职权。债权人会议应当对所议事项的决议作成会议记录。

**（五）债权人会议的决议**

1. 债权人会议的决议，由出席会议的有表决权的债权人过半数通过，并且其所代表的债权额占“无财产担保债权总额”的1/2以上。

2. 其中的和解协议，由出席会议的有表决权的债权人过半数同意，并且其所代表的债权额占“无财产担保债权总额”的2/3以上。

3. 其中的重整计划的分组表决，出席会议的同一表决组的债权人过半数同意，并且其所代表的债权额占“该组债权总额”的2/3以上。

债权人会议的决议，对于在该决议事项上有表决权的全体债权人均有约束力。同时，立法为反对债权人会议决议者提供了救济渠道。债权人认为债权人会议的决议违反法律规定，损害其利益的，可以自债权人会议做出决议之日起15日内，请求人民法院裁定撤销该决议，责令债权人会议依法重新做出决议。

## 二、债权人委员会

债权人会议可以决定设立债权人委员会，也可以不设立。债权人委员会由债权人会议选任的债权人代表和一名债务人的职工代表或者工会代表组成，其成员不超过9人。债权人委员会的成员应当经人民法院书面决定认可。

债权人委员会的职权主要有：(1)监督债务人财产的管理和处分；(2)监督破产财产的分配；(3)提议召开债权人会议；(4)债权人会议委托的其他职权。

为保障债权人委员会能够及时了解破产程序进行的有关信息，行使监督权力，《企业破产法》还规定，管理人实施下列行为，应当及时报告债权人委员会：(1)涉及土地、房屋等不动产权益的转让；(2)探矿权、采矿权、知识产权等财产权利的转让；(3)全部库存或者营业的转让；(4)借款；(5)设定财产担保；(6)债权和有价证券的转让；(7)履行债务人和对方当事人均未履行完毕的合同；(8)放弃权利；(9)担保物的收回；(10)对债权人利益有重大影响的其他财产处分行为。未设立债权人委员会的，管理人实施上述行为应当及时报告人民法院。

## 第四节 重整与和解

### 一、重整

#### （一）重整的概念和重整申请

重整是指对已经或可能发生破产原因但又有挽救希望的法人企业，通过对各方利害关系人的利益协调，借助法律强制进行营业重组与债务清理，以避免破产、获得再生的法律制度。

重整申请人可以是：（1）债务人可以依法直接向人民法院申请对债务人进行重整；（2）债权人可以依法直接向人民法院申请对债务人进行重整；（3）债权人申请对债务人进行破产清算的，在人民法院受理破产申请后、宣告债务人破产前，债务人或者出资额占债务人注册资本 1/10 以上的出资人，可以向人民法院申请重整。人民法院经审查认为重整申请符合法律规定的，应当裁定债务人重整，并予以公告。

#### （二）重整期间

自人民法院裁定债务人重整之日起至重整程序终止，为重整期间。须注意的是，所谓重整期间，仅指重整申请受理至重整计划草案得到债权人会议分组表决通过和人民法院审查批准，或重整计划草案未能得到债权人会议分组表决通过或人民法院不予批准的期间，不包括重整计划得到批准后的执行期间。

在重整期间，债务人的财产管理和营业事务执行，可以由债务人或管理人负责。为保障重整的顺利进行，在重整期间，对债务人的特定财产享有的担保权暂停行使。但是，对企业重整无保留必要的担保财产，经债务人或管理人同意，担保权人可以行使担保权。在重整期间，债务人或者管理人为继续营业而借款的，可以为该借款设定担保。债务人在重整期间为重整进行而发生的费用与债务，原则上属于共益债务，可以不受重整程序限制地从债务人财产中受偿。

债务人合法占有的他人财产，该财产的权利人在重整期间要求取回的，应当符合事先约定的条件。

在重整期间，债务人的出资人不得请求投资收益分配。在重整期间，债务人的董事、监事、高级管理人员不得向第三人转让其持有的债务人的股权，但经人民法院同意的除外。

#### （三）重整计划

1. 重整计划草案的制定

当事人的重整申请被受理之后，应当在法定期限内提交重整计划草案。债务人自行管理财产和营业事务的，由债务人制作重整计划草案。管理人负责管理财产和营业事务的，由管理人制作重整计划草案。债务人或者管理人应当自人民法院裁定债务人重整之日起 6 个月内，同时向人民法院和债权人会议提交重整计划草案。债权人、股东、战略投资人等利害关系人也可以制作重整计划草案，提交给债务人或管理人。债务人或管理人认为该重整计划草案可行的，可以提交或修改后提交债权人会议讨论。期限届满，经债务人或者管理人请求，有正当理由的，人民法院可以裁定延期3个月。债务人或者管理人未按期提出重整计划草案的，人民法院应当裁定终止重整程序，并宣告债务人破产。

根据《企业破产法》第81条规定：重整计划草案应当包括下列内容：(1) 债务人的经营方案；(2) 债权分类；(3) 债权调整方案；(4) 债权受偿方案；(5) 重整计划的执行期限；(6) 重整计划执行的监督期限；(7) 有利于债务人重整的其他方案。所谓经营方案，是指债务人的经营管理方案、融资方案、资产与业务重组方案等有关具体重整措施内容的方案。

2. 重整计划草案的表决

人民法院应当自收到重整计划草案之日起30日内召开债权人会议，对重整计划草案进行表决。重整计划草案在债权人会议上进行分组表决。表决组的划分要充分体现出当事人在重整计划中的差别利益。出席会议的同一表决组的债权人过半数同意重整计划草案，并且其所代表的债权额占该组债权总额的2/3以上的，即为该组通过重整计划草案。各表决组均通过重整计划草案时，重整计划即为通过。

3. 重整计划草案的批准

自重整计划通过之日起10日内，债务人或者管理人应当向人民法院提出批准重整计划的申请。人民法院经审查认为重整计划符合法律规定，无恶意损害部分债权人利益的内容，表决组中反对者的既得利益未受到损害，应当自收到申请之日起30日内裁定批准，终止重整程序，并予以公告。

为保障重整程序能够顺利进行，《企业破产法》还专门设置了人民法院强制批准重整计划草案的程序。该法第87条规定，部分表决组未通过重整计划草案的，债务人或者管理人可以同未通过重整计划草案的表决组协商。该表决组可以在协商后再表决一次。双方协商的结果不得损害其他表决组的利益。未通过重整计划草案的表决组拒绝再次表决或者再次表决仍未通过重整计划草案，但重整计划草案符合法律规定条件的，债务人或者管理人可以申请人民法院批准重整计划草案。在管理人或债务人提出强制批准重整计划草案的申请后，应当通知所有未通过重整计划草案的表决组以及通过重整计划草案的表决组中的反对者。

4. 重整计划的执行

根据《企业破产法》规定，重整计划由债务人负责执行。依据法律规定之文意，即使原重整计划草案是由管理人负责制定的，在批准之后也要由债务人负责执行。为此，债权人在审查重整计划草案时，必须考虑重整计划草案中对债务人董事、监事、经理等高级管理人员中有违法行为者及不称职者的更换，以免在重整计划由债务人执行的过程中因人员不当而发生问题。

人民法院裁定批准重整计划后，已接管财产和营业事务的管理人应当向债务人移交财产和营业事务。

5. 重整计划的监督

在重整计划中应当规定对重整计划执行的监督期限。自人民法院裁定批准重整计划之日起，在重整计划规定的监督期内，由管理人监督重整计划的执行。在监督期内，债务人应当向管理人报告重整计划执行情况和债务人财务状况。监督期届满时，管理人应当向人民法院提交监督报告。自监督报告提交之日起，管理人的监督职责终止。经管理人申请，人民法院可以裁定延长重整计划执行的监督期限。管理人向人民法院提交的监督报告，重整计划的利害关系人有权查阅。

6. 重整计划的效力

经人民法院裁定批准的重整计划，对债务人和全体债权人均有约束力，包括债务人的特定财产享有担保权的债权人。债权人对债务人的保证人和其他连带债务人所享有的权利，不受重整计划的影响，可以依据原合同约定行使权利。债权人未依法申报债权的，在重整计划执行期间不得行使权利；在重整计划执行完毕后，可以按照重整计划规定的同类债权的清偿条件行使权利。据此，在重整程序中，债权人未依法申报债权的，在债务人或管理人向人民法院和债权人会议提交重整计划草案表决之前仍未依法补充申报的，不得再补充申报债权，以免打乱重整计划中债权调整、清偿等方案，影响重整程序进行。

人民法院裁定终止重整计划执行的，债权人在重整计划中做出的债权调整的承诺失去效力，但为重整计划的执行提供的担保继续有效。债权人因执行重整计划所受的清偿仍然有效，债权未受清偿的部分作为破产债权。在重整计划执行中已经接受清偿的债权人，只有在其他同顺位债权人与自己所受的重整清偿达到同一比例时，才能继续接受破产分配。按照重整计划减免的债务，自重整计划执行完毕时起，债务人不再承担清偿责任。

7. 重整计划的终止

重整计划草案未获得通过且未依照法律规定获得人民法院的强制批准，或者已通过的重整计划未获得批准的，人民法院应当裁定终止重整程序，并宣告债务人破产。

在重整期间，有下列情形之一的，经管理人或者利害关系人请求，人民法院应当裁定终止重整程序，并宣告债务人破产：(1) 债务人的经营状况和财产状况继续恶化，缺乏挽救的可能性；(2) 债务人有欺诈、恶意减少债务人财产或者其他显著不利于债权人的行为；(3) 由于债务人的行为致使管理人无法执行职务。

债务人不能执行或者不执行重整计划的，人民法院经管理人或者利害关系人请求，应当裁定终止重整计划的执行，并宣告债务人破产。

## 二、和解

### (一) 和解的概念与特征

和解是预防债务人破产的法律制度之一。在发生破产原因时，债务人可以提出和解申请及和解协议草案，由债权人会议表决，如能获得通过，再经人民法院裁定认可后生效执行，可以避免被宣告破产。因和解程序只能在债务人发生破产原因后才能提出申请，挽救企业的时机较晚，且不能约束对债务人的特定财产享有担保权的债权人，所以其挽救债务人的强制性效果明显不如重整程序，但是其具有简单易行、成本低廉、时间快等优势。《企业破产法》在设置重整程序后为给当事人提供更多的避免破产的方式与机会，在立法中仍设置了和解制度。

### (二) 和解程序

和解申请只能由债务人一方提出，这是与破产清算申请和重整申请还可由债权人等其他主体提出有所不同的。债务人可以依法直接向人民法院申请和解，可以在人民法院受理破产申请后、宣告破产前，向人民法院申请和解。债务人申请和解，应当提出和解协议草案。

人民法院经审查认为和解申请符合法律规定的，应当受理其申请，裁定和解，予以公告，并召集债权人会议讨论和解协议草案。对债务人的特定财产享有担保权的权利人，自人民法院裁定和解之日起可以行使权利。

债权人会议通过和解协议的决议，由出席会议的有表决权的债权人过半数同意，并且其所代表的债权额占无财产担保债权总额的2/3以上。

**（三）和解协议的效力**

1. 和解协议对债务人与和解债权人的效力

经人民法院裁定认可的和解协议，对债务人和全体和解债权人均有约束力。和解债权人是指人民法院受理破产申请时对债务人享有无物权担保债权的人。债务人应当按照和解协议规定的条件清偿债务。按照和解协议减免的债务，自和解协议执行完毕时起，债务人不再承担清偿责任。

和解债权人未依照法律规定申报债权的，在和解协议执行期间不得行使权利；在和解协议执行完毕后，可以按照和解协议规定的清偿条件行使权利。所以，在和解程序中，债权人未依法申报债权的，在债务人向债权人会议提交和解协议草案表决之前未补报债权的，不得再补充申报债权，以免打乱和解协议中的债权调整、清偿方案，影响和解程序进行。

2. 和解协议对债务人的保证人和其他连带债务人的效力

和解债权人对债务人的保证人和其他连带债务人所享有的权利，不受和解协议的影响。也就是说，和解协议对债务人的保证人或连带债务人无效，和解债权人对债务人所做的债务减免清偿或延期偿还的让步，效力不及于债务人的保证人或连带债务人，他们仍应按原来债的约定或法定责任承担保证或连带责任。在破产和解中，不适用主债务减少从债务随之减少的原则。如前所述，此原则也同样适用于重整程序。

**（四）和解协议的终止**

债权人会议通过和解协议的，由人民法院裁定认可，终止和解程序，并予以公告。管理人应当向债务人移交财产和营业事务，并向人民法院提交执行职务的报告。债务人应当按照和解协议规定的条件清偿债务。按照和解协议减免的债务，自和解协议执行完毕时起，债务人不再承担清偿责任。

和解协议草案经债权人会议表决未获得通过，或者未获得人民法院认可的，人民法院应当裁定终止和解程序，并宣告债务人破产。

因债务人的欺诈或者其他违法行为而成立的和解协议，人民法院应当裁定无效，并宣告债务人破产。此时，和解债权人因执行和解协议所受的清偿，在其他债权人所受清偿同等比例的范围内，不予返还，这与一般合同无效时双方应完全返回财产不同。

债务人不能执行或者不执行和解协议的，人民法院经和解债权人请求，应当裁定终止和解协议的执行，并宣告债务人破产。破产法上的和解协议只具有程序法上的意义，没有强制执行的效力。债务人不履行和解协议时，债权人只能向法院申请终止和解协议，宣告其破产，而不能提起对和解协议的强制执行程序。

人民法院裁定终止和解协议执行的，和解债权人在和解协议中做出的债权调整的承诺失去效力，但债务人方面为和解协议的执行提供的担保继续有效。和解债权人因执行和解协议所受的清偿仍然有效，不予退回，和解债权未受清偿的部分作为破产债权。上述债权人只有在其他债权人同自己所受的和解清偿达到同一比例时，才能继续接受破产分配。

为尊重当事人的自主决定权，《企业破产法》还规定，人民法院受理破产申请后，债务人与全体债权人就债权债务的处理自行达成协议的，可以请求人民法院裁定认可，并终结破产程序。

# 第五节 破产清算

## 一、破产宣告

### (一) 破产宣告的概念

破产宣告是指法院依据当事人的申请或法定职权裁定宣布债务人破产以清偿债务的活动。人民法院依法宣告债务人破产,应当自裁定做出之日起 5 日内送达债务人和管理人,自裁定做出之日起 10 日内通知已知债权人,并予以公告。

债务人被宣告破产后,在破产程序中的有关称谓也发生相应变化,债务人为破产人,债务人财产称为破产财产,人民法院受理破产申请时对债务人享有债权称为破产债权。

### (二) 终结破产程序的情形

《企业破产法》第 108 条规定,破产宣告前,有下列情形之一的,人民法院应当裁定终结破产程序,并予以公告:(1) 第三人为债务人提供足额担保或者为债务人清偿全部到期债务的;(2) 债务人已清偿全部到期债务的。

## 二、别除权

《企业破产法》第 109 条规定,对破产人的特定财产享有担保权的权利人,对该特定财产享有优先受偿的权利。此项权利即是破产法理论上的别除权。别除权是指债权人因其债权设有物权担保或享有法定特别优先权,而在破产程序中就债务人(即破产人)特定财产享有的优先受偿权利。别除权的优先受偿权不受破产清算与和解程序的限制,但在重整程序中受到一定限制。

《企业破产法》规定,别除权之债权属于破产债权,其担保物属于破产财产,这是与旧破产法不同的。据此,别除权人享有破产申请权,也应当申报债权,未依法申报债权者不得依照破产法规定的程序行使权利。

别除权人就破产人的特定财产享有优先受偿权利,即该项财产的变价款必须优先清偿别除权人的担保债权,只有在全部清偿其担保债权后仍有剩余财产时才能够用于对其他普通债权人的清偿。所以别除权人对破产人的特定财产处于最优先的清偿顺序,但法律另有规定的除外。

别除权人行使优先受偿权利未能完全受偿的,其未受偿的债权作为普通债权。别除权人放弃优先受偿权利的,其债权作为普通债权。但如破产人仅作为担保人为他人债务提供物权担保,担保债权人的债权虽然在破产程序中可以构成别除权,但因破产人不是主债务人,在担保物价款不足以清偿担保债额时,余债不得作为破产债权向破产人要求清偿,只能向原主债务人求偿。此时,别除权人如放弃优先受偿权利,其债权也不能转为对破产人的破产债权,因两人之间只有担保关系,无基础债务关系。

别除权的基础权利是担保物权和法定特别优先权。各国立法对担保物权种类的规定不尽相同,我国法律规定的担保物权中被公认在破产程序中可享有别除权的有抵押权、质权和留置权。

别除权与职工劳动债权之间的清偿顺序依《企业破产法》第 132 条的特别规定确定。别除权人为及时获得清偿,可以在处置担保物时将对担保物享有优先于别除权受偿的职工劳动债权全额提存,在不影响该债权清偿的前提下对特定财产行使优先受偿权。享有优先受偿权的权利人为两人以上时,对职工劳动债权的责任按照各权利人行使优先受偿权的财产比例分担。

## 三、破产财产的变价和分配

### (一) 破产财产的变价

破产财产的分配以货币分配为基本方式。管理人应当按照债权人会议通过的或者人民法院依法裁定的破产财产变价方案,适时变价出售破产财产。变价出售破产财产应当通过拍卖方式进行,但债权人会议另有决议的除外。破产财产的变价出售必须以债权人利益最大化为原则,不能与破产企业职工安置挂钩,决不允许以低价向购买者处分破产财产的方式换取其对职工的就业安置。

破产企业可以全部或者部分变价出售。企业变价出售时,可以将其中的无形资产和其他财产单独变价出售。按照国家规定不能拍卖或者限制转让的财产,当按照国家规定的方式处理。

### (二) 破产财产的分配

破产分配是指将破产财产按照法律规定的债权清偿顺序和案件实际情况确定的受偿比例进行清偿的程序。破产财产的分配应当遵守法定的分配顺序和分配方法。对破产财产可以进行一次性分配,也可以进行多次分配,须视破产财产多少、变价难易等情况而定。

《企业破产法》第 113 条规定,破产财产在优先清偿破产费用和共益债务后,依照下列顺序清偿:(1) 破产人所欠职工的工资和医疗、伤残补助、抚恤费用,所欠的应当划入职工个人账户的基本养老保险、基本医疗保险费用,以及法律、行政法规规定应当支付给职工的补偿金;(2) 破产人欠缴的除前项规定以外的社会保险费用和破产人所欠税款;(3) 普通破产债权。破产财产不足以清偿同一顺序的清偿要求的,按照比例分配。破产企业的董事、监事和高级管理人员的工资按照该企业职工的平均工资计算。

破产财产的分配应当以货币分配方式进行。但是,债权人会议另有决议的除外。在实践中,有些破产财产处分较为困难,或在变价过程中会造成较大损失,有些破产企业的债权一时难以追回,股权无法变现,在破产分配时,经债权人会议决议,可以进行实物分配、债权或股权分配。

管理人应当及时拟订破产财产分配方案,提交债权人会议讨论。债权人会议表决通过破产财产分配方案后,由管理人将该方案提请人民法院裁定认可,经人民法院裁定认可后,由管理人执行。

管理人实施分配,应当通知所有债权人。对债权人留有明确姓名或名称、地址、银行账户,无须债权人受领行为即可交付的,管理人应当在通知后直接将破产财产分配额交付债权人。无法通知且无法直接交付的债权人未受领的破产财产分配额,管理人应当提存。债权人自最后分配公告之日起满 2 个月仍不领取的,视为放弃受领分配的权利,管理人或者人民法院应当将提存的分配额分配给其他债权人。

对附生效条件或者解除条件的债权,管理人应当将其分配额提存。在最后分配公告日,生效条件未成就或者解除条件成就的,提存的分配额应当分配给其他债权人;在最后分配公告日，生效条件成就或者解除条件未成就的，提存的分配额应当交付给该债权人。

破产财产分配时，对于诉讼或者仲裁未决的债权，管理人应当将其分配额提存。自破产程序终结之日起满 2 年仍不能受领分配的，人民法院应当将提存的分配额分配给其他债权人。

## 四、破产程序的终结

### （一）破产终结程序

破产程序终结方式主要有四种：

1. 因和解、重整程序顺利完成而终结；
2. 因债务人消除破产原因或以其他方式解决债务清偿问题（包括自行和解）而终结；
3. 因债务人的破产财产不足以支付破产费用而终结；
4. 因破产财产分配完毕而终结。在破产清算程序中仅涉及后两种情况。

管理人应及时提交破产财产分配报告，并提请人民法院裁定终结破产程序。人民法院应当自收到管理人终结破产程序的请求之日起 15 日内做出是否终结破产程序的裁定。裁定终结的，应当予以公告。

管理人应当自破产程序终结之日起 10 日内，持人民法院终结破产程序的裁定，向破产人的原登记机关办理注销登记。

### （二）遗留事务的处理

在破产程序因债务人财产不足以支付破产费用而终结，或者因破产人无财产可供分配或破产财产分配完毕而终结时，自终结之日起两年内，有下列情形之一的，债权人可以请求人民法院按照破产财产分配方案进行追加分配：

1. 发现在破产案件中有可撤销行为、无效行为或者债务人的董事、监事和高级管理人员利用职权从企业获取非正常收入和侵占企业财产的情况，应当追回财产的。
2. 发现破产人有应当供分配的其他财产的。

有上述情形，但财产数量不足以支付分配费用的，不再进行追加分配，由人民法院将其上交国库。

破产人的保证人和其他连带债务人，在破产程序终结后，对债权人依照破产清算程序未受清偿的债权依法继续承担清偿责任。实际上，债权人可以在破产程序进行中就能够依法追究保证人和其他连带债务人的清偿责任。

## 练习题

### 一、单项选择题

1. 根据企业破产法律制度的规定，下列各项中，对企业破产案件实施管辖权的法院是（　　）。

A. 债务人住所地法院　　B. 申请人住所地法院
C. 企业破产财产所在地法院　　D. 债权人和债务人协议选择的法院

2. 某企业被人民法院受理破产申请后，该企业在人民法院受理破产申请前 1 年内发生的下列行为中，管理人有权请求人民法院予以撤销的是（　　）。

A. 向关联企业转让一套关键生产设备

B. 对关联企业的一项贷款合同提供保证担保

C. 解除了与关联企业的一项买卖合同

D. 放弃关联企业所欠的一笔劳务费

3. 人民法院受理债务人甲公司破产申请时,乙公司依照其与甲公司之间的买卖合同已向买受人甲公司发运了该合同项下的货物,但甲公司尚未付价款。乙公司得知甲公司破产申请被受理后,立即通过传真向甲公司的管理人要求取回在运途中的货物。管理人收到乙公司传真后不久,即收到了乙公司发运的货物。下列表述中,正确的是(　　)。

A. 乙公司有权取回该批货物

B. 乙公司无权取回该批货物,但可以就买卖合同价款向管理人申报债权

C. 管理人已取得该批货物的所有权,但乙公司有权要求管理人立即支付全部价款

D. 管理人已取得该批货物的所有权,但乙公司有权要求管理人就价款支付提供担保

4. 下列属于共益债务的是(　　)。

A. 破产案件的诉讼费用

B. 管理、变价和分配债务人财产的费用

C. 管理人执行职务的费用、报酬和聘用工作人员的费用

D. 债务人财产受无因管理所产生的债务

5. 债权人委员会由债权人会议选任的债权人代表和一名债务人的职工代表或者工会代表组成。债权人委员会成员不得超过(　　)。

A. 5人　　B. 7人　　C. 9人　　D. 6人

6. 自人民法院裁定批准重整计划之日起,下列做法不符合《企业破产法》规定的是(　　)。

A. 在重整计划规定的监督期内,由管理人监督重整计划的执行

B. 重整计划由债务人负责执行

C. 债权人未依照规定申报债权的,在重整计划执行期间不得行使权利

D. 债权人对债务人的保证人所享有的权利,按照重整计划相应调整

7. 某企业被债权人申请破产并被受理,经审理查明,债权总额为2 100万元,其中无财产担保债权总额为1 500万元。此后债务人提出和解,人民法院召集债权人会议对和解协议草案进行表决时,出席会议的债权人所代表的债权额为1 800万元,其中有表决权的债权人过半数同意和解,同意和解协议的债权人所代表的债权额最少应当是(　　)。

A. 1 500万元　　B. 1 400万元　　C. 1 200万元　　D. 1 000万元

8. 在破产程序中,债务人与债权人会议达成的和解协议发生效力后,应受和解协议约束的人是(　　)。

A. 债务人

B. 和解债权人对债务人的保证人所享有的权利

C. 和解协议成立前,全部债权均有财产担保的债权人

D. 和解债权人和其他连带债务人

9. 甲公司被依法宣告破产,管理人的清算结果为:甲公司的破产财产共1 900万元,发生破产清算费用110万元,欠职工工资140万元,欠税款1 500万元,破产债权3 000万元,其中乙公司拥有破产债权1 000万元。根据《企业破产法》规定,乙公司受偿的金额为(　　)万元。

A. 150　　B. 50　　C. 35　　D. 15

10. 2007年9月25日，人民法院受理了A国有企业的破产案件，并于2007年11月10日宣告A国有企业破产程序终结。2009年1月12日，人民法院发现A国有企业曾于2006年10月23日放弃自己对B企业的债权。对此情形，下列说法中正确的是(　　)。

A. A企业的该行为属于破产受理前6个月之前发生的，不能撤销

B. 应由债权人请求人民法院追回财产，追加分配

C. 应由管理人请求人民法院追回财产，追加分配

D. 已经超过了1年的期限，不能追回财产

**二、多项选择题**

1. 根据《企业破产法》的规定，破产界限的实质标准是债务人不能清偿到期债务。下列情形中，可以界定为债务人不能清偿到期债务的有(　　)。

A. 债务人不能以财产、信用或能力等任何方式清偿债务

B. 债务人停止支付到期债务并呈连续状况

C. 债务人资不抵债

D. 债务人对主要债务在可预见的相当长时间内持续不能偿还

2. 假设人民法院于2007年9月10日受理甲企业法人破产案件，12月10日做出破产宣告裁定。在破产企业清算时，下列选项中，相关当事人不能依法主张抵销的是(　　)。

A. 甲企业的债务人乙，在2007年9月30日时取得了对甲的债权

B. 甲企业的债权人丙，在明知甲企业不能清偿到期债务的事实的情况下，于2006年10月10日对甲企业负担债务

C. 甲企业的债务人丁，于2006年9月1日取得了对甲企业的债权

D. 甲企业的债权人戊，于2006年9月5日取得了对甲企业的债务

3. 人民法院于2010年6月受理了甲企业的破产案件。根据企业破产法律制度的规定，以下各选项中，属于共益债务的有(　　)。

A. 同年7月，破产管理人在执行职务的过程中，致人损害产生的债务

B. 同年5月，甲企业厂房失火，导致隔壁家具店的高档木材全部烧毁，由此产生的债务

C. 同年12月，破产管理人应获得的报酬

D. 同年12月，甲为继续营业而应支付其员工的劳动报酬

4. 根据《企业破产法》的规定，下列选项中，可以作为破产债权申报的有(　　)。

A. 破产宣告时尚未到期的债权

B. 破产宣告时附停止条件的债权

C. 破产案件受理前成立的有财产担保的债权

D. 管理人决定解除破产企业未履行的合同，除实际损失之外，依合同约定应支付给对方当事人的违约金

5. 对债务人的特定财产享有担保权的债权人，未放弃优先受偿权利的，对于(　　)没有表决权。

A. 选任和更换债权人委员会成员

B. 决定继续或者停止债务人的营业

C. 通过和解协议

D. 通过破产财产的分配方案

## 三、简答题

1. 什么是管理人？如何确定管理人？
2. 什么是债务人财产？
3. 什么是取回权？财产权利人在什么情况下可行使取回权？
4. 管理人在什么情况下可行使债务人财产的收回权？
5. 什么是别除权？如何行使别除权？
6. 什么是破产债权？关于破产债权的申报期限有哪些规定？
7. 什么是重整？重整申请如何提出？
8. 和解申请如何提出？和解协议如何生效？

## 四、案例分析题

甲股份有限公司因经营管理不善，无力偿还到期债务，该公司的债权人A公司于某年6月12日向甲公司所在地法院提出破产申请。法院于6月15日通知甲公司，甲公司认为《企业破产法》不适用于股份有限公司，提出异议。法院于6月23日裁定受理该破产申请，同时指定B律师事务所作为管理人。管理人对甲公司的财产和债务情况整理如下：

(1) 甲公司全部资产价值为5 200万元，其中包括：① 用于对银行800万元贷款提供抵押担保的办公楼价值740万元；② 用于对所欠A公司货款700万抵押担保的厂房价值550万元；③ 一套加工设备价值90万元；④ 丙公司欠付的劳务费15万元。

(2) 甲公司全部债务共15 800万元，其中包括：所欠银行贷款800万元；欠A公司货款700万元；欠发职工工资和社会保险费用470万元；欠交税款220万元；欠丙公司货款15万元；管理人于8月3日解除甲公司与丁公司的合同，给丁公司造成损失230万元。

(3) 乙公司提出，以上资产中价值90万元的设备是乙公司出租给甲公司的，所有权属于乙公司，并提供了租赁合同。

(4) 丙公司提出以货款抵销欠付甲公司的劳务费。经管理人查明，此前丙公司欠甲公司15万元的劳务费一直没有支付。同年4月30日丙公司知道甲公司有大笔到期债务无力清偿后，遂向甲公司转让15万元货物。

(5) 除上述债务外，还发生诉讼费80万元、管理人员报酬60万元、注册会计师清算费用50万元、评估费20万元、为债务人继续营业而应支付的职工工资28万元。法院受理破产申请后，戊公司有充分证据证明甲公司对戊公司不当得利22万元，要求返还给戊公司。

(6) 甲公司注册资本为1 000万元，但到破产申请受理日，甲公司的某股东尚差200万元的出资未缴足，该股东有补足股本的能力。

要求：根据企业破产法律制度的规定，分析回答下列问题：

(1) 甲公司的破产申请人、法院受理时间、甲公司提出异议的理由、管理人的产生是否合法？说明理由。

(2) 甲公司破产前租用乙公司的设备，是否属于破产财产？应如何处理？说明理由。

(3) 丙公司提出以货款抵销欠付劳务费的要求是否合法？说明理由。

(4) 甲公司的股东未缴足的出资应如何处理？说明理由。

(5) 哪些属于破产费用？哪些属于共益债务？如何清偿？说明理由。

(6) 说明本案的破产清偿顺序。

(7) 丁公司可以获得的清偿金额为多少(列出计算过程)？

# 第四章 合同法

## 学习要点

☆ 掌握合同法的基本原则，合同的订立(要约与承诺)，合同的效力，合同的履行，合同的变更、转让和终止，违约责任。

☆ 熟悉合同的概念和特征，合同的分类，合同的形式。

☆ 了解合同法的概念及其适用、合同的主要条款。

## 引 例

案情：2017 年 9 月 12 日，乙公司从甲公司处租赁了一套办公家具，租期一年。2017 年 12 月 28 日，乙公司以自己的名义将该套家具出售给不知情的丙公司，双方签订了办公家具买卖合同，丙支付了 10 000 元预付款，但家具尚未交付。甲于 2018 年 1 月 6 日对买卖合同进行了追认。

问题：

(1) 买卖合同的当事人是谁？为什么？

(2) 买卖合同于何时生效？为什么？

(3) 若甲未追认买卖合同，乙应当对丙承担什么责任？为什么？

## 第一节 合同和合同法概述

### 一、合同的概念和特征

《中华人民共和国合同法》(以下简称《合同法》)所称“合同”，是指平等主体的自然人、法人、其他组织之间设立、变更、终止民事权利义务关系的协议。

合同具有如下法律特征：

1. 合同是两个或两个以上当事人之间的协议。如甲、乙双方签订房屋买卖合同就是双方当事人之间的协议；甲、乙、丙三方之间签订的合伙合同就是多方当事人之间的协议。

2. 合同是当事人在平等自愿的基础上达成的协议。平等，是指当事人双方在订立合同时的法律地位是平等的，相互间不存在隶属关系。自愿是指在合同关系中，任何一方均不得将自己的意志强加给对方。

3. 合同是当事人设立、变更、终止民事权利义务关系的协议。设立、变更、终止民事权利义务关系是当事人订立合同的目的。如甲、乙签订技术转让合同，甲订立合同是为获得技术，乙订立合同是为了获得金钱。

## 二、合同的分类

### （一）双务合同和单务合同

以当事人一方还是双方承担义务为标准，可将合同分为双务合同和单务合同。当事人双方相互享有权利，互负给付义务的合同称为双务合同。如买卖合同、租赁合同等。当事人一方负担义务，对方仅享有权利不负担义务的称为单务合同，如借用合同。

区分双务合同与单务合同的法律意义：第一，先履行抗辩权、同时履行抗辩权和不安抗辩权仅适用于双务合同，单务合同不适用；第二，双务合同有风险负担问题，如当事人一方因不可抗力致使合同不能履行时，可以解除合同，如果对方已经履行，应将所得利益予以返回，单务合同则没有给付及返回问题。

### （二）有偿合同与无偿合同

以当事人从合同中获取利益是否需要支付相应的代价为标准，可将合同分为有偿合同和无偿合同。一方履行合同义务，对方获得利益要为此支付相应代价的为有偿合同，如买卖合同、租赁合同、保险合同等；一方给付某种利益，对方取得该利益时无须支付任何代价的称为无偿合同，如借用合同、赠予合同。

区分有偿合同与无偿合同的法律意义：第一，有偿合同债务人的注意义务较无偿合同为重，如在保管合同中，对保管物的灭失，有偿保管人负有过失赔偿责任，无偿保管人仅负重大过失责任。第二，限制行为能力人订立与之行为能力不相适应的有偿合同，须经法定代理人同意或追认才有效，而对纯粹获利的赠予等无偿合同，则可独立为之。

### （三）有名合同与无名合同

以法律是否为合同规定了一定名称为标准，可将其分为有名合同与无名合同。法律已确定特定名称及规则的称为有名合同，如《合同法》分则规定的买卖合同等 15 类都属于有名合同。法律尚未确定名称与规则的称为无名合同。如物业管理合同、电子认证合同等。

区分有名合同与无名合同的法律意义：有名合同的订立、变更或解除应按照合同法的规定办理；根据《合同法》第 24 条的规定，无名合同可适用《合同法》总则并参照分则或其他法律最相类似的规定办理。无名合同只要不违反社会公德、社会公共利益和法律的禁止性规定，当事人可以自主设立，法律承认其效力。

### （四）诺成合同与实践合同

以合同成立是否需要以实际交付标的物为标准，可将合同分为诺成合同和实践合同。当事人一方的意思表示一经对方同意合同即能成立或生效的，称为诺成合同，如买卖合同、承揽合同。如果合同成立或生效除当事人双方意思表示一致以外还须交付标的物的，称为实践合同，如财产保管合同、自然人之间的借款合同。诺成合同与实践合同的区分标准，通常应根据法律的规定及交易习惯而定。

### （五）要式合同与不要式合同

以合同成立或生效是否应采取一定的形式为标准，可将其分为要式合同与不要式合同。法律规定应当采取特定方式才能成立的称为要式合同，如房屋买卖合同、技术转让合同。而无须采用特定形式，只要当事人意思表示一致合同便可成立的称为不要式合同，如买卖合同等。

区分要式合同与不要式合同的法律意义在于确定合同是否生效以及何时生效。

**(六) 主合同与从合同**

以两个合同之间的主从关系为标准,可将其分为主合同和从合同。无须以其他合同存在作为条件的合同称为主合同,而必须以其他合同的存在作为条件的合同称为从合同。如贷款合同为主合同,为其担保设立的抵押合同就是从合同。

区分主合同与从合同的法律意义是:第一,主合同是从合同的存在基础,没有主合同便没有从合同。第二,主从合同存在制约关系,如主合同无效,从合同也无效;但从合同无效,不能推定主合同无效。

## 三、合同法概述

**(一) 合同法的概念与特征**

合同法是调整平等主体之间商品交换关系的法律规范的总称。1999 年 3 月 15 日,第九届全国人民代表大会第二次会议通过了《合同法》。《合同法》分总则、分则、附则三篇,共 23 章 428 条,是一部较为详尽、严密、具有可操作性的法律。《合同法》自 1999 年 10 月 1 日起施行。为保障《合同法》的顺利实施,最高人民法院先后发布了许多相关的司法解释。

合同法具有以下特征:

1. 合同法是私法

合同法规范当事人之间因私人利益产生的合同法律关系,强调主体平等、意思自治。合同作为一种法律事实,是当事人自由约定,协商一致的结果。如果当事人之间的约定合法,则在当事人之间产生相当于法律的效力。当事人就必须按照约定履行合同义务。任何一方违反合同,都要依法承担违约责任。

2. 合同法是自治法

合同法主要是通过任意性法律规范而不是强制性法律规范调整合同关系。合同法通过任意性规范或引导当事人的行为,或补充当事人意思的不完整。合同法对当事人意思自治的限制,即合同法中的强制性规范,被严格限制在合理与必要的范围之内。

3. 合同法是财产交易法

合同法与物权法均属财产法范畴,其中物权法主要调整财产归属及利用的财产关系,是从静态角度为财产关系提供法律保护,而合同法则调整财产的流转关系,即商品交换关系,即从动态角度为财产关系提供法律保护。

**(二)《合同法》的基本原则**

1. 平等原则

合同当事人法律地位一律平等,一方不得将自己的意志强加给另一方,各方应在权利义务对等的基础上订立合同。

2. 意思自治原则

意思自治是贯彻合同活动整个过程的基本原则,在不违反强制性法律规范和社会公共利益的基础上,当事人依法享有自愿订立合同的权利,任何单位和个人不得非法干预。

3. 公平原则

当事人应当遵循公平原则确定各方的权利和义务。任何当事人不得滥用权力,不得在合同中规定显失公平的内容，要根据公平原则确定风险与违约责任的承担。

4. 诚实信用原则

当事人行使权利、履行义务应当遵循诚实信用原则。当事人应当诚实守信，善意地行使权利、履行义务，不得有欺诈等恶意行为。在法律、合同未做规定或规定不清的情况下，要依据诚实信用原则解释法律和合同，平衡当事人之间的利益关系。

5. 守法、不损害社会公共利益原则

当事人订立、履行合同，应当遵守法律、行政法规，尊重社会公德，不得扰乱社会经济秩序，损害社会公共利益。

**(三)《合同法》的适用范围**

虽然根据《合同法》第 2 条的规定，平等主体之间有关民事权利义务关系设立、变更、终止的协议均属合同法的调整范围，但根据《合同法》第 2 条第 2 款的规定，婚姻、收养、监护等有关身份关系的协议，不适用《合同法》的调整。

# 第二节　合同的订立

## 一、合同订立程序——要约与承诺

当事人订立合同应当具备相应的资格，即应具有相应的民事权利能力和民事行为能力。除依据合同性质不能代理的以外，当事人可以委托代理人订立合同。

**(一) 合同订立的形式**

当事人订立合同，可以采取书面形式、口头形式和其他形式。合同采用书面形式对于固定证据、警告当事人郑重其事、区分磋商与缔约两个阶段均有重要意义。采用口头形式的合同虽方便易行，但缺点是发生争议时难以举证确认责任，不够安全。当事人未以书面形式或者口头形式订立合同，但从双方从事的民事行为能够推定双方有订立合同意愿的，除法律另有规定外，人民法院可以认定是以“其他形式”订立的合同。

当事人订立合同的一般程序包括要约、承诺两个阶段。

**(二) 要约**

要约是指希望和他人订立合同的意思表示。要约可以向特定人发出，也可以向非特定人发出。根据《合同法》规定，该意思表示应当符合下列规定：(1) 内容具体确定。此项条件要求该意思表示已经具备了未来合同的必要内容；(2) 表明经受要约人承诺，要约人即受该意思表示约束。

1. 要约邀请

要约邀请是希望他人向自己发出要约的意思表示。寄送的价目表、拍卖公告、招标公告、招股说明书、商业广告等，性质为要约邀请。但若商业广告的内容符合要约的规定，如悬赏广告，则视为要约。

在实践中要注意要约与要约邀请的区分，要约与要约邀请的主要区别是：(1) 要约相对人一般都是特定的，而要约邀请相对人是非特定的。(2) 要约的内容具体确定，而要约邀请的内容一般是不确定的。(3) 要约是订立合同的行为，对要约人具有约束力；要约邀请是合同订立的预备行为，对行为人没有约束力。

例如，根据《商品房买卖合同解释》规定，商品房的销售广告和宣传资料为要约邀请，但是出卖人就商品房开发规划范围内的房屋及相关设施所做的说明和允诺具体确定，并对商品房买卖合同的订立以及房屋价格的确定有重大影响的，应当视为要约。该说明和允诺即使未载入商品房买卖合同，亦应当视为合同内容，当事人违反的，应当承担违约责任。

2. 要约的生效时间

要约到达受要约人时生效。采用数据电文形式订立合同，收件人指定特定系统接收数据电文的，该数据电文进入该特定系统的时间，视为到达时间；未指定特定系统的，该数据电文进入收件人的任何系统的首次时间，视为到达时间。

3. 要约的撤回与撤销

要约可以撤回。撤回要约的通知应当在要约到达受要约人之前或者与要约同时到达受要约人。撤回要约是在要约尚未生效的情形下发生的。如果要约已经生效，则非要约的撤回，而是要约的撤销。

要约也可以撤销。撤销要约的通知应当在受要约人发出承诺通知之前到达受要约人。但下列情形下的要约不得撤销：(1) 要约人确定了承诺期限的；(2) 以其他形式明示要约不可撤销的；(3) 受要约人有理由认为要约是不可撤销的，并已经为履行合同做了准备工作。

4. 要约的失效

有下列情形之一的，要约失效：(1) 拒绝要约的通知到达要约人；(2) 要约人依法撤销要约；(3) 承诺期限届满，受要约人未做出承诺；(4) 受要约人对要约的内容做出实质性变更。

**(三) 承诺**

承诺是受要约人同意要约的意思表示。承诺应当由受要约人向要约人做出，并在要约确定的期限内到达要约人。

1. 承诺期限

要约确定的期限称为承诺期限。对于承诺期限的起算，法律规定：要约以信件或者电报做出的，承诺期限自信件载明的日期或者电报交发之日开始计算。信件未载明日期的，自投寄该信件的邮戳日期开始计算。要约以电话、传真等快速通讯方式做出的，承诺期限自要约到达受要约人时开始计算。

要约没有确定承诺期限的，承诺应当依照下列规定到达：(1) 要约以对话方式做出的，应当即时做出承诺，但当事人另有约定的除外；(2) 要约以非对话方式做出的，承诺应当在合理期限内到达。所谓合理期限，是指依通常情形可期待承诺到达的期间，一般包括要约到达受要约人的期间、受要约人做出承诺的期间、承诺通知到达要约人的期间。

2. 承诺的生效时间

承诺自通知到达要约人时生效。承诺不需要通知的，自根据交易习惯或者要约的要求做出承诺的行为时生效。采用数据电文形式订立合同，收件人指定特定系统接收数据电文的，该数据电文进入该特定系统的时间，视为承诺到达时间；未指定特定系统的，该数据电文进入收件人的任何系统的首次时间，视为承诺到达时间。承诺生效时合同成立。

3. 承诺的撤回

承诺人发出承诺后反悔的，可以撤回承诺，其条件是撤回承诺的通知应当在承诺通知到达要约人之前或者与承诺通知同时到达要约人，即在承诺生效前到达要约人。承诺生效，合同成立。因此，承诺不存在撤销的问题。

4. 承诺的迟延与迟到

受要约人超过承诺期限发出承诺的，为迟延承诺，除要约人及时通知受要约人该承诺有效的以外，迟延的承诺应视为新要约。受要约人在承诺期限内发出承诺，按照通常情形能够及时到达要约人，但因其他原因使承诺到达要约人时超过承诺期限的，为迟到承诺，除要约人及时通知受要约人因承诺超过期限不接受该承诺的以外，迟到的承诺为有效承诺。

5. 承诺的内容

承诺的内容应当与要约的内容一致。在实践中，受要约人可能对要约的文字乃至内容做出某些修改，此时承诺是否具有法律效力须根据具体情况予以确认。《合同法》规定，受要约人对要约的内容做出实质性变更的，为新要约。有关合同标的、数量、质量、价款或者报酬、履行期限、履行地点和方式、违约责任和解决争议方法等内容的变更，是对要约内容的实质性变更。承诺对要约的内容做出非实质性变更的，除要约人及时表示反对或者要约表明承诺不得对要约的内容做出任何变更的以外，该承诺有效，合同的内容以承诺的内容为准。

## 二、合同成立的时间与地点

### (一) 合同成立的时间

由于合同订立方式的不同，合同成立的时间也有不同：(1) 承诺生效时合同成立。这是大部分合同成立的时间标准。(2) 当事人采用合同书形式订立合同的，自双方当事人签字或者盖章时合同成立。如双方当事人未同时在合同书上签字或盖章，则以当事人中最后一方签字或盖章的时间为合同的成立时间。(3) 当事人采用信件、数据电文等形式订立合同的，可以要求在合同成立之前签订确认书。签订确认书时合同成立。

对于第(2)、(3)种情况，如果当事人未采用法律要求或者当事人约定的书面形式、合同书形式订立合同，或者当事人没有在合同书上签字盖章的，只要一方当事人履行了主要义务，对方接受的，合同仍然成立。当事人在合同书上摁手印的，具有与签字或者盖章同等的法律效力。

### (二) 合同成立的地点

合同成立的地点又称为合同的签订地。由于合同订立方式的不同，合同成立地点的确定标准也有所不同：(1) 承诺生效地为合同成立地点，这是大部分合同成立的地点标准。(2) 采用合同书形式订立合同的，双方当事人签字或者盖章的地点为合同成立的地点。(3) 采用数据电文形式的，以收件人的主营业地为合同成立的地点；没有主营业地的，其经常居住地为合同成立的地点。当事人另有约定的，按照其约定。

## 三、合同的内容

### (一) 合同的内容

合同的内容是指当事人订立合同的各项意思表示，表现为合同的条款，在不违反法律强制性规范的情况下，合同的内容由当事人约定，一般包括：

1. 当事人的名称或者姓名和住所。

2. 标的。标的是合同权利义务共同指向的对象。

3. 数量。

4. 质量。

5. 价款或酬金。

6. 履行的期限、地点、方式。

7. 违约责任。

8. 解决争议的方法。

一般而言,第 2、3、5 是不能缺少的合同条款。

**(二)格式条款**

格式条款是指一方当事人为了与不特定多数人订立合同重复使用而单方预先拟定,并在订立合同时不允许对方协商变更的条款。

格式条款的适用可以简化签约程序,加快交易速度,减少交易成本,避免道德风险,因此,往往有利于交易双方当事人。

但是,由于格式条款是由一方当事人拟定,且在合同谈判中不容对方协商修改,条款内容难免有不公平之处。所以《合同法》对格式条款的效力及解释做了特别规定,以保证合同相对人的合法权益:(1) 采用格式条款订立合同的,提供格式条款的一方应当遵循公平原则确定当事人之间的权利和义务,并采取合理的方式提请对方注意免除或者限制其责任的条款,按照对方的要求,对该条款予以说明。提供格式条款一方对已尽合理提示及说明义务承担举证责任。(2) 格式条款具有《合同法》规定的合同无效和免责条款无效的情形,或者提供格式条款一方免除其责任、加重对方责任、排除对方主要权利的,该条款无效。(3) 对格式条款的理解发生争议的,应当按照通常理解予以解释。对格式条款有两种以上解释的,应当作出不利于提供格式条款一方的解释。格式条款和非格式条款不一致的,应当采用非格式条款。

**(三)免责条款**

免责条款是指合同当事人在合同中规定的排除或限制一方当事人未来责任的条款。基于合同自由原则,对双方当事人自愿订立的免责条款,尤其是事后订立的免责条款,法律原则上不加干涉。但若事先约定的免责条款明显违反诚实信用原则及社会公共利益的,则法律规定其为无效。《合同法》规定,合同中的下列免责条款无效:(1) 造成对方人身伤害的;(2) 因故意或者重大过失造成对方财产损失的。

## 第三节 合同的效力

### 一、合同的生效

合同的生效,是指已依法成立的合同,发生相应的法律效力。

合同生效不同于合同成立。合同成立是一个事实问题,考察当事人之间是否有要约和承诺。合同生效是一个价值判断,考察当事人之间的合同是否符合法律,能否发生法律所认可的效力。

《合同法》根据合同类型的不同,分别规定了不同的合同生效时间:

(1) 依法成立的合同,原则上自成立时生效。

(2) 法律、行政法规规定应当办理批准、登记等手续生效的,在依照其规定办理批准、登记等手续后生效。依照法律、行政法规的规定经批准或者登记才能生效的合同成立后,有义务办理申请批准或者申请登记等手续的一方当事人未按照法律规定或者合同约定办理申请批准或者未申请登记的，人民法院可以根据案件的具体情况和相对人的请求，判决相对人自己办理有关手续；对方当事人对由此产生的费用和给相对人造成的实际损失，应当承担损害赔偿责任。

(3) 法律、行政法规规定合同应当办理登记手续，但未规定登记后生效的，当事人未办理登记手续不影响合同的效力，但合同标的所有权及其他物权不能转移。根据《物权法》的规定，需要办理登记的抵押合同及商品房买卖合同均属于这类合同，即未登记不影响合同的生效，只影响物权的设立或者转移。

(4) 当事人对合同的效力可以附条件或者附期限。附生效条件的合同，自条件成就时生效。附解除条件的合同，自条件成就时失效。当事人为自己的利益不正当地阻止条件成就的，视为条件已成就；不正当地促成条件成就的，视为条件不成就。附生效期限的合同，自期限届至时生效。附终止期限的合同，自期限届满时失效。

## 二、无效合同和可撤销合同

### (一) 无效合同

1. 无效合同的概念

无效合同是指合同因欠缺生效要件而不发生当事人预期法律效力的合同。

2. 无效合同的种类

(1) 以欺诈、胁迫手段订立的损害国家利益的合同。欺诈是指一方当事人故意实施某种欺诈他人的行为，并使他人陷入错误认识而订立合同。如甲与乙订立买卖合同时，故意掩盖产品的重大瑕疵，提供合格产品的虚假证明。胁迫是指当事人一方以将来要发生的损害或者直接施加损害相威胁，使对方产生心理恐惧而被迫订立的合同。如甲与乙订立借款合同时，甲为了使乙接受其苛刻条件，以如不接受这些条件便将乙曾经受贿的事实向他单位举报相威胁，乙被迫接受签订了合同。

(2) 恶意串通损害国家、集体或者第三人利益的合同。恶意串通是指当事人非法串通在一起，共同订立造成国家、集体或者第三人利益的损害的合同。如甲、乙串通将乙承租丙的吊车以低价卖给甲的合同。

(3) 以合法形式掩盖非法目的的合同。这种合同是指当事人为了规避法律，实现违法目的而订立的以合法形式出现的合同。如当事人为了转移赃物或逃避法院强制执行，订立虚假的并不准备履行的赠予或买卖合同。

(4) 损害社会公共利益的合同。是指合同履行的结果会对社会公共利益造成损害，如借腹生子合同、赌博合同等。

(5) 违反法律、行政法规的禁止性或强制性规定合同。这类合同是指合同的内容违反了法律、行政法规中的禁止或强制性规定。如我国金融法禁止非金融企业之间借贷，如果企业间订立了借贷合同，则属于无效合同。

### (二) 可撤销合同

1. 可撤销合同的概念和特征

可撤销合同是指当事人订立合同时，因意思表示不真实，一方行使撤销权而使其归于无效的合同。其法律特征是：(1) 这类合同是由当事人一方的意思表示不真实所致；(2) 须由一方行使撤销权，请求撤销合同；(3) 合同在未被撤销以前有效，享有撤销权的一方当事人不行使撤销权的，合同仍然有效；(4) 撤销权人可以请求撤销也可以请求变更合同。

2. 可撤销合同的种类

(1) 因重大误解订立的合同：重大误解是指方当事人因自己的错误认识而对合同的内容发生误解从而使自己遭受重大损失的合同。如商店营业员看错商品价目单，错将 18 000 元的貂皮大衣以 1 800 元价格出售。

(2) 显失公平的合同：是指一方在订立合同时，利用自己的优势地位或者利用对方没有经验而订立的给对方造成重大损失的合同。如甲企业利用乙企业的业务员缺乏经验，从乙企业订购了一批明显低于市场一般价格的货物。

(3) 因欺诈、胁迫订立的合同：是指一方采取欺诈、胁迫手段使对方在违背真实意思的情况下订立的合同，这种合同只要没有损害国家利益就为可撤销合同。

(4) 乘人之危订立的合同：是指一方乘对方处于某种危难境地而提出苛刻条件，使对方被迫接受订立的合同。如甲父因突发疾病住院急需一大笔押金向乙借款，乙乘机提出高额的利息为条件，甲被迫接受而订立的借款合同。

3. 撤销权的行使

撤销权的行使，不一定必须通过诉讼的方式，可直接向对方行使撤销权。但如果双方对撤销合同有争议，则必须提起诉讼或仲裁，请求人民法院或仲裁机构予以裁决认定。当事人诉讼请求合同变更的，人民法院或者仲裁机构不得撤销。有下列情形之一的，撤销权消灭：(1) 当事人自知道或者应当知道撤销事由之日起 1 年内没有行使撤销权的；(2) 当事人知道撤销事由后明确表示或者以自己的行为放弃撤销权的。

### (三) 合同被确认无效或被撤销的法律后果

1. 返还财产

所谓返还财产，是指一方当事人在合同被确认为无效或者被撤销以后对其已交付给对方的财产享有返还请求权，而已经接受对方交付的财产则负有返还对方的义务。需要注意的是：(1) 返还财产旨在使财产关系恢复到合同订立前的状态；(2) 返还财产的对象仅限于原物及因原物所产生的孳息；(3) 行使返还财产请求权原则上不应当考虑对方是否具有过错。

2. 赔偿损失

根据《合同法》第 58 条规定，合同无效或者被撤销后，有过错的一方应当赔偿对方因此所受到的损失，双方都有过错的，应当各自承担相应的责任。

3. 收归国库或返还集体或第三人

因当事人故意订立的损害国家利益或社会公共利益的无效合同，当事人已经取得或约定取得的财产应收归国库所有，或返还给集体或第三人。当事人一方是故意的，应采取单方返还的办法；如果双方都是故意的，应追缴财产收归国家所有。如甲与乙为了获取非法利益，签订了一个买卖走私物品的合同，由于该合同损害了国家利益，应将走私物和货款收归国库。

## 三、效力待定的合同

效力待定的合同，是指合同订立后尚未生效，须经权利人追认才能生效的合同。追认的意思表示自到达相对人时生效，合同自订立时起生效。效力待定合同主要有以下几种类型：

### (一) 限制民事行为能力人独立订立的与其年龄、智力、精神状况不相适应的合同

《合同法》规定，限制民事行为能力人订立的合同，经法定代理人追认后，该合同有效，但纯获利益的合同或者与其年龄、智力、精神健康状况相适应而订立的合同，不必经法定代理人追认。

法定代理人的追认权性质上属于形成权。仅凭其单方面意思表示就可以使得效力待定的合同转化为有效合同。

法律在保护限制民事行为能力人合法权益的同时，为避免合同相对人的利益因为合同效力待定而受损，特别规定了相对人的催告权和善意相对人的撤销权。相对人可以催告法定代理人在一个月内予以追认。法定代理人未做表示的，视为拒绝追认。合同被追认之前，善意相对人有撤销的权利。撤销应当以通知的方式做出。其中的“善意”是指相对人在订立合同时不知道与其订立合同的人欠缺相应的行为能力。

### (二) 无权代理人订立的合同

行为人没有代理权、超越代理权或者代理权终止后以被代理人名义订立的合同，未经被代理人追认，对被代理人不发生效力，由行为人承担责任。相对人可以催告被代理人在一个月内予以追认。被代理人未做表示的，视为拒绝追认。被代理人已经开始履行合同义务的，视为对合同的追认。合同被追认之前，善意相对人有撤销的权利。撤销应当以通知的方式做出。

### (三) 无处分权人订立的合同

无处分权的人处分他人财产，经权利人追认或者无处分权的人订立合同后取得处分权的，该合同有效。在出卖人就同一标的物订立多重买卖合同的情形，如果合同均不具有《合同法》第 52 条规定的无效情形，买受人因不能按照合同约定取得标的物所有权，可以请求追究出卖人违约责任。

# 第四节　合同的履行

## 一、合同的履行规则

### (一) 约定不明时，合同内容的确定规则

合同生效后，合同的双方当事人应当正确、适当、全面地完成合同中规定的各项义务。在合同的履行中，当事人应当遵循诚实信用原则，根据合同的性质、目的和交易习惯履行通知、协助、保密等义务。

合同生效后，当事人就质量、价款或者报酬、履行地点等内容没有约定或者约定不明确的，可以协议补充；不能达成补充协议的，按照合同有关条款或者交易习惯确定。依照上述规则仍不能确定的，依照下列规则确定：

1. 质量要求不明确的，按照国家标准、行业标准履行；没有国家标准、行业标准的，按照通常标准或者符合合同目的的特定标准履行。

2. 价款或者报酬不明确的，按照订立合同时履行地的市场价格履行；依法应当执行政府定价或者政府指导价的，按照规定履行。

3. 履行地点不明确，给付货币的，在接受货币一方所在地履行；交付不动产的，在不动

产所在地履行;其他标的,在履行义务一方所在地履行。

4. 履行期限不明确的,债务人可以随时履行,债权人也可以随时要求履行,但应当给对方必要的准备时间。

5. 履行方式不明确的,按照有利于实现合同目的的方式履行。

6. 履行费用的负担不明确的,由履行义务一方负担。

合同生效后,当事人不得因姓名、名称的变更或者法定代表人、负责人、承办人的变动而不履行合同义务。

### (二) 向第三人履行和由第三人履行

为保障涉及第三人的合同履行中各方当事人的正当权益,《合同法》规定,当事人约定由债务人向第三人履行债务的,债务人未向第三人履行债务或者履行债务不符合约定,应当向债权人承担违约责任。当事人约定由第三人向债权人履行债务的,第三人不履行债务或者履行债务不符合约定,债务人应当向债权人承担违约责任。

### (三) 中止履行、提前履行与部分履行

1. 中止履行。债权人分立、合并或者变更住所没有通知债务人,致使履行债务发生困难的,债务人可以中止履行或者将标的物提存。

2. 提前履行。债权人可以拒绝债务人提前履行债务,但提前履行不损害债权人利益的除外。债务人提前履行债务给债权人增加的费用,由债务人负担。需要注意的是,《合同法》第 208 条的规定中,把提前履行作为借款人的一项权利对待,因此,属于提前履行规则的例外。

3. 债权人可以拒绝债务人部分履行债务,但部分履行不损害债权人利益的除外。债务人部分履行债务给债权人增加的费用,由债务人负担。

## 二、合同履行抗辩权

双务合同中的双方当事人互为债权人和债务人,双方的履行给付具有牵连性,为了体现双方权利义务的对等及保护交易安全,《合同法》为双务合同的债务人规定了同时履行抗辩权、先履行抗辩权和不安抗辩权三种履行抗辩权,使得债务人可以在法律规定的情况下保留给付以对抗相对人的请求权。

### (一) 同时履行抗辩权

同时履行抗辩权,是指双务合同的当事人应同时履行义务的,一方在对方未履行前,有拒绝对方请求自己履行合同的权利。《合同法》规定,当事人互负债务,没有先后履行顺序的,应当同时履行。一方在对方履行之前有权拒绝其对自己提出的履行要求。一方在对方履行债务不符合约定时,有权拒绝其相应的履行要求。

### (二) 先履行抗辩权

先履行抗辩权,是指双务合同中应当先履行义务的一方当事人未履行时,对方当事人有拒绝对方请求履行的权利。《合同法》规定,当事人互负债务,有先后履行顺序,先履行一方未履行的,后履行一方有权拒绝其履行要求。先履行一方履行债务不符合约定的,后履行一方有权拒绝其相应的履行要求。

### (三) 不安抗辩权

不安抗辩权,是指双务合同中应先履行义务的一方当事人,有确切证据证明相对人财产

明显减少或欠缺信用，不能保证对等给付时，有暂时中止履行合同的权利。《合同法》规定，应当先履行债务的当事人，有确切证据证明对方有下列情形之一的，可以中止履行：(1) 经营状况严重恶化；(2) 转移财产、抽逃资金，以逃避债务；(3) 丧失商业信誉；(4) 有丧失或者可能丧失履行债务能力的其他情形。主张不安抗辩权的当事人如果没有确切证据中止履行的，则应当承担违约责任。

当事人行使不安抗辩权中止履行的，应当及时通知对方。对方提供适当担保时，应当恢复履行。中止履行后，对方在合理期限内未恢复履行能力并且未提供适当担保的，中止履行的一方可以解除合同。

## 三、代位权

代位权，是指债务人怠于行使其对第三人（次债务人）享有的到期债权，危及债权人债权实现时，债权人为保障自己的债权，可以自己的名义代位行使债务人对次债务人的债权的权利。

代位权与撤销权共同构成合同的保全制度。代位权是针对债务人消极不行使自己债权的行为，撤销权则是针对债务人积极侵害债权人债权实现的行为。两者或者为了实现债务人的财产权利，或是恢复债务人的责任财产，从而确保债权人债权的实现。

### （一）代位权行使的条件

债权人提起代位权诉讼，应当符合下列条件：

1. 债权人对债务人的债权合法。

2. 债务人怠于行使其到期债权，对债权人造成损害。债务人的懈怠行为必须是债务人不以诉讼方式或者仲裁方式向次债务人主张其享有的具有金钱给付内容的到期债权。

3. 债务人的债权已到期。债权人在主张代位权时，要求债权人的债权已经到期。

4. 债务人的债权不是专属于债务人自身的债权。所谓专属于债务人自身的债权，是指基于扶养关系、抚养关系、赡养关系、继承关系产生的给付请求权和劳动报酬、退休金、养老金、抚恤金、安置费、人寿保险、人身伤害赔偿请求权等权利。

### （二）代位权行使的法律效果

债权人向次债务人提起的代位权诉讼经人民法院审理后认定代位权成立的，由次债务人向债权人履行清偿义务，债权人与债务人、债务人与次债务人之间相应的债权债务关系即予消灭。从此规定来看，债权人的债权就代位权行使的结果有优先受偿权利。在代位权诉讼中，次债务人对债务人的抗辩，可以向债权人主张。

## 四、撤销权

### （一）撤销权的概念与性质

撤销权，是指债务人实施了减少财产行为，危及债权人债权实现时，债权人为保障自己的债权请求人民法院撤销债务人处分行为的权利。

撤销权的行使必须依一定的诉讼程序进行，故又称废罢诉权。债权人行使撤销权，可请求受益人返还财产，恢复债务人责任财产的原状。合同保全中的撤销权与可撤销合同中的撤销权不同，保全撤销权是债权人请求人民法院撤销债务人与第三人之间已经生效的法律关系。此种撤销权的效力扩及第三人，目的是为了维护债务人清偿债权的清偿能力。而可撤销合同中的撤销权并没有扩及第三人，其目的也是为了消除当事人之间意思表示的瑕疵。

**（二）撤销权的成立要件**

债权人行使撤销权，应当具备以下条件：

1. 债权人须以自己的名义行使撤销权。

2. 债权人对债务人存在有效债权。债权人对债务人的债权可以到期，也可以不到期。

3. 债务人实施了减少财产的处分行为。债务人减少财产的处分行为体现为：(1) 放弃债权（到期、未到期均可）、放弃债权担保或者恶意延长到期债权的履行期，对债权人造成损害；(2) 无偿转让财产，对债权人造成损害；(3) 以明显不合理的低价转让财产或者以明显不合理的高价收购他人财产，对债权人造成损害，并且受让人知道该情形。其中第(3)种处分行为不但要求有客观上对债权人造成损害的事实，还要求有受让人知道的主观要件。

4. 债务人的处分行为有害于债权人债权的实现。当债务人的处分行为符合上述条件时，债权人可以请求人民法院撤销债务人的处分行为。撤销权的行使范围以债权人的债权为限。

**（三）撤销权行使的期限**

《合同法》对撤销权的行使规定了期限限制。撤销权自债权人知道或者应当知道撤销事由之日起 1 年内行使。自债务人的行为发生之日起 5 年内没有行使撤销权的，该撤销权消灭。

**（四）撤销权行使的法律效果**

一旦人民法院确认债权人的撤销权成立，债务人的处分行为即归无效。债务人的处分行为无效的法律后果则是双方返还，即受益人应当返还从债务人获得的财产。因此，撤销权行使的目的是恢复债务人的责任财产，债权人就撤销权行使的结果并无优先受偿权利。

## 第五节　合同的变更、解除与转让

### 一、合同的变更

**（一）合同变更的概念**

《合同法》所称合同的变更是指合同内容的变更，不包括合同主体的变更。合同主体的变更属于合同的转让。

**（二）合同变更的方式**

1. 协议变更

协议变更，即当事人双方经协商达成变更协议的变更。当事人对合同变更的内容约定不明确，推定为未变更。变更依法应当办理批准、登记手续，办理相关手续后才发生变更的效力。

2. 法定变更

法定变更，即基于法律的直接规定事由出现，当事人一方行使变更权而导致的合同内容的变化。如合同履行中发生不可抗力事由，合同中的违约责任条款就发生变更。

3. 裁决变更

裁决变更，即对于可撤销合同，当事人可请求法院或仲裁机构裁决变更。

### (三) 合同变更的效力

合同的变更,仅对变更后未履行的部分有效,对已履行的部分无溯及力。

## 二、合同的解除

### (一) 合同解除的概念

合同解除,是指基于当事人一方的意思表示或双方达成的协议,使合同权利义务关系终止的行为。合同解除可以分为约定解除和法定解除两类。

### (二) 约定解除

约定解除又可分为约定解除条件的解除和协商一致解除。

1. 约定解除条件的解除又称单方解除,是指当事人在合同中约定了解除条件,当条件成立时一方可行使解除权,通知对方便可解除合同。

2. 协商一致解除又称协议解除,是指由于一方或双方发生影响继续履行情况,双方达成解除协议而解除合同。

### (三) 法定解除

法定解除,是指当事人一方发生了解除合同的法定事由,而行使解除权导致的合同终止。根据我国《合同法》第 94 条的规定,法定解除事由主要有:

1. 因不可抗力致使不能实现合同目的的,当事人可以解除合同。

2. 当合同履行期限届满之前,当事人一方明示或以其行为表示不准备履行主要债务的,对方可以解除合同。

3. 当事人迟延履行主要债务,经对方催告后在合理的期限内仍未履行的,对方可以解除合同。

4. 当事人一方迟延履行债务或其他行为,致使不能实现合同目的的,对方可以解除合同。

### (四) 合同解除的法律后果

合同解除的法律后果是:(1) 尚未履行的,终止履行;(2) 已经履行的,根据履行情况和合同性质,当事人可以要求恢复原状、采取其他补救措施;(3) 合同解除不影响结算和清理条款的效力,不影响当事人请求赔偿的权利。

## 三、合同的转让

合同的转让,即合同主体的变更,指当事人将合同的权利和义务全部或者部分转让给第三人。合同的转让分为债权转让、债务承担及债权债务的概括移转。

### (一) 债权转让

1. 债权转让的条件

债权转让,是指债权人将合同的权利全部或者部分转让给第三人的法律制度。其中债权人是转让人,第三人是受让人。《合同法》规定,债权人转让权利的,无须债务人同意,但应当通知债务人。未经通知,该转让对债务人不发生效力。债权人转让权利的通知不得撤销,但经受让人同意的除外。根据此条规定,债权转让不以债务人的同意为生效条件,但是要对债务人发生效力,则必须通知债务人。

2. 禁止债权转让的情形

《合同法》规定，下列情形的债权不得转让：(1) 根据合同性质不得转让。主要指基于当事人特定身份而订立的合同，如出版合同、赠予合同、委托合同、雇用合同等；(2) 按照当事人约定不得转让；(3) 依照法律规定不得转让。

3. 债权转让的效力

对债权人而言，当全部转让时，原债权人脱离债权债务关系，受让人取代债权人地位。在部分转让时，原债权人就转让部分丧失债权。

对受让人而言，债权人转让权利的，受让人取得与债权有关的从权利，如抵押权，但该从权利专属于债权人自身的除外。

对债务人而言，债权人权利的转让，不得损害债务人的利益，不应影响债务人的权利：

(1) 债务人接到债权转让通知后，债务人对让与人的抗辩可以向受让人主张，如提出债权无效、诉讼时效已过等事由的抗辩。

(2) 债务人接到债权转让通知时，若债务人对让与人享有债权，并且其债权先于转让的债权到期或者同时到期的，债务人可以向受让人主张抵销。

### (二) 债务承担

《合同法》规定，债务人将合同义务的全部或者部分转移给第三人的，应当经债权人同意。这是因为新债务人的资信情况和偿还能力须得到债权人的认可，以免债权人的利益受到不利影响。债务人转移义务的，新债务人可以主张原债务人对债权人的抗辩。新债务人应当承担与主债务有关的从债务，但该从债务专属于原债务人自身的除外。

债务承担除了《合同法》规定的免责的债务承担以外，还有并存的债务承担，即第三人以担保为目的加入债的关系，与原债务人共同承担同一债务。由于并存的债务承担并不使得原债务人脱离债的关系，因此原则上不以债权人的同意为必要。

### (三) 债权债务的概括移转

合同权利义务的概括移转，是指合同一方当事人将自己在合同中的权利义务一并转让的法律制度。《合同法》规定，当事人一方经他方当事人同意，可以将自己在合同中的权利义务一并转让给第三人。概括移转有意定的概括移转和法定的概括移转两种情形。意定的概括移转基于转让合同的方式进行。而法定的概括移转往往是因为某一法定事实的发生而导致。最典型的就是合同当事人发生合并或分立时，就会有法定的概括移转的发生。《合同法》规定，当事人订立合同后合并的，由合并后的法人或者其他组织行使合同权利、履行合同义务。当事人订立合同后分立的，除债权人和债务人另有约定的以外，由分立的法人或者其他组织对合同的权利和义务享有连带债权、承担连带债务。

# 第六节 合同权利义务的终止

## 一、合同终止的概念

合同的终止，是指因发生法律规定或当事人约定的情况，使当事人之间的权利义务关系消灭，而使合同终止法律效力。合同消灭的效力，除当事人之间的权利义务终止外，从属于主债的权利义务，也随之消灭。

合同作为一种民事法律关系，必须因一定的法律事实才能终止，引起合同终止的法律事实，根据《合同法》规定，主要有：(1) 债务已经按照约定履行；(2) 合同解除；(3) 债务相互抵销；(4) 债务人依法将标的物提存；(5) 债权人免除债务；(6) 债权债务同归于一人，即混同；(7) 法律规定或者当事人约定终止的其他情形。

合同的权利义务终止后，有时当事人还负有后合同义务，应当遵循诚实信用原则，根据交易习惯履行通知、协助、保密等义务。合同的权利义务终止，不影响合同中结算条款、清理条款以及解决争议方法条款的效力。

## 二、清偿

清偿，又叫履行，是指为了实现合同目的，满足债权，合同债务人依照合同的约定圆满完成约定义务的行为和终局状态。它是合同消灭的最主要和最常见的原因。

债务人直接向债权人清偿债务，当然引起债的消灭。债务人向债权人的代理人、破产企业的清算组织、收据持有人、行使代位权的债权人、债权人与债务人约定的受领清偿的第三人清偿债务的，合同权利义务也因此而消灭。清偿一般应由债务人本人为之。债务人的代理人、第三人代为清偿的，也可以发生清偿的效力，但合同约定或依合同性质不能由第三人代为清偿的除外。第三人在代为清偿后，可代位行使债权人的权利。

债务人清偿债务应当按合同标的清偿，但经债权人同意并受领替代物清偿的，也能产生清偿效果。

债务人的给付不足以清偿其对同一债权人所负的数笔相同种类的全部债务，应当优先抵充已到期的债务；几项债务均到期的，优先抵充对债权人缺乏担保或者担保数额最少的债务；担保数额相同的，优先抵充债务负担较重的债务；负担相同的，按照债务到期的先后顺序抵充；到期时间相同的，按比例抵充。但是，债权人与债务人对清偿的债务或者清偿抵充顺序有约定的除外。债务人除主债务之外还应当支付利息和费用，当其给付不足以清偿全部债务时，并且当事人没有约定的，人民法院应当按照下列顺序抵充：(1) 实现债权的有关费用；(2) 利息；(3) 主债务。

## 三、抵销

抵销是双方当事人互负债务时，一方通知对方以其债权充当债务的清偿或者双方协商以债权充当债务的清偿，使得双方的债务在对等额度内消灭的行为。抵销分为法定抵销与约定抵销。

### (一) 法定抵销

《合同法》规定，当事人互负到期债务，该债务的标的物种类、品质相同的，任何一方可以将自己的债务与对方的债务抵销，但依照法律规定或者按照合同性质不得抵销的除外。

《合同法》规定的法定抵销须具备以下条件：

1. 须双方互负有债务，互享有债权。

效力不完全的债权不能作为主动债权而主张抵销，如诉讼时效完成后的债权，债权人不得主张抵销，但作为被动债权，对方以其债权主张抵销的，应当允许。

2. 须双方债务的给付为同一种类抵销的债务只要求同种类，不要求数额或价值相等。

3. 须双方的债务均届清偿期。

合同法的这项要件的规定是以双方当事人均可以主张抵销为前提的，因此，如果在只是一方当事人主张抵销的情形下，并不要求双方当事人的债务均届清偿期。原则上若一项债务已届清偿期，而另一项债务未届清偿期的，则未到期的债务人可以主张抵销。因为期限利益原则上属于债务人。

4. 须双方的债务均为可抵销的债务。

下列债务均不可抵销：(1) 法律规定不得抵销的债务。如因故意侵权行为而产生的债务。(2) 合同性质不能抵销的债务。如提供劳务的债务、不作为的债务等。(3) 当事人约定不得抵销的债务。

法定抵销中的抵销权性质上属于形成权，因此当事人主张抵销的，应当通知对方。通知为非要式。抵销的效果自通知到达对方时生效。抵销不得附条件或与附期限。

**(二) 约定抵销**

《合同法》规定，当事人互负债务，标的物种类、品质不相同的，经双方协商一致，也可以抵销。

## 四、提存

提存是指非因可归责于债务人的原因，导致债务人无法履行债务或者难以履行债务的情况下，债务人将标的物交由提存机关保存，以终止合同权利义务关系的行为。《合同法》规定的提存是以清偿为目的，所以是债消灭的原因。但是《担保法》规定的提存并非以清偿为目的，而是以担保为目的的提存。

**(一) 提存的原因**

《合同法》规定，有下列情形之一，难以履行债务的，债务人可以将标的物提存：(1) 债权人无正当理由拒绝受领；(2) 债权人下落不明；(3) 债权人死亡未确定继承人或者丧失民事行为能力未确定监护人；(4) 法律规定的其他情形。

**(二) 提存的法律效果**

标的物提存后，毁损、灭失的风险由债权人承担。提存期间，标的物的孳息归债权人所有。提存费用由债权人负担。标的物不适于提存或者提存费用过高的，债务人依法可以拍卖或者变卖标的物，提存所得的价款。

提存成立的，视为债务人在其提存范围内已经履行债务，但债务人还负有后合同义务。除债权人下落不明的以外，债务人应当及时通知债权人或者债权人的继承人、监护人。

## 五、免除

免除，是指债权人放弃自己部分或全部债权，免除债务人债务的单方法律行为。根据《合同法》第 105 条的规定，债权人部分或全部免除债务的，合同的权利义务部分或全部终止。

## 六、混同

混同，是指债权与债务同归于一人，致使合同权利义务消灭的法律事实。如甲乙双方订立一个购销合同，在履行过程中甲乙合并为一个单位，原合同义务都由一个新单位承担，合同关系终止。但是，合同关系涉及第三人的除外。

## 第七节 合同的担保

合同担保是保证合同得以履行的一种法律制度，是当事人根据法律规定或者合同约定，以第三人信用或者以特定财产保证债务人履行义务、债权人实现权利的制度。担保具有从属性，它以合同的合法有效存在为前提。合同依法变更或者解除，担保关系也就随之发生变化；合同的义务全面履行后，担保关系就终止。

为促进资金融通和商品流通，保障债权的实现，发展社会主义市场经济，1995 年 6 月 30 日第八届全国人大常委会第十四次会议通过了《中华人民共和国担保法》(以下简称《担保法》)。为了正确适用《担保法》，2000 年 9 月 29 日最高人民法院审判委员会第 1133 次会议通过了《关于适用〈中华人民共和国担保法〉若干问题的解释》，对人民法院审理担保纠纷案件适用法律问题做出规定。《担保法》规定了保证、抵押、质押、留置和定金五种担保形式，其中，保证属于人的担保，

定金属于金钱担保，其他几种属于物的担保。

### 一、保证

#### (一) 保证的概念和特征

保证是指保证人和债权人约定，当债务人不履行债务时，保证人按照约定履行债务或者承担责任的行为。保证是从属于主债的从债，主债无效，保证之债也随之无效。

保证与其他几种担保形式相比，具有以下法律特征：

1. 保证是保证人以自己的信用或者不特定的财产为他人提供担保。而抵押、质押、留置等属于物权担保，是担保人以自己的一定财产提供担保。因此，保证属于人的担保，其担保效力决定于保证人的财产状况，而物权担保的担保效力不受担保人财产状况的影响。

2. 保证人应当具有清偿债务的能力。根据《担保法》规定，凡是具有代为清偿债务的法人、其他组织或者公民，可以做保证人。国家机关不得作为保证人，但经国务院批准为使用外国政府或者国际经济组织贷款进行转贷的除外；学校、幼儿园、医院等以公益为目的的事业单位、社会团体不得为保证人；企业法人的分支机构、职能部门不得为保证人。

3. 保证合同须以书面形式订立。根据《担保法》规定，保证人与债权人应当以书面形式订立保证合同。保证合同应当包括以下内容：

(1) 被保证的主债权种类、数额；

(2) 债务人履行债务的期限；

(3) 保证的方式；

(4) 保证担保的范围；

(5) 保证的期间；

(6) 双方认为需要约定的其他事项。

#### (二) 保证的方式

保证的方式有一般保证和连带责任保证两种形式。

一般保证是指当事人在保证合同中约定，债务人不能履行债务时，由保证人承担保证责任。一般保证的保证人在主合同纠纷未经审判或者仲裁，并就债务人财产依法强制执行

仍不能履行债务前，对债权人可以拒绝承担保证责任。

连带责任保证是指当事人在保证合同中约定保证人和债务人对债务承担连带责任的保证。在连带责任保证的情况下，债务人在主合同规定的债务履行期限届满没有履行债务的，债权人可以要求债务人履行，也可以要求保证人在其保证范围内承担保证责任。

当事人对保证方式没有约定或者约定不明确的，按照连带责任保证承担保证责任。

### （三）保证责任的范围

保证担保的范围包括主债权及利息、违约金、损害赔偿金和实现债权的费用。保证合同另有约定的，按照约定。当事人对保证担保的范围没有约定或者约定不明确的，保证人应当对全部债务承担责任。

在保证期间，债权人依法将主债权转让给第三人的，保证人在原保证担保的范围内继续承担保证责任。保证合同另有约定的，按照约定。

保证人承担保证责任后，有权向债务人追偿。

### （四）保证责任的免除

保证责任的免除是指对保证责任基于法律的规定或者当事人的约定加以除去的现象。根据《担保法》规定，在下列情况下，保证人可不承担保证责任：

（1）主合同当事人双方串通，骗取保证人提供保证的，保证人不承担保证责任。

（2）主合同债权人采取欺诈、胁迫等手段，使保证人在违背真实意思的情况下提供保证的，保证人不承担保证责任。

（3）保证合同中约定，保证期间，债权人将主债权转让给第三人，可以免除保证人的保证责任。

（4）保证期间，债权人许可债务人转让债务的，应当取得保证人书面同意，保证人对未经其同意转让的债务，不再承担保证责任。

（5）债权人与债务人协议变更主合同的，应当取得保证人书面同意，未经保证人书面同意的，保证人不再承担保证责任。保证合同另有约定的，按照约定。

（6）在一般保证的情况下，在合同约定的保证期间或者法律规定的保证期间，债权人未对债务人提起诉讼或者申请仲裁的，保证人免除保证责任。

（7）在连带责任保证的情况下，在合同约定的保证期间或者法律规定的保证期间，债权人未要求保证人承担保证责任的，保证人免除保证责任。

（8）同一债权既有保证又有物的担保的，保证人对物的担保以外的债权承担保证责任；债权人放弃物的担保的，保证人在债权人放弃权利的范围内免除保证责任。

## 二、抵押

### （一）抵押的概念和特征

抵押是指债务人或者第三人不转移对抵押财产的占有，将该财产作为债权的担保。债务人不履行债务时，债权人有权依法以该财产折价或者以拍卖、变卖该财产的价款优先受偿。其中的债务人或者第三人是抵押人，债权人是抵押权人，提供担保的财产是抵押物。

因抵押所产生的权利称为抵押权。抵押权具有以下法律特征：

1. 抵押权是一种担保物权。抵押人未经抵押权人同意，不得处分抵押物。抵押权人在抵押物担保的债权已届清偿期而未受清偿时，有权依法处分抵押物并从所得的价款中优先受偿。

2. 抵押权是不转移标的物占有的物权。抵押期间,抵押人可以不将抵押物转移于抵押权人,仍享有对抵押物的占有、使用、收益权。

3. 抵押权是债务人或者第三人就其财产所设定的物权。抵押人可以是债务人,也可以是主合同外的第三人,其只能对自己所有的或者依法有权处分的财产设定抵押。

**(二)抵押物**

抵押物既包括不动产,也包括动产。根据《担保法》规定,下列财产可以抵押:

(1) 抵押人所有的房屋和其他地上定着物;

(2) 抵押人所有的机器、交通运输工具和其他财产;

(3) 抵押人依法有权处分的国有的土地使用权、房屋和其他地上定着物;

(4) 抵押人依法有权处分的国有的机器、交通运输工具和其他财产;

(5) 抵押人依法承包并经发包方同意抵押的荒山、荒沟、荒丘、荒滩等荒地的土地使用权;

(6) 依法可以抵押的其他财产。

抵押人可以单独或者将上述财产一并抵押。

抵押人所担保的债权不得超出其抵押物的价值。财产抵押后,该财产的价值大于所担保债权的余额部分,可以次抵押,但不得超出其余额部分。

根据《担保法》规定,下列财产不得抵押:

(1) 土地所有权;

(2) 耕地、宅基地、自留地、自留山等集体所有的土地使用权;

(3) 学校、幼儿园、医院等以公益为目的的事业单位、社会团体的教育设施、医疗卫生设施和其他社会公益设施;

(4) 所有权、使用权不明或者有争议的财产;

(5) 依法被查封、扣押、监管的财产;

(6) 依法不得抵押的其他财产。

**(三)抵押合同**

抵押合同是指抵押人和抵押权人之间所订立的,确认相互之间担保权利和义务关系的协议。抵押合同应以书面形式订立。根据《担保法》规定.抵押合同应当包括以下内容:

(1) 被担保的主债权种类、数额;

(2) 债务人履行债务的期限;

(3) 抵押物的名称、数量、质量、状况、所在地、所有权权属或者使用权权属;

(4) 抵押担保的范围;

(5) 当事人认为需要约定的其他事项。

抵押合同不完全具备上述内容的,可以补正。抵押合同对被担保的主债权种类、抵押财产没有约定或者约定不明,根据主合同和抵押合同不能补正或者无法推定的,抵押不成立。

订立抵押合同时,抵押权人和抵押人在合同中不得约定在债务履行期届满抵押权人未受清偿时,抵押物的所有权转移为债权人所有。

**(四)抵押物登记**

根据《担保法》规定,以土地使用权、城市房地产或者乡(镇)、村企业的厂房等建筑物、林木、航空器、船舶、车辆、企业的设备和其他动产等抵押的，应当办理抵押物登记。抵押合同自登记之日起生效。办理抵押物登记的部门分别为：

(1) 以无地上定着物的土地使用权抵押的，为核发土地使用权证书的土地管理部门；

(2) 以城市房地产或者乡(镇)、村企业的厂房等建筑物抵押的，为县级以上地方人民政府规定的部门；

(3) 以林木抵押的，为县级以上林木主管部门；

(4) 以航空器、船舶、车辆抵押的，为运输工具的登记部门；

(5) 以企业的设备和其他动产抵押的，为财产所在地的工商行政管理部门。

办理抵押物登记，应当向登记部门提供有关文件或者其复印件，包括主合同和抵押合同，抵押物的所有权或者使用权证书。

当事人以其他财产抵押的，可以自愿办理抵押物登记，抵押合同自签订之日起生效。

### (五) 抵押的效力

抵押的效力表现在，债务履行期届满抵押权人未受清偿的，抵押权人有权依法将抵押的财产折价或者以拍卖、变卖该财产的价款优先受偿。

抵押担保的范围包括主债权及利息、违约金、损害赔偿金和实现抵押权的费用，抵押合同另有约定的，按照约定。

抵押期间，抵押人转让已办理登记的抵押物的，应当通知抵押权人并告知受让人转让物已经抵押的情况，否则，其转让行为无效。转让抵押物的价款明显低于其价值的，抵押权人可以要求抵押人提供相应的担保；抵押人不提供的，不得转让抵押物。抵押人转让抵押物所得的价款，应当向抵押权人提前清偿所担保的债权或者向与抵押权人约定的第三人提存。超过债权数额的部分，归抵押人所有，不足部分由债务人清偿。

同一财产向两个以上债权人抵押的，拍卖、变卖抵押物所得的价款按照以下规定清偿：如果抵押合同以登记生效的，按照抵押物登记的先后顺序清偿，顺序相同的，按照债权比例清偿。如果抵押合同自签订之日起生效的，该抵押物已登记的，按照前述规定的办法清偿；未登记的，按照合同生效时间的先后顺序清偿，顺序相同的，按照债权比例清偿。抵押物已登记的先于未登记的受偿。

## 三、质押

### (一) 质押的概念和特征

质押是指债务人或者第三人将其财产移交债权人占有，将该财产作为债权的担保，债务人不履行债务时，债权人有权依法以该财产折价或者以拍卖、变卖该财产的价款优先受偿。其中债务人或者第三人称为出质人，债权人称为质权人，质押的财产或者权利称为质物。

我国《担保法》规定了两种类型的质押，即动产质押和权利质押。动产质押是以动产作为债权的担保，权利质押是以可让与的财产权利作为债权的担保。

质权人享有的权利称为质权。质权具有以下法律特征：

1. 质权以转移质物的占有为生效条件。质押合同不是自合同成立时起生效，而是自质物移交于质权人占有时生效。质权的存在以质权人占有质物为必要。

2. 质权的标的物为动产或者权利。质权的标的一般是动产。权利质权的标的为土地使用权以外的其他权利。

### (二) 质物

动产质押的质物为出质人有处分权的可以出质的动产。权利质押的质物包括:

(1) 汇票、支票、本票、债券、存款单、仓单、提单;

(2) 依法可以转让的股份、股票;

(3) 依法可以转让的商标专有权、专利权、著作权中的财产权;

(4) 依法可以质押的其他权利,如公路桥梁、公路隧道或者公路渡口等不动产收益权。

### (三) 质押合同

以动产质押的,出质人和质权人应当以书面形式订立质押合同。根据《担保法》规定,质押合同应当包括以下内容:

(1) 被担保的主债权种类、数额;

(2) 债务人履行债务的期限;

(3) 质物的名称、数量、质量、状况;

(4) 质押担保的范围;

(5) 质物移交的时间;

(6) 当事人认为需要约定的其他事项。

质押合同不完全具备上述规定内容的,可以补正。

以动产出质的,质押合同自质物移交于质权人占有时生效。以汇票、支票、本票、债券、存款单、仓单、提单出质的,应当在合同约定的期限内将权利凭证交付质权人,质押合同自权利凭证交付之日起生效。以依法可以转让的股票出质的,出质人与质权人应当订立书面合同,并向证券登记机构办理出质登记,质押合同自登记之日起生效。以依法可以转让的商标专用权、专利权、著作权中的财产权出质的,出质人与质权人应当订立书面合同,并向其管理部门办理出质登记,质押合同自登记之日起生效。

### (四) 质押的效力

质押的效力表现在,债务人不履行债务时,债权人有权依法以该动产或者权利折价或者以拍卖、变卖该财产的价款优先受偿。

动产质押担保的范围包括主债权及利息、违约金、损害赔偿金、质物保管费用和实现质权的费用。质押合同另有约定的,按照约定。

质物有损坏或者价值明显减少的可能,足以危害质权人权利的,质权人可以要求出质人提供相应的担保。出质人不提供的,质权人可以拍卖或者变卖质物,并与出质人协议将拍卖或者变卖所得的价款用于提前清偿所担保的债权或者向与出质人约定的第三人提存。

## 四、留置

### (一) 留置的概念

留置是指债权人按照合同约定占有债务人的动产,在债务人不按照合同约定的期限履行债务时,债权人有权依法留置该财产,以该财产折价或者以拍卖、变卖该财产的价款优先受偿。

留置权是一种法定担保形式。根据《担保法》规定,因保管合同、运输合同、加工承揽合同发生的债权,债务人不履行债务的,债权人有留置权。

留置担保的范围包括主债权及利息、违约金、损害赔偿金、留置物保管费用和实现留置权的费用。

### (二) 留置权成立的条件

留置权的成立,一般应同时具备以下条件:债权人须合法占有债务人的财产;债权人占有债务人的动产须基于事先存在的债权;留置的财产是与债权有牵连的动产;债权已届清偿期而未受清偿。

### (三) 留置权的实现

债权人与债务人应当在合同中约定,债权人留置财产后,债务人应当在不少于2个月的期限内履行债务。债权人与债务人在合同中未约定的,债权人留置债务人财产后,应当确定2个月以上的期限,通知债务人在该期限内履行债务。债务人逾期仍不履行的,债权人可以与债务人协议以留置物折价,也可以依法拍卖、变卖留置物。

## 五、定金

### (一) 定金的概念

定金是指当事人一方为了证明合同的成立和保证合同的履行,先行给付对方一定数额的货币。定金应当以书面形式约定。定金合同从实际交付定金之日起生效。债务人履行债务后,定金应当抵作价款或者收回。

给付定金的一方不履行约定的债务的,无权要求返还定金;收受定金的一方不履行约定的债务的,应当双倍返还定金。

定金的数额由当事人约定,但不得超过主合同标的额的20%。

### (二) 定金与预付款的区别

定金和预付款都是合同一方当事人在另一方当事人履行合同债务之前向对方给付的一定数额的货币,但两者也有所不同,其区别主要表现在:

1. 定金是一种债的担保,定金合同为从合同,具有担保作用;而预付款是一种支付手段,不具有担保作用。

2. 定金可因一方违约而适用定金罚则,具有制裁违约方并补偿受害方所受损失的作用;而预付款即使一方有违约行为也无罚则可言。

3. 定金能证明合同的成立,而预付款不能证明合同的成立。

# 第八节 合同责任

## 一、缔约过失责任

缔约过失责任,亦称缔约过错责任,是指当事人在订立合同过程中,因故意或者过失致使合同未成立、未生效、被撤销或无效,给他人造成损失而应承担的损害赔偿责任。

《合同法》规定,当事人在订立合同过程中有下列情形之一,给对方造成损失的,应当承担损害赔偿责任:(1) 假借订立合同,恶意进行磋商;(2) 故意隐瞒与订立合同有关的重要事实或者提供虚假情况;(3) 当事人泄露或者不正当地使用在订立合同过程中知悉的商业秘密;(4) 有其他违背诚实信用原则的行为。

## 二、违约责任

### (一) 违约责任的概念与特征

违约责任，是指合同当事人因违反合同义务所承担的责任。《合同法》规定，当事人一方不履行合同义务或者履行合同义务不符合约定的，应当承担继续履行、采取补救措施或者赔偿损失等违约责任。

违约责任具有以下特点：(1) 违约责任以合同的有效为前提。(2) 违约责任是合同当事人不履行合同义务所产生的责任。如果当事人违反的不是合同义务，而是法律规定的其他义务，则应负其他责任。(3) 违约责任具有相对性。违约责任只能在特定的当事人之间即合同关系的当事人之间发生。当事人一方因第三人的原因造成违约的，应当向对方承担违约责任。当事人一方和第三人之间的纠纷，依照法律规定或者按照约定解决。

《合同法》规定的违约责任采用严格责任。因此，只要合同当事人有违约行为存在，无论导致违约的原因是什么，除了法定或者约定的免责事由以外，均不得主张免责。

### (二) 违约类型

根据合同当事人违反义务的性质、特点的不同，《合同法》将违约行为区分为预期违约和届期违约两种类型，每种类型又可以分为两类。

1. 预期违约

预期违约是指在履行期限到来之前，一方无正当理由而明确表示其在履行期到来后将不履行合同，或者其行为表明其在履行期到来以后将不可能履行合同。《合同法》第 108 条规定了预期违约，并将预期违约分为明示的预期违约和默示的预期违约两种。明示与默示的区别在于违约的合同当事人是否通过意思表示明确表达自己不再履行合同的意愿。

2. 届期违约

在履行期限到来以后，当事人不履行或不完全履行合同义务的，将构成届期违约。届期违约可以分为不履行和不适当履行两类。

### (三) 违约责任的承担方式

违约责任的承担方式主要有：继续履行、补救措施、损害赔偿三种方式。

1. 继续履行

继续履行，又称实际履行，是指债权人在债务人不履行合同义务时，可请求人民法院或者仲裁机构强制债务人实际履行合同义务。

《合同法》规定，当事人一方未支付价款或者报酬的，对方可以要求其支付价款或者报酬。当事人一方不履行非金钱债务或者履行非金钱债务不符合约定的，对方可以要求履行，但有下列情形之一的除外：(1) 法律上或者事实上不能履行；(2) 债务的标的不适于强制履行或者履行费用过高；(3) 债权人在合理期限内未要求履行。

2. 补救措施

补救措施，是债务人履行合同义务不符合约定，债权人在请求人民法院或者仲裁机构强制债务人实际履行合同义务的同时，可根据合同履行情况要求债务人采取的补救履行措施。《合同法》规定，当事人履行合同义务，质量不符合约定的，应当按照当事人的约定承担违约责任。对违约责任没有约定或者约定不明确，受损害方根据标的的性质以及损失的大小，可以合理选择要求对方承担修理、更换、重做、退货、减少价款或者报酬等违约责任。

3. 损害赔偿

当事人一方不履行合同义务或者履行合同义务不符合约定的，在履行义务或者采取补救措施后，对方还有其他损失的，应当承担损害赔偿责任。损害赔偿的具体方式包括赔偿损失、支付违约金和适用定金罚则等多种情况。

(1) 损失赔偿。损失赔偿额应当相当于因违约所造成的损失，包括合同履行后可以获得的利益，但不得超过违约方订立合同时预见到或者应当预见到的因违反合同可能造成的损失。当事人可以在合同中约定因违约产生的损失赔偿额的计算方法。

当事人一方违约后，对方应当采取适当措施防止损失的扩大；没有采取适当措施致使损失扩大的，不得就扩大的损失要求赔偿。当事人因防止损失扩大而支出的合理费用由违约方承担。

(2) 支付违约金。违约金，是按照当事人约定或者法律规定，一方当事人违约时应当根据违约情况向对方支付的一定数额的货币。

约定的违约金低于造成的损失的，当事人可以请求人民法院或者仲裁机构予以增加；约定的违约金过分高于造成的损失的，当事人可以请求人民法院或者仲裁机构予以适当减少。

(3) 定金。当事人在合同中既约定违约金，又约定定金的，一方违约时，对方可以选择适用违约金或者定金条款，但两者不可同时并用。

## 三、缔约过失责任与违约责任的区别

缔约过失责任与违约责任存在区别：(1) 两种责任产生的时间不同。缔约过失责任发生在合同成立之前；而违约责任产生于合同生效之后。(2) 适用的范围不同。缔约过失责任适用于合同未成立、合同未生效、合同无效等情况；违约责任适用于生效合同。(3) 赔偿范围不同。缔约过失赔偿的是信赖利益的损失；而违约责任赔偿的是可期待利益的损失。可期待利益的损失要大于或者等于信赖利益的损失。

## 四、免责事由

《合同法》规定的法定的免责事由仅限于不可抗力。常见的不可抗力有：(1) 自然灾害。如地震、台风、洪水、海啸等。(2) 政府行为。政府行为一定是指当事人在订立合同以后发生，且不能预见的情形。如运输合同订立后，由于政府颁布禁运的法律，使合同不能履行。(3) 社会异常现象。一些偶发的事件阻碍合同的履行，如罢工骚乱等。

不可抗力发生后对当事人责任的影响，要注意几点：(1) 不可抗力并非当然免责，要根据不可抗力对合同履行的影响决定。《合同法》规定，因不可抗力不能履行合同的，根据不可抗力的影响，部分或者全部免除责任。(2) 当事人迟延履行后发生不可抗力的，不能免除责任。(3) 不可抗力事件发生后，主张不可抗力一方要履行两个义务：一是及时通报合同不能履行或者需要迟延履行、部分履行的事由；二是取得有关不可抗力的证明。

# 第九节 合同法分则规定的主要有名合同

## 一、有名合同的概念

根据法律上有无规定一定的名称，合同可分为有名合同和无名合同。

有名合同是指法律上或者经济生活习惯上按其类型已确定了一定名称的合同，又称典型合同。我国合同法中规定的合同和民法学中研究的合同都是有名合同。无名合同是指有名合同以外的、尚未统一确定一定名称的合同。无名合同如经法律确认或在形成统一的交易习惯后，可以转化为有名合同。

## 二、我国合同法规定的有名合同

① 买卖合同，是指出卖人转移标的物的所有权于买受人，买受人支付价款的合同；② 供用电、水、气、热力合同，供电合同是指供电人向用电人供电，用电人支付电费的合同；③ 赠予合同是指赠予人将自己的财产无偿给予受赠人，受赠人表示接受赠予合同；④ 借款合同是指借款人向贷款人借款，到期返还借款并支付利息的合同；⑤ 租赁合同是指出租人将租赁物交付承租人使用、收益、承租人支付租金的合同；⑥ 融资租赁合同是指出租人根据承租人对出卖人、租赁物的选择，向出卖人购买租赁物，提供给承租人使用，承租人支付租金的合同；⑦ 承揽合同是指承揽人按照定做人的要求完成工作，交付工作成果，定做人给付报酬的合同；⑧ 建设工程合同是指承包人进行工程建设，发包人支付价款的合同，建设工程合同包括工程勘察、设计、施工合同；⑨ 运输合同是指承运人将旅客或者货物从起运地点运输到约定地点，旅客、托运人或者收货人支付票款或者运输费用的合同，包括客运合同、货运合同、多式联运合同；⑩ 技术合同是指当事人就技术开发、转让、咨询或者服务订立的确立相互之间权利和义务的合同；⑪ 保管合同是指保管人保管寄存人交付的保管物，并返还该物的合同；⑫ 仓储合同是指保管人储存存货人交付的仓储物，存货人交付仓储费的合同；⑬ 委托合同是指委托人和受托人约定，由受托人处理委托人事务的合同；⑭ 行纪合同是指行纪人以自己的名义为委托人从事贸易活动，委托人支付报酬的合同；⑮ 居间合同是指居间人向委托人报告订立合同的机会或者提供订立合同的媒介服务，委托人支付报酬的合同。

## 练习题

### 一、单项选择题

1. 甲公司7月1日通过报纸发布广告，称其有某型号的电脑出售，每台售价 8 000 元，随到随购，数量不限，广告有效期至7月 30 日。乙公司委托王某携带金额 16 万元的支票于7月 28 日到甲公司购买电脑，但甲公司称广告所述电脑已全部售完。乙公司为此受到一定的经济损失。根据合同法律制度的规定，下列表述正确的是(　　)。

A. 甲公司的广告构成要约，乙公司的行为构成承诺，甲公司不承担违约责任

B. 甲公司的广告构成要约，乙公司的行为构成承诺，甲公司应当承担违约责任

C. 甲公司的广告不构成要约，乙公司的行为不构成承诺，甲公司不承担民事责任

D. 甲公司的广告构成要约，乙公司的行为不构成承诺，甲公司不承担民事责任

2. 甲、乙准备签订一个买卖合同，双方 2009 年 6 月 1 日约定 2009 年 6 月 15 日在北京饭店在合同书上签字的时候合同成立，但是甲由于想腾出自己的仓库，在 2009 年 6 月 10 日把货物运至乙处，甲和乙按照约定在北京饭店签订了合同，甲当天在合同上签字盖章，乙将合同带回总部后第二天在合同上签字并盖章，以上情况下，合同成立的时间为(　　)。

A. 2009 年 6 月 15 日　　B. 2009 年 6 月 1 日

C. 2009 年 6 月 10 日　　D. 2009 年 6 月 16 日

3. 甲于2月14日向乙发出签订合同的要约，乙于2月28日承诺同意，甲、乙双方在3月13日签订合同，合同中约定该合同于3月25日生效。根据《合同法》的规定，该合同的成立时间是(　　)。

A. 2月14日　　B. 2月28日　　C. 3月13日　　D. 3月25日

4. 2009年5月8日，甲作为出租人与乙订立租赁合同，约定将丙的房屋于同年7月1日租赁给乙作为办事处。同年6月10日，甲向丙购买该出租房屋，并办理了产权转让手续，关于该情形，下列说法正确的是(　　)。

A. 甲与乙于5月8日所签租赁合同因甲对该房屋尚无处分权而无效

B. 该租赁合同可以撤销

C. 该租赁合同为有效合同

D. 该租赁合同必须经过丙的追认后才有效，否则均无效

5. 下列有关缔约过失责任和违约责任区别的说法中，错误的是(　　)。

A. 缔约过失赔偿的是信赖利益的损失；违约责任赔偿的是可期待利益的损失

B. 缔约过失责任适用于合同未成立、合同未生效、合同无效等情况；违约责任适用于生效合同

C. 缔约过失责任赔偿的损失要大于或等于违约责任赔偿的损失

D. 缔约过失责任发生在合同成立之前；而违约责任产生于合同生效之后

6. 甲、乙双方于6月10日签订了一份购销合同，约定7月20日交付货物。6月20日，乙方对合同内容持有异议，并向仲裁机构申请仲裁。6月25日，经仲裁机构确认，该购销合同为无效合同，并当即通知甲、乙双方。该购销合同没有法律约束力的起始时间应当是(　　)。

A. 6月10日　　B. 6月20日　　C. 6月25日　　D. 7月20日

7. 根据《中华人民共和国合同法》的规定，当事人对合同价款约定不明确、又没有政府定价或指导价供参照时，合同价款的确定规则为(　　)。

A. 按照订立合同时履行地的市场价格履行

B. 按照履行合同时履行地的市场价格履行

C. 按照纠纷发生时履行地的市场价格履行

D. 按照订立合同时订立地的市场价格履行

8. 甲企业与乙企业订立一份买卖合同，双方约定由甲企业向乙企业提供一批生产用原材料，总货款为50万元，货到付款，甲企业最迟于6月底之前发货。5月份，甲企业在报纸上得知乙企业为逃避债务，私自转移财产，被法院依法查封并扣押财产的消息，为此，甲企业在通知乙企业后，未向乙企业按时供货，甲企业的行为属于(　　)。

A. 行使先履行抗辩权，中止合同履行

B. 行使不安抗辩权，中止合同履行

C. 与乙企业解除合同关系

D. 甲企业已构成违约，应承担违约责任

9. 甲欠乙10 000元借款，甲到期不能清偿。乙打听到丙欠甲15 000元钱。甲一直没有向丙催要，乙准备要求丙清偿甲的欠款。乙的下列行为中符合代位权行使的有关法律规定的是(　　)。

A. 乙以自己的名义向法院起诉要求丙偿还债务

B. 乙要求丙将15 000元全部偿还

C. 在丙的债务未到期的情况下，乙要求丙提前偿还

D. 乙向丙许诺，只要丙偿还 10 000 元钱就可免除其余 5 000 元

10. 根据合同法律制度的规定，由于债权人的原因，债务人无法向债权人交付合同标的物时，可以将该标的物交给提存部门，从而消灭债务。在标的物提存后，标的物毁损、灭失风险责任的承担者是（　　）。

A. 债权人　　B. 债务人　　C. 债权人和债务人　D. 提存部门

**二、多项选择题**

1. 下列选项中，属于有名合同的是（　　）。

A. 买卖合同　　B. 承揽合同　　C. 运输合同　　D. 贷款合同

2. 甲厂向乙厂发出信函，表示愿以 1 万元出让设备一台。乙厂回复：需该设备，但价格应为 8 000 元；甲厂又回函：价格可为 9 000 元，复函即供货。乙厂经办人因工作不负责任，接甲厂的复函后，未予处理。后甲厂将设备发送到乙厂，乙厂才发现对甲厂原函未处理，下列选项中表述错误的有（　　）。

A. 甲、乙之间的合同不成立

B. 甲厂未经乙厂同意发货违约

C. 乙厂未及时通知甲发货违约

D. 双方之间有误解，可撤销合同

3. 根据《中华人民共和国合同法》的规定，下列要约中，不得撤销的有（　　）。

A. 要约人确定了承诺期限的要约

B. 要约人明示不可撤销的要约

C. 已经到达受要约人但受要约人尚未承诺的要约

D. 受要约人有理由认为不可撤销，且已为履约做了准备的要约

4. 乙以甲公司的名义采取下列方式与他人订立的合同，法律效果归属于甲公司的有（　　）。

A. 乙使用偷盗的甲公司合同专用章，与善意的丙公司订立的合同

B. 乙使用伪造的甲公司合同专用章，与善意的丁公司订立的合同

C. 乙使用甲公司交给的合同专用章，超越甲公司授权范围与善意的戊公司订立的合同

D. 乙使用甲公司交给的合同专用章，在代理权终止后，与善意的庚公司订立的合同

5. 根据《合同法》的规定，下列合同中，属于效力待定合同的有（　　）。

A. 甲、乙恶意串通订立的损害第三人丙的利益的合同

B. 某公司法定代表人超越权限与善意第三人丁订立的买卖合同

C. 代理人甲超越代理权限与第三人丙订立的买卖合同

D. 限制民事行为能力人甲与他人订立的与其年龄、智力等不相适应的买卖合同

**三、简答题**

1. 什么是要约？要约和要约邀请有何区别？

2. 什么是承诺？其效力如何？

3. 缔约过失责任和违约责任有哪些主要区别？

4. 合同生效与合同成立有何关系？

5. 哪些合同可撤销或变更?

6. 质量、价款不明确的履行规则?

7. 什么是不安抗辩权?当事人应如何行使不安抗辩权?

8. 什么是债权人的代位权?债权人行使代位权应当符合什么条件?

**四、案例分析题**

1. 甲乙签订买卖合同约定:甲购买乙机器10台,总价500万元;甲支付100万元后30天内乙交付机器;乙交付机器后30天内甲支付其余货款。后甲向乙支付了50万元,乙收到该款项后交付了5台机器。甲要求乙交付其余5台机器,乙拒绝并要求甲承担违约责任。

问题:

(1) 甲要求乙交付其余5台机器的请求是否合法?为什么?

(2) 乙要求甲承担违约责任是否合法?为什么?

(3) 若甲应该承担违约责任,甲承担违约责任的形式有哪些?

2. 某商场向A企业发出传真订购洗碗海绵,该传真列明了所需海绵的等级、质量、数量、交货地点、时间、运输方式等,并要求该企业在一周内回复报价。A企业接到传真后,即刻回函报价。商场方面按期回函同意价格,同时提议签订书面合同。企业觉得既然已经达成合意,不必再多此一举订立书面合同,遂直接按照商场订购数量发货,商场验货无异议,收货并尽快付款。但是付款前夕由于一篇洗碗海绵致癌的报道在当地疯传,导致一夜之间无人敢买。商场鉴于己方无利可图,遂向企业提出,由于双方未签订书面合同,买卖关系不能成立,故应当尽快将货物取回。A企业自然不能同意商场方面的意见,要求其偿付货款。

请问:

(1) 商场传真订货、企业回函报价的行为分别是什么法律性质?

(2) 商场与企业之间的买卖合同是否成立?请说明理由。

# 第五章 工业产权法

## 学习要点

☆ 掌握授予专利权的条件及商标的构成条件，商标权与专利权取得的程序

☆ 熟悉专利权和商标权的主体、客体及内容

☆ 了解工业产权的概念和特征，我国法律对专利权和商标权的保护

## 引 例

甲企业在葡萄酒类商品上注册了“维娜”商标后，将“维娜”牌葡萄酒投入市场销售。经过长期经营，“维娜”牌葡萄酒在市场上享有极高声誉，为广大消费者所喜爱，具有了较强竞争力。其后，乙企业在其生产销售的服装上使用了与“维娜”商标近似的商标，误导了公众。

问题：

(1) 甲企业的“维娜”商标是否可以认定为驰名商标？为什么？

(2) 乙企业的行为是否合法？为什么？

## 第一节 工业产权法概述

### 一、工业产权的概念和特征

工业产权，是指对应用于商品生产和流通中的发明创造和显著标记等智力成果享有的专有权利，主要包括发明、实用新型、外观设计、商标、商号、货源标记、原产地名称以及制止不正当竞争的权利。这是《保护工业产权巴黎公约》所规定的工业产权的范围，即保护对象，它在原则上为所有缔约国承认，但是，不同的国家从各自国家的具体国情出发，又有不同的保护范围或对象。我国所称的工业产权，主要是指专利权和商标权。

工业产权属于知识产权的范畴，是一种无形财产权，具有以下法律特征：

1. 专有性

工业产权是国家赋予专利权人和商标专用权人在有效期内，对发明创造和注册商标享有独占、使用、收益和处分的权利，任何第三人未经专利权人和商标专用权人的许可，不得使用权利人的专利或商标，否则即为侵权。

2. 地域性

指工业产权的法律保护具有域内效力，即一国授予的专利权和商标权通常只在该国领域内有效，在其他国家没有效力。

3. 时间性

指法律对工业产权的保护具有一定的期限，即权利人在法定期限内享有专有权，有效期限届满后，工业产权的财产权利即自行终止。法律保护专利权人和商标专用权人在有效期限内的独占权，不允许永久独占，超过有效期限则丧失其专利权和商标专用权，成为社会公共财富，任何人都可以自由地使用。

## 二、工业产权法的概念

工业产权法，是指调整因申请、取得、保护、使用和转让工业产权而发生的各种社会关系的法律规范的总称。

工业产权法主要包括专利法、商标法以及与此相关的条例、细则等。我国调整工业产权的法律、法规主要有：《中华人民共和国专利法》、《中华人民共和国专利法实施细则》、《中华人民共和国商标法》、《中华人民共和国商标法实施条例》等。此外，《中华人民共和国民法通则》在“民事权利”一章中专设“知识产权”一节，对著作权、专利权、商标权及其他科技成果权做了原则性的规定。

## 三、工业产权的国际保护

工业产权国际保护要解决的问题有两个：一是本国应该尊重和保护工业产权的外国所有人的利益；二是防止外国对本国工业产权的所有人利益的侵害。保护工业产权的国际条约主要有：《与贸易有关的知识产权协议》、《保护工业产权巴黎公约》、《商标国际注册马德里协定》、《专利合作条约》等。

# 第二节 专利法

## 一、专利和专利法的概念

1. 专利的概念

专利一词通常有三层含义，(1) 专利是专利权的简称，是指国家依法授予发明人、设计人或其所属单位对其发明创造在法律规定的期限内享有的独占权，这是专利的最基本的含义。(2) 专利是指取得了专利权的发明创造。(3) 专利是指记载发明创造内容的专利文献。概括地说，专利就是具有独占性的、通过文献公开的技术。

2. 专利法的概念

专利法，是指确认、保护发明创造的专有权，调整在利用专有的发明创造过程中所形成的各种社会关系的法律规范的总称。

《中华人民共和国专利法》(以下简称《专利法》)于1984年3月12日经第六届全国人民代表大会常务委员会第四次会议通过，自1985年4月10日起实施；并分别在1992年9月4日、2000年8月25日以及2008年12月27日进行了三次修正。第三次修改的《专利法》自2009年10月1日起施行。

## 二、专利权的主体

专利权的主体，是指有权提出申请并取得专利权的单位和个人。申请被批准后，申请专利的单位或者个人为专利权人。

### （一）发明人、申请人与专利权人

1. 发明人

发明人是直接完成发明创造的人。专利法上的发明人必须满足的条件是：(1) 发明人必须是直接参加发明创造活动的人。在发明创造过程中，只负责组织管理工作或者仅仅提供物质条件的人都不是发明人。(2) 发明人必须是对发明创造的实质性特点有创造性贡献的人。仅提出所要解决的技术问题却未能为解决问题提供具体方案的人，或者仅在发明创造过程中从事辅助工作的人都不能称为发明人。(3) 发明人必须是自然人，单位不能成为发明人。

2. 申请人

申请人是指就一项发明创造向国家专利行政主管机关提出专利申请的人。很多情况下，发明人与申请人是同一人，但现实中也存在发明人与申请人不一致的情况。造成发明人与申请人背离的原因主要有三个。一是发明人通过专利申请权转让合同将申请专利的权利转让给他人；二是发明人的继承人通过继承取得发明创造的专利申请权；三是法律直接将专利申请权赋予发明人以外的其他人，如职务发明的专利申请权就属于单位，而非发明人。

3. 专利权人

专利权人即享有专利权的人。专利权人与专利申请人也是两个不同的概念。一项技术成果申请专利后未必能够获得专利权，专利申请人就未必能称为专利权人。反之，由于专利权可以通过转让或者继承的方式获得，因此，专利权人也不一定是专利申请人。

### （二）专利权的归属

1. 职务发明

职务发明创造，是指执行本单位的任务或者主要是利用本单位的物质技术条件所完成的发明创造。执行本单位的任务所完成的职务发明创造包括：在本职工作中做出的发明创造；履行本单位交付的本职工作之外的任务所做出的发明创造；退职、退休或者调动工作后一年内做出的，与其在原单位承担的本职工作或者原单位分配的任务有关的发明创造。本单位的物质技术条件，是指本单位的资金、设备、零部件、原材料或者不对外公开的技术资料等。

职务发明创造申请专利的权利属于该单位，申请被批准后，该单位为专利权人。利用本单位的物质技术条件所完成的发明创造，单位与发明人或者设计人订立合同，对申请专利的权利和专利权的归属做出约定的，从其约定。

2. 非职务发明

非职务发明创造，是指不是为执行本单位的任务或者没有利用本单位的物质技术条件所完成的发明创造。非职务发明创造，申请专利的权利属于发明人。申请被批准后，该发明人为专利权人。

3. 共同发明和委托发明

当一项发明创造为两个以上单位或者个人共同完成时，该发明创造就是共同发明。一个单位或者个人接受其他单位或者个人委托所完成的发明创造，是委托发明。对于共同发明和委托发明的权利归属，有约定的依照其约定，没有约定或者约定不明的，申请专利的权利属于完成或者共同完成发明创造的单位或者个人。

## 三、专利权的客体

专利权的客体，是指专利法保护的对象，即依法可以取得专利权的发明创造。我国《专利法》所称的发明创造，是指发明、实用新型和外观设计。

### (一) 发明

发明，是指对产品、方法或者其改进所提出的新的技术方案，发明分为产品发明和方法发明。产品发明是发明人通过智力劳动创造的并能以有形形式表现的各种制成品，如新的医药产品或新的建筑材料等；方法发明是指发明人通过智力劳动创造的获取某种物质或实现某种效果的方法或手段，如培育植物新品种的方法等。

### (二) 实用新型

实用新型，是指对产品的形状、构造或者其结合所提出的适于实用的新的技术方案。实用新型必须具有实用价值。例如，带有花纹的轮胎，既有立体形状，又有防滑功能，就是可以申请实用新型专利的主题。实用新型还强调"型"，即必须是一种具有形状或者构造的产品。粉末、颗粒状的物质或者材料就不属于实用新型。实用新型的创造性比发明小，实用性的要求比发明低，申请和审批的手续比较简单，因此又称为"小发明"。

### (三) 外观设计

外观设计，是指对产品的形状、图案或者其结合以及色彩与形状、图案的结合所做出的富有美感并适于工业应用的新设计。外观设计依托于产品的外观，气态、液态、粉末或颗粒状的物质就不能成为外观设计的载体。形状、图案和色彩是外观设计的构成要素，单纯的色彩不能成为外观设计。外观设计只涉及美化产品的外表和形状，不涉及产品的制造和设计技术。

## 四、授予专利权的条件

### (一) 授予发明和实用新型专利权的条件

我国《专利法》规定，授予专利权的发明和实用新型，应当具备新颖性、创造性和实用性。

1. 新颖性

新颖性，是指该发明或者实用新型不属于现有技术，也没有任何单位或者个人就同样的发明或者实用新型在申请日以前向国务院专利行政部门提出过申请，并记载在申请日以后公布的专利申请文件或者公告的专利文件中。新颖性是确定一项发明创造是否可以授予专利权的第一衡量标准，而该项发明是否公开是判断其是否丧失新颖性的标准。

但是，在申请日前已经公开的技术并不必然导致新颖性的丧失。根据《专利法》第 24 条的规定，申请专利的发明创造在申请日以前 6 个月内，有下列情形之一的，不丧失新颖性：(1) 在中国政府主办或者承认的国际展览会上首次展出的；(2) 在规定的学术会议或者技术会议上首次发表的；(3) 他人未经申请人同意而泄露其内容的。

2. 创造性

创造性是指与现有技术相比，该发明具有突出的实质性特点和显著的进步，该实用新型具有实质性特点和进步。现有技术,是申请日以前在国内外为公众所知的技术。

3. 实用性

实用性,是指该发明或者实用新型能够制造或者使用,并且能够产生积极效果。

**(二) 授予外观设计专利权的条件**

根据《专利法》第 23 条的规定,授予专利权的外观设计,应当不属于现有设计;也没有任何单位或者个人就同样的外观设计在申请日以前向国务院专利行政部门提出过申请,并记载在申请日以后公告的专利文件中。授予专利权的外观设计与现有设计或者现有设计特征的组合相比,应当具有明显区别。授予专利权的外观设计不得与他人在申请日以前已经取得的合法权利相冲突。这里的"现有设计",是指申请日以前在国内外为公众所知的设计。

**(三) 不授予专利权的项目**

1. 对违反法律、社会公德或者妨害公共利益的发明创造,不授予专利权。例如能逃过检查夹藏毒品的背心。

2. 对违反法律、行政法规的规定获取或者利用遗传资源,并依赖该遗传资源完成的发明创造,不授予专利权,如人类基因图谱。

3. 对下列各项,不授予专利权:(1) 科学发现;(2) 智力活动的规则和方法;(3) 疾病的诊断和治疗方法;(4) 动物和植物品种;(5) 用原子核变换方法获得的物质;(6) 对平面印刷品的图案、色彩或者二者的结合做出的主要起标识作用的设计。但是,动物和植物品种的生产方法,可以依法授予专利权。

## 五、专利的申请

**(一) 专利申请的原则**

1. 先申请原则

两个以上的申请人分别就同样的发明创造申请专利的,专利权授予最先申请的人。两个以上的申请人在同一日分别就同样的发明创造申请专利的,应当在收到国务院专利行政部门的通知后自行协商确定申请人。各申请人通过协商,确定各自的共有份额将发明创作作为共同发明申请专利,或者其中一方在获得相应补偿之后放弃申请权,由另一方单独申请。

2. 单一性原则

单一性原则是指一件专利申请的内容中只能包含一项发明创造,不能将两项或两项以上的发明创造作为一件申请提出。我国《专利法》规定,一件发明或者实用新型专利申请应当限于一项发明或者实用新型;一件外观设计专利申请应当限于一项外观设计。但是,属于一个总的发明构思的两项以上的发明或者实用新型,可以作为一件申请提出;同一产品两项以上的相似外观设计,或者用于同一类别并且成套出售或者使用的产品的两项以上外观设计,可以作为一件申请提出。例如,成套茶具中的茶壶、茶杯等,就可以作为一件外观设计专利提出申请。

3. 优先权原则

优先权原则是指申请人有权要求在一定条件下,以第一次申请日期作为后一次专利申请的申请日。

### (二) 专利申请文件

因申请专利权的客体不同,需要提交的专利申请文件也有差别。

1. 申请发明或者实用新型专利的,应当提交请求书、说明书及其摘要和权利要求书等文件

请求书应当写明发明或者实用新型的名称,发明人的姓名,申请人姓名或者名称、地址,以及其他事项。说明书应当对发明或者实用新型做出清楚、完整的说明,以所属技术领域的技术人员能够实现为准;必要的时候,应当有附图。摘要应当简要说明发明或者实用新型的技术要点。权利要求书应当以说明书为依据,清楚、简要地限定要求专利保护的范围。依赖遗传资源完成的发明创造,申请人应当在专利申请文件中说明该遗传资源的直接来源和原始来源;申请人无法说明原始来源的,应当陈述理由。

2. 申请外观设计专利的,应当提交请求书、该外观设计的图片或者照片以及对该外观设计的简要说明等文件

申请人提交的有关图片或者照片应当清楚地显示要求专利保护的产品的外观设计。

### (三) 专利申请日和优先权

国务院专利行政部门收到专利申请文件之日为申请日。如果申请文件是邮寄的,以寄出的邮戳日为申请日。

专利申请的优先权是指专利申请人就其发明创造第一次提出专利申请后,在专利法规定的期限内,又就同一主题的发明创造提出专利申请,申请人有权要求将第一次申请日视为后一次申请的申请日。

专利申请的优先权可分为外国优先权和本国优先权。

1. 外国优先权

申请人自发明或者实用新型在外国第一次提出专利申请之日起12个月内,或者自外观设计在外国第一次提出专利申请之日起6个月内,又在中国就相同主题提出专利申请的,依照该外国同中国签订的协议或者共同参加的国际条约,或者依照相互承认优先权的原则,可以享有优先权。

2. 本国优先权

申请人自发明或者实用新型在中国第一次提出专利申请之日起12个月内,又向国务院专利行政部门就相同主题提出专利申请的,可以享有优先权。

申请人要求优先权的,应当在申请的时候提出书面声明,并且在3个月内提交第一次提交的专利申请文件的副本;未提出书面声明或者逾期未提交专利申请文件副本的,视为未要求优先权。

### (四) 专利申请的修改和撤回

申请人可以对其专利申请文件进行修改,但是,对发明和实用新型专利申请文件的修改不得超出原说明书和权利要求书记载的范围,对外观设计专利申请文件的修改不得超出原图片或者照片表示的范围。

申请人可以在被授予专利权之前随时撤回其专利申请。

## 六、专利申请的审查和批准

我国专利申请的审查和批准,一般要经过下列程序:

### (一) 初步审查和早期公开

初步审查也称形式审查，是指对专利申请文件、委托事项以及是否属于法律禁止授予专利权的事项等进行审查。

国务院专利行政部门收到发明专利申请后，经初步审查认为符合本法要求的，自申请日起满18个月，即行公布。国务院专利行政部门可以根据申请人的请求早日公布其申请。

### (二) 实质审查

实质审查，是指对发明创造的新颖性、创造性和实用性进行审查。发明专利申请自申请日起三年内，国务院专利行政部门可以根据申请人随时提出的请求，对其申请进行实质审查；申请人无正当理由逾期不请求实质审查的，该申请即被视为撤回。国务院专利行政部门认为必要的时候，可以自行对发明专利申请进行实质审查。

发明专利的申请人请求实质审查的时候，应当提交在申请日前与其发明有关的参考资料。发明专利已经在外国提出过申请的，国务院专利行政部门可以要求申请人在指定期限内提交该国为审查其申请进行检索的资料或者审查结果的资料；无正当理由逾期不提交的，该申请即被视为撤回。

### (三) 驳回专利申请

国务院专利行政部门对发明专利申请进行实质审查后，认为不符合专利法规定的，应当通知申请人要求其在指定的期限内陈述意见，或者对其申请进行修改；申请人无正当理由逾期不答复的，该申请即被视为撤回。发明专利申请经申请人陈述意见或者进行修改后，国务院专利行政部门仍然认为不符合专利法规定的，应当予以驳回。

### (四) 授予专利权

发明专利申请经实质审查没有发现驳回理由的，由国务院专利行政部门做出授予发明专利权的决定，发给发明专利证书，同时予以登记和公告。发明专利权自公告之日起生效。

实用新型和外观设计专利申请经初步审查没有发现驳回理由的，由国务院专利行政部门做出授予实用新型专利权或者外观设计专利权的决定，发给相应的专利证书，同时予以登记和公告。实用新型专利权和外观设计专利权自公告之日起生效。

### (五) 专利申请的复审

国务院专利行政部门设立专利复审委员会。专利申请人对国务院专利行政部门驳回申请的决定不服的，可以自收到通知之日起3个月内，向专利复审委员会请求复审。专利复审委员会复审后，做出决定，并通知专利申请人。专利申请人对专利复审委员会的复审决定不服的，可以自收到通知之日起3个月内向人民法院起诉。

## 七、专利权的期限、终止和无效

### (一) 专利权的期限

专利权的期限，是指专利权受法律保护的时间。专利权只在法定的期限内有效，并受法律保护。超出法律规定的有效期限，专利权就自行终止。

《专利法》第42条规定，发明专利权的期限为20年，实用新型专利权和外观设计专利权的期限为10年，均自申请日起计算。

### (二) 专利权的终止

专利权的终止有两种情况：

1. 专利权期限届满专利权终止。

2. 有下列情形之一的，专利权在期限届满前终止：(1) 没有按照规定缴纳年费的；(2) 专利权人以书面声明放弃其专利权的。

专利权在期限届满前终止的，由国务院专利行政部门登记和公告。

### (三) 专利权的无效

1. 宣告专利权无效的程序

自国务院专利行政部门公告授予专利权之日起，任何单位或者个人认为该专利权的授予不符合专利法有关规定的，可以请求专利复审委员会宣告该专利权无效。专利复审委员会对宣告专利权无效的请求应当及时审查和做出决定，并通知请求人和专利权人。宣告专利权无效的决定，由国务院专利行政部门登记和公告。

对专利复审委员会宣告专利权无效或者维持专利权的决定不服的，可以自收到通知之日起 3 个月内向人民法院起诉。人民法院应当通知无效宣告请求程序的对方当事人作为第三人参加诉讼。

2. 宣告专利权无效后的法律效力

宣告无效的专利权视为自始即不存在。宣告专利权无效的决定，对在宣告专利权无效前人民法院做出并已执行的专利侵权的判决、调解书，已经履行或者强制执行的专利侵权纠纷处理决定，以及已经履行的专利实施许可合同和专利权转让合同，不具有追溯力。但是因专利权人的恶意给他人造成的损失，应当给予赔偿。如果不返还专利侵权赔偿金、专利使用费、专利权转让费，明显违反公平原则的，应当全部或者部分返还。

## 八、专利权人的权利和义务

### (一) 专利权人的权利

1. 独占权

独占权体现在对自己专利实施的自由和对他人实施其专利的禁止两方面。

(1) 专利权人有权自由实施其专利。专利权人对其专利产品依法享有进行制造、使用、销售、许诺销售的专有权利，对其专利方法依法享有专有使用权，对依照其专利方法直接获得的产品享有专有使用权和销售权。

(2) 专利权人有权禁止他人实施其专利。除《专利法》另有规定的以外，发明和实用新型专利权被授予后，任何单位或者个人未经专利权人许可，都不得实施其专利，即不得为生产经营目的的制造、使用、许诺销售、销售、进口其专利产品，或者使用其专利方法以及使用、许诺销售、销售、进口依照该专利方法直接获得的产品。外观设计专利权被授予后，任何单位或者个人未经专利权人许可，都不得实施其专利，即不得为生产经营目的的制造、许诺销售、销售、进口其外观设计专利产品。

2. 转让权

转让权是指专利权人将其获得的专利权转让给他人的权利，包括专利申请权和专利权的转让。中国单位或者个人向外国人、外国企业或者外国其他组织转让专利申请权或者专利权的，应当依照有关法律、行政法规的规定办理手续。转让专利申请权或者专利权的，当事人应当订立书面合同，并向国务院专利行政部门登记，由国务院专利行政部门予以公告。专利申请权或者专利权的转让自登记之日起生效。

3. 许可权

许可实施权是指专利权人通过实施许可合同的方式，许可他人实施其专利并收取专利使用费的权利。任何单位或者个人实施他人专利的，应当与专利权人订立实施许可合同，向专利权人支付专利使用费，并且被许可人无权允许合同规定以外的任何单位或者个人实施该专利。专利申请权或者专利权的共有人对权利的行使有约定的，从其约定。没有约定的，共有人可以单独实施或者以普通许可方式许可他人实施该专利；许可他人实施该专利的，收取的使用费应当在共有人之间分配。专利权人与他人订立的专利实施许可合同，应当自合同生效之日起3个月内向国务院专利行政部门备案。

4. 标记权

专利权人的标记权是指专利权人有权在其专利产品或者该产品包装上标明专利标识。《专利法》第17条规定，发明人或者设计人无论是否为专利权人，均有在专利文件上写明自己是发明人或者设计人的权利。

我国专利标注方法有两种：第一是采用中文标注专利权的类别，例如中国发明专利、中国实用新型专利、中国外观设计专利；第二是使用国家知识产权局授予专利权的专利号，其中“ZL”表示“专利”，前四位数字表示提交专利申请的年代，第五位数字表示专利类别，第六位以后的五位数为申请顺序号，小数点后面一位数是计算机校验码。除上述内容之外，标注者可以附加其他文字、图形标记，但附加的文字、图形标记及其标注方式不得误导公众。在专利类别上，数字1代表发明专利申请；数字2代表实用新型专利申请；数字3代表外观设计专利申请。例如，“休闲椅”的专利号为ZL200830024754.2，即表示是2008年申请的第24 754件外观设计专利。

5. 请求保护权

请求保护权是指专利权人认为其专利权受到侵犯时，有权向人民法院起诉或请求专利管理部门处理以保护其专利权的权利。

6. 放弃权

专利权人有权以书面的形式放弃其专利权。

**(二) 专利权人的义务**

1. 充分实施专利。专利权人及其被许可人实施其专利的方式或者规模能够满足国内对专利产品或者专利方法的需求。

2. 缴纳专利年费。年费是专利权人付给专利行政部门的管理费用。专利权人应从授予专利权的当年开始缴纳专利年费，不按规定缴纳年费的，专利权应予终止。

3. 被授予专利权的单位对发明人或者设计人应予以奖励。职务发明创造取得专利，被授予专利权的单位应当对职务发明创造的发明人或者设计人给予奖励；发明创造专利实施后，根据其推广应用的范围和取得的经济效益，对发明人或者设计人给予合理的报酬。

## 九、专利权的限制

**(一) 不视为侵权的情形**

1. 专利产品或者依照专利方法直接获得的产品，由专利权人或者经其许可的单位、个人售出后，使用、许诺销售、销售、进口该产品的；

2. 在专利申请日前已经制造相同产品、使用相同方法或者已经做好制造、使用的必要准备，并且仅在原有范围内继续制造、使用的；

3. 临时通过中国领陆、领水、领空的外国运输工具，依照其所属国同中国签订的协议或者共同参加的国际条约，或者依照互惠原则，为运输工具自身需要而在其装置和设备中使用有关专利的；

4. 专为科学研究和实验而使用有关专利的；

5. 为提供行政审批所需要的信息，制造、使用、进口专利药品或者专利医疗器械的，以及专门为其制造、进口专利药品或者专利医疗器械的。

**(二) 专利实施的强制许可**

专利实施的强制许可，是指国务院专利行政部门依照法定条件和程序颁发的使用专利的许可。申请人获得强制许可后，不必经专利权人同意，就可以实施专利。强制许可的意义在于防止和限制专利权人滥用专利权，维护社会整体利益，促进专利的实施。专利实施的强制许可适用于以下几种情况：

1. 有下列情形之一的，国务院专利行政部门根据具备实施条件的单位或者个人的申请，可以给予实施发明专利或者实用新型专利的强制许可：(1) 专利权人自专利权被授予之日起满三年，且自提出专利申请之日起满四年，无正当理由未实施或者未充分实施其专利的；(2) 专利权人行使专利权的行为被依法认定为垄断行为，为消除或者减少该行为对竞争产生的不利影响的。

2. 在国家出现紧急状态或者非常情况时，或者为了公共利益的目的，国务院专利行政部门可以给予实施发明专利或者实用新型专利的强制许可。

3. 为了公共健康目的，对取得专利权的药品，国务院专利行政部门可以给予制造并将其出口到符合中华人民共和国参加的有关国际条约规定的国家或者地区的强制许可。

4. 一项取得专利权的发明或者实用新型比之前已经取得专利权的发明或者实用新型具有显著经济意义的重大技术进步，其实施又有赖于前一发明或者实用新型的实施的，国务院专利行政部门根据后一专利权人的申请，可以给予实施前一发明或者实用新型的强制许可。在依照以上规定给予实施强制许可的情形下，国务院专利行政部门根据前一专利权人的申请，也可以给予实施后一发明或者实用新型的强制许可。

5. 强制许可涉及的发明创造为半导体技术的，其实施限于公共利益和反垄断的目的。

国务院专利行政部门做出的给予实施强制许可的决定，应当及时通知专利权人，并予以登记和公告。给予实施强制许可的决定，应当根据强制许可的理由规定实施的范围和时间。强制许可的理由消除并不再发生时，国务院专利行政部门应当根据专利权人的请求，经审查后做出终止实施强制许可的决定。

取得实施强制许可的单位或者个人不享有独占的实施权，并且无权允许他人实施。取得实施强制许可的单位或者个人应当付给专利权人合理的使用费，或者依照中华人民共和国参加的有关国际条约的规定处理使用费问题。

专利权人对国务院专利行政部门关于实施强制许可的决定不服的，专利权人和取得实施强制许可的单位或者个人对国务院专利行政部门关于实施强制许可的使用费的裁决不服的，可以自收到通知之日起三个月内向人民法院起诉。

### (三) 专利的强制推广应用

专利的强制推广应用是指国家主管机关对国有企业事业单位拥有的对国家利益或公共利益具有重大意义的需要推广应用的发明专利,按照法定程序报经国务院批准,在一定范围内推广应用,允许指定单位实施的一种行政措施。《专利法》第14条规定,国有企业事业单位的发明专利对国家利益或者公共利益具有重大意义的,国务院有关主管部门和省、自治区、直辖市人民政府报经国务院批准,可以决定在批准的范围内推广应用,允许指定的单位实施,由实施单位按照国家规定向专利权人支付使用费。

## 十、专利权的保护

### (一) 专利权的保护范围

专利权的保护范围是指发明、实用新型和外观设计专利权的法律效力所及的范围。专利权的保护范围由法律明确规定,这是划清专利侵权与非侵权的界限,不仅有利于依法充分保护专利权人的合法权益,也避免了不适当地扩大专利保护的范围,损害专利权人以外的社会公众的利益。我国《专利法》第59条规定:“发明或者实用新型专利权的保护范围以其权利要求的内容为准,说明书及附图可以用于解释权利要求的内容。外观设计专利权的保护范围以表示在图片或者照片中的该产品的外观设计为准,简要说明可以用于解释图片或者照片所表示的该产品的外观设计。”

### (二) 侵犯专利权的行为

专利侵权行为是指在专利权有效期限内,行为人未经专利权人许可又无法律依据,以营利为目的的实施他人专利的行为。根据我国《专利法》相关规定,专利侵权行为体现在以下两方面。

1. 实施他人专利的行为

专利权人对其专利享有独占实施权,并有权禁止他人未经许可而实施其专利。未经许可实施他人专利的,都构成对他人专利权的侵犯。发明和实用新型专利权被授予后,除《专利法》另有规定的以外,任何单位或者个人未经专利权人许可,都不得实施其专利,即不得为生产经营目的制造、使用、许诺销售、销售、进口其专利产品,或者使用其专利方法以及使用、许诺销售、销售、进口依照该专利方法直接获得的产品。外观设计专利权被授予后,任何单位或者个人未经专利权人许可,都不得实施其专利,即不得为生产经营目的制造、许诺销售、销售、进口其外观设计专利产品。

2. 假冒专利的行为

假冒专利行为包括假冒他人专利的行为和冒充专利的行为。假冒他人专利行为与冒充专利行为都是作假欺骗的行为,即冒用专利号或者专利标记,借用专利的名义欺骗公众,属于损害公共利益、扰乱正常市场秩序的违法行为。从形式上看,两者的区别主要是:假冒他人专利是冒用的是他人已经取得、实际存在的专利;冒充专利行为冒用的是实际上并不存在的专利。

下列行为属于假冒专利的行为:

(1) 在未被授予专利权的产品或者其包装上标注专利标识,专利权被宣告无效后或者终止后继续在产品或者其包装上标注专利标识,或者未经许可在产品或者产品包装上标注他人的专利号;

(2) 销售前项所述产品；

(3) 在产品说明书等材料中将未被授予专利权的技术或者设计称为专利技术或者专利设计，将专利申请称为专利，或者未经许可使用他人的专利号，使公众将所涉及的技术或者设计误认为是专利技术或者专利设计；

(4) 伪造或者变造专利证书、专利文件或者专利申请文件；

(5) 其他使公众混淆，将未被授予专利权的技术或者设计误认为专利技术或者专利设计的行为。

专利权终止前依法在专利产品、依照专利方法直接获得的产品或者其包装上标注专利标识，在专利权终止后许诺销售、销售该产品的，不属于假冒专利行为。

**(三) 侵犯专利权的法律责任**

未经专利权人许可，实施其专利，即侵犯其专利权，引起纠纷的，由当事人协商解决；不愿协商或者协商不成的，专利权人或者利害关系人可以向人民法院起诉，也可以请求管理专利工作的部门处理。侵犯专利权应承担的责任包括民事责任、行政责任和刑事责任三种。

1. 民事责任

侵犯他人专利权的行为人应当承担的民事责任形式主要有停止侵害、消除影响和赔偿损失等。

赔偿损失是一种普遍采用的救济措施。侵犯专利权的赔偿数额按照权利人因被侵权所受到的实际损失确定；实际损失难以确定的，可以按照侵权人因侵权所获得的利益确定。权利人的损失或者侵权人获得的利益难以确定的，参照该专利许可使用费的倍数合理确定。赔偿数额还应当包括权利人为制止侵权行为所支付的合理开支。权利人的损失、侵权人获得的利益和专利许可使用费均难以确定的，人民法院可以根据专利权的类型、侵权行为的性质和情节等因素，确定给予 1 万元以上 100 万元以下的赔偿。

但是，被控侵权人有证据证明其实施的技术或者设计属于现有技术或者现有设计的，不构成侵犯专利权。为生产经营目的使用、许诺销售或者销售不知道是未经专利权人许可而制造并售出的专利侵权产品，能证明该产品合法来源的，不承担赔偿责任。

2. 行政责任

专利管理机关在处理侵权纠纷时，可以采取责令侵权行为人改正、没收违法所得、罚款等行政处罚措施。《专利法》第 63 条规定，假冒专利的，除依法承担民事责任外，由管理专利工作的部门责令改正并予公告，没收违法所得，可以并处违法所得 4 倍以下的罚款；没有违法所得的，可以处 20 万元以下的罚款。

3. 刑事责任

违反专利法或者侵犯专利权的行为情节严重，构成犯罪的，应承担刑事责任。根据我国专利法和刑法的规定，行为人应承担刑事责任的情形主要包括以下三种：

(1) 假冒专利。《专利法》第 63 条规定，假冒专利，构成犯罪的，依法追究刑事责任。《刑法》第 216 条规定，假冒他人专利，情节严重的，处三年以下有期徒刑或者拘役，并处或者单处罚金。

(2) 在专利申请中泄露国家机密。根据，《专利法》第 71 条的规定，违反《专利法》第 20 条规定向外国申请专利，泄露国家秘密的，由所在单位或者上级主管机关给予行政处分；构成犯罪的，依法追究刑事责任。

(3) 专利管理人员玩忽职守、滥用职权、徇私舞弊。根据《专利法》第 74 条的规定，从事专利管理工作的国家机关工作人员以及其他有关国家机关工作人员玩忽职守、滥用职权、徇私舞弊,构成犯罪的,依法追究刑事责任。

# 第三节　商标法

## 一、商标概述

### (一) 商标的概念

商标是商品和服务的标记。它是商品生产者、经营者、服务提供者为了使自己生产、销售的商品或提供的服务与其他商品或服务相区别而使用的一种标记。这种标记一般由文字、图形、字母、数字、三维标志、颜色组合和声音等或者这些要素的组合构成,并置于商品表面或商品包装上、服务场所以及服务说明书上。商标具有区别经营者、指示质量、广告宣传等功能。例如,"康师傅""统一""华龙",是不同生产者使用在他们所生产的方便面这一商品上的标志,用以区别不同的方便面生产厂家,便于消费者认识和购买。

### (二) 商标的分类

1. 注册商标和未注册商标

按照商标是否被主管部门核准注册,可以分为注册商标和未注册商标。注册商标是指由当事人申请,经国家主管机关审查核准,予以注册的商标。未注册商标是指其使用人未申请注册或者注册申请未被核准、未给予注册的商标。在我国,只有注册商标能够取得商标专用权,未注册商标的使用人不享有商标专用权,也不能禁止他人就同样的商标提起注册申请。

2. 商品商标和服务商标

根据商标使用对象的不同,商标可分为商品商标和服务商标。商品商标是生产经营者在生产、制造、加工、拣选或经销的有形商品上使用的标记,如"农夫山泉"。服务商标是服务业经营者在其提供的服务项目上使用的标记,如"腾讯""如家"就是服务商标。

3. 平面商标和立体商标

平面商标指以文字、图形或者文字、图形组合而成的标志。平面商标包括文字商标、图形商标和文字图形组合而成的商标等。平面商标是最为常见的商标类型。立体商标指以商品形状或者其容器、包装的形状构成的三维标志。例如,可口可乐的饮料瓶和麦当劳的金黄色"M",就是立体商标。

4. 集体商标和证明商标

集体商标是指以团体、协会或者其他组织名义注册,供该组织成员在商事活动中使用,以表明使用者在该组织中的成员资格的标志。如"龙口粉丝""南京盐水鸭"。证明商标,是指由对某种商品或者服务具有监督能力的组织所控制,而由该组织以外的单位或者个人使用于其商品或者服务,用以证明该商品或者服务的原产地、原料、制造方法、质量或者其他特定品质的标志。如"绿色食品标志""赣南脐橙"。

5. 防御商标和联合商标

防御商标,是将同一商标注册于不同的商品或服务上,构成一个防御体系,以防止他人在不同的商品或服务上使用该商标可能给消费者造成的混淆。联合商标,是指将与已注册商标相近似的商标在相同或类似商品或服务上加以注册。

6. 驰名商标和著名商标

驰名商标，是由国家工商行政管理局商标局认定的在市场上享有较高声誉并为相关公众所熟悉的商标。著名商标，是由省级工商行政管理部门认可的，在该行政区划范围内具有较高声誉和市场知名度的商标。

### （三）商标法的概念

商标法是调整在商标注册、使用、管理和保护商标专用权过程中所发生的各种社会关系的法律规范的总称。

1982 年 8 月 23 日，第五届全国人大常委会通过了《中华人民共和国商标法》（以下简称《商标法》），1993 年 2 月 22 日第七届全国人大常委会对《商标法》进行了第一次修正；1993 年 7 月 15 日国务院批准了第二次修订的《商标法实施细则》。2001 年 10 月 27 日第九届全国人大常委会对《商标法》进行了第二次修正；2013 年 8 月 30 日第十二届全国人大常委会对《商标法》进行了第三次修正，自 2014 年 5 月 1 日起施行；国务院于 2002 年 8 月 3 日公布《中华人民共和国商标法实施条例》（以下简称《实施条例》），2014 年修订，修订后的《实施条例》自 2014 年 5 月 1 日起施行。《商标法》和《实施条例》是我国商标法律制度中最重要的法律文件。

## 二、商标的构成条件

### （一）具有显著特征，便于识别

商标的显著性可以通过两种方式获得：(1) 商标本身具有显著性，即商标所使用的文字、图形、字母、数字、三维标志、颜色组合和声音等新颖、醒目、富有个性，与指定使用的商品没有直接联系，可以起到区别商品和服务的作用。(2) 通过长期的使用获得商标的显著性。这种商标本身不具有显著性，但经过长时间使用，使得消费者事实上已经将该标记同特定的商品联系在一起，则该商标就被认为起到了区别商品和服务来源的作用，从而获得了显著性，也可以作为商标注册。

### （二）不得与他人在先取得的合法权利相冲突

作为商标的标志可能涉及他人的著作权、肖像权等权利，法律对这些权利同样给予保护，因此要求作为商标的标志不得与他人在先取得的权利相冲突。在先取得的合法权利，是指在商标注册申请人提出商标注册申请以前，他人已经依法取得或者依法享有并受法律保护的权利。通常包括著作权、专利权、姓名权、肖像权、商号权、地理标志权、域名权等权利。

### （三）不得违反法律的禁止性规定

商标法对于商标标志的禁止性规定有两种，一种是不得作为商标使用的标志，另一种是不得作为商标注册的标志。对于第二种标志而言，虽然不得作为商标注册的标志，却可以作为商标使用，倘若通过使用取得了显著特征，并且便于识别，则可以作为商标注册。

根据《商标法》第 10 条的规定，下列标志不得作为商标使用：

1. 同中华人民共和国的国家名称、国旗、国徽、国歌、军旗、军徽、军歌、勋章相同或者近似的，以及同中央国家机关的名称、标志、所在地特定地点的名称或者标志性建筑物的名称、图形相同的。

2. 同外国的国家名称、国旗、国徽、军旗相同或者近似的，但该国政府同意的除外。

3. 同政府间国际组织的名称、旗帜、徽记相同或者近似的，但经该组织同意或者不易误导公众的除外。

4. 与表明实施控制、予以保证的官方标志、检验印记相同或者近似的，但经授权的除外。

5. 同“红十字”“红新月”的名称、标志相同或者近似的。

6. 带有民族歧视性的。

7. 带有欺骗性，容易使公众对商品的质量等特点或者产地产生误认的。

8. 有害于社会主义道德风尚或者有其他不良影响的。

9. 县级以上行政区划的地名或者公众知晓的外国地名，不得作为商标。但是，地名具有其他含义或者作为集体商标、证明商标组成部分的除外；已经注册的使用地名的商标继续有效。

根据《商标法》第 11 条、第 12 条的规定，下列标志不得作为商标注册：

1. 仅有本商品的通用名称、图形、型号的；

2. 仅直接表示商品的质量、主要原料、功能、用途、重量、数量及其他特点的；

3. 其他缺乏显著特征的；

4. 以三维标志申请注册商标的，仅由商品自身的性质产生的形状、为获得技术效果而需有的商品形状或者使商品具有实质性价值的形状。

其中，前两类标志经过使用取得显著特征，并便于识别的，可以作为商标注册。

## 三、商标注册的申请

### （一）商标注册的原则

1. 诚实信用原则

申请注册和使用商标，应当遵循诚实信用原则。商标使用人应当对其使用商标的商品质量负责。

2. 自愿注册与强制注册相结合的原则

对大部分商标采取自愿注册原则，当事人是否申请商标注册，由商标使用人自己决定。法律、行政法规规定必须使用注册商标的商品，例如，人用药品和烟草制品就必须申请商标注册，未经核准注册的，不得在市场上销售。

3. 申请在先原则

两个以上的申请人先后就同一种类的商品，以相同或类似的商标申请注册，商标局对申请在先者予以审核和注册，并驳回其他人的申请。申请先后的确定以申请日为准，申请日的确定以商标局收到的申请文件为准。如果申请人是同一天提出申请的，则以使用在先原则作为补充。如果同一天使用或者均未使用的，则双方协商解决，并将书面协议报送商标局；不愿协商或者协商不成的，商标局通知各申请人以抽签的方式确定一个申请人，驳回其他人的注册申请。

4. 优先权原则

商标注册申请人自其商标在外国第一次提出商标注册申请之日起 6 个月内，又在中国就相同商品以同一商标提出商标注册申请的，依照该外国同中国签订的协议或者共同参加的国际条约，或者按照相互承认优先权的原则，可以享有优先权。

依照上述要求优先权的，应当在提出商标注册申请的时候提出书面声明，并且在三个月内提交第一次提出的商标注册申请文件的副本；未提出书面声明或者逾期未提交商标注册申请文件副本的，视为未要求优先权。

除了申请优先权，我国商标法还规定了展览优先权。商标在中国政府主办的或者承认的国际展览会展出的商品上首次使用的，自该商品展出之日起6个月内，该商标的注册申请人可以享有优先权。

依照上述要求优先权的，应当在提出商标注册申请的时候提出书面声明，并且在三个月内提交展出其商品的展览会名称、在展出商品上使用该商标的证据、展出日期等证明文件；未提出书面声明或者逾期未提交证明文件的，视为未要求优先权。

**（二）商标注册申请人**

商标注册申请人可以是自然人、法人或者其他组织；两个以上的自然人、法人或者其他组织可以共同向商标局申请注册同一商标，共同享有和行使该商标专用权。

外国人或者外国企业在中国申请商标注册的，应当按其所属国和中华人民共和国签订的协议或者共同参加的国际条约办理，或者按对等原则办理。外国人或者外国企业在中国申请商标注册和办理其他商标事宜的，应当委托依法设立的商标代理机构办理。

**（三）申请文件**

申请商标注册，应当按规定的商品分类表填报使用商标的商品类别和商品名称。商标注册申请人可以通过一份申请就多个类别的商品申请注册同一商标。商标注册申请等有关文件，可以以书面方式或者数据电文方式提出。

每一件商标注册申请应当向商标局提交《商标注册申请书》1份、商标图样1张；以颜色组合或者着色图样申请商标注册的，应当提交着色图样，并提交黑白稿1份；不指定颜色的，应当提交黑白图样。以三维标志申请注册商标的，应当在申请书中予以声明，并提交能够确定三维形状的图样。以颜色组合申请注册商标的，应当在申请书中予以声明，并提交文字说明。以声音标志申请商标注册的，应当在申请书中予以声明，提交符合要求的声音样本，对申请注册的声音商标进行描述，说明商标的使用方式。申请注册集体商标、证明商标的，应当在申请书中予以声明，并提交主体资格证明文件和使用管理规则。商标为外文或者包含外文的，应当说明含义。

与申请书同时提交的证明文件有自然人身份证、法人营业执照副本或者登记机关颁发的证件。

## 四、商标注册申请的审查与核准

**（一）申请日的确定**

申请日是确定商标权归属的法律依据。根据《商标法实施条例》第18条的规定，商标注册的申请日期，以商标局收到申请文件的日期为准。申请人享有优先权的，以优先权日为申请日。

申请手续基本齐备或者申请文件基本符合规定，但是需要补正的，商标局通知申请人予以补正，限其自收到通知之日起30日内，按照指定内容补正并交回商标局。在规定期限内补正并交回商标局的，保留申请日期；期满未补正的，视为放弃申请，商标局应当书面通知申请人。

**(二) 商标注册申请的审查**

商标注册申请的审查包括形式审查和实质审查两个方面。形式审查是商标局在收到注册申请后,对申请文件、申请人资格等做出的审查。形式审查决定商标注册申请能否受理。实质审查是对商标是否具备注册条件的审查,由商标局就其是否具有显著性、是否含有禁止性内容以及是否与他人注册商标相混同等事项,进行审查并做出判断。实质审查决定商标注册能否成功。

**(三) 初步审定和公告异议**

商标局对受理的商标注册申请,依法进行审查,由商标局在 9 个月内审查完毕,符合本法有关规定的,予以初步审定公告。公告的目的在于征询公众的意见,协助商标局进行审查。

对初步审定的商标,自公告之日起 3 个月内,在先权利人、利害关系人认为违反本法第十三条第二款和第三款、第十五条、第十六条第一款、第三十条、第三十一条、第三十二条规定的,或者任何人认为违反本法第十条、第十一条、第十二条规定的,可以向商标局提出异议。经裁定异议成立的,不予核准注册。

**(四) 核准注册**

公告期满无异议的,或者有人提出异议但经裁定异议不成立的,予以核准注册,发给商标注册证,并予公告。核准注册日是商标注册申请人取得商标专用权的时间,申请人自核准注册之日起成为商标权人。经裁定异议不能成立而核准注册的,商标注册申请人取得商标专用权的时间自初审公告 3 个月期满之日起计算。

**(五) 商标复审**

商标复审包括对驳回商标注册申请的复审和对异议的复审两种。

对驳回申请、不予公告的商标,商标局应当书面通知商标注册申请人。商标注册申请人不服的,可以自收到通知之日起 15 日内向商标评审委员会申请复审,商标评审委员会应当自收到申请之日起 9 个月内做出决定,并书面通知申请人。有特殊情况需要延长的,经国务院工商行政管理部门批准,可以延长三个月。当事人对商标评审委员会的决定不服的,可以自收到通知之日起 30 日内向人民法院起诉。

对初步审定公告的商标提出异议的,商标局应当听取异议人和被异议人陈述事实和理由,经调查核实后,自公告期满之日起 12 个月内做出是否准予注册的决定,并书面通知异议人和被异议人。有特殊情况需要延长的,经国务院工商行政管理部门批准,可以延长 6 个月。

商标局做出准予注册决定的,发给商标注册证,并予公告。异议人不服的,可以依照本法第四十四条、第四十五条的规定向商标评审委员会请求宣告该注册商标无效。

商标局做出不予注册决定,被异议人不服的,可以自收到通知之日起 15 日内向商标评审委员会申请复审。商标评审委员会应当自收到申请之日起 12 个月内做出复审决定,并书面通知异议人和被异议人。有特殊情况需要延长的,经国务院工商行政管理部门批准,可以延长 6 个月。被异议人对商标评审委员会的决定不服的,可以自收到通知之日起 30 日内向人民法院起诉。人民法院应当通知异议人作为第三人参加诉讼。

## 五、商标权的内容

商标权的内容主要指商标权人依法对其注册商标所享有的权利和承担的义务。

### (一) 商标权人的权利

1. 使用权

使用权,是指将商标用于商品、商品包装或者容器以及商品交易文书上,或者将商标用于广告宣传、展览以及其他商业活动中,用于识别商品来源的行为。使用权的行使必须符合法律规定,即必须在核准注册的商标和核定使用的商品上使用。

2. 许可权

许可权,是指商标权人可以通过签订使用许可合同,许可他人使用注册商标。经许可使用他人注册商标的,必须在使用该注册商标的商品上标明被许可人的名称和商品产地。许可人应当监督被许可人使用其注册商标的商品质量。被许可人应当保证使用该注册商标的商品质量。

许可他人使用其注册商标的,许可人应当将其商标使用许可报商标局备案,由商标局公告,但备案不是许可合同的生效条件。商标使用许可未经备案不得对抗善意第三人。

3. 禁止权

禁止权,是指商标所有人禁止任何第三人未经其许可在相同或类似商品上使用与其注册商标相同或近似的商标的权利。禁止权的效力范围大于使用权的效力范围,它不仅包括与核准注册的商标、核定使用的商品相同的商标或商品,而且可以扩大到近似商标和类似商品上。

4. 转让权

转让权,是指商标权人有权将其所有的注册商标转让给他人。转让注册商标应当签订转让协议,并由转让人与受让人共同向商标局提出申请。转让注册商标申请手续由受让人办理。注册商标转让经商标局核准并公告,受让人自公告之日起享有商标专用权。为了防止混淆、误认或其他不良影响,类似商品使用同一商标的,应当同时转让。对容易导致混淆或者有其他不良影响的转让,商标局不予核准,书面通知申请人并说明理由。注册商标转让不影响转让前已经生效的商标使用许可合同的效力,但商标使用许可合同另有约定的除外。

### (二) 商标权人的义务

1. 使用的义务

商标只有经过使用才会产生价值,注册商标而不使用是对公共资源的一种浪费。许多国家的商标法规定,只有已经实际使用的商标才能注册,或者商标在核准注册后一定期限内必须使用,否则将丧失商标权。我国《商标法》也有类似的规定。如《商标法》第四十九条规定:"注册商标成为其核定使用的商品的通用名称或者没有正当理由连续三年不使用的,任何单位或者个人可以向商标局申请撤销该注册商标。"商标的使用方法很广,包括将商标用于商品、商品包装或者容器以及商品交易文书上,或者将商标用于广告宣传、展览以及其他商业活动中。

2. 缴费的义务

申请商标注册或者办理其他商标事宜,应当缴纳费用。缴纳费用的项目和标准,由国务院工商行政管理部门会同国务院价格主管部门规定并公布。

## 六、注册商标的期限、续展和终止

### （一）注册商标的期限和续展

注册商标的有效期为10年，自核准注册之日起计算。注册商标有效期满，需要继续使用的，应当在期满前12个月内申请续展注册；在此期间未能提出申请的，可以给予6个月的宽展期。每次续展注册的有效期为10年，自上一届有效期满的次日起计算，续展次数不受限制。续展注册经核准后，予以公告。

### （二）注册商标的终止及无效宣告

1. 注册商标的终止

注册商标的终止，是指由于法定事由的发生，注册商标所有人丧失其商标权，法律不再对该注册商标给予保护。

注销是指注册商标所有人自动放弃注册商标或商标局依法取消注册商标的程序。商标权可以自动放弃，放弃权利时须办理注销手续。商标注册人死亡或者终止，自死亡或者终止之日起满1年，该注册商标没有办理移转手续的，任何人可以向商标局申请注销该注册商标。

2. 注册商标的无效宣告

已经注册的商标，违反商标法第十条、第十一条、第十二条规定的，或者是以欺骗手段或者其他不正当手段取得注册的，由商标局宣告该注册商标无效；其他单位或者个人可以请求商标评审委员会宣告该注册商标无效。

已经注册的商标，违反商标法第十三条第二款和第三款、第十五条、第十六条第一款、第三十条、第三十一条、第三十二条规定的，自商标注册之日起5年内，在先权利人或者利害关系人可以请求商标评审委员会宣告该注册商标无效。对恶意注册的，驰名商标所有人不受5年的时间限制。

宣告无效的注册商标，由商标局予以公告，该注册商标专用权视为自始即不存在。

## 七、商标权的保护

### （一）商标权的保护范围

《商标法》第51条规定：注册商标专用权，以核准注册的商标和核定使用的商品为限。这一规定表明商标法对注册商标专用权的保护有很强的确定性，以登记注册的事项为准。超出核定范围的商品或者改变核准注册的商标形态的使用行为，法律不予保护。

### （二）侵犯商标专用权的行为

1. 未经注册商标所有人的许可，在同一种商品上使用与其注册商标相同的商标的。

2. 未经商标注册人的许可，在同一种商品上使用与其注册商标近似的商标，或者在类似商品上使用与其注册商标相同或者近似的商标，容易导致混淆的。

3. 销售侵犯注册商标专用权的商品，销售不知道是侵犯注册商标专用权的商品的，能证明该商品是自己合法取得的并说明提供者的，不承担赔偿责任。

4. 伪造、擅自制造他人注册商标标识或者销售伪造、擅自制造的注册商标标识。

5. 未经商标注册人同意，更换其注册商标并将该更换商标的商品又投入市场的。

6. 故意为侵犯他人商标专用权行为提供便利条件，帮助他人实施侵犯商标专用权行为的。

7. 给他人的商标权造成其他损害的行为，主要有：

(1) 在同一或类似商品上将与他人注册商标相同或近似的文字、图形作为商品名称或商品装潢使用，误导公众的；

(2) 故意为侵犯他人注册商标专用权行为提供仓储、运输、邮寄，隐匿等便利条件的；

(3) 将与他人注册商标相同或者近似的文字作为企业的字号在相同或者类似的商品上突出使用，容易使相关公众产生误认的；

(4) 复制、模仿、翻译他人注册的驰名商标或者其主要部分在不相同或者不相类似的商品上作为商标使用，误导公众，致使该驰名商标注册人的利益可能受到损害的；

(5) 将与他人注册商标相同或者近似的文字注册为域名，并且通过该域名进行相关商品交易的电子商务，容易使相关公众产生误认的。

**(三) 侵犯商标专用权的法律责任**

侵犯商标权应承担的法律责任分为民事责任、行政责任和刑事责任。

1. 民事责任

商标专用权遭受侵害的，有权要求停止侵害、消除影响、赔偿损失等。

侵犯商标专用权的赔偿数额，按照权利人因被侵权所受到的实际损失确定；实际损失难以确定的，可以按照侵权人因侵权所获得的利益确定；权利人的损失或者侵权人获得的利益难以确定的，参照该商标许可使用费的倍数合理确定。对恶意侵犯商标专用权，情节严重的，可以在按照上述方法确定数额的一倍以上三倍以下确定赔偿数额。赔偿数额应当包括权利人为制止侵权行为所支付的合理开支。

人民法院为确定赔偿数额，在权利人已经尽力举证，而与侵权行为相关的账簿、资料主要由侵权人掌握的情况下，可以责令侵权人提供与侵权行为相关的账簿、资料；侵权人不提供或者提供虚假的账簿、资料的，人民法院可以参考权利人的主张和提供的证据判定赔偿数额。

权利人因被侵权所受到的实际损失、侵权人因侵权所获得的利益、注册商标许可使用费难以确定的，由人民法院根据侵权行为的情节判决给予 300 万元以下的赔偿。

2. 行政责任

因侵犯商标专用权行为引起纠纷的，由当事人协商解决。不愿协商或协商不成的，商标注册人或利害关系人可以向人民法院起诉，也可向侵权人所在地或侵权行为地县级以上工商行政管理机关控告或检举。工商行政管理机关依照《商标法》及其他相关规定查处侵犯商标专用权的行为。

工商行政管理部门认定侵权行为成立的，可采取责令立即停止侵权行为，没收、销毁侵权商品和专门用于制造侵权商品、伪造注册商标标识的工具，并可处以罚款，以制止侵犯商标权的行为。

3.刑事责任

根据《商标法》第六十七条和《刑法》第 213 条、第 214 条、第 215 条的规定，侵犯注册商标专用权构成犯罪的有：假冒注册商标罪；非法制造他人注册商标标识或销售非法制造注册商标标识罪；销售假冒注册商标商品罪。

从事商标注册、管理和复审工作的国家机关工作人员玩忽职守、滥用职权、徇私舞弊，违法办理商标注册、管理和复审事项，收受当事人财物，牟取不正当利益，构成犯罪的，依法追究刑事责任。

## 八、驰名商标的认定和保护

### (一) 驰名商标的概念

驰名商标通常是指那些在市场享有较高声誉、为相关公众所熟知,并且有较强竞争力的商标。驰名商标依是否为注册商标,可分为注册的驰名商标和未注册的驰名商标。

### (二) 驰名商标的认定

驰名商标应当根据当事人的请求,作为处理涉及商标案件需要认定的事实进行认定。

认定驰名商标的机关是商标局、商标评审委员会或者人民法院。

在商标注册审查、工商行政管理部门查处商标违法案件过程中,当事人依照本法第十三条规定主张权利的,商标局根据审查、处理案件的需要,可以对商标驰名情况做出认定。

在商标争议处理过程中,当事人依照本法第十三条规定主张权利的,商标评审委员会根据处理案件的需要,可以对商标驰名情况做出认定。

在商标民事、行政案件审理过程中,当事人依照本法第十三条规定主张权利的,最高人民法院指定的人民法院根据审理案件的需要,可以对商标驰名情况做出认定。

《商标法》第14条规定了认定驰名商标的条件:(1) 相关公众对商标的知晓程度;(2) 该商标使用的持续时间;(3) 该商标的任何宣传工作的持续时间、程度和地理范围;(4) 该商标作为驰名商标受保护的记录;(5) 该商标驰名的其他因素。

### (三) 对驰名商标的保护

《商标法》第十三条第一款规定,为相关公众所熟知的商标,持有人认为其权利受到侵害时,可以依照本法规定请求驰名商标保护。

1. 不予注册并禁止使用

就相同或者类似商品申请注册商标是复制、模仿或者翻译他人未在中国注册的驰名商标,容易导致混淆的,不予注册并禁止使用。就不相同或者不相类似商品申请注册的商标是复制、模仿或者翻译他人已经在中国注册的驰名商标,误导公众,致使该驰名商标注册人的利益可能受到损害的,不予注册并禁止使用。

2. 撤销已注册的商标

《商标法》第四十五条第一款规定,已经注册的商标,第十三条第二款和第三款、第十五条、第十六条第一款、第三十条、第三十一条、第三十二条规定的,自商标注册之日起5年内,在先权利人或者利害关系人可以请求商标评审委员会宣告该注册商标无效。对恶意注册的,驰名商标所有人不受5年的时间限制。

3. 禁止他人将其驰名商标登记为企业名称

《商标法》第五十八条规定,将他人注册商标、未注册的驰名商标作为企业名称中的字号使用,误导公众,构成不正当竞争行为的,依照《中华人民共和国反不正当竞争法》处理。

### (四) 对驰名商标的限制

生产、经营者不得将"驰名商标"字样用于商品、商品包装或者容器上,或者用于广告宣传、展览以及其他商业活动中。

## 练习题

### 一、单项选择题

1. 一发明专利的实施有赖于前一发明专利的实施的，可以给予实施前一发明的强制许可，但后一发明应当比前一发明具有(　　)。

A. 经济意义　　B. 技术进步

C. 经济意义的技术进步　　D. 显著经济意义的重大技术进步

2. 申请专利的发明在申请日以前6个月内以下列方式被公开，会导致丧失新颖性的是(　　)。

A. 申请人将该申请内容发布在互联网上

B. 他人未经申请人同意而泄露其申请内容

C. 该申请内容在规定的学术会议上首次发表

D. 该申请内容在中国政府主办的国际展览会上首次展出

3. 在我国专利权制度中，判断一项发明创造是否为有现有技术的时间标点是(　　)。

A. 申请日　　B. 完成日　　C. 批准日　　D. 公告日

4. 某汽车制造厂完成的下列技术成果中可以申请实用新型专利的是(　　)。

A. 一种汽车仪表电路　　B. 一种汽车节能方法

C. 一种汽车发动机　　D. 一种汽车防冻液

5. 对于职务发明，其申请专利的权力属于(　　)。

A. 发明人　　B. 发明人所在课题组

C. 发明人所在的法人单位　　D. 发明人所在单位的主管机关

5. 以下诸选项中，可以作为外观设计专利申请的是(　　)。

A. 洗衣粉配方　　B. 洗衣粉说明书

C. 洗衣粉加工方法　　D. 洗衣粉包装袋

6. 依据《商标法》的规定，商标权人对其注册商标的使用范围(　　)。

A. 以核定使用的商品为限　　B. 以实际销售的商品为限

C. 以实际生产的商品为限　　D. 以营业执照所确定的经营范围为限

7. 下列关于注册商标终止的表述，错误的是(　　)。

A. 商标注册人申请注销的，注册商标终止

B. 商标注册人未申请续展的，注册商标终止

C. 注册商标无正当理由连续3年不使用，由商标局主动撤销注册商标

D. 商标注册人自行改变注册商标，未按地方工商行政管理部门要求限期改正的，由商标局撤销其注册商标

8. 两个或者两个以上的商标注册申请人，在同一种商品或者类似商品上，以相同或者近似的商标在同一天提出注册申请的，初步审定并公告(　　)的商标。

A. 使用在先　　B. 申请在先

C. 相关各方协商确定　　D. 相关各方抽签确定

9. 对于初步审定的商标，符合法律规定条件的人可以提出异议。提出异议的期限是自国家商标局做出初步审定公告之日起(　　)内。

A. 一个月　　B. 三个月　　C. 六个月　　D. 十二个月

10. 权利人因被侵权所受到的实际损失、侵权人因侵权所获得的利益、注册商标许可使用费难以确定的,由人民法院根据侵权行为的情节判决给予(　　)的赔偿。

A. 五十万元以下　　B. 一百万元以下

C. 三百万元以下　　D. 五百万元以下

**二、多项选择题**

1. 根据《商标法》的明确列举,能够区别商品来源,可作为商标申请注册的标志有(　　)。

A. 文字、字母、数字　　B. 图形、三维标志、颜色组合

C. 气味　　D. 声音

2. 已经注册的商标,与他人在相同或类似商品上在先注册商标相同或近似的,(　　)可在法定期限内请求商标评审委员会宣告该在后注册商标无效。

A. 任何人　　B. 在先权利人

C. 利害关系人　　D. 商标局

3. 申请外观设计专利时,应向专利局递交(　　)。

A. 外观设计专利请求书　　B. 权利要求书

C. 该外观设计的简要说明　　D. 该外观设计的照片

4. 根据我国《专利法》的相关规定,依法可以授予专利权的有(　　)。

A. 疾病诊断方法　　B. 智力活动规则

C. 食品生产方法　　D. 药物生产方法

5. 注册商标专用权人无权禁止他人正当使用的情形包括(　　)。

A. 注册商标中含有的本商品的通用名称、图形、型号

B. 注册商标直接表示商品的质量、功能、用途

C. 注册商标直接表示商品的主要原料、重量、数量及其他特点

D. 注册商标中含有的地名

**三、简答题**

1. 简述驰名商标的认定条件。
2. 简述专利权人的权利。
3. 简述侵犯专利权的行为。
4. 简述授予专利权的发明和实用新型应具备的条件。
5. 简述商标的构成条件。
6. 简述商标权的内容。

**四、案例分析题**

甲厂2001年研制出一种H型高压开关,于2002年1月向中国专利局提出专利申请,2003年5月实用新型专利权。乙厂也于2001年7月自行研制出这种H型高压开关。乙厂在2001年度前已生产了80台H型高压开关,2002年3月开始在市场销售。2002年乙厂又生产了70台H型高压开关。2003年年初,甲厂发现乙厂销售行为后,遂与乙厂交涉,但乙厂认为自己的行为不构成侵权。

请根据上述材料分析以下问题:

乙厂是否侵犯了甲厂的专利权?为什么?

# 第六章 反垄断法与反不正当竞争法

**学习要点**

☆ 掌握经济性垄断与行政性垄断的类型及相应的法律规制，不正当竞争行为的类型及认定

☆ 熟悉垄断、不正当竞争行为的概念和特征

☆ 了解反垄断法的实施

**引 例**

美国高通公司在中国手机芯片市场滥用市场支配地位，收取不公平的高价专利许可费、搭售非无线标准必要专利许可、在基带芯片销售中附加不合理条件，违反中国反垄断法律，2015 年 2 月 10 日被中国国家发改委罚款 60.88 亿元人民币(9.75 亿美元)，除此之外，国家发改委也针对高通的手机专利授权行为，做出了多项监管要求。高通表示，不会对发改委这一决定提出反驳。

问题：高通公司在中国市场的行为违反了我国法律的哪些规定？

## 第一节 反垄断法

### 一、垄断与反垄断法概述

#### (一) 垄断的概念与分类

1. 垄断的概念

垄断是指经营者单独或与他人结合、合谋或以其他形式，排斥、支配或限制其他经营者，在一定经营领域限制或排除竞争的行为或状态。垄断具有两个显著的特征，即违法性和危害性。

垄断行为一定是违反各国法律明文禁止的规定，并同时对市场竞争构成实质危害的行为或状态。有些限制竞争行为，虽然也对市场竞争构成一定的威胁，但是得到法律的豁免；或者有些企业处于市场优势地位，但是尚未滥用这种优势，则不能列入反垄断法规制的范围。

2. 垄断的分类

(1) 根据垄断者占有市场的情况，可分为独占垄断、寡头垄断和联合垄断。独占垄断是

指一家企业对整个行业的生产、销售和价格有完全的排他性的控制能力，即在该企业所在的行业内，不存在任何竞争。这是典型意义上的垄断，也为各国法律所严格规制。寡头垄断是指市场上只有为数不多的企业生产、销售某种特定的产品或者服务的状况。每个企业都在市场上占有一定的份额，对产品或服务的价格实施了排他性的控制，但它们之间又存在一定的竞争。联合垄断是指多个相互间有竞争关系并有相当经济实力的企业，通过一定的形式（如垄断协议等），联合控制某一产业的市场或销售的状态。

（2）依据垄断产生的原因，可分为经济性垄断、国家垄断、行政性垄断和自然垄断。经济性垄断，又称市场垄断，是指市场主体通过自身的力量设置市场进入障碍而形成的垄断，资本主义国家的垄断大多是经济性垄断。国家垄断是由国家对某一产业的生产、销售等进行直接控制，不允许其他市场主体进入该市场领域的情况，实行计划经济体制的国家的国民经济绝大部分是国家垄断。行政性垄断是指由政府行政机构设置的市场进入障碍而形成的垄断，在计划经济向市场经济转轨过程中，地方和部门保护主义就是典型的行政性垄断。自然垄断是由于市场的自然条件原因而产生的垄断经营，这些部门如果竞争经营，则可能导致社会资源的浪费或市场秩序的混乱。如公用企业绝大多数是自然垄断企业。

除此之外，还包括其他因素形成的各种垄断，如知识产权垄断，其市场进入障碍既非由垄断者自身的力量形成，也不是行政力量形成，而是由法律所赋予的权利。

**（二）反垄断法概述**

1. 反垄断法的概念

反垄断法是现代经济法的重要组成部分，是旨在规制市场中一系列独占市场、限制竞争、破坏市场竞争机制、损害社会公平利益行为的法律。世界上最早的反垄断立法是美国1890年颁布的《抵制非法限制与垄断保护贸易及商业法》（简称《谢尔曼法》）。反垄断法在不同国家有不同的称谓。在美国，反垄断法以反托拉斯为主要内容，称为《反托拉斯法》；德国反垄断法以规制企业联合组织（卡特尔）之间的协议为主，称为《卡特尔法》（也称《反对限制竞争法》）；日本则以反对私人垄断和限制竞争作为反垄断法的内容，称为《禁止私人垄断及确保公平交易的法律》。

《中华人民共和国反垄断法》（简称《反垄断法》）于2007年8月30日第十届全国人民代表大会常务委员会通过，并于2008年8月1日起正式实施。

2. 我国反垄断法的立法目的

根据我国反垄断法的规定，我国制定反垄断法的目的有以下几个方面：

（1）预防和制止垄断行为。垄断行为通常会排除、限制市场竞争，造成整体经济效率低下，破坏社会生产力的发展。反垄断法规定了垄断行为的种类、识别垄断行为的界限和标准，明确了对经营者违反反垄断法的行为所应承担的法律责任，以期达到预防和制止垄断行为的目的。

（2）保护市场公平竞争，提高经济运行效率。公平的市场竞争可以激励经营者提高生产效率，促进市场资源得到更有效的配置，从而提高社会整体经济效率，使全社会所有成员财富总量最大化。反垄断法通过禁止反垄断行为，维护公平竞争环境，使社会资源得到最优化的配置，以提高整体经济效率，造福于全社会所有成员。

（3）维护消费者利益。反垄断法通过保护竞争机制，遏制垄断行为，迫使经营者以最低的成本生产高质量的商品，使消费者可以购买到质优价廉的商品，提高了消费者的福利。

（4）维护社会公共利益，促进社会主义市场经济健康发展。提高市场经济效率是反垄断法的主要目的,但该目的不是孤立的,它必须与其他社会公共利益取得平衡。反垄断法所涉及的社会公共利益目标,包括促进国民经济发展、提高国内企业的国际竞争力、保护对外贸易等国家利益、社会就业、环境与资源保护等。

3. 反垄断法与反不正当竞争法的关系

反垄断法与反不正当竞争法同属于市场竞争规制的法律范畴,都以市场竞争关系与市场竞争管理关系为调整对象。保护市场竞争机制是二者共同的努力。但是,反垄断法与反不正当竞争法又存在很大的差异。

反垄断法作为一部竞争法,与反不正当竞争法的具体立法目的不同。反垄断法的目的是维护市场竞争机制,保护多个经营者的经济行为自由,而不是直接地保护特定的竞争者。因此,反垄断法解决的是市场中有没有竞争的问题,而反不正当竞争法则主要解决市场中的不正当竞争的问题。其次,二者具体规制的行为有所区别。反垄断法是从垄断行为的反竞争角度进行定性和规范的,因为垄断行为的性质是排斥竞争和限制竞争,企图达到独占或寡占的目的;而反不正当竞争法则是对存在竞争的情况下,运用违背商业道德和善良风俗的手段,打击正当经营的竞争对手的行为进行规制。

4. 我国反垄断法的适用范围及规制对象

根据《反垄断法》第 2 条、第 8 条的规定,我国反垄断法主要适用于两类垄断行为。一是经营者的经济性垄断行为;二是行政机关滥用行政权力,排除、限制竞争的行政性垄断行为。

反垄断法所规制的经济性垄断行为,不仅包括经营者在我国境内经济活动中从事的垄断行为,也包括在中国境外发生的,对国内市场竞争产生排除、限制影响的垄断行为。如在外贸活动中,外国进口商在国外达成垄断协议,向我国国内进口产品,损害国内进口企业利益,影响国内市场价格的垄断行为。为了防止和制止境外发生的垄断行为对国内市场竞争产生不利影响,我国反垄断法借鉴国际经验,规定了反垄断法的域外适用效力。反垄断法所指的经济性垄断行为包括三种行为:一是经营者达成垄断协议的行为;二是经营者滥用市场支配地位的行为;三是具有或者可能具有排除、限制竞争效果的经营者集中。

反垄断法所规定的经营者,是指从事商品生产、经营或者提供服务的自然人、法人和其他组织。行业协会不直接从事商品生产、经营或者提供服务,不属于反垄断法意义上的经营者。但是,由于行业协会具有影响经营者的能力,可能引导企业从事垄断行为,又应当有所规制。因此,我国明确将行业协会纳入反垄断法的规范范围之内。

行政性垄断在我国经济实践中长期、普遍的存在,不仅严重影响了市场竞争,妨碍了经济的健康发展,而且损害了广大消费者的利益。因此,从我国的国情出发,我国反垄断法对行政机关和法律、法规授权的具有管理公共事务职能的组织滥用行政权力,排除、限制竞争的行为进行了规定。

5. 反垄断法的适用除外

反垄断法的适用除外,是指对特定行业、特定企业或特定行为不适用反垄断法的一种法律制度。适用除外的对象主要涉及对维护本国整体经济利益和社会公共利益有重大意义的行业或领域,以及对市场竞争关系影响不大,但对社会整体利益有益的限制竞争行为。基于经济发展及不同产业政策的需求,各国有关反垄断法适用除外情形的规定并不相同。我国反垄断法规定了两种适用除外的类型:

一是经营者依照有关知识产权的法律、行政法规规定行使知识产权的行为,不适用反垄断法。知识产权具有专有性的特点,行使知识产权会对竞争造成一定的限制。这是法律对各种利益关系进行权衡后所允许的。因此,因知识产权而形成的垄断地位以及因知识产权的行使而对竞争的限制,是基于法律的授权,是合法的。各国一般将依法行使知识产权的行为作为反垄断法的适用除外情形。但是,如果经营者滥用知识产权,排除、限制竞争,其行为将受到反垄断法的规制。

二是农业生产者及农村经济组织在农产品生产、加工、销售、运输、储存等经营活动中实施的联合或者协同行为不适用反垄断法。这里所说的农业,包括农产品种植业,也包括林业、畜牧业和渔业。农业属于不适合过度竞争的产业,世界上很多国家和国际组织不仅允许农业生产者订立限制竞争的协议,还往往规定最低保护价格,或由国家给予补贴,或由国家直接参与购销活动,以体现对农业的保护。如欧盟范围内绝大多数农产品是由欧盟统一管辖,并由欧盟内的成员国共同商定它们的最高价和最低价,实行出口补贴。

## 二、垄断协议

### (一) 垄断协议的概念

垄断协议,是指排除、限制竞争的协议、决定或者其他协同行为。各国及国际组织对垄断协议的称谓并不完全相同。如德国称之为"卡特尔",法国称之为"非法联合行为",日本将其称为"不正当交易限制",欧盟称之为"限制竞争协议"。我国反垄断法称其为"垄断协议"。其中,协议是指两个或两个以上的经营者通过书面协议或者口头协议的形式,就排除、限制竞争的行为达成一致意见;决议是指企业集团或者其他形式的企业联合体以决议的形式实施的要求其成员企业共同实施的排除、限制竞争的行为;其他协同行为是指企业之间虽然没有达成书面或口头协议、决议,但相互进行了沟通,心照不宣地实施了协调的、共同的排除、限制竞争的行为。

### (二) 垄断协议的类型

根据参与协议的主体,我国反垄断法将垄断协议分为横向垄断协议与纵向垄断协议,分别做了规范。其中,横向垄断协议是指具有竞争关系的经营者之间达成的协议;纵向垄断协议是指经营者与交易相对人之间达成的协议。

1. 横向垄断协议的表现形式

(1) 固定价格行为

固定价格行为是具有竞争关系的经营者通过协议、决议或者协同行为,确定、维持或者改变价格,从而减弱或消除竞争的行为。在这种情况下,企业不是独立地自行决定商品的价格,而是与其他同类商品的竞争者联合制定或者共同维持或变更商品的销售或购买价格。这是最为严重的限制竞争行为。串通投标就是固定价格的一种表现形式。固定价格限制了正常的价格竞争,造成资源分配扭曲,使消费者失去了选择的机会并承担了不合理的价格,实际上是一种以隐晦的方式对公众的掠夺。

(2) 限制产量行为

限制产量行为又称数量卡特尔,是指具有竞争关系的经营者共谋限定商品的生产或供应数量的行为。这种联合限制竞争行为人为地制造市场紧张,有助于实施固定价格,导致价格不能随生产力提高和技术进步而下降,对消费者的危害也很大。对数量限制可以做扩大解释,包括限制产量、限制销量、限制库存、限制原材料、限制技术等。如"国际石油输出国组织"签署的协议便是一个典型的限制生产协议,它规定了一个统一的原油年开采量,各个成员国都不得随意提高产量,压低销售,以此来维护"国际石油输出国组织"各成员国的利益。

(3) 划分市场行为

划分市场行为是指竞争者之间分割地区、客户或者产品市场的行为。划分市场可以作为间接控制价格的一种方式。包括划分交易地区和划分交易对象。前者是两个或者两个以上的经营者,为避免竞争而达成的划定彼此交易区域或者对交易数量分配限额的协议。后者则是根据交易对象的不同来决定市场的分配方式,如甲选择大型客户作为销售对象,乙把其他客户作为自己的销售对象。市场划分协议限制了同类商品经营者之间的正常竞争,往往造成商品的单调和价格上的不合理,严重侵害了广大消费者和客户的合法权益。对这种划分市场的协议,各国法律原则上是禁止的。

(4) 联合抵制交易行为

联合抵制交易行为,又称集体拒绝交易。包括设置第三人进入市场障碍协议和排挤竞争对手协议。前者是市场内的老企业为了阻止其他经营者进入市场参与竞争,通过一系列的手段设置市场进入障碍。如与客户签订长期独家购销协议。后者是一些共谋者出于一定的目的或可预见的后果,联合拒绝向市场上具有直接竞争关系的企业进行交易,以将该企业驱逐出市场的限制竞争行为。

(5) 国务院反垄断执法机构认定的其他垄断协议

如具有竞争关系的企业联合限制购买新技术或新设备、保证不竞争的承诺以及履行共同职能的行为等。

2. 纵向垄断协议

我国《反垄断法》规定的纵向垄断协议,是指两个或两个以上在同一产业中处于不同环节而存在交易关系的经营者,通过共谋实施的限制竞争行为。其主要类型有维持转售价格以及其他限制交易方营业自由的行为。

《反垄断法》第 14 条规定,禁止经营者与交易相对人达成下列垄断协议:

(1) 固定向第三人转售商品的价格。如生产企业向批发商、零售商提供商品时,要求他们必须按照自己所定的价格来销售商品。这种行为实际上是剥夺了下游企业本应享有的定价权,使他们无法根据各自所面临的竞争状态和成本结构,合理确定商品的销售价格。这种行为造成的后果是使同一商品的不同经销商之间的价格竞争减弱,具有明显的限制竞争的效果。

(2) 限定向第三人转售商品的最低价格。

(3) 国务院反垄断执法机构认定的其他垄断协议。

### (三) 垄断协议的界定

经营者之间的协议、决议或者其他协同行为,是否构成反垄断法所禁止的垄断协议,应当以该协议是否排除、限制竞争为标准。在长期经验积累的基础上,各国针对垄断协议的性质和对竞争秩序的影响程度,在反垄断执法实践中形成了两种认定原则,即本身违法原则和合理分析原则。

所谓本身违法原则,是指只要经营者的协议、决议或者协同一致的行为被证实存在,就构成垄断协议。从各国的经验看,适用本身违法原则的一般都是横向垄断协议。当然,随着情况的变化,对有些横向垄断协议也适用合理分析原则。

合理分析原则是指除适用本身违法原则的协议外,对其他协议是否会排除、限制竞争进行分析,综合考虑协议所涉及的市场具体情况、协议实施前后的市场变化情况以及协议的性质和后果等因素后，确认该协议确实排除、限制了市场竞争，才能认定为垄断协议。

### (四) 垄断协议的豁免

垄断协议的豁免，是指经营者之间的协议、决议或者其他协同行为，虽然排除、限制了竞争，构成了垄断协议，但该类协议在其他方面所带来的好处要大于其对于竞争秩序的损害。因此，法律规定对其豁免，即排除适用反垄断法的规定。豁免制度是利益衡量的结果，即从经济效果和对限制竞争的影响进行利益对比，在"利大于弊"时，对该垄断协议排除适用反垄断法。

《反垄断法》第 15 条规定，经营者能够证明所达成的协议属于下列情形之一的，不适用本法禁止横向垄断协议和纵向垄断协议的规定：

(1) 经营者为改进技术、研究开发新产品的；

(2) 为提高产品质量、降低成本、增进效率，统一产品规格、标准或者实行专业化分工的；

(3) 为提高中小经营者经营效率、增强中小经营者竞争力的；

(4) 为实现节约能源、保护环境、救灾救助等社会公共利益的；

(5) 因经济不景气，为缓解销售量严重下降或者生产明显过剩的；

(6) 为保障对外贸易和对外经济合作中的正当利益的；

(7) 法律和国务院规定的其他情形。

对于上述第 1 项至第 5 项情形予以豁免的，经营者要承担相应的举证责任，证明其所达成的协议不会严重限制相关市场的竞争，并且能够使消费者分享由此产生的利益。

### (五) 垄断协议的申报与批准

垄断协议的申报是对属于法律规定的可以豁免的垄断协议，向反垄断主管机构进行报告，请求批准的制度。日本是世界上最早在反垄断法上采用申报制度的国家。我国反垄断法对垄断协议的豁免未规定申报制度，完全由经营者自行判断其协议是否符合法律规定的豁免条件。如果反垄断执法机构在监管过程中发现经营者达成的垄断协议不属于反垄断法规定的豁免情形，经营者将承担达成垄断协议的法律后果。

## 三、滥用市场支配地位

### (一) 市场支配地位的认定

市场支配地位是指经营者在相关市场内具有能够控制商品价格、数量或者其他交易条件，或者能够阻碍、影响其他经营者进入相关市场的能力的市场地位。

经营者具有市场支配地位是其实施滥用市场优势垄断行为的基本条件。根据我国反垄断法的规定，认定经营者是否具有市场支配地位，应当依据以下因素：

1. 该经营者在相关市场的市场份额，以及相关市场的竞争状况。市场份额是指特定企业的总产量、销售量或者生产能力在相关市场中所占有的比例，又称市场占有率。市场份额是判定一个企业是否具有市场支配地位的一个重要因素。

2. 该经营者控制销售市场或者原材料采购市场的能力。如经营者控制销售市场的价格、数量或者其他交易条件的能力等。

3. 该经营者的财力和技术条件。

4. 其他经营者对该经营者在交易上的依赖程度。例如其他经营者是否只依靠该经营者提供原材料。

5. 其他经营者进入相关市场的难易程度。

6. 与认定该经营者市场支配地位有关的其他因素。

为了节约执法成本和对经营者实行有效监管，借鉴其他国家的成功经验，并结合我国的实际情况，我国反垄断法又规定了推定制度，即反垄断执法机构仅根据该法规定的经营者的市场份额，就可以推定该经营者具有市场支配地位：

(1) 一个经营者在相关市场的市场份额达到二分之一的；

(2) 两个经营者在相关市场的市场份额合计达到三分之二的；

(3) 三个经营者在相关市场的市场份额合计达到四分之三的。

有上述第 2 项、第 3 项规定的情形，其中有的经营者市场份额不足十分之一的，不应当推定该经营者具有市场支配地位。

被推定具有市场支配地位的经营者，有证据证明不具有市场支配地位的，不应当认定其具有市场支配地位。

**(二) 滥用市场支配地位的概念**

1. 滥用市场支配地位的概念

滥用市场支配地位，是指居于支配地位的企业滥用市场优势地位，对其他主体进行不公平的交易或者排除竞争对手的行为。

2. 相关市场

判断经营者的市场行为是否构成垄断，其关键在于对"相关市场"的界定。根据我国反垄断法的规定，相关市场是指经营者在一定时期内就特定商品或服务进行竞争的商品范围和地域。

对相关市场的界定，需要考虑它的商品、地域和时间三个因素：商品因素需要根据商品的性能、用途及其价格，从消费者的角度考虑两个或两个以上的商品或者服务是否可以相互交换或者相互替代。地域因素需要综合考虑由于政治、经济、文化等原因造成的地区之间的差异、消费者的特殊偏好以及商品的运输费用等。"一定时期"则强调只有在足以对市场竞争状况造成影响的一定时期内持续存在的行为才可能构成垄断行为。

**(三) 滥用市场支配地位的表现形式**

我国反垄断法对禁止滥用市场支配地位行为的具体规定如下：

1. 以不公平的高价销售商品或者以不公平的低价购买商品。是指具有支配地位的经营者违背平等互利原则，凭借其强势在交易活动中以不公平的价格销售或购买商品，损害交易对方利益的行为。如某彩电企业利用其市场优势地位强迫 A 彩色显像管生产企业以超低价格将彩色显像管卖给自己。

2. 掠夺性定价行为。是指处于市场支配地位的企业以排挤竞争对手为目的，持续地以低于成本的价格销售商品。根据我国《关于制止低价倾销行为的规定》(国家计委 1999 年 8 月 3 日发布)第 5 条规定，低于成本是指经营者低于其所经营商品的合理的个别成本。在个别成本无法确认时，由政府价格主管部门按该商品行业平均成本及其下浮幅度认定。因此，低于成本的认定应当以个别成本为标准，只有在特殊的例外情况下参考行业平均成本。

下列合理的降价行为不属于限制竞争行为：销售鲜活商品、处理有效期限即将到期的商品或其他积压的商品、季节性降价、因清偿债务、破产、转产、歇业降价销售商品。

3. 拒绝交易行为,指无正当理由,拒绝与交易相对人进行交易。如制造商无正当理由拒绝向批发商或零售商销售商品,以此强迫批发商或零售商按照其规定的价格条件销售商品。这种行为不仅限制了该种商品的价格竞争,也会造成其他经营者进入该市场的障碍。

4. 独家交易行为,是指处于市场支配地位的企业采取利诱、胁迫或其他不正当的方法,迫使其交易相对人违背自己的意愿只能与其进行交易或者只能与其指定的经营者进行交易如在我国,有些跨国企业在销售旺季要求独占超市的推广权,威胁超市禁止销售其竞争对手的产品,否则将停止交易。独家交易主要是在供货方面所做的限制,包括经销商只向制造商独买,也包括制造商只向经销商独卖。表现为"专营""专卖""独家经销"等等。

5. 搭售和附加不合理交易条件。指在商品交易过程中,拥有某种经济优势的一方利用自己的优势地位,在提供商品或服务时,强行搭配销售购买方不要或不愿意要的另一种商品或服务或者附加其他不合理条件的行为。搭售现象在日常生活中更多地表现为企业利用其优势地位,在销售优质、畅销产品时,搭配销售劣质、滞销产品;销售名牌产品时,搭配销售杂牌产品。如某销售者出售压模塑胶成形机时,强调"专机专胶",要求买方必须搭配购买塑胶原材料,不然不保证产品质量,但该塑胶并无特殊成分。

6. 歧视待遇行为,指处于市场支配地位的企业没有正当理由,对条件相同的交易对象,提供不同的交易条件,致使有的交易对方处于不利的竞争地位。歧视待遇行为限制了交易对象之间的竞争。这里的"交易条件"包含价格、配件供给、交货速度、担保以及其他交易条件。其中价格歧视是歧视待遇中最常见的一种形式。如有些跨国公司为了攫取更高额的利润,其产品在中国的定价明显高于其他国家。

7. 滥用知识产权限制竞争

知识产权的权利人可以在权利存续期间就某种产品的生产或者销售取得排他性地位,其本身就是一种合法的垄断,属于反垄断适用除外的范畴。但是,知识产权作为一种排他性的权利会给权利人带来一定的优势地位,这种优势地位也可能被滥用以排除或限制竞争,损害竞争者、消费者的利益和社会公共利益。

滥用知识产权不是一种独立的滥用优势地位类型,它可能表现为索取垄断高价、差别性待遇、搭售或附加不合理条件等各种形式,如限制交易相对人的产品销售地区、销售条件、排他性交易、附加回授条款等。

8. 国务院反垄断执法机构认定的其他滥用市场支配地位的行为。

## 四、经营者集中

### (一) 经营者集中的概念

经营者集中,又称企业合并、企业集中,是指两个或两个以上相互独立的企业合并为一个企业,或者企业之间通过取得股权或资产或通过合同等方式,使一个企业能够直接或间接控制另一个企业。

经营者集中是企业对利润最大化追求的内在要求和外部竞争压力的结果。经营者集中可以形成一定的规模经济,同时也是实现市场力量集中的主要途径。经济力量过度集中造成市场竞争主体数量减少,市场结构发生变化,使这些企业有可能利用市场的优势控制市场,对市场竞争机制发挥作用而产生不利影响。正因为如此,各国反垄断法都对经营者集中保持警惕,经营者集中也成为各国反垄断法规制的重要对象。

### （二）经营者集中的形式

1. 经营者合并

经营者合并是指两个或两个以上的企业通过订立合并协议，根据相关法律合并为一家企业的法律行为。经营者合并其实就是公司法意义上的企业合并。

从经营者合并对市场的影响来分类，经营者合并又可以分为横向合并、纵向合并及混合合并。

横向合并是指相同产品的生产者和生产者之间的合并。例如啤酒厂与啤酒厂、纺织厂与纺织厂之间的合并。横向合并显著的经济效果是由于市场经营规模扩大而带来的规模经济，它提高了合并企业的市场占有率，市场集中度也因此提高。因此，横向合并被认为最有可能引起垄断和破坏市场竞争，一直是各国反垄断法管制较严的企业竞争行为。

纵向合并是指处于不同生产或销售环节的企业之间的合并，如生产商和销售商的合并。纵向合并实质是将市场供销关系变成企业内部管理关系，即以企业管理代替市场交易。纵向合并一般对市场竞争和消费者福利并无太大的影响。只有在纵向合并对市场上的生产者或销售者可能会构成进入市场的障碍，从而使未参与或者未完全参与联合的企业处于不利的竞争地位，且这种合并又不利于提高企业的经济效益时，才被视为严重损害竞争的违法行为。

混合合并是指分属不同产业领域的企业的合并。混合合并一般来说对市场竞争并不产生直接的消极影响，因而也不成为反垄断法规制的重点。

2. 经营者通过取得股权或资产的方式取得对其他经营者的控制权

股权控制是指一个企业通过购买、置换等方式取得竞争企业的股份，该企业成为其他企业的控股股东并进而取得对其他经营者的控制权。通过股权控制把其他企业的经营活动纳入本企业的范围，其结果与企业合并有异曲同工之妙。因此，反垄断法对股权控制做出规定。对于持有对方多少股份可以达到股权控制的程度，反垄断法未予明确。在实践中可以参照我国《公司法》第 217 条对控股股东、实际控制人的界定予以理解。

取得资产。企业通过购买、置换、抵押等方式取得其他企业的全部或主要部分的资产，并从而取得这些企业的控制权，实现了经营者集中。

3. 经营者通过合同等方式取得对其他经营者的控制权

企业可以通过委托经营、联营等合同方式与其他企业之间形成控制与被控制关系或者可以施加决定性影响。在委托经营中，委托公司将全部营业交由受托公司管理，受托公司以委托公司的名义并为委托公司的利益而进行事业运营，营业的损益由委托公司承担。委托公司具有某些重大事宜的最终决策权，可对经营者加以监督，委托公司有报酬给付的义务。联营则是指数家企业以联营合同为基础，联营各方共同出资，损益共担，各联营企业均须服从统一的指挥，以求达到经济上的一体化的经营形式。

此外，企业还可以通过董事互任或干部兼任等形式，实现一企业对其他企业的人事控制，从而对该受控企业产生具有决定性作用的影响，在实际上达到经营者合并的效果，最终限制竞争。

### （三）经营者集中的申报与审查

1. 经营者集中申报制度及其申报豁免

为了对经营者集中实行有效控制，限制一些规模大、妨碍市场竞争的集中，各国法律均规定了集中主体的申报义务。经营者集中的申报制度有两种情况:一种是集中前的申报,另一种是集中后的申报。美国有关经营者集中的法律要求达到一定规模的企业在合并实施前向当局进行申报。德国的反限制竞争法除了对大企业的合并实行事前申报制度外,其他绝大多数的合并原则上实行事后登记的制度。我国实行的是集中前的申报制度。我国反垄断法规定,经营者集中达到国务院规定的申报标准的,经营者应当事先向国务院反垄断执法机构申报,未申报的不得实施集中。

同时,在以下两种情况下,经营者集中即使达到申报标准,也可以不向国务院反垄断执法机构申报:(1) 参与集中的一个经营者拥有其他每个经营者百分之五十以上有表决权的股份或者资产的;(2) 参与集中的每个经营者百分之五十以上有表决权的股份或者资产被同一个未参与集中的经营者拥有的。

上述两种情况通常是母子公司、集团公司内部以母公司或集团公司牵头进行的股份或资产的一种重新组合,其所在的市场竞争状况并未发生质的变化,不会对市场竞争状况发生重大影响或实质性影响,因此,无须进行申报。

2. 经营者集中申报需要提交的文件

经营者向国务院反垄断执法机构申报集中,应当提交下列文件、资料:

(1) 申报书;

(2) 集中对相关市场竞争状况影响的说明;

(3) 集中协议;

(4) 参与集中的经营者经会计师事务所审计的上一会计年度财务会计报告;

(5) 国务院反垄断执法机构规定的其他文件、资料。

申报书应当载明参与集中的经营者的名称、住所、经营范围、预定实施集中的日期和国务院反垄断执法机构规定的其他事项。

经营者提交的文件、资料不完备的,应当在国务院反垄断执法机构规定的期限内补交文件、资料。经营者逾期未补交文件、资料的,视为未申报。

3. 国务院反垄断执法机构对经营者集中的审查程序

(1) 初步审查。国务院反垄断执法机构应当自收到经营者提交的符合反垄断法规定的文件、资料之日起 30 日内,对申报的经营者集中进行初步审查,做出是否实施进一步审查的决定,并书面通知经营者。国务院反垄断执法机构做出决定前,经营者不得实施集中。

国务院反垄断执法机构做出不实施进一步审查的决定或者逾期未做出决定的,经营者可以实施集中。

(2) 进一步审查。国务院反垄断执法机构决定实施进一步审查的,应当自决定之日起 90 日内审查完毕,做出是否禁止经营者集中的决定,并书面通知经营者。做出禁止经营者集中的决定,应当说明理由。审查期间,经营者不得实施集中。

有下列情形之一的,国务院反垄断执法机构经书面通知经营者,可以延长前款规定的审查期限,但最长不得超过 60 日:① 经营者同意延长审查期限的;② 经营者提交的文件、资料不准确,需要进一步核实的;③ 经营者申报后有关情况发生重大变化的。

国务院反垄断执法机构逾期未做出决定的,经营者可以实施集中。

国务院反垄断执法机构应当将禁止经营者集中的决定或者对经营者集中附加限制性条件的决定,及时向社会公布。

4. 经营者集中的审查标准

反垄断执法机构审查经营者集中，关键是审查该集中是否具有或可能具有排除、限制竞争的效果，从而对经营者集中做出禁止或者不予禁止的决定。目前国际上有关经营者集中审查的实质性标准主要有两种：一种是“实质性减少竞争标准”，如美国的《克莱顿法》规定，禁止实质上减少竞争或旨在形成垄断的合并；另一种是“支配地位标准”，即以企业的市场份额大小，或是否形成市场支配地位为判断标准。如德国反对限制竞争法规定，如能预见合并将产生或加强市场支配地位，联邦卡特尔局应禁止合并。

我国反垄断法在总结实践经验的基础上，参考国际上的通行做法，明确规定审查经营者集中应当考虑下列因素：(1) 参与集中的经营者在相关市场的市场份额及其对市场的控制力；(2) 相关市场的市场集中度；(3) 经营者集中对市场进入、技术进步的影响；(4) 经营者集中对消费者和其他有关经营者的影响；(5) 经营者集中对国民经济发展的影响；(6) 国务院反垄断执法机构认为应当考虑的影响市场竞争的其他因素。

### (四) 不予禁止的经营者集中

我国《反垄断法》第 28 条列举了对经营者集中不予禁止的两种情形。一种是集中对竞争产生的有利影响明显大于不利影响；另一种是集中符合社会公共利益。如集中有利于关系国家经济命脉和国家安全的行业的发展、促进就业、推动技术进步、增强国际竞争力等。同时，为了提高反垄断执法机构的审查效率，充分发挥经营者的积极性，反垄断法规定由经营者对上述情形予以举证。

但是，应该看到，上述不予禁止的经营者集中，仍然会对竞争产生或多或少的不利影响。为了使集中对竞争的不利影响降低到最小的程度，充分保护和促进市场竞争，我国《反垄断法》第 29 条规定，对不予禁止的经营者集中，国务院反垄断执法机构可以决定附加减少集中对竞争产生不利影响的限制性条件。

### (五) 经营者集中的国家安全审查

对外资并购境内企业或者以其他方式参与经营者集中，涉及国家安全的，除依照反垄断法的规定进行经营者集中审查外，还应当按照国家有关规定进行国家安全审查。我国已经初步建立并正在进一步完善对外资并购的国家安全审查制度。国务院制定的《指导外商投资方向规定》以及商务部等六部门 2006 年 8 月联合发布的《关于外国投资者并购境内企业的规定》是目前据以审查外资并购国家安全的主要法律依据。

## 五、行政性垄断的法律规制

### (一) 行政性垄断的概念与特征

行政性垄断是行政机关或法律、法规授权的具有管理公共事务职能的组织滥用行政权力限制竞争的行为。行政性垄断是与经济性垄断相对应的，是在经济体制转轨的过程中，传统体制下的行政垄断与市场两股力量扭合在一起形成的新型垄断，本质上是一种“借行政权力，行市场行为”的垄断。

行政性垄断具有如下特征：(1) 行政性垄断是地方政府或中央政府的行业主管部门利用行政权力形成的；(2) 行政垄断的目的是保护地方经济利益或部门经济利益；(3) 行政垄断的形式主要是指定交易和限制资源自由流通；(4) 行政性垄断的后果是导致统一市场的人为分割及市场壁垒。

行政垄断导致地区封锁和部门割据，破坏了市场的统一和开放。此外，行政性垄断还侵害了市场主体的合法经营权，损害了消费者利益。

**(二) 我国行政性垄断的主要表现**

1. 行政机关、法律法规授权的具有管理公共事务职能的组织滥用行政权力，实施地区封锁的限制竞争行为。具体表现为：

(1) 滥用行政权力，实施下列行为，妨碍商品在地区之间的自由流通：① 对外地商品设定歧视性收费项目、实行歧视性收费标准，或者规定歧视性价格；② 对外地商品规定与本地同类商品不同的技术要求、检验标准，或者对外地商品采取重复检验、重复认证等歧视性技术措施，限制外地商品进入本地市场；③ 采取专门针对外地商品的行政许可，限制外地商品进入本地市场；④ 设置关卡或者采取其他手段，阻碍外地商品进入或者本地商品运出；⑤ 妨碍商品在地区之间自由流通的其他行为。

(2) 滥用行政权力，以设定歧视性资质要求、评审标准或者不依法发布信息等方式，排斥或者限制外地经营者参加本地的招标投标活动。如，有的地方行政机关直接要求本地区的采购单位只能将采购项目交给属于本地区的单位，本地区以外的单位不能参与本地区采购项目的投标。

(3) 滥用行政权力，采取与本地经营者不平等待遇等方式，排斥或者限制外地经营者在本地投资或者设立分支机构。例如，禁止或者限制外地企业对本地企业的收购，提高外地企业注册资本的标准、增加对外地企业资金来源及运用的审查次数等。

2. 行政机关、法律法规授权的具有管理公共事务职能的组织滥用行政权力，限定或者变相限定单位或者个人经营、购买、使用其指定的经营者提供的商品。如某地民政部门利用办理结婚登记的权力限定办证申请人到指定的照相馆照相。

3. 行政机关和法律、法规授权的具有管理公共事务职能的组织滥用行政权力，强制经营者从事反垄断法规定的垄断行为。如地方政府在企业合并中通过“拉郎配”制造出大型企业，或要求地方企业集体抬高价格等。这些做法违背了市场经济规律，限制了经营者的经营自主权，损害了消费者的合法权益，也未能给经济发展带来预期的利益。

4. 行政机关滥用行政权力，制定含有排除、限制竞争内容的规定。如，地方政府及其所属部门以文件、会议纪要、规定或联合发文的形式，排除、限制竞争，阻碍商品在全国自由流通或阻碍企业的自由设立。

## 六、反垄断法的实施

**(一) 反垄断主管机构**

国务院反垄断委员会是反垄断主管机构，负责组织、协调、指导反垄断执法工作。根据反垄断法的规定，国务院反垄断委员会履行下列职责：(1) 研究拟订有关竞争政策；(2) 组织调查、评估市场总体竞争状况，发布评估报告；(3) 制定、发布反垄断指南；(4) 协调反垄断行政执法工作；(5) 国务院规定的其他职责。

国务院反垄断委员会的组成和工作规则由国务院规定。

国务院规定的承担反垄断执法职责的机构(以下统称国务院反垄断执法机构)负责反垄断执法工作。国务院反垄断执法机构根据工作需要，可以授权省、自治区、直辖市人民政府相应的机构，依照本法规定负责有关反垄断执法工作。

**（二）反垄断执法机构对涉嫌垄断行为的调查**

1. 反垄断执法机构调查涉嫌垄断行为时可享有的职权

（1）有权进入被调查的经营者的营业场所或者其他有关场所进行检查；

（2）有权询问被调查的经营者、利害关系人或者其他有关单位或者个人，要求其说明有关情况；

（3）有权查阅、复制被调查的经营者、利害关系人或者其他有关单位或者个人的有关单证、协议、会计账簿、业务函电、电子数据等文件、资料；

（4）有权查封、扣押相关证据；

（5）有权查询经营者的银行账户。

采取前款规定的措施，应当向反垄断执法机构主要负责人书面报告，并经批准。

2. 反垄断执法机构调查涉嫌垄断行为时应承担的义务

（1）遵守法定调查程序的义务。根据我国反垄断法的规定，反垄断执法机构调查涉嫌垄断行为，执法人员不得少于二人，并应当出示执法证件。执法人员进行询问和调查，应当制作笔录，并由被询问人或者被调查人签字。

（2）保守被调查人的商业秘密。反垄断执法机构及其工作人员对执法过程中知悉的商业秘密负有保密义务。

3. 反垄断调查中被调查对象的权利与义务

根据反垄断法的相关规定，被调查的经营者、利害关系人有权陈述意见。反垄断执法机构应当对被调查的经营者、利害关系人提出的事实、理由和证据进行核实，以便正确认定事实，依法做出决定。这是被调查者的程序性权利。

同时，被调查的经营者、利害关系人或者其他有关单位或者个人应当配合反垄断执法机构依法履行职责，不得拒绝、阻碍反垄断执法机构的调查。这是被调查者应履行的配合调查义务。对于拒不配合反垄断调查的单位和个人，应当依法追究其相应的法律责任。

4. 反垄断调查的中止

对反垄断执法机构调查的涉嫌垄断行为，被调查的经营者承诺在反垄断执法机构认可的期限内采取具体措施消除该行为后果的，反垄断执法机构可以决定中止调查。中止调查的决定应当载明被调查的经营者承诺的具体内容。

反垄断执法机构决定中止调查的，应当对经营者履行承诺的情况进行监督。经营者履行承诺的，反垄断执法机构可以决定终止调查。

有下列情形之一的，反垄断执法机构应当恢复调查：

（1）经营者未履行承诺的；

（2）做出中止调查决定所依据的事实发生重大变化的；

（3）中止调查的决定是基于经营者提供的不完整或者不真实的信息做出的。

## 第二节 反不正当竞争法

### 一、反不正当竞争法概述

为促进社会主义市场经济健康发展，鼓励和保护公平竞争，制止不公平竞争，保护经营者和消费者的合法权益，我国于 1993 年通过并于同年 12 月 1 日开始实施《反不正当竞争法》。该法是我国第一部统一的竞争法律，2017 年 11 月 4 日，第十二届全国人民代表大会常务委员会第三十次会议第一次修订，自 2018 年 1 月 1 日起施行。为有效实施《反不正当竞争法》，国家工商行政管理局陆续发布了有关规章。例如，1993 年 12 月颁布的《关于禁止有奖销售活动中不正当竞争行为的若干规定》；1995 年 7 月颁布的《关于禁止仿冒知名商品特有的名称、包装、装潢的不正当竞争行为的若干规定》；1995 年 11 月颁布的《关于禁止侵犯商业秘密行为的若干规定》；1996 年 11 月颁布的《关于禁止商业贿赂行为的暂行规定》等。此外，在民法、企业法、知识产权法、药品管理法、食品卫生法、产品质量法、消费者权益保护法、广告法、对外贸易法等方面的法律、法规中，以及在我国参加的有关国际条约中，都有反不正当竞争的规定。

## 二、不正当竞争行为的概念与特征

### (一) 不正当竞争行为的概念

不正当竞争行为是指经营者在生产经营活动中，违反《反不正当竞争法》规定，扰乱市场竞争秩序，损害其他经营者或者消费者的合法权益的行为。

### (二) 不正当竞争行为的特征

1. 行为具有违法性

违法性是指不正当竞争行为违反了《反不正当竞争法》的禁止性规定，或者违反了公认的商业道德。

2. 行为的主体是经营者

不正当竞争行为的主体是指经营者，即从事商品生产、经营或者提供服务(以下所称商品包括服务)的自然人、法人和非法人组织，除涉及共同侵权，否则不包括非经营者。但是，如果政府及其所属职能部门滥用行政权力妨碍经营者的正当竞争行为，根据《反不正当竞争法》的规定，也应视为不正当行为。

3. 行为具有社会危害性

不正当竞争行为所侵害的客体是其他经营者或消费者的合法权益，从整体上讲扰乱了正常的社会经济秩序。不正当竞争行为不仅损害了其他经营者和广大消费者的利益，而且严重地损害了国家的利益，破坏了市场秩序，阻碍了社会生产力的发展。

## 三、不正当竞争行为的主要类型

### (一) 混淆行为

经营者不得实施下列混淆行为，引人误认为是他人商品或者与他人存在特定联系：

1. 擅自使用与他人有一定影响的商品名称、包装、装潢等相同或者近似的标识；

2. 擅自使用他人有一定影响的企业名称(包括简称、字号等)、社会组织名称(包括简称等)、姓名(包括笔名、艺名、译名等)；

3. 擅自使用他人有一定影响的域名主体部分、网站名称、网页等；

4. 其他足以引人误认为是他人商品或者与他人存在特定联系的混淆行为。

### (二) 商业贿赂行为

1. 商业贿赂的概念

商业贿赂是指经营者在生产经营活动中，采用财物或者其他手段贿赂交易相对方的工作人员、受交易相对方委托办理相关事务的单位或者个人以及利用职权或者影响力影响交易的单位或者个人,以谋取交易机会或者竞争优势。

2. 商业贿赂的特征

(1) 商业贿赂的行贿主体是经营者,受贿主体为作为交易相对人的经营者或其他对交易具有影响力的有关人员。如在我国大量发生的药品购销"回扣"中,受贿人有不少是交易双方行为以外的相关人员。

(2) 主观上,行贿者的目的是借用商业贿赂手段促成交易或在交易中排挤同业竞争者,取得竞争优势。该行为必须发生在商业交易中,是经营者为获得不正当竞争优势而故意和自愿所实施的一种行为。经营者的工作人员进行贿赂的,应当认定为经营者的行为;但是,经营者有证据证明该工作人员的行为与为经营者谋取交易机会或者竞争优势无关的除外。

(3) 商业贿赂是以不正当方式进行的行为。不正当的方式表现为向单位或单位的有关人员提供财物或其他利益。

(4) 商业贿赂行为具有违法性。表现为违反国家财务、会计及廉政等方面的法律、法规的规定,商业交易一方秘密给付对方财物或其他利益。这种支出与接纳都是通过隐秘的方式进行,通常采用不入账或伪造会计账册的形式进行掩盖。

3. 回扣

(1) 回扣的概念。回扣是指经营者销售商品时在账外暗中以现金、实物或者其他方式退给对方单位或者个人的一定比例的商品价款。回扣是商业贿赂的典型形式。

(2) 回扣的特征:① 回扣发生在市场交易的双方之间,是经营者销售商品时以现金、实物或者其他方式退给对方单位或者个人的一定比例的商品价款。其实质上是买方单位原来的财产,通过商品购销活动,迂回进入了买方单位的小金库或者个人的腰包。单位或个人收受回扣,实质上是逃避财务制度的约束,侵吞国有资产或集体财产。② 回扣是交易双方和有关人员故意进行的行为,给予和收取回扣都采取在账外暗中进行,是违反财政纪律和财务制度的违法行为;③ 回扣的给予与收受是交易双方的恶意串通,损害企业经营者的利益,中饱私囊的不正当行为,在客观上损害了其他经营者的合法利益,扰乱了公平竞争的秩序。

4. 商业贿赂与折扣、佣金

(1) 折扣。折扣是经营者在销售商品时,以明示并如实入账的方式给予对方的价格优惠,其实质为商品购销中的让利,属于正常的商业促销行为。折扣包括支付价款时对价款总额按一定比例即时予以扣除和支付价款总额后再按一定的比例予以退还两种行为。

折扣虽然是一种合法的让利销售行为,不属于商业贿赂的范畴,但国家也需要对折扣现象进行规范,对折扣的比例加以一定限制,防止某些企业推行削价销售,限制竞争的价格政策。例如德国1830年颁布的《折扣法》规定,允许在正常交易中给予顾客不超过交易总额3%的折扣,返还给顾客。但如超过该比例进行支付的,则被认为是具有商业贿赂性质的违法行为。

(2) 佣金。佣金是指经营者在市场中给予为其提供服务的具有合法经营资格的中间人的劳务报酬。佣金是发生在经营者与中介人之间,而并非交易双方当事人之间的一种经济关系。经营者给中间人佣金的,必须如实入账。接受佣金的经营者必须如实入账。

收取佣金的中间人必须是有合法经营资格的中介机构,作为中间人,他既可以从买方处接受佣金也可以从卖方处收受佣金,还可以接受双方给予的佣金。

**(三) 虚假宣传行为**

虚假宣传行为,是指经营者利用报刊、影视等宣传媒体或其他方法,对商品的性能、功能、质量、销售状况、用户评价、曾获荣誉等作虚假或者引人误解的商业宣传,欺骗、误导消费者。

1. 虚假的广告行为。如某些经营者浮夸乱吹,对商品的质量、成分、性能、用途等作夸大、虚假、具有欺骗性的广告。

2. 虚假的新闻报道。一些经营者利用公众对大众媒体的信任,在报纸、杂志、广播、电视上进行产品虚假宣传,而某些媒体和记者为了经济利益,违背职业道德,利用新闻报道的形式,发布变相广告。

3. 引人误解的商业宣传行为。引人误解的商业宣传行为是宣传者故意混淆含义,省略词句或模糊语义,使消费者在接受宣传信息时产生误解,从而影响他们的购买决策的行为。

经营者不得通过组织虚假交易等方式,帮助其他经营者进行虚假或者引人误解的商业宣传。

**(四) 侵犯商业秘密行为**

1. 商业秘密的概念

商业秘密是指不为公众所知悉,具有商业价值并经权利人采取保密措施的技术信息和经营信息。

2. 商业秘密的特征

(1) 秘密性。又称非公开性,是指该种信息不为公众所知悉,处于保密状态,一般人不易通过正当途径获得或探明,这是商业秘密最核心的特征。当然,商业秘密的非公开性只能是相对的,不能要求商业秘密是处于绝对的、完全的保密状态下。因为一项商业秘密在使用和管理中是无法避免在一定范围内或一定程度上向外界公开的。

在司法实践中,如果有关信息不为其所属领域的相关人员普遍知悉和容易获得,应当认定为《反不正当竞争法》第 9 条规定的“不为公众所知悉”。具有下列情形之一的,可以认定有关信息不构成不为公众所知悉:

① 该信息为其所属技术或者经济领域的人的一般常识或者行业惯例;

② 该信息仅涉及产品的尺寸、结构、材料、部件的简单组合等内容,进入市场后相关公众通过观察产品即可直接获得;

③ 该信息已经在公开出版物或者其他媒体上公开披露;

④ 该信息已通过公开的报告会、展览等方式公开;

⑤ 该信息从其他公开渠道可以获得;

⑥ 该信息无须付出一定的代价而容易获得。

(2) 权利人采取了合理的保密措施。只要权利人采取的保密措施,与商业秘密的商业价值等具体情况相适应,应当认定为权利人采取了合理的“保密措施”。

在司法实践中,人民法院应当根据所涉信息载体的特性、权利人保密的意愿、保密措施的可识别程度、他人通过正当方式获得的难易程度等因素,认定权利人是否采取了保密措施。具有下列情形之一,在正常情况下足以防止涉密信息泄漏的,应当认定权利人采取了保密措施:

① 限定涉密信息的知悉范围,只对必须知悉的相关人员告知其内容;

② 对于涉密信息载体采取加锁等防范措施；

③ 在涉密信息的载体上标有保密标志；

④ 对于涉密信息采用密码或者代码等；

⑤ 签订保密协议；

⑥ 对于涉密的机器、厂房、车间等场所限制来访者或者提出保密要求；

⑦ 确保信息秘密的其他合理措施。

(3) 具有商业价值。是指商业秘密的使用可以为权利人带来经济上的利益，使权利人拥有比不知晓或不使用该商业秘密的同行业竞争者更有利的地位和竞争优势，从而能在竞争中领先取胜。商业秘密的商业价值包括现实的经济利益和潜在的经济利益。

3. 侵犯商业秘密的行为

(1) 以盗窃、贿赂、欺诈、胁迫或其他不正当手段获取权利人的商业秘密。所谓盗窃商业秘密，包括单位内部人员盗窃、外部人员盗窃、内外勾结盗窃等手段；(所谓以贿赂手段获取商业秘密，通常指行为人向掌握商业秘密的人员提供财物或其他优惠条件，诱使其向行为人提供商业秘密)；所谓以胁迫手段获取商业秘密，是指行为人采取威胁、强迫手段，使他人在受强制的情况下提供商业秘密；所谓以其他不正当手段获取商业秘密，是指上述行为以外的其他非法手段。例如，通过商业洽谈、合作开发研究、参观学习等机会套取、刺探他人的商业秘密等。

(2) 披露、使用或允许他人使用以前项手段获取的权利人的商业秘密。所谓披露，是指将权利人的商业秘密向第三人透露或向不特定的其他人公开，使其失去秘密价值；所谓使用或允许他人使用，是指非法使用他人商业秘密的具体情形。需要指出的是，以非法手段获取商业秘密的行为人，如果将该秘密再行披露或使用，即构成双重侵权；倘若第三人从侵权人那里获悉了商业秘密而将秘密披露或使用，同样构成侵权。

(3) 违反约定或违反权利人有关保守商业秘密的要求，披露、使用或允许他人使用其所掌握的商业秘密。合法掌握商业秘密的人，可能是与权利人有合同关系的对方当事人，也可能是权利人单位的工作人员或其他知情人，上述行为人违反合同约定或单位规定的保密义务，将其所掌握的商业秘密擅自公开，或自己使用，或许可他人使用，即构成对商业秘密的侵犯。

(4) 第三人明知或应知商业秘密权利人的员工、前员工或者其他单位、个人实施前款所列违法行为，仍获取、披露、使用或者允许他人使用该商业秘密的，视为侵犯商业秘密。

通过自行开发研制或者反向工程等方式获得的商业秘密，不认定为反不正当竞争法规定的侵犯商业秘密行为。所谓反向工程，是指通过技术手段对从公开渠道取得的产品进行拆卸、测绘、分析等而获得该产品的有关技术信息。但是，如果当事人以不正当手段知悉了他人的商业秘密之后，又以反向工程为由主张获取行为合法的，该主张不能成立。

**(五) 不正当有奖销售行为**

有奖销售行为是指经营者经销商品或者提供服务，附带性地向购买者提供财物、金钱或者其他经济利益的行为。有奖销售有两种类型，一是附赠式有奖销售，即经营者对购买指定商品或达到一定购买金额的所有购买者予以奖励。如购买一台录像机赠送一盒录像磁带等；二是抽奖式有奖销售，即以抽签、摇号、对号码等带有偶然性的方法决定购买者是否中奖以及奖励等级的有奖销售。

有奖销售具有正反两方面的作用，如果运用得当，有助于扩大销售，搞活流通，促进经济发展;但如果滥加利用,则会危害竞争秩序,而且对消费者的权益也构成了威胁。因此在反不正当竞争法中,对不正当促销行为进行规制就显得十分必要。

不正当有奖销售行为包括以下三种类型:

1. 所设奖的种类、兑奖条件、奖金金额或者奖品等有奖销售信息不明确,影响兑奖。

2. 欺骗性有奖销售。我国《反不正当竞争法》第10条规定,"采用谎称有奖或者故意让内定人员中奖的欺骗方式进行有奖销售"的行为性质都属于欺骗性有奖销售行为。如经营者对外诈称其商品为有奖销售,实则并未采取任何有奖销售或者只设小奖而不设大奖;或者故意将设有中奖标志的商品、奖券不投放市场或者不与商品、奖券同时投放市场,故意将带有不同奖金金额或者奖品、奖券按不同时间投放市场,致使许多购买者受骗上当;或故意让内定人员中奖,即将有奖号码做特殊处理的行为,此奖只能由其内定的人员得到,而广大购买者虽然从理论上有中奖的可能性,但实际上却无法得奖。

3. 巨额奖品的有奖销售。所谓巨奖是指抽奖的奖品、奖券超过法律规定的允许设奖的金额限度。允许设奖的金额限度各国规定不一。我国《反不正当竞争法》规定,抽奖式的有奖销售,最高奖的金额不得超过5万元。若以非现金的物品或者其他经济利益作奖励的,按照同期市场同类商品或者服务的正常价格折算其金额。

**(六) 商业诽谤行为**

1. 商业诽谤行为的概念

商业诽谤行为是指经营者通过编造、传播虚假信息或者误导性信息等不正当手段,对竞争对手的商业信誉、商品声誉进行恶意的诋毁、贬低,以削弱其市场竞争能力,并为自己谋取不正当利益的行为。商业诽谤是一种典型的不正当竞争行为,为许多国家的反不正当竞争法所禁止。

2. 商业诽谤行为的构成要件

(1) 商业诽谤行为的主体必须是具有竞争关系的经营者。

商业诽谤行为的主体之间必须具有竞争关系,但不必是同业竞争关系。商业诽谤的被诽谤人应是特定的经营者。

(2) 商业诽谤行为的对象为竞争对手的商业信誉或商品声誉。

(3) 商业诽谤行为的目的是削弱竞争对手的市场竞争力,并谋求自己的市场竞争优势,因此行为人主观上具有诽谤的故意。

(4) 商业诽谤行为必须具有公示性,即必须为第三人所知悉。

3. 商业诽谤行为的表现形式

(1) 利用散发公开信,召开新闻发布会、刊登声明性广告等形式,制造、散布贬损竞争对手商业信誉、商品声誉的虚假事实。

(2) 在对外经营过程中,向业务客户及消费者散布虚假事实,以贬低竞争对手的商业信誉,诋毁其商品或服务的质量声誉。

(3) 利用商品的说明书,吹嘘本产品质量上乘,贬低同业竞争对手生产销售的同类产品。

(4) 唆使他人在公众中造谣并传播、散布竞争对手所售的商品质量有问题,使公众对该商品失去信赖。

(5) 组织人员,以顾客或者消费者的名义,向有关经济监督管理部门做关于竞争对手产品质量低劣、服务质量差、侵害消费者权益等情况的虚假投诉,从而达到贬损其商业信誉的目的。

(6) 诋毁性对比广告。诋毁性对比广告是通过在广告宣传中采用比较的手法,打击其他竞争对手的行为。比较的目的在于突出自己、贬低他人,吸引消费者,从而占领更多的市场。

### (七) 不正当的互联网经营活动

经营者不得利用技术手段,通过影响用户选择或者其他方式,实施下列妨碍、破坏其他经营者合法提供的网络产品或者服务正常运行的行为:

1. 未经其他经营者同意,在其合法提供的网络产品或者服务中,插入链接、强制进行目标跳转;

2. 误导、欺骗、强迫用户修改、关闭、卸载其他经营者合法提供的网络产品或者服务;

3. 恶意对其他经营者合法提供的网络产品或者服务实施不兼容;

4. 其他妨碍、破坏其他经营者合法提供的网络产品或者服务正常运行的行为。

## 四、反不正当竞争行为的措施

监督检查部门调查涉嫌不正当竞争行为,可以采取下列措施:

1. 进入涉嫌不正当竞争行为的经营场所进行检查;

2. 询问被调查的经营者、利害关系人及其他有关单位、个人,要求其说明有关情况或者提供与被调查行为有关的其他资料;

3. 查询、复制与涉嫌不正当竞争行为有关的协议、账簿、单据、文件、记录、业务函电和其他资料;

4. 查封、扣押与涉嫌不正当竞争行为有关的财物;

5. 查询涉嫌不正当竞争行为的经营者的银行账户。

采取前款规定的措施,应当向监督检查部门主要负责人书面报告,并经批准。采取前款第 4 项、第 5 项规定的措施,应当向设区的市级以上人民政府监督检查部门主要负责人书面报告,并经批准。

监督检查部门调查涉嫌不正当竞争行为,应当遵守《中华人民共和国行政强制法》和其他有关法律、行政法规的规定,并应当将查处结果及时向社会公开。

## 五、不正当竞争行为的法律责任

### (一) 法律责任的种类

《反不正当竞争法》第 4 章对不正当竞争行为规定了三种法律责任。

1. 行政责任

行政责任是违法者因其违反《反不正当竞争法》的规定所应承担的行政处罚后果。其形式主要有:责令停止违法行为、没收违法所得、罚款、吊销营业执照等。

2. 民事责任

民事责任是违法者因其违反《反不正当竞争法》的规定,必须承担的民事制裁后果。其形式主要有:停止侵害、赔礼道歉、消除影响、恢复名誉、赔偿损失等。

3. 刑事责任

刑事责任是违法者因其违反《反不正当竞争法》的规定,且情节严重,构成犯罪,所应承担的刑事制裁后果。刑事责任是各种处罚方式中最严厉的一种。我国《反不正当竞争法》只是将个别情节严重的不正当竞争行为作为犯罪，予以刑事制裁，而且也没有规定具体的刑事责任形式，因此，在实践中需要援引(刑法)及相关刑事法律补充规定的相应条款。

**(二) 各种不正当竞争行为应承担的法律责任**

1. 一般原则

《反不正当竞争法》第17条规定，经营者违反本法规定，给他人造成损害的，应当依法承担民事责任。经营者的合法权益受到不正当竞争行为损害的，可以向人民法院提起诉讼。因不正当竞争行为受到损害的经营者的赔偿数额，按照其因被侵权所受到的实际损失确定；实际损失难以计算的，按照侵权人因侵权所获得的利益确定。赔偿数额还应当包括经营者为制止侵权行为所支付的合理开支。经营者实施混淆行为或者侵犯商业秘密的行为，权利人因被侵权所受到的实际损失、侵权人因侵权所获得的利益难以确定的，由人民法院根据侵权行为的情节判决给予权利人300万元以下的赔偿。

经营者违反本法规定从事不正当竞争，有主动消除或者减轻违法行为危害后果等法定情形的，依法从轻或者减轻行政处罚；违法行为轻微并及时纠正，没有造成危害后果的，不予行政处罚。

经营者违反本法规定，应当承担民事责任、行政责任和刑事责任，其财产不足以支付的，优先用于承担民事责任。

2. 具体规定

(1) 经营者违反规定实施混淆行为的，由监督检查部门责令停止违法行为，没收违法商品。违法经营额5万元以上的，可以并处违法经营额五倍以下的罚款；没有违法经营额或者违法经营额不足5万元的，可以并处25万元以下的罚款。情节严重的，吊销营业执照。经营者登记的企业名称违反规定的，应当及时办理名称变更登记；名称变更前，由原企业登记机关以统一社会信用代码代替其名称。

(2) 经营者违反规定贿赂他人的，由监督检查部门没收违法所得，处10万元以上300万元以下的罚款。情节严重的，吊销营业执照。

(3) 经营者违反规定对其商品作虚假或者引人误解的商业宣传，或者通过组织虚假交易等方式帮助其他经营者进行虚假或者引人误解的商业宣传的，由监督检查部门责令停止违法行为，处20万元以上100万元以下的罚款；情节严重的，处100万元以上200万元以下的罚款，可以吊销营业执照。经营者违反规定，属于发布虚假广告的，依照《中华人民共和国广告法》的规定处罚。

(4) 经营者违反规定侵犯商业秘密的，由监督检查部门责令停止违法行为，处十万元以上50万元以下的罚款；情节严重的，处50万元以上300万元以下的罚款。

(5) 经营者违反规定进行有奖销售的，由监督检查部门责令停止违法行为，处5万元以上50万元以下的罚款。

(6) 经营者违反规定损害竞争对手商业信誉、商品声誉的，由监督检查部门责令停止违法行为、消除影响，处10万元以上50万元以下的罚款；情节严重的，处50万元以上300万元以下的罚款。

(7) 经营者违反规定妨碍、破坏其他经营者合法提供的网络产品或者服务正常运行的，由监督检查部门责令停止违法行为，处十万元以上五十万元以下的罚款；情节严重的，处五十万元以上三百万元以下的罚款。

## 练习题

### 一、单项选择题

1. 市场主体通过自身的力量设置市场进入障碍而形成的垄断称为（　　）。

A. 独占垄断　　B. 经济性垄断

C. 自然垄断　　D. 行政性垄断

2. 反垄断执法机构调查涉嫌垄断行为时，可享有的职权是（　　）。

A. 检查被调查经营者的营业场所　　B. 研究制订有关竞争政策

C. 查封经营者的相关资产　　D. 冻结经营者的银行账户

3. 下列行为中属于不正当竞争行为的是（　　）。

A. 处理有效期限将到期的商品

B. 处理季节性降价的商品

C. 处理因清偿债务、转产、歇业降价销售的商品

D. 以排挤竞争对手为目的，以低于成本的价格销售商品

4. 经营者采取抽奖式的有奖销售，最高奖的金额不得超过（　　）。

A. 10 000 元　　B. 20 000 元

C. 30 000 元　　D. 50 000 元

5. 某烤鸭店制作的烤鸭由于工艺问题，未能吸引大量顾客，该店于是在其烤鸭包装袋上打上“全聚德”字样，与老北京有名的“全聚德”烤鸭店的字样类似，“全聚德”是后者的商标。该店的行为属于（　　）。

A. 假冒他人的注册商标　　B. 盗用他人企业名称

C. 在商品上伪造质量标志　　D. 虚假宣传

6. 下列协议属于我国反垄断法规制的垄断协议的是？（　　）

A. 位于 A 市的甲公司为经营奶制品的公司，其联合 A 市的其他奶制品公司一起签订协议，只从 A 市的乙奶牛场进购牛奶

B. 生产某计算机配件的厂商为了与国际接轨，尽快提高产品升级换代，达成协议，以后相关配件只使用甲公司生产的某一型号的产品

C. 某厂家与其上游厂商甲签订了为期 5 年的购销合同，保证在此期间，只从甲厂购买原料

D. 某政府机关采购办公用品，与一商家签订协议，同意在 2 年内只购买该商家的产品

7. 甲企业生产某种家畜饲料，下列条件中不能认定其占有市场支配地位的是？（　　）

A. 甲企业在其所在的 A 市市场占有 80%以上的份额

B. 其他饲料企业要想进入 A 市，除非和甲企业协商

C. 甲企业提高其饲料价格，致使该市绝大多数的养殖户因养殖成本提高而受损失

D. 甲企业与该市其他饲料企业一起联手降低制作饲料的农产品收购价格

8. 某期货交易所章程规定，对日交易量超过一百手的客户，可以将手续费的 2%作为折扣费退还给他们，并办理完整的财务手续。其他交易所对此规定提出了异议。下列说法正确的是哪一项？（　　）

A. 某交易所的行为构成不正当竞争

B. 某交易所的行为构成行贿

C. 某交易所的行为既构成行贿又构成不正当竞争

D. 某交易所的行为不构成不正当竞争

## 二、多项选择题

1. 下列哪些行为是不正当竞争行为？（　　）

A. 甲灯具厂捏造乙灯具厂偷工减料，但只告诉了乙灯具厂的几家客户

B. 甲厂产品发生质量事故，舆论误指为乙厂产品，乙厂公开说明事实真相，

C. 甲电器公司为取得竞争优势，许诺给以高薪、出国进修等优惠条件，一个月内挖走竞争对手乙公司业务骨干6人

D. 甲汽车公司散布乙汽车公司售后服务差的虚假事实，虽未指名，但一般人可以推知

2. 我国反垄断法规定的适用除外的类型包括（　　）。

A. 经营者的经济性垄断行为

B. 经营者依照有关知识产权的法律、行政法规规定行使知识产权的行为

C. 行政机关滥用行政权力的行为

D. 排除、限制竞争的行政垄断行为

E. 农业生产者及农村经济组织在经营活动中实施的联合或协同行为

3. 根据《反垄断法》的规定，下列各项中，属于法律禁止的横向垄断协议的有（　　）。

A. 固定或者变更商品价格的协定

B. 限制购买新技术、新设备或限制开发新技术、新产品

C. 联合抵制交易

D. 固定向第三人转售商品的最低价格

E. 限定向第三人转售商品的最低价格

4. 为争夺市场，某市甲、乙、丙、丁四家企业展开了激烈的竞争，请问哪些企业的行为不符合《反不正当竞争法》的规定（　　）。

A. 甲企业首先降价，产品利润为零

B. 乙企业自恃财大气粗，不甘落后，产品以低于成本的价格销售

C. 丙企业慌了手脚，忍痛附赠奖品，价值为购货款的5%

D. 丁企业认为甲、乙、丙的做法太笨。该企业声称：凡购买本企业产品的消费者均可获得抽奖机会，最高奖品是小轿车一部，事实上该奖项根本不存在

5. 不正当竞争行为的主要类型有（　　）。

A. 假冒混同行为　　B. 商业贿赂行为

C. 虚假宣传行为　　D. 商业诽谤行为

E. 侵犯商业秘密行为

## 三、简答题

1. 简述商业秘密概念及侵犯商业秘密的行为表现。

2. 简述我国行政性垄断的主要表现形式。

3. 什么是相关市场？界定相关市场应考虑哪些因素？

4. 简述不正当竞争行为的概念与特征。

5. 简述垄断协议有哪些具体的表现形式。

## 四、案例分析题

甲公司是一家从事软件开发的企业，经过十多年的努力，该公司开发出一种能够强力杀毒的软件。该杀毒软件推向市场后，由于明显的技术优势获得了用户的广泛好评，为公司带来了可观的经济效益。该杀毒软件的源程序被采用加密手段后保存在只有该公司的董事长、总经理和技术副总才能使用的计算机内。乙是该公司的一名工程师，他利用别人不在办公室的时间破解了计算机的加密手段，获得了该杀毒软件的源程序，并谎称是自己开发的，以15万元的价格转让给了丙公司。

根据上述案情，分析回答下列问题，并说明理由。

1. 该杀毒软件的源程序是否属于商业秘密？

2. 乙的行为如何定性？

3. 丙公司的行为是否构成侵犯商业秘密行为？

# 第七章

# 产品质量法

学习要点

☆ 掌握产品的概念、产品瑕疵与缺陷的认定以及产品责任的承担

☆ 熟悉生产者与销售者的产品质量义务

☆了解产品质量管理的相关制度

引　例

春节前，李某将家里装扮一新，接来家中的老人，准备欢欢乐乐过个新年。除夕晚上，李某点燃刚从单位拿来的卡式炉，正打算露一手，谁知轰的一声，卡式炉爆炸了，家中的老人被炸伤，李某的右手掌也被炸裂。事后，李某找到有关部门对此进行了调查。原来该型号卡式炉是某市一家电气公司的新产品，出事前几天送到李某的单位（电子产品检测）请求测试，李某认为该电气公司的产品质量一直不错，于是就顺手拿了一台，准备春节使用，谁想竟发生了此事。

问题：

若李某起诉卡式炉制造公司（即某市电气公司）能否胜诉？为什么？

## 第一节　产品质量法概述

### 一、产品与产品质量

#### （一）产品的概念

广义的产品，是指人们运用劳动手段对劳动对象进行加工，用于满足人们生产和生活需要的物品。法律上的产品，有其特定含义，并且，不同国家或地区的法律，对产品范围的界定不尽相同。产品责任仅适用于属于产品定义范围内的产品，因此，各国均根据本国经济发展水平，力求科学、严谨、详尽地界定"产品"，以求平衡生产者、销售者与消费者的利益。

《中华人民共和国产品质量法》（简称《产品质量法》）第 2 条第 2 款规定："本法所称的产品是指经过加工、制作，用于销售的产品。"第 3 款规定："建设工程不适用本法规定；但是，建设工程使用的建筑材料、建筑购配件和设备，属于前款规定的产品范围的，适用本法规定。"根据上述规定，我国产品质量法中的"产品"应做如下理解：

1. 产品质量法调整的产品，是经过加工、制作的物质产品，这就排除了表现为知识产权

的精神产品，也排除了未经过加工、制作的天然产品，如矿产品、农产品。加工、制作包括工业上的和手工业上的。电力、煤气等虽然是无体物，但是工业产品，也应包括在内。

2. 经过加工、制作的物质产品必须以用于销售为目的。加工、制作产品者具有营利的目的，纯为科学研究或纯为自己使用的产品不属于产品质量法所称的产品。在这个意义上，产品实际上和商品是同一概念。"用于销售"不等于经过销售，只要产品是以销售为目的进行生产、制作的，不论它是经过销售渠道到达消费者或用户手上，还是经过其他渠道，都属于《产品质量法》所规定的产品。赠送或试用的产品也属于产品责任法意义上的产品。

3. 经过加工、制作用于销售的产品仅限于动产。

### (二) 产品质量

产品质量是指产品所具有的符合人们需要的各种特性。一般来说，产品的特性包括以下几个方面：产品的适用性、产品的安全性、产品的可靠性、产品的可维修性、产品的经济性等。在我国，产品质量是指国家有关法律法规、质量标准以及合同规定的对产品适用、安全及其他特性的要求。因产品质量不符合规定要求，给消费者造成损失的，经营者应承担相应的法律责任。

## 二、产品质量法的概念和适用范围

### (一) 产品质量法的概念

产品质量法是指调整产品质量管理关系和产品质量责任关系的法律规范的总称。它兼具有市场运行和国家监管两个方面的法律规范。目前我国除有专门的《产品质量法》外，还制定了一系列与产品质量相关的或特殊产品质量管理的法律，包括《标准化法》、《计量法》《食品卫生法》、《药品管理法》等。国务院还公布了《认证许可条例》。

### (二) 产品质量法的适用范围

1. 适用的区域

凡是在中华人民共和国境内从事产品的生产、销售活动必须遵守本法。这说明《产品质量法》适用的区域是中华人民共和国境内。

2. 适用的法律关系主体

适用主体包括在中华人民共和国境内从事产品的生产、销售活动的一切单位和个人。这些单位和个人，既包括一切生产者，如从事产品生产、制造、加工、装配、修理的单位和个人；也包括一切销售者，如从事产品批发、零售、进出口贸易的单位和个人；还包括与生产、销售活动有关的其他单位和个人，如从事产品运输、仓储和产品质量管理的单位和个人。

3. 适用的产品范围

产品范围限于经过加工、制作，用于销售的产品，因此《产品质量法》规范的产品必须同时具备以下两个条件：(1) 该产品是经过加工、制作的，种植业、畜牧业、渔业等所生产的初级农产品、狩猎品和原始矿产品等未经过加工、制作，不属于本法的调整范围。(2) 该产品用于销售。

自产自用的产品，虽然经过加工、制作，但不是用于销售，不属于本法的调整范围。建设工程虽然经过加工、制作，并用于销售。但因其具有特殊性，与其他一般的产品应有所区别，因而也不属于本法所调整的范围。建设工程虽然不适用《产品质量法》，但建设工程使用的材料、建筑构附件和设备，适用该法的规定。如建筑钢材、水泥等，这些用于建设的产品在其生产、销售中与其他工业品的属性是相同的，也应受《产品质量法》的调整。此外，军工产品、核设施、核产品也不适用《产品质量法》。

## 第二节　产品质量监督管理制度

### 一、产品质量监督管理体制

我国《产品质量法》明确规定，国务院市场监督管理部门主管全国市场监督管理工作，国务院有关部门在各自的职责范围内负责产品质量监督工作；县级以上地方市场监督管理部门主管本行政区域内的产品质量监督工作，县级以上地方人民政府有关部门在各自的职责范围内负责产品质量监督工作。法律对市场监督管理部门另有规定的，依照有关法律的规定执行。由此确立了我国统一管理与分工管理、层次管理与地域管理相结合的产品质量监督管理体制。

### 二、产品质量检验制度

产品质量检验是指检验机构根据一定标准对产品品质进行检测，并判断合格与否的活动。《产品质量法》规定：产品质量应当检验合格，不得以不合格产品冒充合格产品。产品或者其包装上的标识，要有产品质量检验合格证明。产品质量检验机构必须具备相应的检验条件和能力，并须经过省级以上的人民政府市场监督管理部门或者其授权的部门考核合格。

### 三、产品质量的标准化管理制度

1. 概念

产品质量标准化管理制度是关于产品质量标准的制定、实施、监督、检查的各项规范的总和，是产品质量监督管理的依据和基础。

2. 范围

工业产品的品种、规格、数量、等级或者安全卫生要求，工业产品的设计、生产检验、包装、储存、运输、使用的方法或者生产、储存、运输过程中的安全卫生要求，环境保护的技术要求和检验方法；建设工程的设计、施工方法和安全要求；工业生产的技术术语、符号和制图方法等应当制定标准。

3.体系

我国现行标准体系分为国家标准、行业标准、地方标准和企业标准四个层次。对全国经济、技术发展有重大意义而必须在全国范围内统一的技术要求，应制定国家标准：对没有国家标准而又需要在全国某个行业范围内统一的技术要求，可制定行业标准；没有国家或行业标准，可制定省级的过渡性地方标准。国家鼓励企业采用国际标准。

国家标准、行业标准分为强制性标准和推荐性标准。其中，保障人体健康和人身、财产安全的工业产品和法律、行政法规规定强制执行的标准是强制性标准，其他标准是推荐性标准。

4. 实施

强制性标准必须执行，不符合强制性标准的产品，禁止生产、销售和进口。推荐性标准，国家鼓励企业自愿采用。国家采取奖惩结合办法保障标准的实施。

## 四、企业质量体系认证制度

企业质量体系认证，是认证机构依据国际通用的质量管理标准，对企业质量体系进行检查和确认，并通过国家颁发证书的形式，证明企业质量管理和质量保证能力符合相应要求的活动。所谓国际通用的质量管理标准，是指国际标准化组织推荐的 ISO9000 系列国际标准。该标准吸收了各国质量管理、质量保证的精华，统一了质量术语的概念，反映并发展了世界工业发达国家质量管理的实践经验。目前，采用该系列标准已被世界公认为通向国际市场的通行证。1992 年，我国国家技术监督局决定，将 ISO9000 等同采用我国国家标准 GB/T19000。等同采用的国家标准，其技术内容与 ISO9000 完全相同，编写方法也完全一致。

我国企业质量体系认证采用自愿原则。企业在申请认证问题上享有自主权和选择权，权利的内容包括是否申请的自由、如何申请的自由以及选择认证机构的自由。经认证合格的，由认证机构颁发企业质量体系认证证书。

## 五、产品质量认证制度

产品质量认证，是依据产品标准和相应的技术要求，经认证机构确认并通过颁发认证证书和认证标志来证明产品符合相应标准和相应技术要求的活动。产品质量认证分为安全认证和合格认证。

产品质量认证采用自愿原则。产品质量认证的依据是具有国际水平的国家标准、行业标准及其他补充技术要求。企业对有国家标准或者行业标准的产品，可以向国务院市场监督部门或者国务院市场监督部门授权的部门认可的认证机构申请产品质量认证。实行安全认证的产品，必须符合《产品质量法》、《标准化法》的有关产品安全的强制性规定。实行合格认证的，必须符合《标准化法》规定的国家标准或者行业标准的要求。经认证合格的，由认证机构颁发产品质量认证证书，准许企业在产品或其包装上使用产品质量认证标志。

产品质量认证不同于企业质量体系认证。产品质量认证的对象是某种特定的产品，企业质量体系认证的对象是企业保证产品质量的综合能力。仅获得企业质量体系认证证书的企业，不得在其产品上使用产品质量认证标志。

## 六、产品生产许可证制度

国家对生产关系公共安全、人体健康、生命财产安全的重要工业产品的企业实行生产许可证制度。国务院工业产品生产许可证主管部门会同有关部门并征求消协及行业协会的意见，制定国家实行生产许可证的工业产品目录。任何企业未取得生产许可证不得生产列入目录的产品，任何单位和个人不得销售或者在经营活动中使用未取得生产许可证的列入目录的产品。

## 七、产品质量监督检查制度

### （一）产品质量国家监督

国家监督是指对产品质量实行以抽查为主要方式的监督检查制度。对依法进行的产品质量监督检查，生产者、销售者不得拒绝。

产品质量的抽查，主要有以下几个方面的内容：

1. 抽查的对象。国家对可能危及人体健康和人身、财产安全的产品，影响国计民生的重要工业产品以及消费者、有关组织反映有质量问题的产品进行抽查。

2. 抽查的样品。抽查的样品应当在市场上或者企业成品仓库内的待销产品中随机抽取，抽检样品的数量不得超过检验的合理需要。

3. 抽查的机构。监督抽查工作由国务院市场监督部门规划和组织。县级以上市场监督部门在本行政区域内也可以组织监督抽查。

4. 禁止重复抽查的原则。国家监督抽查的产品，地方不得另行重复抽查；上级监督抽查的产品，下级不得另行重复抽查。

5. 抽查费用。监督抽查所需检验费用按照国务院规定列支，不得向被检查人收取。生产者、销售者对抽查检验结果有异议的，可以自收到检验结果之日起15日内向实施监督抽查的产品质量监督部门或者其上级市场监督管理部门申请复检，由受理复检的市场监督部门做出复检结论。经抽查产品质量不合格的，由实施监督抽查的市场监督部门责令其生产者、销售者限期改正。逾期不改正的，由省级以上人民政府市场监督部门予以公告；公告后经复查仍不合格的，责令停业，限期整顿；整顿期满后经复查产品质量仍不合格的，吊销营业执照。监督抽查的产品有严重质量问题的，给予罚款、没收等处罚。构成犯罪的，依法追究刑事责任。

**(二) 产品质量社会监督**

1. 消费者监督，是一种个体监督方式。一般针对某一种产品进行查询、提出意见、检举、申诉。《产品质量法》第10条规定：任何单位和个人有权对违反本法规定的行为，向市场监督部门或者有关部门检举。市场监督部门和有关部门应当为检举人保密，并按照省、自治区、直辖市人民政府的规定给予奖励。第22条规定：消费者有权就产品质量问题向产品的生产者、销售者查询，有权向市场监督管理部门及有关部门申诉，接受申诉的部门应负责处理。

2. 社会团体监督，是指消费者协会和其他消费者组织依法对产品质量所进行的社会监督。依据《产品质量法》规定，保护消费者权益的社会组织享有两项重要的监督权利：一项是建议处理权，即保护消费者权益的社会组织就消费者反映的产品质量问题建议有关部门负责处理的权利。另一项是支持起诉权，即保护消费者权益的社会组织支持消费者对因产品质量问题造成的损害向人民法院起诉的权利。

**(三) 缺陷产品召回制度**

缺陷产品召回制度，是指政府有关部门依照法律的规定，对已经投入流通的产品，发现由于设计缺陷或制造等方面的原因存在缺陷，有可能致消费者损害或者影响公共利益和安全时，监督缺陷产品的生产者使其对制售的缺陷产品进行收回、改造等处理，并采取措施消除产品设计、制造等环节的缺陷，以维护消费者权益的一种行政管理制度。

2004年3月12日国家质检总局、国家发展和改革委员会、商务部、海关总署联合发布《缺陷汽车产品召回规定》，该法2004年10月1日起实施。凡在中国境内从事汽车产品生产、进口、销售、租赁、修理活动的，都适用该规定。此后，国家质检总局设立缺陷产品管理中心，具体负责组织实施缺陷产品召回管理工作。这是我国以缺陷汽车产品为试点首次推行缺陷产品召回制度。

## 第三节 生产者及销售者的产品质量义务

### 一、生产者的产品质量义务

生产者应当对其生产的产品质量负责，如因自己生产的产品有缺陷造成他人人身、财产损害的，应当承担产品责任。

**（一）产品内在质量应当符合法律要求**

1. 不存在危及人身、财产安全的不合理危险，有保障人体健康、人身、财产安全的国家标准、行业标准的应当符合该标准。

2. 具备产品应当具备的使用性能，但是，对产品存在使用性能的瑕疵做出说明的除外。产品存在使用性能的瑕疵，是指达不到质量标准的要求，但仍具有一定的使用价值，而又不至于危害他人人身、财产安全的产品。

3. 符合在产品或者包装上注明采用的产品标准，符合以产品说明、实物样品等方式表明的质量状况。

**（二）生产者的产品标识应当符合法律要求**

产品标识是表明产品的名称、产地、质量状况等信息的表述和标示。生产者应当在其生产的产品或产品包装上附加产品标识，产品标识必须真实，并符合下列要求：

1. 有产品质量检验合格证明。未经检验合格的产品，不得进入流通领域。

2. 有中文标明的产品名称、生产厂厂名和厂址。

3. 根据产品的特点和使用要求，需要标明产品规格、等级、所含主要成分名称和含量的，用中文相应予以标明；需要事先让消费者知晓的，应当在外包装上标明，或者预先向消费者提供有关资料。

4. 限期使用的产品，应当在显著位置清晰地标明生产日期和安全使用期或者失效日期。

5. 使用不当，容易造成产品本身损坏或者可能危及人身、财产安全的产品，应当有警示标志或中文警示说明。警示标志是一种易为大众所识别的图案或符号。如剧毒的警示标志可以是人头骷髅图案，易燃的警示标志可以是火焰图案。警示说明是以文字形式提出警告。警示说明应当使用中文，内容应当明确。

根据产品质量法的规定，裸装的食品和其他根据产品的特点难以附加标识的裸装产品，可以不附加产品标识。

**（三）特殊产品的包装符合法律规定**

易碎、易燃、有毒、有腐蚀性、有放射性等危险物品以及在储运中不能倒置和其他有特殊要求的产品，其包装质量必须符合相应要求，依据国家有关规定做出警示标志或者中文警示说明，标明储运注意事项。

**（四）产品生产的禁止性规定**

生产者不得生产国家明令淘汰的产品；不得伪造产地，不得伪造或者冒用他人的厂名、厂址；不得伪造或者冒用认证标志等质量标志；不得掺杂、掺假，不得以假充真、以次充好，不得以不合格产品冒充合格产品。

## 二、销售者的产品质量义务

### (一) 执行进货检查验收制度

销售者应当建立并执行进货检查验收制度,验明产品合格证明和其他标识。必要时,销售者应当对产品的内在质量进行检验。执行进货检查验收制度,是确保销售者进货的质量、区分销售者与生产者责任的重要手段。

### (二) 保持销售产品的质量

销售者进货后,应采取必要的措施,保持销售产品的质量,防止产品变质、腐烂;防止产品丧失或降低使用性能;防止产品产生危害他人人身、财产的缺陷。

### (三) 销售产品的标识符合法律规定

销售者进货时,应当检验产品标识;在销售时,应当保证产品标识符合产品质量法的要求。这种要求,与对生产者在产品或者其包装上的要求是相同的。另外,销售者不得更改生产者标注的合格产品标识,以保证产品标识的真实性。

### (四) 产品销售的禁止性规定

销售者不得销售国家明令淘汰并停止销售的产品和失效、变质的产品;不得伪造产地,不得伪造或者冒用他人的厂名、厂址;不得伪造或者冒用认证标志等质量标志;不得掺杂、掺假,不得以假充真、以次充好,不得以不合格产品冒充合格产品。

# 第四节　产品质量责任制度

## 一、产品质量责任制度概述

*1. 产品质量责任制度的概念*

产品质量责任制度是指生产者、销售者以及对产品质量负有直接责任的责任者,因违反产品质量法所规定的产品质量义务所应承担法律责任的制度。

*2. 产品质量责任的概念*

产品质量责任是指产品生产者、销售者以及其他相关的第三人违反其应承担的产品质量义务时应当承担的法律责任。产品质量责任是一种综合责任,既包括因产品缺陷而给他人造成人身财产损失时,由生产者和销售者根据法律规定应承担的产品责任,还包括违反合同法、标准化法、计量法以及规范产品质量的其他法规应当承担的责任,包括合同瑕疵担保责任、行政责任和刑事责任。

## 二、产品质量民事责任

产品质量的民事责任是违反产品质量义务所应承担的民事法律后果。产品质量责任的主要责任形式包括产品质量合同责任(或称产品瑕疵责任)和产品侵权民事责任(或称产品缺陷责任)。

我国《产品质量法》对产品质量合同责任采用严格责任原则与过错责任原则并存。严格责任是一般的归责原则,在法律特别规定的情况下适用过错责任;严格责任原则是指只要有一方发生违反合同义务的行为后,即确定违约当事人的违约责任,除非当事人能够证明自己有法定的免责事由，并不考虑违约方的故意和过失，是一种无过错责任的特殊类型。过错责任原则是指一方当事人不履行或不适当履行合同义务时，应以该当事人主观过错作为确定违约责任构成的依据，没有过错即不应当承担违约责任。过错推定原则属于过错责任原则的一种特殊情况，是指为了保护相对人的合法权益，法律规定行为人只有在证明自己没有过错的情况下，行为人才可以不承担责任的原则。

我国对产品侵权民事责任采用严格责任原则与过错推定责任原则并存。在产品侵权情况下严格责任原则的应用是：产品只要存在缺陷，对消费者、使用者或者第三人具有不合理的危险，产生了人身伤害或者财产损失，经营者就应承担法律责任，除非经营者能够证明自己有法定的免责事由。在产品侵权情况下过错推定责任原则的应用是：若受害人能证明其所受的损害是由经营者引起的，而经营者不能证明自己没有过错，法律就推定经营者有过错并应负民事责任。经营者的过错是其承担责任的前提，但是缺陷产品的举证责任适用举证责任倒置原则，由生产者和销售者承担证明责任。

**(一) 产品质量合同责任**

1. 产品质量合同责任的概念

产品质量合同责任又称产品瑕疵担保责任，是指在产品买卖关系中，产品的生产者或销售者向买方保证产品质量，若产品存在瑕疵，生产者或销售者应当承担相应的法律后果。它包括明示担保和默示担保两部分，明示担保是指生产者、销售者明确表示所承担的责任，即产品质量必须符合合同约定的产品质量标准以及产品说明、实物样品、广告等方式表明的质量状况；默示担保是指生产者、销售者不需要表述也要承担的责任，即产品质量符合国家法律、法规规定的要求，符合安全、卫生的标准，具备应有的使用性能。

产品瑕疵担保责任是一种法定责任，属于严格责任的一种。关于产品瑕疵的质量标准，合同有约定的，依照合同约定；无约定或者约定不明的，应按国家标准或行业标准；没有国家标准或行业标准的，依照通常标准或符合合同目的的特定标准。

2. 产品质量合同责任构成要件

只要产品质量不符合合同约定或明示担保和默示担保即可，举证比较容易。

产品质量合同责任的免责事由：(1) 不可抗力；(2) 受害人自己过错造成的；(3) 受害人事先明知产品质量有瑕疵或事先约定免责的。

3. 产品质量合同责任形式

生产者或销售者承担产品质量合同责任形式，包括负责无偿修理、更换、退货、赔偿损失或减少价金的责任，但不赔偿精神损害；若产品瑕疵使合同目的不能实现时，买方也可以解除合同。销售者先行履行瑕疵担保责任后，证明属于生产者的责任或者供货者的责任的，销售者有权向生产者、供货者追偿。

**(二) 产品责任**

1. 产品责任的概念

产品责任又称产品缺陷责任，是生产者或销售者因产品存在缺陷给受害人造成人身损害或者缺陷产品以外的其他财产损害所应承担的特殊侵权赔偿责任。缺陷，是指产品存在危及人身、他人财产安全的不合理性的危险。

生产者是产品责任的主要承担者，对其适用严格责任原则。因销售者的过错或者销售者不能指明缺陷产品的生产者使产品存在缺陷，造成人身、他人财产损害的，销售者应当承担赔偿责任，对其适用推定过错责任原则。

2. 产品责任构成要件

产品责任构成的要件包括：(1) 产品有缺陷，包括设计缺陷、制造缺陷和标示说明缺陷（警示缺陷）三种；(2) 损害事实客观存在；(3) 产品缺陷与损害事实具有因果关系。

产品责任的免责事由：(1) 未将产品投入流通的；(2) 产品投入流通时，引起损害的缺陷尚不存在的；(3) 将产品投入流通时的科学技术水平尚不能发现缺陷存在的，则生产者或销售者不承担产品责任。

3. 产品责任形式

生产者或销售者负担产品责任的形式：(1) 产品责任造成受害人财产损失的，侵害人应当恢复原状或者赔偿受害人的损失；(2) 因产品责任造成受害人人身伤害的，侵害人应当赔偿医疗费、治疗期间的护理费、因误工减少的收入等费用；(3) 造成残疾的，还应当支付残疾者生活自助费、生活补助费、残疾赔偿金以及由其扶养的人所必需的生活费等费用；(4) 造成受害人死亡的，并应当支付丧葬费、死亡赔偿金及由死者生前扶养的人所必需的生活费等费用。

**（三）产品质量合同责任与产品责任的区别**

1. 责任性质不同

产品质量合同责任是一种合同责任，只要产品质量不符合约定或默示担保条件和明示担保条件之一的，无论是否造成损害后果，都应当承担相应的责任。而产品责任是一种特殊侵权损害赔偿责任，追究缺陷产品的生产者和销售者的赔偿责任必须已经发生了产品缺陷导致的损害后果。

2. 判定责任的依据不同

判定产品质量合同责任的依据是产品存在"瑕疵"，"瑕疵"是合同法上的概念，是指产品质量不符合法律规定或当事人约定的质量标准，即合同默示担保、合同明示担保和产品缺陷，较产品责任更为广泛。判定产品责任的依据是产品存在缺陷；而"缺陷"是产品质量法上的概念，是指产品对消费者人身和财产安全的危险。

3. 权利的主体不同

有权主张产品瑕疵责任的权利主体只能是购买产品的主体。而有权主张产品缺陷责任的权利主体是因产品缺陷遭受人身或财产损害的受害人，包括产品的购买者、使用者和第三人。

4. 诉讼时效不同

产品瑕疵责任适用《民法通则》规定，诉讼时效期限为 1 年。而产品缺陷责任适用《产品质量法》规定，诉讼时效期限为 2 年，自当事人知道或者应当知道其权益受到损害时起算。同时，又规定因产品存在缺陷造成损害要求赔偿的请求权，在造成损害的产品交付最初消费者满 10 年丧失；但是，尚未超过明示的安全使用期的除外。

## 三、产品质量行政责任

产品质量行政责任是生产者或销售者因违反产品质量监督、管理法律法规，而应承担的法律后果。执行行政处罚的机关是市场监督管理部门。

生产者、销售者的下列行为须承担产品质量行政责任：(1) 生产、销售不符合保障人体健康和人身、财产安全的国家标准、行业标准的产品；(2) 生产者、销售者在产品中掺杂、掺假，以次充好，或者以不合格产品冒充合格产品；(3) 生产、销售国家明令淘汰的产品；

(4) 销售变质、失效的产品;(5) 生产者、销售者伪造产品产地,伪造、冒用他人厂名、厂址,冒用认证标志、名优标志等质量标准;(6) 以行贿、受贿或其他非法手段推销或者采购上述四类产品;(7) 产品标识、包装产品的标识不符合《产品质量法》第27条的规定;(8) 伪造检验数据或结论。

产品质量行政责任只适用过错责任原则,生产者或销售者的产品质量行政责任形式主要有:(1) 责令停止生产;(2) 责令停止销售;(3) 没收违法生产或销售的产品;(4) 没收违法所得;(5) 罚款;(6) 责令公开更正;(7) 吊销营业执照等行政处罚。

## 四、产品质量刑事责任

《产品质量法》还规定了生产者、销售者的严重违法行为应当承担的刑事责任:(1) 生产销售不符合保障人体健康和人身、财产安全的国家标准、行业标准的产品,在产品中掺杂掺假,以假充真,以次充好,或者以不合格产品冒充合格产品,性质严重构成犯罪行为的;(2) 销售失效、变质的产品的销售者构成犯罪的;(3) 以暴力阻碍国家工作人员依法执行公务的;(4) 以行贿受贿或者其他非法手段推销、采购假冒、伪劣、不合格等产品构成犯罪行为的。

从事市场监督管理的国家工作人员滥用职权、玩忽职守、徇私舞弊,尚未构成犯罪的,给予行政处分;构成犯罪的,依法追究刑事责任。

## 五、产品质量争议解决

产品质量争议解决方式有:当事人协商、消费者协会的调解、行政单位处理、仲裁机构的仲裁及人民法院的诉讼。

我国《产品质量法》规定,因产品质量发生民事纠纷时,当事人可似通过协商或者调解解决。当事人不愿通过协商、调解解决或者协商、调解不成的,可以根据当事人各方的协议向仲裁机构申请仲裁;当事人各方没有达成仲裁协议的,可以向人民法院起诉。《产品质量法》授权市场监督管理部门及有关部门对用户、消费者的申诉负责处理,主要的形式为行政调解。产品质量纠纷的仲裁由仲裁委员会受理。对产品质量问题的权益争议,可通过民事诉讼程序处理。对产品质量问题的行政争议,可通过行政复议或行政诉讼来解决。

# 练习题

### 一、单项选择题

1. 下列各项中属于《产品质量法》所调整的产品的是(　　)。

A. 农药　　B. 建设工程

C. 刚从地里刨出的土豆　　D. 从鱼塘里打捞出的野生鱼

2. 依据《产品质量法》的规定,下列产品应有警示标志或中文警示说明的是(　　)。

A. 钢笔　　B. 教科书

C. 打印纸　　D. 烟花爆竹

3. 根据《产品质量法》的规定,解决产品缺陷造成人身侵害纠纷的主要方式是(　　)。

A. 赔偿缺陷产品的价款　　B. 赔礼道歉

C. 损害赔偿　　D. 支付违约金

4. 消费者在购买商品前就已经知道该商品存在瑕疵，但经营者没有违反国家产品质量管理规定，则经营者(　　)。

A. 不再承担质量担保义务　　B. 可以不承担质量担保义务

C. 仍因承担质量担保义务　　D. 按一定比例承担质量担保义务

5. 国家对产品质量进行监督检查的主要方式是(　　)。

A. 重点检查　　B. 普查

C. 调查　　D. 抽查

6. 生产者疏以适当方式向消费者说明产品在使用方法及危险方面应注意的事项，导致产品产生不合理的危险性是指(　　)。

A. 设计缺陷　　B. 警示缺陷

C. 制造缺陷　　D. 指示缺陷

7. 某品牌汽车厂将其存在质量隐患的某型号汽车“召回”，该公司是在履行(　　)。

A. 质量担保义务　　B. 保障安全义务

C. 提供真实信息义务　　D. 出具凭证义务

8. 产品责任的诉讼时效一般为(　　)。

A. 1 年　　B. 2 年　　C. 3 年　　D. 4 年

9. 依照《产品质量法》的规定，生产者的首要任务是(　　)。

A. 生产安全产品　　B. 保证产品质量

C. 不生产淘汰产品　　D. 保证标识符合规定

10. 张某购买一条电热毯赠送给王某，王某使用电热毯时引发火灾。经查，电热毯引发火灾的直接原因是温控元件质量低劣。王某请求火灾损失赔偿的理由应是(　　)。

A. 电热毯存在缺陷　　B. 电热毯存在瑕疵

C. 电热毯不符合买卖合同的约定　　D. 电热毯是张某购买的

**二、多项选择题**

1. 我国产品质量监督管理制度包括(　　)。

A. 产品质量检验制度　　B. 产品生产许可证制度

C. 产品质量监督检查制度　　D. 企业质量体系认证制度

E. 产品质量标准化监督制度

2. 在标准化法律制度中，我国的标准分为四级，有(　　)。

A. 国家标准　　B. 技术标准

C. 行业标准　　D. 地方标准

E. 企业标准

3. 销售者的产品质量义务有(　　)。

A. 进货检查验收制度　　B. 保持产品质量

C. 保证产品标识符合法律规定　　D. 不得以假充真

4. 依据《产品质量法》的规定，限期使用的产品应标明(　　)。

A. 生产日期　　B. 失效日期

C. 销售日期　　D. 包装日期

E. 保存日期

5. 下列各选项中，哪些属于生产者必须承担的默示担保责任(　　)。

A. 电冰箱应当有冷冻和冷藏的功能

B. 电热水器应当符合保障人生、财产安全的国家标准

C. 家具的质量状况应当和经营者展示的实物样品的质量状况相符

D. 使用不当容易造成人身、财产损害的产品应当具有警示标识和中文警示说明

**三、简答题**

1. 简述产品责任与产品质量责任的区别。

2. 简述产品瑕疵与产品缺陷的差异。

3. 简述生产者的产品质量义务

4. 简述产品质量法的适用范围

**四、案例分析题**

甲公司是一家蛋糕生产企业，其蛋糕品质好、口感佳，一直受到广大市民的欢迎。为了扩大销量，甲公司决定生产真空包装的蛋糕，遂向当地乙包装厂订购了一批小包装真空食品包装袋。但是产品上市销售后，很多市民反映未过保质期的蛋糕就已经发霉变质，经查是由于乙厂生产的包装袋质量不合格导致的。该批食品是由丙、丁两家超市销售的，已经售出400余盒，50多位购买者先后向两家超市提出退货或者索赔要求，估计后续还会有消费者要求退货或索赔。经此一事，甲公司商誉严重受损，直接经济损失达到6万余元。

请问：

(1) 丙、丁两家超市在此案中有无法律责任？为什么？

(2) 甲公司应承担什么法律责任？

(3) 乙公司应否就变质食品向购买者承担责任？为什么？

# 第八章

# 消费者权益保护法

## 学习要点

☆ 掌握消费者的概念，消费者的九大权利的类型与内涵，经营者的义务

☆ 熟悉消费者权益争议的解决途径及责任承担

☆ 了解消费者权益保护法的概念、原则及适用范围

## 引 例

2017 年 5 月 6 日，市民宋先生在某电动车品牌专卖店购买了一辆价值 3 000 元的电动自行车，使用 3 天后开始频繁出现断电故障。此后的两个月内，宋先生多次找到经营者进行维修，但每次都是修理几天后车子再次出现各种故障。宋某质疑电动自行车存在质量问题，向经营者提出退货要求。经营者则以“电动自行车已经维修过多次，且宋某在没有经过有关部门进行鉴定检测的情况下无法证明电动自行车属于质量问题”为由，坚决不同意退货，只同意继续维修。

请问：

(1) 本案中，关于电动自行车质量状况的举证责任应当由谁承担？为什么？

(2) 本案应当如何处理？

## 第一节 消费者权益保护法概述

### 一、消费者的概念

消费者是消费者权益保护法的最重要的主体。一般说来，各国的消费者权益保护立法及法律实践，大都把消费者看作是生活消费的消费者。如国际标准化组织“消费者政策委员会”于 1978 年在日内瓦召开的第一届年会上，把“消费者”定义为“为个人目的购买或者使用商品和接受服务的个体社会成员”。我国《消费者权益保护法》第 2 条规定：“消费者为生活消费需要购买、使用商品或者接受服务，其权益受本法保护”。由此可以认为，我国《消费者权益保护法》所称的消费者是指为生活消费需要而购买、使用商品或者接受服务的个人。消费者的含义应做如下理解：

**(一) 消费者是指购买商品或者接受服务的人**

消费者既可能是亲自购买商品的个人，也可能是使用和消费他人购买的商品的人；既可

能是有关服务合同中接受服务的一方当事人，也可能是接受服务的非合同当事人。消费者的范围显然比买受人的范围更为宽泛。

消费者购买、使用商品或接受服务不一定必须支付一定的对价。如经营者向消费者提供免费试用产品、免费品尝饮料，或经营者实行附赠式的有奖销售等。免费接受这些商品或服务的个人，作为消费者所享有的权益仍然应当受到保护。

**(二) 消费者购买商品或者接受服务时不得以营利为目的**

消费者购买使用商品或接受服务的目的主要是用于个人与家庭的消费。任何人只要其购买商品和接受服务的目的不是为了将商品或者服务再次转手，不是为了专门从事商品交易活动，便是消费者。在我国，消费者是经营者的对称。经营者是向消费者出售商品或提供服务的市场主体，包括生产者、商品销售者和有偿服务提供者。在市场中，即使是明知商品有一定的瑕疵而购买的人，只要其购买商品不是为了再次将其投入市场交易，就不应当否认其为消费者。

**(三) 消费者是指购买商品或者接受服务的个人**

消费者作为一个特定的法律用语，它是指个人而不包括单位。单位因消费而购买商品或接受服务，应当受合同法调整，而不应当受消费者权益保护法的调整。

## 二、消费者权益保护法的概念

消费者权益保护法，是调整在保护消费者权益的过程中发生的经济关系的法律规范的总称。一般来说，消费者权益保护法主要规定以下内容：消费者的定义、消费者的权利、经营者的义务、消费者权益的保护措施、侵犯消费者权益的法律责任、消费者权益的保护机构等内容。

## 三、消费者权益保护法的性质

在消费者权益保护的专门立法产生之前，实现对消费者权益的法律保护，主要是靠民商法的有关规范，尤其是靠有关合同法和侵权法的规范和一般的法律原则。但是，在市场失灵的状态下，经营者与消费者这对利益的矛盾体在力量对比上发生了严重失衡，消费者处于弱势地位。此时，市场需要一种强有力的外部力量来恢复二者之间的力量平衡。但传统的民商法强调形式平等，对于处于弱势地位的消费者不能给予倾斜性保护，以求得实质上的平等，从而不能有效地解决市场失灵所带来的严重的消费者权益保护问题。因此，只能在传统民商法以外去寻找解决途径，这一有效途径就是利用国家干预手段，通过消费者权益保护法的立法来保障消费者权益。

## 四、我国消费者权益保护法的原则

我国《消费者权益保护法》确立了下列三项原则：

第一，依法交易的原则。经营者应当依法提供商品或服务的原则；经营者与消费者进行交易应当遵循自愿、平等、公平、诚实信用的原则。

第二，国家对处于弱者地位的消费者给予特别保护的原则。由于经营者与消费者这对利益的矛盾体在力量对比上处于严重失衡状态，消费者处于弱势地位。因此，消费者权益保护法确立了向消费者倾斜、国家对消费者权益给予特别保护的原则。

第三，全社会保护原则。全社会保护原则的实质，是在国家保护的基础上将对消费者权益的保护扩大到全社会范围，动用一切社会力量，对经营者及其他可能或实际侵害消费者的行为进行预防、控制、规范和监督。消费者利益的总和就是社会利益的体现，只有动员全社会的力量才能使消费者权益得到切实保护。

社会保护原则具体体现为社会力量的监督作用。所谓社会力量的监督，是指除拥有强制力的国家以外的、在社会生活中实际存在的组织和个人的监督，它包括消费者的监督、消费者组织的监督、大众传媒机构的监督以及一切与消费者权益有关的企业、事业单位、社会团体的监督。《消费者权益保护法》规定：各级消费者协会和其他形式的消费者组织通过向消费者提供信息和咨询服务，与行政部门合作，提出建议，受理消费者投诉并调查、调解、支持受到侵害的消费者起诉，向传媒披露事实等社会活动，保护消费者权益，缓解不法侵害行为的社会危害性。大众传媒则通过对不法行为的报道、披露，形成舆论监督的效应，一方面使不法经营者有所收敛；另一方面，可以引导更多的组织和个人参与到消费者的社会保护行列中来。

## 五、消费者权益保护法的适用范围

我国消费者权益保护法从主体及其行为的角度规定了该法的适用范围，即消费者为生活消费需要购买、使用商品或者接受服务，其权益受该法保护；经营者为消费者提供其生产、销售的商品或者提供服务，应当遵守该法；对于上述具体情况该法未做规定的，应当适用其他法律法规的规定。另外，农民购买、使用直接用于农业生产的生产资料，亦参照该法执行。农民购买、使用直接用于农业生产的生产资料，其性质属于生产消费，本不属于该法的调整范围，但考虑到目前我国农村普遍实行的是家庭联产承包责任制，一方面农业生产力和农民的经济能力还不高，另一方面假农药、假化肥、假种子等农用生产资料坑害农民的情况还很严重，农民受损害后又没有适当的途径寻求保护，《消费者权益保护法》第 54 条明确规定，农民购买、使用直接用于农业生产的生产资料，参照消费者权益保护法执行。

## 六、消费者权益的国际保护、国家保护与社会保护

### (一) 消费者权益的国际保护

自 20 世纪 60 年代以来，国际社会加强了对消费者合法权益的国际保护。1960 年在海牙成立了保护国际消费者联盟组织(IOCU)(1987 年中国消费者协会被接纳为正式会员)。1983 年国际消费者联盟组织确定每年的 3 月 15 日为国际消费者权益日。1985 年，国际消费者联盟组织倡导制定，并经联大决议，通过了《保护消费者准则》。这是国际消费者保护方面影响最大的综合性立法。其主要目标是协助各国加强消费者保护，鼓励企业遵守道德规范，协助各国限制不利于消费者的商业陋习；鼓励消费者组织的发展，推进消费者保护的国际合作等。

### (二) 消费者权益的国家保护

保护消费者的合法权益不受侵害是国家应当承担的义务。为此，国家必须采取合理的措施，保障消费者依法行使权利，维护消费者的合法权益。根据《消费者权益保护法》的相关规定，国家对消费者合法权益的保护主要体现在以下几个方面：

1. 立法保护

我国已经建立起以《消费者权益保护法》为骨干，以《产品质量法》《反不正当竞争法》《广

告法》《食品卫生法》等众多法律、法规为辅的消费者权益保护法律体系。此外,国家还可以通过制定、发布命令、规章等,对保护消费者合法权益进行政策调整。为了充分体现和保护消费者的合法权益,国家在制定有关消费者权益的法律、法规和政策时,应听取消费者和消费者协会等组织的意见和要求。

2. 行政保护

行政保护是各级人民政府及其行政部门,通过行政管理、行政监督以及对违法、违纪行为的处理等行政措施,对消费者合法权益进行保护。根据《消费者权益保护法》的相关规定,行政保护的内容具体表现为:各级人民政府应当加强领导,组织、协调、督促有关行政部门做好保护消费者合法权益的工作,落实保护消费者合法权益的职责;各级人民政府应当加强监督,预防危害消费者人身、财产安全行为的发生,及时制止危害消费者人身、财产安全的行为;各级人民政府工商行政管理部门和其他有关行政部门应当依照法律、法规的规定,在各自的职责范围内,采取措施,保护消费者的合法权益;有关行政部门应当听取消费者和消费者协会等组织对经营者交易行为、商品和服务质量问题的意见,及时调查处理。

有关行政部门在各自的职责范围内,应当定期或者不定期对经营者提供的商品和服务进行抽查检验,并及时向社会公布抽查检验结果。有关行政部门发现并认定经营者提供的商品或者服务存在缺陷,有危及人身、财产安全危险的,应当立即责令经营者采取停止销售、警示、召回、无害化处理、销毁、停止生产或者服务等措施。

3. 司法保护

为切实保护消费者的合法权益,国家公安机关、检察机关和审判机关应当依照法律、法规的规定,通过司法程序,对消费者合法权益进行保护。包括依法惩处侵害消费者合法权益的违法犯罪行为,采取措施,方便消费者提起诉讼,对符合《中华人民共和国民事诉讼法》起诉条件的消费者权益争议,必须受理,及时审理,以使消费者权益争议尽快得到解决。

### (三) 消费者权益的社会保护

保护消费者的合法权益是全社会的共同责任。国家鼓励、支持一切组织和个人对损害消费者合法权益的行为进行社会监督。

1. 舆论监督

大众传播媒介应当作好维护消费者合法权益的宣传,对损害消费者合法权益的行为进行舆论监督。

2. 消费者组织

消费者组织是依法成立的、对商品和服务进行社会监督的、保护消费者合法权益的社会组织,是消费者权益保护体系的重要组成部分。其中,消费者协会在消费者权益保护方面发挥了重要作用。但消费者组织不得从事商品经营和营利性服务,不得以收取费用或者其他牟取利益的方式向消费者推荐商品和服务。

在我国,消费者协会履行下列公益性职责:

(1) 向消费者提供消费信息和咨询服务,提高消费者维护自身合法权益的能力,引导文明、健康、节约资源和保护环境的消费方式;

(2) 参与制定有关消费者权益的法律、法规、规章和强制性标准;

(3) 参与有关行政部门对商品和服务的监督、检查;

(4) 就有关消费者合法权益的问题,向有关部门反映、查询,提出建议;

(5) 受理消费者的投诉,并对投诉事项进行调查、调解;

(6) 投诉事项涉及商品和服务质量问题的,可以委托具备资格的鉴定人鉴定,鉴定人应当告知鉴定意见;

(7) 就损害消费者合法权益的行为,支持受损害的消费者提起诉讼;

对侵害众多消费者合法权益的行为,中国消费者协会以及在省、自治区、直辖市设立的消费者协会,可以向人民法院提起诉讼。

(8) 对损害消费者合法权益的行为,通过大众传播媒介予以揭露、批评。

各级人民政府对消费者协会履行职责应当予以必要的经费等支持。消费者协会应当认真履行保护消费者合法权益的职责,听取消费者的意见和建议,接受社会监督。依法成立的其他消费者组织依照法律、法规及其章程的规定,开展保护消费者合法权益的活动。

## 第二节　消费者的权利

### 一、消费者权利的提出与发展

消费者权利是消费者权益保护法的核心制度之一。"消费者权利"最早是由美国总统肯尼迪提出来的。他在1962年3月15日向国会提出的"关于保护消费者利益的特别国情咨文"中提出了消费者应享有的四项权利:获得安全保障的权利;获得正确的商品信息资料的权利;对商品自由选择的权利;提出消费者意见的权利。肯尼迪的"四权论"提出后,逐渐获得各国的广泛认同并在实践中加以发展,消费者权利的种类及范围不断得以扩充,逐步发展成为一个内容丰富、独具特色的权利群。1985年联合国大会通过的《保护消费者准则》中,国际消费者联盟提出了消费者的八项权利:(1) 得到必需的物质和服务借以生存的权利;(2) 享有公平的价格待遇和选择的权利;(3) 安全保障权;(4) 获得足够资料的权利;(5) 寻求咨询的权利;(6) 获得公平赔偿和法律帮助的权利;(7) 获得消费者教育的权利;(8) 享有健康环境的权利。

我国消费者权益保护法在吸收借鉴各国消费者权益立法经验的基础上,结合我国国情,规定了消费者的九大权利。

### 二、我国消费者权益保护法规定的消费者权利

#### (一) 保障安全权

保障安全权是指消费者在购买、使用商品和接受服务时所享有的人身、财产安全不受损害的权利。包括人身安全权和财产安全权。

为了使这一权利真正得到体现,消费者有权要求经营者提供的商品和服务,符合保障人身、财产安全的要求。即商品或服务不存在危及人体健康及人身、财产安全的不合理的危险。有国家标准、行业标准的,消费者有权要求商品和服务符合国家标准或行业标准,如食品、药品、家用电器等;对于没有国家标准、行业标准的,如某些新开发的商品和服务项目,消费者有权要求经营者保证其购买、使用的商品或接受的服务,不具有危害人身、财产安全的缺陷存在。

#### (二) 知悉真情权

知悉真情权,又称知情权、获取信息权,是消费者享有的知悉其购买、使用的商品或者接

受的服务的真实情况的权利。该权利是消费者做出正确消费决策的保障。

依据《消费者权益保护法》的规定,消费者有权根据商品或者服务的不同情况,要求经营者提供商品的价格、产地、生产者、用途、性能、规格、等级、主要成分、生产日期、有效期限、检验合格证明、使用方法说明书、售后服务,或者服务的内容、规格、费用等有关情况。

**(三) 自主选择权**

自主选择权是指消费者享有的自主选择商品或者服务的权利。该权利包括以下几个方面:自主选择提供商品或服务的经营者的权利;自主选择商品品种或者服务方式的权利;自主选择购买或者不购买任何一种商品、接受或者不接受任何一项服务的权利;消费者在自主选择商品或者服务时,有权进行比较、鉴别和挑选。

**(四) 公平交易权**

公平交易权是指消费者在与经营者之间进行的消费交易中所享有的获得公平的交易条件的权利。该权利主要体现在两方面:一是消费者有权获得质量保障、价格合理、计量正确等公平交易条件。二是消费者有权拒绝经营者的强制交易行为。为了保障消费者公平交易权的实现,必须依据反垄断法与反不正当竞争法等对假冒伪劣、价格不公、计量失度、强制性交易等不公平交易行为予以禁止。

**(五) 依法求偿权**

依法求偿权,又称索赔权,是指消费者享有的因购买、使用商品或者接受服务过程中受到人身、财产损害时,依法获得赔偿的权利。

依法求偿权是消费者合法权益受到侵害后,弥补其损失的必不可少的救济性权利。确立和保护这一权利,对于解决实践中大量存在的侵害消费者权益的问题,有效惩戒不法经营,维护市场秩序都是非常必要的。

**(六) 依法结社权**

依法结社权是指消费者享有的依法成立维护自身合法权益的社会团体的权利。在我国,依法成立的消费者组织有两种,一种是消费者协会,另一种是其他消费者组织。前者包括中国消费者协会和各地设立的消费者协会。其他消费者组织是指除消费者协会系统之外,由消费者依法成立的旨在维护自身合法权益的社会团体。如中国保护消费者基金会。

**(七) 获取知识权**

获取相关知识权,又称消费者受教育权,是指消费者享有的获得有关消费和消费者权益保护方面的知识的权利。消费者有权通过适当方式获得有关商品或者服务消费知识和消费者保护知识。消费者受教育权属于消费者权利体系中比较基础而又意义重大的一项权利,是从知悉真情权中引申出来的一项权利。由于消费者与经营者在信息、实力等方面的差距越来越大,只有保障消费者的获取知识权,才能使消费者更好地掌握所需商品或服务的知识和使用技能,正确使用商品,提高其自我保护意识与自我保护能力。

**(八) 获得尊重权**

获得尊重权是消费者在购买、使用商品和接受服务的过程中,享有人格尊严、民族风俗习惯受到尊重的权利,享有个人信息依法得到保护的权利。

人格尊严是消费者人身权的重要组成部分,包括姓名权、肖像权、名誉权、荣誉权等。尊重消费者的人格尊严,也是尊重与保障人权的重要内容。我国是统一的多民族国家。尊重消费者的民族风俗习惯，对于促进各民族团结，保护少数民族消费者的利益，具有重要意义。

**(九) 监督批评权**

监督批评权是指消费者享有的对于商品和服务以及消费者保护工作进行监督的权利。

监督批评权是为了加强消费者的自我保护能力而设定的权利。包括以下两个方面的内容：第一，消费者有权对经营者提供商品和服务的全过程进行监督，有权检举、控告其侵害消费者权益的行为。第二，消费者有权检举、控告国家机关及其工作人员在保护消费者权益工作中的违法失职行为，有权对保护消费者权益工作提出批评、建议。

## 第三节　经营者的义务

### 一、依法定或约定提供商品或者服务的义务

经营者向消费者提供商品或者服务，应当依照《消费者权益保护法》和其他有关法律、法规的规定履行义务，即经营者必须履行其法定义务。此外，经营者和消费者对商品或服务的提供有约定的，应当按照约定履行义务，但双方的约定不得违背法律、法规的规定。

经营者向消费者提供商品或者服务，应当恪守社会公德，诚信经营，保障消费者的合法权益；不得设定不公平、不合理的交易条件，不得强制交易。

### 二、接受消费者监督的义务

经营者应当听取消费者对其提供的商品或者服务的意见，接受消费者的监督。接受消费者的监督，就是要把经营者提供商品和服务的经营活动置于消费者的有效监督之下，以确保消费者监督批评权的实现。对经营者这一义务的规定有助于提高和改善消费者的地位。

### 三、安全保障义务

经营者在经营场所对消费者、潜在的消费者或者其他进入服务场所的人之人身、财产安全依法承担安全保障的义务。经营者的安全保障义务的内容包括以下几个方面：

1. 提供符合保障人身、财产安全的商品或者服务的义务。经营者所提供商品或服务不得含有危及消费者人身或财产安全的不合理危险。

2. 说明和警示的义务。对可能危及人身、财产安全的商品和服务，经营者应当向消费者做出真实的说明和明确的警示，并说明和标明正确使用商品或者服务的方法以及防止危害发生的方法。如烟草生产商在其生产的卷烟包装盒上标明“吸烟有害健康”的字样。

3. 公共场所的安全保障义务。宾馆、商场、餐馆、银行、机场、车站、港口、影剧院等经营场所的经营者，应当对消费者尽到安全保障义务。

4. 及时采取措施进行补救的义务。经营者发现其提供的商品或者服务存在缺陷，有危及人身、财产安全危险的，应当立即向有关行政部门报告和告知消费者，并采取停止销售、警示、召回、无害化处理、销毁、停止生产或者服务等措施。采取召回措施的，经营者应当承担消费者因商品被召回支出的必要费用。

### 四、提供真实信息的义务

根据《消费者权益保护法》第二十条的规定，该项义务有三个方面的内容：

1. 经营者向消费者提供有关商品或者服务的质量、性能、用途、有效期限等信息，应当真实、全面，不得作虚假或者引人误解的宣传。否则，将构成不正当竞争及对消费者合法权益的侵害。

2. 经营者对消费者就其提供的商品或者服务的质量和使用方法等问题提出的询问，应当作出真实、明确的答复。

3. 经营者提供商品或者服务应当明码标价。明码标价是指经营者在收购、销售商品或者提供有偿服务时，应当依法注明商品的品名、产地、规格、等级、计价单位、价格或者服务的项目、收费标准等有关情况。经营者降价销售商品和提供服务，应当如实说明降价原因、降价期间，并使用降价标价签。经营者不得在标价之外加价出售商品，不得收取任何未予标明的费用。

## 五、标明真实名称和标记的义务

《消费者权益保护法》第二十一条规定："经营者应当标明其真实名称和标记。租赁他人柜台或者场地的经营者应当标明其真实名称和标记。"法律规定经营者标明真实名称和标记的义务，既是为了保障消费者的知情权与自主选择权，也是为了制止不正当竞争行为。

## 六、出具购货凭证或者服务单据的义务

购货凭证或者服务单据是证明经营者与消费者之间法律关系的存在及法律关系内容的书面证据，是消费者维护自己合法权益时的重要依据。因此，经营者在提供商品或者服务时，应当按照国家有关规定或者商业惯例向消费者出具发票等购货凭证或者服务单据。消费者索要发票等购货凭证或者服务单据的，经营者必须出具。

## 七、保证商品或服务质量符合要求的义务

经营者应当保证在正常使用商品或者接受服务的情况下其提供的商品或者服务应当具有的质量、性能、用途和有效期限；但消费者在购买该商品或者接受该服务前已经知道其存在瑕疵，且存在该瑕疵不违反法律强制性规定的除外。

经营者以广告、产品说明、实物样品或者其他方式表明商品或者服务的质量状况的，应当保证其提供的商品或者服务的实际质量与表明的质量状况相符。

经营者提供的机动车、计算机、电视机、电冰箱、空调器、洗衣机等耐用商品或者装饰装修等服务，消费者自接受商品或者服务之日起 6 个月内发现瑕疵，发生争议的，由经营者承担有关瑕疵的举证责任。

## 八、履行"三包"或其他相应责任的义务

"三包"是指包修、包换、包退。其他相应责任是指"三包"以外的民事责任。根据《消费者权益保护法》的规定，经营者提供的商品或者服务不符合质量要求的，消费者可以依照国家规定、当事人约定退货，或者要求经营者履行更换、修理等义务。没有国家规定和当事人约定的，消费者可以自收到商品之日起 7 日内退货；7 日后符合法定解除合同条件的，消费者可以及时退货，不符合法定解除合同条件的，可以要求经营者履行更换、修理等义务。依照上述规定进行退货、更换、修理的，经营者应当承担运输等必要费用。

经营者采用网络、电视、电话、邮购等方式销售商品，消费者有权自收到商品之日起 7 日

内退货，且无须说明理由，但下列商品除外：

1. 消费者定作的；

2. 鲜活易腐的；

3. 在线下载或者消费者拆封的音像制品、计算机软件等数字化商品；

4. 交付的报纸、期刊。

除上述所列商品外，其他根据商品性质并经消费者在购买时确认不宜退货的商品，不适用无理由退货。

消费者退货的商品应当完好。经营者应当自收到退回商品之日起7日内返还消费者支付的商品价款。退回商品的运费由消费者承担；经营者和消费者另有约定的，按照约定。

## 九、公平交易的义务

经营者在经营活动中使用格式条款的，应当以显著方式提请消费者注意商品或者服务的数量和质量、价款或者费用、履行期限和方式、安全注意事项和风险警示、售后服务、民事责任等与消费者有重大利害关系的内容，并按照消费者的要求予以说明。

经营者不得以格式条款、通知、声明、店堂告示等方式，做出排除或者限制消费者权利、减轻或者免除经营者责任、加重消费者责任等对消费者不公平、不合理的规定，不得利用格式条款并借助技术手段强制交易。

格式条款、通知、声明、店堂告示等含有上述所列内容的，其内容无效。

## 十、尊重消费者人身权的义务

消费者的人身权是其基本人权，消费者的人格尊严、人身自由不受侵犯。经营者不得对消费者进行侮辱、诽谤，不得搜查消费者的身体及其携带的物品，不得侵犯消费者的人身自由。

## 十一、其他义务

1. 网络等非现场购物信息披露制度

采用网络、电视、电话、邮购等方式提供商品或者服务的经营者，以及提供证券、保险、银行等金融服务的经营者，应当向消费者提供经营地址、联系方式、商品或者服务的数量和质量、价款或者费用、履行期限和方式、安全注意事项和风险警示、售后服务、民事责任等信息。

2. 明确个人信息保护

经营者收集、使用消费者个人信息，应当遵循合法、正当、必要的原则，明示收集、使用信息的目的、方式和范围，并经消费者同意。经营者收集、使用消费者个人信息，应当公开其收集、使用规则，不得违反法律、法规的规定和双方的约定收集、使用信息。

经营者及其工作人员对收集的消费者个人信息必须严格保密，不得泄露、出售或者非法向他人提供。经营者应当采取技术措施和其他必要措施，确保信息安全，防止消费者个人信息泄露、丢失。在发生或者可能发生信息泄露、丢失的情况时，应当立即采取补救措施。

经营者未经消费者同意或者请求，或者消费者明确表示拒绝的，不得向其发送商业性信息。

经营者的上述义务与前述的消费者权利存在着大体上的对应关系。此外，从实质意义上的消费者权益保护法来说，经营者的义务远不限于上述的形式意义上的《消费者权益保护法》的规定。在《反垄断法》、《反不正当竞争法》、《产品质量法》、《广告法》、《价格法》等诸多形式意义的立法中，同样包含着许多涉及经营者义务的规范。对消费者权益的保护，是许多相关法律的共同任务。

# 第四节 消费者权益争议的解决途径和责任承担

## 一、消费者权益争议的解决途径

消费者权益争议是指消费者权益受到侵害，而与经营者之间发生的纠纷。根据我国现行法律，可通过以下途径解决：

1. 与经营者协商和解。协商和解是指消费者在发生争议后，与经营者在法律地位平等的基础上，遵循自愿、公平和诚实信用的原则，就所发生的争议进行协商，达成和解的活动。

2. 请求消费者协会或者依法成立的其他调解组织调解。如果与经营者协商无效，消费者可以向当地的消费者协会投诉。消费者协会是依法成立的对商品和服务进行社会监督，以保护消费者合法权益的专门社会团体。但消费者协会的调解协议不具有法律效力，因此，消费者仍可以提请仲裁或提起诉讼。

3. 向有关行政部门投诉。消费者合法权益受到侵害后，根据商品和服务的性质，还可以向工商、物价、技术监督、标准、计量、商检、卫生等相关行政部门投诉。消费者向有关行政部门投诉的，该部门应当自收到投诉之日起 7 个工作日内，予以处理并告知消费者，及时保护消费者的合法权益。

4. 提请仲裁机构仲裁。当事人双方自愿达成的仲裁协议是仲裁机构受理争议案件的依据，仲裁协议可以事前或事后达成。

5. 向人民法院提起诉讼。消费者在自己的合法权益受到侵害并向消费者协会或有关行政部门投诉、申诉后，不满意处理结果时，可以向人民法院起诉。起诉是当事人向人民法院请求司法保护的法律行为。

## 二、消费者权益争议的民事责任承担

### （一）消费者权益争议的损害责任承担者

根据《消费者权益保护法》的规定，消费者因购买、使用商品或者接受服务，合法权益受到损害时，有权要求侵害人赔偿。但在现实生活中，常有经营者漠视消费者利益，或采取互相推诿的办法，致使消费者的求偿权不能及时实现。为此，法律规定由以下责任者承担责任：

1. 生产者、销售者。消费者或者其他受害人因商品缺陷造成人身、财产损害的，可以向销售者要求赔偿，也可以向生产者要求赔偿。销售者赔偿后，属于生产者的责任或者属于向销售者提供商品的其他销售者的责任的，销售者有权向生产者或者其他销售者追偿。

2. 展销会举办者、柜台出租者。消费者在展销会、租赁柜台购买商品或者接受服务，其合法权益受到损害的，可以向销售者或者服务者要求赔偿。展销会结束或者柜台租赁期满后，也可以向展销会的举办者、柜台的出租者要求赔偿。展销会的举办者、柜台的出租者赔偿后，有权向销售者或者服务者追偿。

3. 提供服务者。消费者在接受服务时，其合法权益受到损害的，可以向服务者要求赔偿。

4. 承受原企业权利义务的企业。消费者在购买、使用商品或者接受服务时，其合法权益受到损害，因原企业分立、合并的，可以向变更后承受其权利义务的企业要求赔偿。

5. 营业执照的持有人和使用人。使用他人营业执照的违法经营者提供商品或者服务，损害消费者合法权益的，消费者可以要求其赔偿，也可以向营业执照的持有人要求赔偿。

6. 虚假广告和虚假宣传者。消费者因经营者利用虚假广告或者其他虚假宣传方式提供商品或者服务，其合法权益受到损害的，可以向经营者要求赔偿。广告经营者、发布者发布虚假广告的，消费者可以请求行政主管部门予以惩处。广告经营者、发布者不能提供经营者真实名称、地址和有效联系方式的，应当承担赔偿责任。

广告经营者、发布者设计、制作、发布关系消费者生命健康商品或者服务的虚假广告，造成消费者损害的，应当与提供该商品或者服务的经营者承担连带责任。

社会团体或者其他组织、个人在关系消费者生命健康商品或者服务的虚假广告或者其他虚假宣传中向消费者推荐商品或者服务，造成消费者损害的，应当与提供该商品或者服务的经营者承担连带责任。

**（二）损害赔偿的范围**

1. 补偿性损害赔偿的范围

（1）财产损害。经营者提供的商品或服务，如果不符合法律规定或合同约定，应当按照法律规定或者当事人约定承担修理、重做、更换、退货、补足商品数量、退还货款和服务费用或者赔偿损失等民事责任。

（2）人身损害。经营者提供商品或者服务，造成消费者或者其他受害人人身伤害的，应当赔偿医疗费、护理费、交通费等为治疗和康复支出的合理费用，以及因误工减少的收入。

经营者提供商品或者服务造成消费者或者其他受害人残疾的，还应当赔偿残疾生活辅助具费和残疾赔偿金。

经营者提供商品或者服务，造成消费者或者其他受害人死亡的，还应当赔偿丧葬费和死亡赔偿金。

经营者侵害消费者的人格尊严、侵犯消费者人身自由或者侵害消费者个人信息依法得到保护的权利的，应当停止侵害、恢复名誉、消除影响、赔礼道歉，并赔偿损失。

此外，从事住宿、餐饮、娱乐等经营活动或者其他社会活动的自然人、法人、其他组织，未尽合理限度范围内的安全保障义务致使消费者遭受人身损害的，消费者有权要求经营者承担相应的赔偿责任。

（3）精神损害。经营者有侮辱诽谤、搜查身体、侵犯人身自由等侵害消费者或者其他受害人人身权益的行为，造成严重精神损害的，受害人可以要求精神损害赔偿。

2. 惩罚性损害赔偿

《消费者权益保护法》第五十五条规定：经营者提供商品或者服务有欺诈行为的，应当按照消费者的要求增加赔偿其受到的损失，增加赔偿的金额为消费者购买商品的价款或者接受服务的费用的三倍；增加赔偿的金额不足五百元的，为五百元。法律另有规定的，依照其规定。

经营者明知商品或者服务存在缺陷，仍然向消费者提供，造成消费者或者其他受害人死亡或者健康严重损害的，受害人有权要求经营者依照《消费者权益保护法》第四十九条、第五十一条等法律规定赔偿损失，并有权要求所受损失二倍以下的惩罚性赔偿。

这是我国第一个适用惩罚性赔偿的立法例。

适用惩罚性赔偿，应以消费者与经营者之间存在有效的消费性合同关系为基础，以经营者实施了欺诈行为为必要前提。最高人民法院在《关于贯彻执行〈中华人民共和国民法通则〉若干问题的意见》中,对"受欺诈所实施的民事行为"进行了定义。所谓的欺诈行为,是指经营者在交易中实施的故意告知消费者虚假信息或故意隐瞒事关交易的重要真实信息的行为。因此,欺诈行为客观上表现为虚假信息的告知或重要交易信息应告知而不告知;主观上处于故意状态。

## 三、违反消费者权益保护法的行政责任

1. 应承担行政责任的情形

有下列情形之一的,经营者应承担行政责任:(1) 提供的商品或者服务不符合保障人身、财产安全要求的;(2) 在商品中掺杂、掺假,以假充真,以次充好,或者以不合格商品冒充合格商品的;(3) 生产国家明令淘汰的商品或者销售失效、变质的商品的;(4) 伪造商品的产地,伪造或者冒用他人的厂名、厂址,篡改生产日期,伪造或者冒用认证标志等质量标志的;(5) 销售的商品应当检验、检疫而未检验、检疫或者伪造检验、检疫结果的;(6) 对商品或者服务做虚假或者引人误解的宣传的;(7) 拒绝或者拖延有关行政部门责令对缺陷商品或者服务采取停止销售、警示、召回、无害化处理、销毁、停止生产或者服务等措施的;(8) 对消费者提出的修理、重做、更换、退货、补足商品数量、退还货款和服务费用或者赔偿损失的要求故意拖延或者无理拒绝的;(9) 侵犯消费者人格尊严、侵犯消费者人身自由或者侵害消费者个人信息依法得到保护的权利的;(10) 法律、法规规定的对损害消费者权益应当予以处罚的其他情形。

2. 行政处罚

(1) 处罚依据。对《消费者权益保护法》第五十六条列举的上述十种情形,若相关法律法规(如产品质量法、食品卫生法、广告法、价格法等)对处罚机关和处罚方式有规定的,应依照其规定执行;若法律、法规没有规定的,由工商行政管理部门进行处罚。

(2) 处罚方式。对上述十种违法情形的处罚方式有:责令改正,警告,没收违法所得,处以违法所得 1 倍以上 10 倍以下的罚款,没有违法所得的,处以 50 万元以下的罚款;情节严重者,责令停业整顿、吊销营业执照。除此之外,处罚机关还应当将经营者受处罚的情况记入信用档案,向社会公布。

(3) 民事责任优先。经营者违反消费者权益保护法的规定,应当承担民事赔偿责任和缴纳罚款、罚金,其财产不足以同时支付的,先承担民事赔偿责任。

(4) 行政复议。消费者权益保护法为防止行政机关滥用权力做出对经营者不公的处罚,规定了经营者的申请行政复议权,即经营者对行政处罚不服的,可以依法申请行政复议或者提起诉讼。

## 四、违反消费者权益保护法的刑事责任

经营者违反消费者权益保护法规定提供商品或者服务,侵害消费者合法权益,构成犯罪的,依法追究刑事责任。

以暴力、威胁等方法阻碍有关行政部门工作人员依法执行职务的,依法追究刑事责任;拒绝、阻碍有关行政部门工作人员依法执行职务,未使用暴力、威胁方法的,由公安机关依照《中华人民共和国治安管理处罚法》的规定处罚。

国家机关工作人员玩忽职守或者包庇经营者侵害消费者合法权益的行为的,由其所在

单位或者上级机关给予行政处分;情节严重,构成犯罪的,依法追究刑事责任。

## 练习题

### 一、单项选择题

1. 根据我国消费者权益保护法的规定,消费者购买商品或接受服务时享有的权利不包括(　　)。

A. 自主选择购买某一品牌的冰箱

B. 选择接受甲、乙、丙、丁等若干经营者的服务

C. 询问提供餐饮服务的服务员是否具有健康证明

D. 只要对购买的产品不满意,就可以退换产品

2. 根据我国消费者权益保护法的规定,下列属于消费者协会职能的一项是(　　)。

A. 支持受损害的消费者提起诉讼

B. 对投诉事项进行调查、裁决

C. 对涉及商品和服务质量问题的投诉事项进行鉴定

D. 向经营者提供有偿咨询服务

3. 消费者因经营者利用虚假广告提供商品或者服务,其合法权益受到损害的,可能承担赔偿责任的是(　　)。

A. 广告经营者或消费者协会　　B. 经营者或广告经营者

C. 广告设计者或经营者　　D. 服务人员或生产者

4. 经营者侵犯消费者人格尊严时,应当承担的责任不包括以下(　　)。

A. 罚金　　B. 赔礼道歉　　C. 消除影响　　D. 恢复名誉

5. 甲厂生产一种易拉罐装碳酸饮料。消费者丙从乙商场购买这种饮料后,在开启时被罐内强烈气流炸伤眼部,下列答案中最正确的是哪项?(　　)

A. 丙只能向乙索赔

B. 丙只能向甲索赔

C. 丙只能向消费者协会投诉,请其确定向谁索赔

D. 丙可向甲、乙中的一个索赔

6. 消费者在展销会、租赁柜台或者通过网络交易平台等购买商品或者接受服务,其合法权益受到损害的,展销会结束、柜台租赁期满或者网络交易平台上的销售者、服务者不再利用该平台的,(　　)向展销会的举办者、柜台的出租者或者网络交易平台提供者要求赔偿。

A. 可以　　B. 不可以

C. 视情况而定　　D. 依据赔偿的金额

7. 消费者王某在购买商品后,发现商品存在问题时,下列说法正确的是(　　)。

A. 王某只能向该商品生产者主张赔偿

B. 王某可以向该商品的销售者主张赔偿

C. 王某既可以向销售者要求赔偿,也可以向生产者要求赔偿

D. 若销售者有证据表明该瑕疵是在销售过程中其他销售者所致,有权拒绝赔偿

8. 贾某在某商场买了一架钢琴,后发现有质量问题,便与商场协商,但协商不成,贾某可以如何行事,下列说法错误的是(　　)。

A. 请求消费者协会调解　　B. 向有关行政部门申诉
C. 向人民法院起诉　　D. 向公安局报案

**二、多项选择题**

1. 经营者提供商品或者服务,造成消费者或其他受害人死亡的,应当支付(　　)。
A. 丧葬费　　B. 死亡赔偿金
C. 死者生前抚养的人所必需的生活费　　D. 死者家属精神损失费

2. 消费者因购买使用商品或者服务受到人身、财产损害享有依法获得赔偿的权利,这里所指的"消费者"包括(　　)。
A. 商品的购买者　B. 商品的使用者　C. 服务的接收者　D. 商品的受赠者
E. 商品的销售者

3. 对下列选项中的哪些行为,消费者可要求经营者增加赔偿其受到的损失,增加赔偿的金额为消费者购买商品的价款或者接受服务的费用的(　)倍。
A. 一　B. 二　C. 三　D. 四

4. 经营者侵害消费者的人格尊严或者侵犯消费者人身自由的,应当负下列何种责任?(　　)
A. 停止侵害　B. 恢复名誉　C. 消除影响　D. 赔礼道歉

5. 下列选项中不属于消费者的是(　　)。
A. 购买生产资料的农民
B. 使用移动电话的用户
C. 甲知道某商场出售的磁疗仪是假货,故意购买
D. 某饲料公司向某人收购粮食,某饲料公司也是消费者

**三、简答题**

1. 简述我国消费者权益保护法所规定的经营者的义务。
2. 简述我国消费者权益保护法所规定的消费者的权利。
3. 简述当消费者的权益受到损害时,如何确定承担损害赔偿责任的主体。

**四、案例分析题**

夏某到附近的一家超市购买生活用品。一进这家超市的大门,一块鲜艳的告示牌就映入眼帘,上面赫然写着"谨慎购买,概不退换"八个大字。夏某在食品柜挑选了一袋奶粉,然后又挑选了其他一些日常生活用品。当天下午,夏某在冲奶粉喝的时候,发现这袋奶粉已经过了保质期。夏某立刻来到这家超市要求退货。值班经理认为不能退货,因为商店已经以告示牌的形式向广大顾客声明,请大家谨慎购买商品,一旦购买一概不予退换;而且告示牌放在十分显眼的地方,每位顾客一进门就会发现。双方争执不下,夏某便投诉到市场监督部门,坚决要求这家超市退货,并且向她赔礼道歉。

问题:

(1) 本案中的这家超市侵犯了消费者的何种权利?

(2) 超市打出的"谨慎购买,格不退换"的告示牌的效力如何?为什么?

# 第九章 金融法

## 学习要点

☆ 掌握商业银行设立、负债业务、资产业务的管理规定，掌握证券的发行、交易和上市公司收购，保险合同的概念及内容，

☆ 熟悉中央银行的性质，商业银行的业务范围，票据规则

☆ 了解金融法的概念及其体系构成，外汇管理的具体制度

## 引 例

2017 年 5 月 1 日，王某买了一辆大众牌轿车，同时为自己的大众牌爱车买了车辆损失险和第三者责任险。然而不幸的是，王某的爱车在投保一个月后被偷窃。在爱车被盗一段时间后，王某突然收到交警部门的通知：他的大众轿车在李县与他人的轿车发生重大交通事故，王某的轿车受损严重，肇事嫌疑人弃车逃逸；他人轿车被撞坏，司机受伤。因为这起交通事故系窃贼驾驶被盗车辆所致，所以交通部门认定窃贼应当负全部责任。事故发生后，肇事嫌疑人一直在潜逃中，车祸另一方司机要求王某赔偿其经济损失。与此同时，王某认为自己的轿车受损，于是也向保险公司提出赔付轿车全损险和第三者责任险。保险公司受案后拒绝赔偿损失，理由是保险公司认为损失是由偷车贼造成的，并不是被保险人造成为的，不属于承保范围。

请问：

(1) 王某要求保险公司承担车辆损失险是否合理？为什么？

(2) 王某要求保险公司承担第三者责任险是否合理？为什么？

(3) 本案应如何处理？

## 第一节 金融法概述

### 一、金融与金融法

金融是指货币资金的融通，是以银行为中心的各种形式的信用活动以及在信用基础上组织起来的货币流通。金融的范围主要包括：货币的发行与回笼，存款的吸收和贷款的发放，金银、外汇和有价证券的买卖，信托、保险与融资租赁，国内、国际的货币支付结算等。

金融法是指调整货币资金融通过程中所发生的经济关系的法律规范的总称。它包括以

下内容：

## 二、金融法的基本体系

### （一）金融机构组织法

金融机构是金融活动的主体，是金融关系的参加者。金融机构组织法确认金融机构的法律地位，明确金融机构的性质、任务、职权、业务范围和机构设置等。根据金融机构的性质和业务范围，金融机构组织法可分为中央银行法、商业银行法、政策性银行法、非银行金融机构组织法和外资金融机构组织管理法等。

### （二）外汇管理法

外汇管理法调整外汇管理关系和外汇流通关系，规定外汇收支、外汇兑换和外汇进出国境等制度。

### （三）票据法

票据法调整票据管理和票据流通关系，规定票据的种类、签发、转让和票据当事人的权利、义务等内容。

### （四）证券法

证券法调整证券管理关系和证券业务关系，规定证券发行、证券交易、证券商经营方面的内容。

### （五）信托法

信托法调整信托关系，规定信托财产的范围、信托关系主体的权利义务，以及信托机构的设立、运作的程序等内容。

### （六）保险法

保险法调整在保险活动中形成的社会关系，规定保险合同、保险公司、保险经营、保险业监管、保险代理人和保险经纪人等内容。

# 第二节 银行法

## 一、中央银行法

### （一）中央银行的概念和称谓

中央银行是制定和实施货币政策，在一国或某区域的金融、信用和金融机构中处于中心、主导地位的特殊金融机构，是发行的银行、银行的银行、政府的银行。中央银行的名称不尽相同，有的直接以中央银行命名，如欧洲中央银行；有的冠以国名，如日本银行；有的称为国家银行，如奥地利国家银行；有的称为储备银行，如构成美国联邦储备体系的联邦储备银行；在我国称为人民银行。

### （二）中国人民银行的性质

中国人民银行是我国的中央银行。中国人民银行在国务院领导下，制定和执行货币政策，防范和化解金融风险，维护金融稳定。

**（三）中国人民银行的职责**

中国人民银行履行下列职责：(1) 发布与履行其职责有关的命令和规章；(2) 依法制定和执行货币政策；(3) 发行人民币，管理人民币流通；(4) 监督管理银行间同业拆借市场和银行间债券市场；(5) 实施外汇管理，监督管理银行间外汇市场；(6) 监督管理黄金市场；(7) 持有、管理、经营国家外汇储备、黄金储备；(8) 经理国库；(9) 维护支付、清算系统的正常运行；(10) 指导、部署金融业反洗钱工作，负责反洗钱的资金监测；(11) 负责金融业的统计、调查、分析和预测；(12) 作为国家的中央银行，从事有关的国际金融活动；(13) 国务院规定的其他职责。

**（四）中国人民银行的组织机构**

1. *行长*

中国人民银行实行行长负责制。行长领导中国人民银行的工作，副行长协助行长工作。行长的人选，根据国务院总理的提名，由全国人民代表大会决定；全国人民代表大会闭会期间，由全国人民代表大会常务委员会决定，由中华人民共和国主席任免。中国人民银行副行长由国务院总理任免。

2. *货币政策委员会*

为了正确制定和实施货币政策，中国人民银行设立货币政策委员会。作为中国人民银行的咨询议事机构，货币政策委员会在国家宏观调控、货币政策制定和调整中，发挥着重要作用。

3. *分支机构*

中国人民银行的分支机构是中国人民银行的派出机构，根据中国人民银行的授权，维护本辖区的金融稳定，承办有关业务。1998 年 11 月，国务院根据我国国情，结合精简高效和宏观调控有效性的原则，改革了中国人民银行的管理体制，撤销了原来按行政区域设在各省、自治区、直辖市的省级分行，成立了 9 大分行，并在北京、重庆设立了人民银行营业管理部。

**（五）中国人民银行的货币政策**

货币政策是指中央银行为实现货币政策目标而运用的手段，也是中央银行开展金融业务的必要手段。中国人民银行为执行货币政策，可以运用的主要货币政策工具包括：

1. *存款准备金*

存款准备金是指中央银行为应付客户提取存款和资金清偿而依法规定或调整商业银行交存中央银行的存款准备金比率，控制商业银行创造信用的能力、间接控制货币供应量的措施。法定存款准备金率，是金融机构按规定向中央银行缴纳的存款准备金占其存款总额的比率。中央银行可根据经济情况对存款准备金率进行调整。当经济需求过旺有可能导致通货膨胀时，可提高法定存款准备金率，使商业银行的准备金相对不足而不得不收缩贷款，减少货币供应量，最终达到预防通货膨胀、实现稳定币值的货币政策目标。反之，当经济衰退时，中央银行则降低法定存款准备金率，使得商业银行产生超额准备金，这部分超额准备金可作为贷款放出，从而增加货币供应量，以促进经济的增长。

2. *基准利率*

基准利率是指中央银行对金融机构的存贷款利率。基准利率是在利率体系中起主导作用的基础利率，它的水平和变化决定着其他各种利率的水平和变化。如中央银行通过提高基准利率中的贷款利率可以抑制金融机构向中央银行贷款，从而限制信贷规模的扩大，减少货币供应量；反之，降低贷款利率，则可以扩大信贷规模，增加货币供应量。

中央银行确定基准利率水平一般遵循两个原则：(1) 基准利率中的贷款利率要高于客户在金融机构存款的平均利率。这样可以使金融机构向中央银行贷款的成本高于向社会筹集资金的成本，从而抑制金融机构向中央银行贷款。(2) 基准利率中的存款利率要低于其贷款利率，同时又要高于客户在金融机构存款的平均利率。这样可以使金融机构在中央银行的存贷款利率处于临界点的水平。

3. 再贴现

贴现是以未到期票据向银行融通资金，银行扣除从贴现日到票据到期日的利息后，以票面余额付给持票人资金的票据转化行为。再贴现就是贴现银行将贴现所获得的未到期的票据向中央银行进行的再次转让。中央银行可以通过提高或者降低再贴现率，从而减少或者增加货币供给，影响经济增长。此外，中央银行还可以通过规定具有向中央银行申请再贴现资格的票据的范围和种类，调整社会资金的投向，从而达到调整产业结构的目的。

4. 再贷款

再贷款是中央银行向商业银行提供的贷款。再贷款在整个银行贷款中处于总闸门的地位，它的投向和投量可以直接引导和调节整个银行体系贷款的规模和结构。

再贷款与一般的商业银行贷款不同：(1) 贷款对象不同。商业银行贷款的对象是企事业单位和个人，而再贷款的对象是商业银行。(2) 贷款的依据不同。商业银行根据自有资金的数量和营利性原则决定是否发放贷款、发放的数额，而中央银行发放再贷款依据的是经济发展的需要和货币供应量的状况。(3) 贷款的期限不同。中央银行的再贷款一般用于解决商业银行临时头寸不足的问题，因此期限较短，不得用于长期投资和投机交易。

5. 公开市场业务

公开市场业务是指中央银行在公开市场上交易有价证券而调节货币存量的一种业务活动。中央银行可以在公开市场上买进或者卖出国债、其他政府债券和金融债券及外汇，从而增加或者减少基础货币的数量，从而影响经济的增长。

### (六) 人民币的发行和管理

1. 人民币的法律地位

中华人民共和国的法定货币是人民币。以人民币支付中华人民共和国境内的一切公共的和私人的债务，任何单位和个人不得拒收。

2. 人民币的发行

(1) 含义。广义的货币发行是指中国人民银行代表国家发行、投放、回笼、销毁、保管以及调节各地货币流通等活动的总称。狭义的货币发行是指中国人民银行代表国家向流通领域投放货币的行为。

(2) 发行原则。人民币的发行原则包括三个方面：

① 集中统一原则。是指人民币的发行权集中于国务院，并由国务院授权中国人民银行垄断发行人民币，其他任何单位或个人无权发行其他货币或变相货币。

② 信用发行原则。或称经济发行原则，是指根据国民经济发展情况，按商品流通的实际需要，控制和调节货币发行量。与信用发行相对的是财政发行。财政发行是指用发行货币的办法来弥补由于财政收支不平衡引起的财政赤字。由于财政发行无商品保证，会引起币值和物价不稳定，严重时会导致通货膨胀。

③ 计划发行原则。是指由中国人民银行提出货币发行计划，报国务院批准后实施。

(3) 发行程序。人民币的发行程序如下：

① 中国人民银行提出人民币发行计划，确定年度货币供应量。

② 国务院批准中国人民银行报批的货币发行计划。

③ 中国人民银行进行发行基金的调拨。发行基金是中国人民银行为国家保管的待发行的货币，是调节市场货币流通的准备金。发行基金不是货币，不起价值符号的作用，只有投放到市场上去，才成为流通中的货币。发行基金的动用权，属于中国人民银行发行总库。

④ 普通商业银行业务库接收调拨基金。

⑤ 普通商业银行业务库进行日常现金收付。

3. 人民币的管理

根据《中国人民银行法》的规定，禁止伪造、变造人民币；禁止出售、购买伪造、变造的人民币；禁止运输、持有、使用伪造、变造的人民币；禁止故意毁损人民币；禁止在宣传品、出版物或者其他商品上非法使用人民币图样。

残缺、污损的人民币，按照中国人民银行的规定兑换，并由中国人民银行负责收回、销毁。

**(七) 中国人民银行的业务**

1. 业务范围

中国人民银行办理下列业务：(1) 依照法律、行政法规的规定经理国库；(2) 代理国务院财政部门向各金融机构组织发行、兑付国债和其他政府债券；(3) 根据需要为银行业金融机构开立账户，但不得对银行业金融机构的账户透支；(4) 组织或者协助组织银行业金融机构相互之间的清算系统，协调银行业金融机构相互之间的清算事项，提供清算服务；(5) 根据执行货币政策的需要，可以决定对商业银行贷款的数额、期限、利率和方式，但贷款的期限不得超过一年。

2. 禁止性业务

中国人民银行在办理业务时，不得有下列行为：(1) 不得对政府财政透支，不得直接认购、包销国债和其他政府债券；(2) 不得向地方政府、各级政府部门提供贷款，不得向非银行金融机构以及其他单位和个人提供贷款，但国务院决定中国人民银行可以向特定的非银行金融机构提供贷款的除外(3) 不得向任何单位和个人提供担保。

**(八) 中国人民银行的金融监督管理**

1. 中国人民银行有权对金融机构以及其他单位和个人的下列行为进行检查监督：(1) 执行有关存款准备金管理规定的行为；(2) 与中国人民银行特种贷款有关的行为；(3) 执行有关人民币管理规定的行为；(4) 执行有关银行间同业拆借市场、银行间债券市场管理规定的行为；(5) 执行有关外汇管理规定的行为；(6) 执行有关黄金管理规定的行为；(7) 代理中国人民银行经理国库的行为；(8) 执行有关清算管理规定的行为；(9) 执行有关反洗钱规定的行为。前述所称中国人民银行特种贷款，是指国务院决定的由中国人民银行向金融机构发放的用于特定目的的贷款。

2. 根据执行货币政策和维护金融稳定的需要，可以建议国务院银行业监督管理机构对银行业金融机构进行检查监督。国务院银行业监督管理机构应当自收到建议之日起 30 日内予以回复。

3. 当银行业金融机构出现支付困难，可能引发金融风险时，为了维护金融稳定，中国人民银行经国务院批准，有权对银行业金融机构进行检查监督。

4. 根据履行职责的需要，有权要求银行业金融机构报送必要的资产负债表、利润表以及其他财务会计、统计报表和资料。中国人民银行应当和国务院银行业监督管理机构、国务院其他金融监督管理机构建立监督管理信息共享机制。

5. 负责统一编制全国金融统计数据、报表，并按照国家有关规定予以公布。建立、健全本系统的稽核、检查制度，加强内部的监督管理。

## 二、商业银行法

### （一）商业银行的概念

商业银行是指依照《商业银行法》和《公司法》设立的吸收公众存款、发放贷款、办理结算等业务的企业法人，如中国银行、中国建设银行、中国工商银行和中国农业银行等。商业银行是金融企业。首先，商业银行是以营利为目的的从事经营活动的企业，有别于国家行政机关和事业单位。其次，商业银行是能够经营存、放、汇三大业务的金融机构，而其他金融机构则不能吸收活期存款和办理转账结算。再次，商业银行是具有完全民事权利能力和民事行为能力，以其全部法人财产独立承担民事责任的企业法人。

### （二）商业银行的设立

设立商业银行，应当经国务院银行业监督管理机构审查批准，并应具备下列条件：有符合《商业银行法》和《公司法》规定的章程；有符合《商业银行法》规定的最低注册资本限额；有具备任职专业知识和业务工作经验的董事、高级管理人员；有健全的组织机构和管理制度；有符合要求的营业场所、安全防范措施和与业务有关的其他设施。

设立全国性商业银行的注册资本最低限额为十亿元人民币。设立城市商业银行的注册资本最低限额为一亿元人民币，设立农村商业银行的注册资本最低限额为五千万元人民币。注册资本应当是实缴资本。国务院银行业监督管理机构根据审慎监管的要求可以调整注册资本最低限额，但不得少于前款规定的限额。商业银行的组织形式、组织机构适用《公司法》的规定。

商业银行可依法在我国境内外设立分支机构。设立分支机构必须经国务院银行业监督管理机构审查批准。在我国境内的分支机构，不按行政区划设立。商业银行在我国境内设立分支机构，应当按照规定拨付与其经营规模相适应的营运资金额。拨付各分支机构营运资金额的总和，不得超过总行资本金总额的60%，商业银行分支机构不具有法人资格，在总行授权范围内依法开展业务，其民事责任由总行承担。

### （三）商业银行的业务范围

商业银行可以经营下列部分或者全部业务：(1) 吸收公众存款；(2) 发放短期、中期和长期贷款；(3) 办理国内外结算；(4) 办理票据承兑与贴现；(5) 发行金融债券；(6) 代理发行、代理兑付、承销政府债券；(7) 买卖政府债券、金融债券；(8) 从事同业拆借；(9) 买卖、代理买卖外汇；(10) 从事银行卡业务；(11) 提供信用证服务及担保；(12) 代理收付款项及代理保险业务；(13) 提供保管箱服务；(14) 经国务院银行业监督管理机构批准的其他业务，主要包括开办信用卡业务，房地产信贷业务，电子银行服务和各种查询业务，各种基金和债券的托管业务，私人理财业务和海外投资业务等。商业银行经中国人民银行批准，可以经营结汇、售汇业务。经营范围由商业银行章程规定，报国务院银行业监督管理机构批准。

**(四) 商业银行负债业务的管理规定**

商业银行的负债业务是商业银行形成资金来源的业务，银行存款业务是商业银行最重要的负债业务，也是负债管理的重点。商业银行负债业务的管理，强调了对债权人利益的保护。例如，对于个人储蓄存款业务，应当遵循存款自愿、取款自由、存款有息、为存款人保密的原则，以及向中国人民银行交存存款准备金，留足备付金等。

商业银行经批准可以从事其他负债业务：(1) 商业银行发行金融债券或者到境外借款，应当依照法律、行政法规的规定报经批准；(2) 商业银行进行同业拆借，应当遵守中国人民银行的规定。禁止利用拆入资金发放固定资产贷款或者用于投资。拆出资金限于交足存款准备金、留足备付金和归还中国人民银行到期贷款之后的闲置资金。拆入资金用于弥补票据结算、联行汇差头寸的不足和解决临时性周转资金的需要。

**(五) 商业银行资产业务的管理规定**

商业银行的资产业务是指商业银行运用其积聚的货币资金从事各种信用活动的业务，是商业银行取得收益的主要途径。最主要的资产业务是贷款业务和投资业务。

商业银行贷款业务的基本规则主要包括：

1. 严格审贷规则

商业银行贷款，应当对借款人的借款用途、偿还能力、还款方式等情况进行严格审查。商业银行贷款，应当实行审贷分离、分级审批的制度。

2. 贷款担保规则

商业银行贷款，借款人应当提供担保。商业银行应当对保证人的偿还能力，抵押物、质物的权属和价值以及实现抵押权、质权的可行性进行严格审查。经商业银行审查、评估，确认借款人资信良好，确能偿还贷款的，可以不提供担保。

3. 书面合同规则

商业银行贷款，应当与借款人订立书面合同。合同应当约定贷款种类、借款用途、金额、利率、还款期限、还款方式、违约责任和双方认为需要约定的其他事项。

4. 利率规则

商业银行应当按照中国人民银行规定的贷款利率的上下限，确定贷款利率。

5. 资产负债比例规则

商业银行贷款，应当遵守下列资产负债比例管理的规定：(1) 资本充足率不得低于8%；(2) 流动性资产余额与流动性负债余额的比例不得低于25%；(3) 对同一借款人的贷款余额与商业银行资本余额的比例不得超过10%；(4) 国务院银行业监督管理机构对资产负债比例管理的其他规定。

6. 关系人贷款规则

商业银行不得向关系人发放信用贷款；向关系人发放担保贷款的条件不得优于其他借款人同类贷款的条件。所称关系人是指：(1) 商业银行的董事、监事、管理人员、信贷业务人员及其近亲属；(2) 前项所列人员投资或者担任高级管理职务的公司、企业和其他经济组织。

7. 归还贷款规则

借款人应当按期归还贷款的本金和利息。借款人到期不归还担保贷款的，商业银行依法享有要求保证人归还贷款本金和利息或者就该担保物优先受偿的权利。商业银行因行使抵押权、质权而取得的不动产或者股权，应当自取得之日起二年内予以处分。借款人到期不归还信用贷款的，应当按照合同约定承担责任。

8. 禁止经营的投资业务

商业银行在我国境内不得从事信托投资和证券经营业务，不得向非自用不动产投资或者向非银行金融机构和企业投资，但国家另有规定的除外。

**(六) 商业银行其他业务的管理规定**

1. 银行结算业务的规定。商业银行办理票据承兑、汇兑、委托收款等结算业务，应当按照规定的期限兑现，收付入账，不得压单、压票或者违反规定退票。有关兑现、收付入账期限的规定应当公布。

2. 关于商业银行存贷款利率的禁止性规定。商业银行不得违反规定提高或者降低利率以及采用其他不正当手段吸收存款、发放贷款。

3. 关于银行账户管理和禁止"公款私存"的规定。企业事业单位可以自主选择一家商业银行的营业场所开立一个办理日常转账结算和现金收付的基本账户，不得开立两个以上基本账户。任何单位和个人不得将单位的资金以个人名义开立账户存储。

## 三、政策性银行法

**(一) 政策性银行概述**

政策性银行是指由政府创立、参股或保证的，不以营利为目的，专门为贯彻、配合政府社会经济政策，在特定的业务领域内，直接或间接地从事政策性融资活动，充当政府发展经济、促进社会进步、进行宏观经济管理工具的金融机构。

与商业银行相比，政策性银行有如下特征：第一，政策性银行的资本金多由政府财政拨付；第二，政策性银行经营时主要考虑国家的整体利益、社会效益，不以营利为目标，但政策性银行也必须考虑盈亏，坚持银行管理的基本原则，力争保本微利；第三，政策性银行有其特定的资金来源，主要依靠发行金融债券或向中央银行举债，一般不面向公众吸收存款；第四，政策性银行有特定的业务领域，不与商业银行竞争。

**(二) 中国的政策性银行**

根据1993年12月国务院《关于金融体制改革的决定》及相关文件，我国于1994年相继建立了国家开发银行(1994年3月17日)、中国进出口银行(1994年7月1日)、中国农业发展银行(1994年11月8日)三家政策性银行。由于我国没有出台专门的政策性银行法，这类政策性银行的业务依据是各自的银行章程和相关法律法规的规定。

1. 国家开发银行

国家开发银行的主要职责是为国家基础设施、基础产业和支柱产业提供长期资金支持，引导社会资金投向，缓解经济发展瓶颈制约。电力、公路、铁路、石油石化、煤炭、邮电通信、农林水利、公共基础设施等是其主要业务领域和贷款支持重点。

2. 中国进出口银行

中国进出口银行的主要职责是贯彻执行国家产业政策、外经贸政策、金融政策和外交政策，为扩大我国机电产品、成套租赁物和高新技术产品出口，推动有比较优势的企业开展对外承包工程和境外投资，促进对外关系发展和国际经贸合作，提供政策性金融支持。

3. 中国农业发展银行

中国农业发展银行的主要职责是按照国家的法律、法规和方针、政策以国家信用为基础，筹集农业政策性信贷资金，承担国家规定的农业政策性和经批准开办的涉农商业性金融业务，代理财政性支农资金的拨付，为农业和农村经济发展服务。

## 四、银行业监督管理法

### (一) 监督管理机构和监督管理对象

1. 银行业监督管理的主体

国务院银行业监督管理机构负责对全国银行业金融机构及其业务活动进行监督管理的工作。中国银行业监督管理机构是中国银行保险监督管理委员会，通常称为银保监会。银保监会根据履行职责需要设立派出机构，并在银保监会的授权范围内，履行监督管理职责。中国银保监会直属国务院领导，是国务院直属的事业单位。

2. 银行业监督管理的对象

银行业监督管理的对象是银行业金融机构。银行业金融机构，是指在我国境内设立的商业银行、城市信用合作社、农村信用合作社等吸收公众存款的金融机构以及政策性银行。对在我国境内设立的金融资产管理公司、信托投资公司、财务公司、金融租赁公司以及经国务院银行业监督管理机构批准设立的其他金融机构的监督管理，也适用对银行业金融机构监督管理的规定。国务院银行业监督管理机构对经其批准在境外设立的金融机构以及上述金融机构在境外的业务活动实施监督管理。

### (二) 银行业监督管理的原则

1. 依法、公开、公正和效率原则

银行业监督管理应当保护银行业公平竞争，提高银行业竞争能力，促进银行业的合法、稳健运行，维护公众对银行业的信心。目的在于规范监督管理行为，防范和化解银行业风险，保护存款人和其他客户的合法权益，促进银行业健康发展。因此要立足于公开监管信息和监管行为，平等对待银行业金融机构，提高监管效率，使银行监管成为促进银行业发展的积极要素。

2. 独立监管原则

银行业监督管理机构及其从事监督管理工作的人员依法履行监督管理职责，受法律保护。地方政府、各级政府部门、社会团体和个人不得干涉。银行业监督管理机构从事监督管理工作的人员在监督管理工作中，应该忠于职守、依法办事、公正廉洁，不得利用职务便利牟取不正当的利益，不得在金融机构等企业中兼任职务；应当依法保守国家秘密，并有责任为其监督管理的银行业金融机构及当事人保守秘密，以确保监管独立原则的实现。

3. 协同监管的原则

国务院银行业监督管理机构应当和中国人民银行、国务院其他金融监督管理机构建立监督管理信息共享机制。国务院银行业监督管理机构可以和其他国家或者地区的银行业监督管理机构建立监督管理合作机制，实施跨境监督管理。

4. 审慎监管原则

审慎监管是指监管部门以防范和化解银行业风险为目的，通过制定一系列金融机构必须遵守的周密而审慎的经营规则，客观评价金融机构的风险状况，并及时进行风险监测、预警和控制的监管模式。银行业监督管理机构应当以认真审慎的态度对银行的资本充足性、流动性、风险管理、内部控制机制等方面制定标准并进行有效的监督和管理。银行业金融机构应当严格遵守审慎经营的规则。

**(三) 监督管理措施**

1. 要求报送及责令披露有关信息

银行业监督管理机构根据履行职责的需要,有权要求银行业金融机构按照规定报送资产负债表、利润表和其他财务会计、统计报表、经营管理资料以及注册会计师出具的审计报告。

银行业监督管理机构应当责令银行业金融机构按照规定,如实向社会公众披露财务会计报告、风险管理状况、董事和高级管理人员变更以及其他重大事项等信息。

2. 现场检查

银行业监督管理机构根据审慎监管的要求,可以采取下列措施进行现场检查:(1) 进入银行业金融机构进行检查;(2) 询问银行业金融机构的工作人员,要求其对有关检查事项做出说明;(3) 查阅、复制银行业金融机构与检查事项有关的文件、资料,对可能被转移、隐匿或者毁损的文件、资料予以封存;(4) 检查银行业金融机构运用电子计算机管理业务数据的系统。进行现场检查,应当经银行业监督管理机构负责人批准。现场检查时,检查人员不得少于 2 人,并应当出示合法证件和检查通知书;检查人员少于 2 人或者未出示合法证件和检查通知书的,银行业金融机构有权拒绝检查。

3. 监管谈话

银行业监督管理机构根据履行职责的需要,可以与银行业金融机构董事、高级管理人员进行监督管理谈话,要求银行业金融机构董事、高级管理人员就银行业金融机构的业务活动和风险管理的重大事项做出说明。

4. 责令限期改正

银行业金融机构违反审慎经营规则的,国务院银行业监督管理机构或者其省一级派出机构应当责令限期改正;逾期未改正的,或者其行为严重危及该银行业金融机构的稳健运行、损害存款人和其他客户合法权益的,经国务院银行业监督管理机构或者其省一级派出机构负责人批准,可以区别情形,采取下列措施:(1) 责令暂停部分业务、停止批准开办新业务;(2) 限制分配红利和其他收入;(3) 限制资产转让;(4) 责令控股股东转让股权或者限制有关股东的权利;(5) 责令调整董事、高级管理人员或者限制其权利;(6) 停止批准增设分支机构。银行业金融机构整改后,应当向国务院银行业监督管理机构或者其省一级派出机构提交报告。国务院银行业监督管理机构或者其省一级派出机构经验收,符合有关审慎经营规则的,应当自验收完毕之日起三日内解除对其采取的前述有关措施。

5. 接管或重组

银行业金融机构已经或者可能发生信用危机,严重影响存款人和其他客户合法权益的,国务院银行业监督管理机构可以依法对该银行业金融机构实行接管或者促成机构重组,接管和机构重组依照有关法律和国务院的规定执行。

6. 撤销

银行业金融机构有违法经营、经营管理不善等情形,不予撤销将严重危害金融秩序、损害公众利益的,国务院银行业监督管理机构有权予以撤销。

7. 对相关人员采取措施

(1) 银行业金融机构被接管、重组或者被撤销的,国务院银行业监督管理机构有权要求该银行业金融机构的董事、高级管理人员和其他工作人员,按照国务院银行业监督管理机构的要求履行职责。在接管、机构重组或者撤销清算期间,经国务院银行业监督管理机构负责人批准,对直接负责的董事、高级管理人员和其他直接责任人员,可以采取下列措施:直接负责的董事、高级管理人员和其他直接责任人员出境将对国家利益造成重大损失的,通知出境管理机关依法阻止其出境;申请司法机关禁止其转移、转让财产或者对其财产设定其他权利。

(2) 经国务院银行业监督管理机构或者其省一级派出机构负责人批准,银行业监督管理机构有权查询涉嫌金融违法的银行业金融机构及其工作人员以及关联行为人的账户;对涉嫌转移或者隐匿违法资金的,经银行业监督管理机构负责人批准,可以申请司法机关予以冻结。

## 第三节 证券法

### 一、证券与证券法概述

#### (一) 证券的概念、种类和特征

1. 证券的概念

广义的证券是指设定或证明民事、经济权益的法律凭证,可以分为有价证券和证明证券。有价证券又可以分为资本证券(如股票)、货币证券(如票据)和商品证券(如提单)。狭义的证券专指资本证券,即证明持有人享有一定的所有权和债权的书面凭证。

2. 证券的种类

我国目前证券市场上发行和流通的证券主要有以下几类:

(1) 股票。股票是股份有限公司签发的证明股东所持股份的凭证。股票具有权利性、非返还性、风险性和流通性等特点。目前,我国发行的股票按照投资主体的不同,可分为国家股、法人股、内部职工股和社会公众个人股;按照股东权益和风险大小,可以分为普通股、优先股及普通和优先混合股;按照认购股票投资者身份和上市地点的不同,可以分为境内上市内资股(A 股)、境内上市外资股(B 股)和境外上市外资股(包括 H 股、N 股、S 股)三类。

(2) 债券。债券是政府、金融机构、公司企业等单位依照法定程序发行的、约定在一定期限还本付息的有价证券。债券是一种债权凭证,是一种到期还本付息的有价证券,它具有风险性小和流通性强的特点。债券按发行主体不同可分为三大类:① 企业、公司债券,是指一般企业和公司发行的债券。② 金融债券,是指银行和非银行金融机构为筹集资金补偿流动资金的不足而发行的债券。③ 政府债券,是指政府或政府授权的代理机构基于财政或其他目的而发行的债券。包括国库券、财政债券、建设公债、特种国债、保值公债等。

(3) 认股权证。认股权证是股份有限公司给予持证人在限定期限内,以确定价格购买一定数量普通股份的权利凭证。这是持证人认购公司股票的一种长期选择权,它本身不是权利证明书,其持有人不具备股东资格。但认股权证能依法转让,给持有人带来很大收益,因而也是一种有价证券。

(4) 投资基金券。或称基金受益凭证,是证券投资信托基金发给投资者,用以记载投资

者所持基金单位数的凭证。投资者按其所持基金券在基金中所占的比例来分享基金盈利、分担基金亏损。与股票、债券相比，基金券的特点是：① 基金券是一种无面额证券；② 基金券的持有人一般不直接参加对基金的管理，基金的具体业务活动由经理公司承担，亦即“专家理财”。

(5) 期货

期货是一种跨越时间的交易方式。买卖双方通过签订标准化合约，同意按指定的时间、价格与其他交易条件，交收指定数量的现货。

3. 证券的特征

(1) 属于投资证券。如股东投资公司而获得的股票。

(2) 属于证权证券。如发行债券仅是对已有债权债务关系的宣示和表现，而非在债券发行后才取得所记载的债权。

(3) 属于流通证券。如股票和债券均可依法转让而无需征得证券义务人的同意。

### (二) 证券法的概念和基本原则

1. 证券法的概念

证券法是调整证券发行、交易等活动中，以及国家在管理证券机构和管理证券的发行、交易等活动的过程中，所发生的社会关系的法律规范的总称。证券法所调整的社会关系，既有证券发行人、证券投资人和证券商之间的平等的证券发行关系、交易关系、服务关系，又有证券监督管理机构对证券市场参与者进行领导、组织、协调、监督等活动过程中所发生的纵向监管关系，是两者的统一体。

证券法有广义和狭义之分。广义的证券法是指一切有关证券发行、交易及其监督管理关系的法律规范的总称。而狭义的证券法是指证券法典，在我国是指 1998 年 12 月 29 日第九届全国人大常委会第六次会议通过的《中华人民共和国证券法》(以下简称《证券法》)；并于 2004 年 8 月 28 日第十届全国人民代表大会常务委员会第十一次会议、2005 年 10 月 27 日中华人民共和国第十届全国人民代表大会常务委员会第十八次会议以及 2013 年 6 月 29 日第十二届全国人民代表大会常务委员会第三次会议三次修订。《证券法》适用于在中国境内的股票、公司债券、政府债券、证券投资基金份额以及国务院依法认定的其他证券的发行和交易。《证券法》未规定的，适用公司法和其他法律、行政法规的规定。

2. 证券法的基本原则

证券法的基本原则是证券发行、交易及其管理活动必须遵循的最基本的准则。它贯穿于证券立法、执法和司法活动过程的始终。按照《证券法》的规定，我国证券法的基本原则有：公开、公平、公正原则；自愿有偿、诚实信用的原则；合法原则；分业经营、分业管理的原则；保护投资者合法权益的原则；国家集中统一监管与行业自律相结合的原则。

## 二、证券发行制度

### (一) 证券发行的概念

证券发行是指发行人以筹集资金为目的，依照法定条件和程序，向投资者募集资金并交付证券的行为，如公司发行股票或债券以筹集资金的行为。

证券发行分为公开发行和非公开发行两种方式。公开发行是指向社会公众发行，因其涉及不特定投资者的利益，故其必须符合法律、行政法规规定的条件，并依法报经国务院证券监督管理机构或者国务院授权的部门核准,未经依法核准,任何单位和个人不得公开发行证券。有下列情形之一的,为公开发行:(1) 向不特定对象发行证券,即向社会公众发行证券;(2) 向累计超过200人的特定对象发行证券。"特定对象"包括与发行人有某种联系的人员、公司、机构和机构投资者,前者是指发行人的内部人员如股东、公司员工及其亲属等,以及与发行有联系的公司、机构、人员等;机构投资者如基金公司、保险公司等。"累计"是指历次发行证券所针对对象的总和,即该总数不得超过200人,超过即为公开发行;(3) 法律、行政法规规定的其他发行行为。非公开发行是指向一定数量的特定对象发行证券。结合上述规定,即向200人以下的特定对象发行证券属于非公开发行。非公开发行证券,不得采用广告、公开劝诱和变相公开方式,否则即属于公开发行。

**(二) 保荐人制度**

保荐人制度是指证券发行人申请其证券上市交易,必须聘请依法取得保荐资格的保荐人为其出具保荐意见,确认其证券符合在交易所上市交易条件的制度。发行人申请公开发行股票、可转换为股票的公司债券,依法采取承销方式的,或者公开发行法律、行政法规规定实行保荐制度的其他证券的,应当聘请具有保荐资格的机构担任保荐人。根据上述规定,申请发行一般的公司债券不需要聘请保荐人,而只有发行可转换为股票的公司债券,才需要保荐人;公开发行股票、可转换为股票的公司债券,依法不采取承销方式的,不需要聘请保荐人。

保荐人制度的目的在于通过保荐人对上市公司进行质量控制,确保上市公司的规范运作,加强对公众投资者合法权益的保护。

**(三) 股票发行**

1. 股票发行的条件

(1) 设立发行股票的条件

设立发行或称首次发行,是指发起人通过发行公司股票来筹措经营资本,成立股份有限公司的行为。设立股份有限公司公开发行股票,应当符合《中华人民共和国公司法》规定的条件和经国务院批准的国务院证券监督管理机构规定的其他条件,向国务院证券监督管理机构报送募股申请和下列文件:① 公司章程;② 发起人协议;③ 发起人姓名或者名称,发起人认购的股份数、出资种类及验资证明;④ 招股说明书;⑤ 代收股款银行的名称及地址;⑥ 承销机构名称及有关的协议。依照本法规定聘请保荐人的,还应当报送保荐人出具的发行保荐书。法律、行政法规规定设立公司必须报经批准的,还应当提交相应的批准文件。

(2) 增资发行股票的条件

股份有限公司公开发行新股,必须符合的条件包括:① 具备健全且运行良好的组织机构;② 具有持续盈利能力,财务状况良好;③ 最近三年财务会计文件无虚假记载,无其他重大违法行为;④ 经国务院批准的国务院证券监督管理机构规定的其他条件。上市公司非公开发行新股,应当符合经国务院批准的国务院证券监督管理机构规定的条件,并报国务院证券监督管理机构核准。

公司公开发行新股,应当向国务院证券监督管理机构报送募股申请和下列文件:① 公司营业执照;② 公司章程;③ 股东大会决议;④ 招股说明书;⑤ 财务会计报告;⑥ 代收股款银行的名称及地址;⑦ 承销机构名称及有关的协议。依照本法规定聘请保荐人的,还应当报送保荐人出具的发行保荐书。

公司对公开发行股票所募集资金，必须按照招股说明书所列资金用途使用。改变招股说明书所列资金用途，必须经股东大会做出决议。擅自改变用途而未做纠正的，或者未经股东大会认可的，不得公开发行新股，上市公司也不得非公开发行新股。

2. 股票发行的程序

(1) 申请

公开发行股票，必须依照证券法规定的条件，报经国务院证券监督管理机构核准。发行人必须向国务院证券监督管理机构提交公司法规定的申请文件和国务院证券监督管理机构规定的有关文件。

(2) 审核

国务院证券监督管理机构设发行审核委员会，依法审核股票发行申请。发行审核委员会由国务院证券监督管理机构的专业人员和所聘请的该机构外的有关专家组成，以投票方式对股票发行申请进行表决，提出审核意见。参与核准股票发行申请的人员，不得与发行申请单位有利害关系；不得接受发行申请单位的馈赠；不得持有所核准的发行申请的股票；不得私下与发行申请单位进行接触。国务院证券监督管理机构应当自受理股票发行申请文件之日起3个月内做出决定；不予核准的，应当作出说明。

(3) 公开信息

股票发行申请经核准，发行人应当依照法律、行政法规的规定，在股票公开发行前，公告公开发行募集文件，并将该文件置备于指定场所供公众查阅。发行股票的信息依法公开前，任何知情人不得公开或者泄露该信息。发行人不得在公告公开发行募集文件之前发行股票。

(4) 核准决定的撤销

国务院证券监督管理机构对已做出的核准股票发行的决定，发现不符合法律、行政法规规定的，应当予以撤销。尚未发行股票的，停止发行；已经发行的，股票持有人可以按照发行价并加算银行同期存款利息，要求发行人返还。

(5) 签订股票承销协议

公开发行股票由发行人依法自主选择证券公司承销。承销包括代销和包销两种方式。代销是指证券公司代发行人发售证券，在承销期结束时，将未售出的证券全部退还给发行人的承销方式。包销是指证券公司将发行人的证券按照协议全部购入或者在承销期结束时，将售后剩余证券全部自行购入的承销方式。证券公司承销股票，应当同发行人签订代销或者包销协议，载明当事人名称、住所及法定代表人姓名，承销方式，承销股票的种类、数量、金额及发行价格，承销的期限及起止日期，承销的付款方式及日期，承销的费用和结算办法，违约责任等事项，并应当对股票发行募集文件的真实性、准确性、完整性进行核查。

向社会公开发行的股票票面总值超过人民币5 000万元的，应当由承销团承销。承销团应当由主承销和参与承销的证券公司组成。股票的代销、包销期最长不得超过90日。证券公司在代销、包销期内，对所代销、包销的股票应当保证先行出售给认购人，证券公司不得为本公司事先预留所代销的股票和预先购入并留存所包销的股票。

(6) 备案

证券公司包销股票的，应当在包销期满后的15日内，将包销情况报国务院证券监督管理机构备案。证券公司代销股票的，应当在代销期满后的15日内，与发行人共同将证券代销情况报国务院证券监督管理机构备案。

**(四) 债券发行**

1. 公开发行债券的条件

公开发行公司债券,应当符合下列条件:(1) 股份有限公司的净资产不低于人民币3 000 万元,有限责任公司的净资产不低于人民币6 000 万元;(2) 累计债券余额不超过公司净资产的40%。累计债券余额是指已发行尚未到期的债券金额;(3) 最近三年平均可分配利润足以支付公司债券一年的利息;(4) 筹集的资金投向符合国家产业政策;(5) 债券的利率不超过国务院限定的利率水平;(6) 国务院规定的其他条件。

上市公司发行可转换为股票的公司债券,除应当符合上述公开发行债券的条件外,还应当符合证券法关于公开发行股票的条件,并报国务院证券监督管理机构核准。所谓可转换为股票的公司债券,是指以债券形式依照法定程序发行的,在一定时间内根据债权人的选择可以按照约定的条件转换为股票的债券。对于债券是否转换为股票,债权人享有选择权。根据《公司法》第162 条的规定,上市公司经股东大会决议可以发行可转换为股票的公司债券。

有下列情形之一的,不得再次公开发行公司债券:(1) 前一次公开发行的公司债券尚未募足;(2) 对已公开发行的公司债券或者其他债务有违约或者延迟支付本息的事实,仍处于继续状态;(3) 违反证券法规定,改变公开发行公司债券所募资金的用途。存在前述情形均表明公司的偿债能力不足或者缺乏诚信,为保护投资者的利益,应限制其债券发行行为。

2. 募集资金的用途

公开发行公司债券筹集的资金,必须用于核准的用途,不得用于弥补亏损和非生产性支出。

## 三、证券交易制度

**(一) 证券上市**

1. 证券上市的含义

证券上市是指已公开发行的证券获准在证券交易所挂牌进行交易。获准交易的证券的发行人称为上市公司。申请证券上市交易,应当向证券交易所提出申请,由证券交易所依法审核同意,并由双方签订上市协议。证券交易所根据国务院授权的部门的决定安排政府债券上市交易。申请股票、可转换为股票的公司债券或者法律、行政法规规定实行保荐制度的其他证券上市交易,应当聘请具有保荐资格的机构担任保荐人。

2. 证券上市的条件

股份有限公司申请股票上市,应当符合下列条件:(1) 股票经国务院证券监督管理机构核准已公开发行;(2) 公司股本总额不少于人民币3 000 万元;(3) 公开发行的股份达到公司股份总数的25%以上;公司股本总额超过人民币4 亿元的,公开发行股份的比例为10%以上;(4) 公司最近三年无重大违法行为,财务会计报告无虚假记载。证券交易所可以规定高于前述规定的上市条件,并报国务院证券监督管理机构批准。

公司申请其公司债券上市交易必须符合下列条件:(1) 公司债券的期限为一年以上;(2) 公司债券实际发行额不少于人民币5 000 万元;(3) 公司申请其债券上市时仍符合法定的公司债券发行条件。

股票和公司债券上市交易申请经证券交易所审核同意后,签订上市协议的公司应当在规定的期限内公告股票和公司债券上市文件及有关文件，并将其申请文件置备于指定场所供公众查阅，尽到信息披露的义务。

3. 证券上市的程序

(1) 申请核准。

证券发行人向证券交易所提出上市的申请，接受上市核准。申请股票上市交易，应当向证券交易所报送下列文件：① 上市报告书；② 申请上市的股东大会决议；③ 公司章程；④ 公司营业执照；⑤ 依法经会计师事务所审计的公司最近3年的财务会计报告；⑥ 法律意见书和上市保荐书；⑦ 最近一次的招股说明书；⑧ 证券交易所上市规则规定的其他文件。

(2) 签署上市协议。

上市申请人应当与证券交易所签署上市协议，以明确各自的权利和义务。依此协议，上市公司承诺接受证券交易所的管理，承担上市协议或交易所自律规章所规定的义务，上市公司的证券有权在证券交易所集中交易市场挂牌买卖。

上市协议的主要内容应包括：① 上市公司申请上市的证券种类、发行日期、发行股数、每股金额；② 上市费用的数额及其交纳办法；③ 上市公司定期报告的要求；④ 上市公司临时报告的要求；⑤ 证交所质询、调查上市公司的事宜；⑥ 股票停牌、复牌事宜；⑦ 违反上市协议的处理办法；⑧ 解决争议的仲裁条款；⑨ 双方认为应增列的其他事项。上市协议的签署应当符合《证券交易所管理办法》规定的要求。

(3) 公告上市。

股票上市交易申请经证券交易所同意并签署上市协议后，上市公司应当在上市交易的5日前公告经核准的股票上市的有关文件，并将该文件置备于指定场所供公众查阅。上市公司除公告上市申请文件外，还应公告下列事项：① 股票获准在证券交易所交易的日期；② 持有公司股份最多的前10名股东的名单和持股数额；③ 董事、监事、经理及有关高级管理人员的姓名及其持有本公司股票和债券的情况等。

(4) 挂牌交易。

4. 证券上市的暂停和终止

证券上市的暂停和终止是指当上市公司因社会经济条件发生变化或者自身经营问题，而不符合上市条件时，证券交易所暂时停止或者取消其证券交易的制度。

上市公司有下列情形之一的，由证券交易所决定暂停其股票上市交易：(1) 公司股本总额、股权分布等发生变化不再具备上市条件；(2) 公司不按照规定公开其财务状况，或者对财务会计报告作虚假记载，可能误导投资者；(3) 公司有重大违法行为；(4) 公司最近三年连续亏损；(5) 证券交易所上市规则规定的其他情形。

上市公司有下列情形之一的，由证券交易所决定终止其股票上市交易：(1) 公司股本总额、股权分布等发生变化不再具备上市条件，在证券交易所规定的期限内仍不能达到上市条件；(2) 公司不按照规定公开其财务状况，或者对财务会计报告作虚假记载，且拒绝纠正；(3) 公司最近三年连续亏损，在其后一个年度内未能恢复盈利；(4) 公司解散或者被宣告破产；(5) 证券交易所上市规则规定的其他情形。

公司债券上市交易后，公司有下列情形之一的，由证券交易所决定暂停其公司债券上市交易：(1) 公司有重大违法行为；(2) 公司情况发生重大变化不符合公司债券上市条件；(3) 公司债券所募集资金不按照审批机关批准的用途使用；(4) 未按照公司债券募集办法履行义务；(5) 公司最近2年连续亏损。

公司有前述第(1)项、第(4)项所列情形之一经查实后果严重的,或者有前述第(2)项、第(3)项、第(5)项所列情形之一,在限期内未能消除的,由证券交易所决定终止其公司债券上市交易。公司解散、依法被责令关闭或者被宣告破产的,由证券交易所终止其公司债券上市。

对证券交易所做出的不予上市、暂停上市、终止上市决定不服的,可以向证券交易所设立的复核机构申请复核。

**(二) 证券交易的一般规定**

1. 证券交易的概念

证券交易是指证券已依法发行后,证券持有人将其持有的证券再转让给受让人的行为。当事人依法买卖的证券,必须是依法发行的证券,非依法发行的证券,不得买卖,如未经国家证券监督管理部门批准而擅自发行的证券,不得进行交易;交易的证券还必须是已经交付的证券,未交付的证券,不得进行买卖。依法发行的股票、公司债券及其他证券,法律对其转让期限有限制性规定的,在限定的期限内不得买卖。如根据《公司法》规定,发起人持有的本公司股份,自公司成立之日起一年内不得转让。此外,对公司董事、监事、高级管理人员所持任职公司股份,对证券服务机构和有关人员所持股票等的转让,相关法律均做了限制性规定。

2. 证券交易场所

依法公开发行的股票、公司债券及其他证券,应当在依法设立的证券交易所上市交易或者在国务院批准的其他证券交易场所转让。公开发行的证券因其涉及人数众多,影响范围广泛,故法律对其交易监管较多。根据上述规定,这些证券只能在批准的场所交易,其中证券交易所即指上海证券交易所和深圳证券交易所。

3. 证券交易方式

证券在证券交易所上市交易,应当采用公开的集中交易方式或者国务院证券监督管理机构批准的其他方式。集中交易方式是指在集中交易市场以竞价交易的方式进行交易,分为集中竞价交易和大宗交易。集中竞价又称集合竞价,是指在证券交易所市场内,所有参与证券买卖的各方当事人公开报价,按照价格优先、时间优先的原则撮合成交的证券交易方式。大宗交易是指单笔交易规模远大于市场平均单笔交易规模的交易。大宗交易的成交价格,由买卖双方在当日已成交的最高和最低成交价格之间确定。该证券当日无成交的,以前一交易日的收盘价为成交价。

证券交易以现货和国务院规定的其他方式进行交易。证券现货交易是指证券交易的双方当事人在成交后即时清算交割证券和价款的交易方式。现货交易是相对于期货交易的。证券期货交易是指证券交易的双方当事人在成交时约定在将来某一特定时间,按照成交时合同规定的数量和价格进行清算和交割的交易方式。

4. 特定机构及其人员持股及交易限制

证券交易所、证券公司、证券登记结算机构从业人员、证券监督管理机构工作人员和法律、行政法规禁止参与股票交易的其他人员,在任期或者法定限期内,不得直接或者以化名、借他人名义持有、买卖股票,也不得收受他人赠送的股票。任何人在成为前述所列人员时,其原已持有的股票,必须依法转让。

为股票发行出具审计报告、资产评估报告或者法律意见书等文件的专业机构和人员,在该股票承销期内和期满后6个月内,不得买卖该种股票。除前述规定外,为上市公司出具审计报告、资产评估报告或者法律意见书等文件的专业机构和人员,自接受上市公司委托之日起至上述文件公开后五日内，不得买卖该种股票。如为股票发行出具审计报告、资产评估报告或者法律意见书的会计师事务所、资产评估事务所和律师事务所以及为准备、出具这些文件而进行各项活动的人员，即属于限制交易的主体。

5. 短线交易

短线交易是指在较短的时间内，将本公司股票买入后又卖出或者卖出后又买入的行为。为了防止某些公司人员通过短线交易操纵股市，损害其他投资者的利益，证券法对特定人员的短线交易进行了限制。上市公司董事、监事、高级管理人员、持有上市公司股份5%以上的股东，将其持有的该公司的股票在买入后6个月内卖出，或者在卖出后6个月内又买入，由此所得收益归该公司所有，公司董事会应当收回其所得收益。但是，证券公司因包销购入售后剩余股票而持有5%以上股份的，卖出该股票不受6个月时间限制。

**(三) 证券交易的程序**

1. 开设账户与办理资金第三方存管

开设账户是投资者进行证券买卖的基本条件。每个投资者必须开设证券与资金两个账户，证券账户用于存储投资者已经购得的证券；资金账户主要用于存储投资者的存款和卖出股票时的价金。

第三方存管业务是指证券公司将客户交易结算资金(俗称保证金)独立于自有资金，交由独立于证券公司的第三方存管机构存管。银行负责客户交易结算资金的存管，为投资者提供银证转账、客户交易结算资金存取及查询资金变动等功能。投资者必须选定一家存管银行。“第三方存管”的核心是“券商托管证券、银行监管资金”。

2. 委托

进入证券交易所参与集中竞价交易的，必须是具有证券交易所会员资格的证券公司。一般投资者买卖证券均需通过委托其开户的证券公司，应与证券公司建立委托买卖合同关系。所谓委托，是指委托人向证券公司发出的表示委托人以某种价格购进或卖出一定数量的某种证券的意思表示(通常称为委托指令)。

证券公司不可接受下列委托：(1) 全权交易委托，即由证券公司全权决定买卖的证券种类、数量和价格；(2) 保证金交易委托，即仅由少量的资金或证券作为保证，作交易量较大的委托。证券公司接受委托时，合同正式成立。当事人双方均受该委托合同的约束。证券公司受理委托后，应立即通知驻场交易员在场内买卖。

3. 成交

成交是指证券公司相互间通过交易所内竞价，就买卖证券的价格和数量达成一致的行为，一般是通过电脑进行和完成交易的。交易所电脑主机收到买卖申报后，即按证券品种、买卖价格和数量排列，发出已接受的通知，并向证券公司打印“买卖申报回单”确认要约或承诺。电脑将各方买卖申报按规定的顺序原则自动撮合成交。一经成交，即向双方证券公司发出通知。

4. 结算交割与过户

结算交割是指证券买卖的最后结算行为。证券登记结算机构根据成交结果，按照结算交割规则，进行证券和资金的清算交割。我国证券市场(A股)采用T+1交收制度，即对投资者来说，当天进行的证券买卖，最早可于第二天在证券公司打印交割清单，核对其前一天的买卖活动。

证券过户是指证券由证券转让人移转至证券受让人的登记过程。上市的记名证券的过户由证券登记结算公司通过电脑统一办理。

**(四)信息披露制度**

1. 信息披露的含义

信息披露是指证券发行人、证券公司以及其他证券法律法规所规定的主体,依照证券法律法规规定的方式,将与证券发行和证券交易有关的重大信息予以披露的制度。信息披露的目的在于维护投资者的利益。信息披露的基本要求是真实、准确、完整,不得有虚假记载、误导性陈述或者重大遗漏。

2. 信息披露的具体内容

(1)招股说明书和公司债券募集办法。应当公告招股说明书和公司债券募集办法。财务会计报告。公司依法公开发行股票或者公开发行公司债券,依法公开发行新股或者公司债券的,还应当公告。

(2)上市报告书。上市报告书是指公开发行股票的公司在其股票上市申请被核准时,依照证券监管机构规定的事项和方式,将与其股票上市交易有关的重大信息予以公开的一种法律文件。

(3)中期报告。股票或者公司债券上市交易的公司,应当在每一会计年度的上半年结束之日起2个月内,向国务院证券监督管理机构和证券交易所报送记载以下内容的中期报告,并予公告:公司财务会计报告和经营情况;涉及公司的重大诉讼事项;已发行的股票、公司债券变动情况;提交股东大会审议的重要事项;国务院证券监督管理机构规定的其他事项。

(4)年度报告。股票或者公司债券上市交易的公司,应当在每一会计年度结束之日起4个月内,向国务院证券监督管理机构和证券交易所报送记载以下内容的年度报告,并予公告:公司概况;公司财务会计报告和经营情况;董事、监事、经理及有关高级管理人员简介及其持股情况;已发行的股票、公司债券情况,包括持有公司股份最多的前十名股东名单和持股数额;国务院证券监督管理机构规定的其他事项。

(5)临时报告。发生可能对上市公司股票交易价格产生较大影响、而投资者尚未得知的重大事件时,上市公司应当立即将有关该重大事件的情况向国务院证券监督管理机构和证券交易所报送临时报告,并予公告,说明事件的起因、目前的状态和可能产生的法律后果。

重大事件包括下列情况:公司的经营方针和经营范围的重大变化;公司的重大投资行为和重大的购置财产的决定;公司订立重要合同,可能对公司的资产、负债、权益和经营成果产生重要影响;公司发生重大债务和未能清偿到期重大债务的违约情况;公司发生重大亏损或者重大损失;公司生产经营的外部条件发生的重大变化;公司的董事、1/3以上监事或者经理发生变动;持有公司5%以上股份的股东或者实际控制人,其持有股份或者控制公司的情况发生较大变化;公司减资、合并、分立、解散及申请破产的决定;涉及公司的重大诉讼,股东大会、董事会决议被依法撤销或者宣告无效;公司涉嫌犯罪被司法机关立案调查,公司董事、监事、高级管理人员涉嫌犯罪被司法机关采取强制措施;国务院证券监督管理机构规定的其他事项。

3. 违反信息披露规定的民事责任

发行人、上市公司公告的招股说明书、公司债券募集办法、财务会计报告、上市报告文件、年度报告、中期报告、临时报告以及其他信息披露资料,有虚假记载、误导性陈述或者重大遗漏,致使投资者在证券交易中遭受损失的,发行人、上市公司应当承担赔偿责任;发行人、上市公司的董事、监事、高级管理人员和其他直接责任人员以及保荐人、承销的证券公司,应当与发行人、上市公司承担连带赔偿责任,但是能够证明自己没有过错的除外;发行人、上市公司的控股股东、实际控制人有过错的,应当与发行人、上市公司承担连带赔偿责任。

**(五)禁止的交易行为**

1. 内幕交易的行为

内幕交易是指证券交易内幕信息的知情人和非法获取内幕信息的人利用内幕信息进行证券交易的行为。内幕交易行为主体包括内幕信息的知情人和非法获取内幕信息的人。具体行为包括三种:行为人在内幕信息公开前,买卖该公司的证券;行为人将内幕信息泄露给他人进行交易;行为人虽自己未进行交易,但建议他人买卖该证券。内幕交易违反证券法的公平原则,损害其他投资者的利益,其给投资者造成损失的,行为人应当依法承担赔偿责任。

内幕信息的知情人员包括:(1) 发行人的董事、监事、高级管理人员;(2) 持有公司5%以上股份的股东及其董事、监事、高级管理人员,公司的实际控制人及其董事、监事、高级管理人员;(3) 发行人控股的公司及其董事、监事、高级管理人员;(4) 由于所任公司职务可以获取公司有关内幕信息的人员;(5) 证券监督管理机构工作人员以及由于法定职责对证券的发行、交易进行管理的其他人员;(6) 保荐人、承销的证券公司、证券交易所、证券登记结算机构、证券服务机构的有关人员;(7) 国务院证券监督管理机构规定的其他人。

所称内幕信息是指,在证券交易活动中,涉及公司的经营、财务或者对该公司证券的市场价格有重大影响的尚未公开的信息。下列信息皆属内幕信息:(1)《证券法》第67条第2款所列重大事件;(2) 公司分配股利或者增资的计划;(3) 公司股权结构的重大变化;(4) 公司债务担保的重大变更;(5) 公司营业用主要资产的抵押、出售或者报废一次超过该资产的30%;(6) 公司的董事、监事、高级管理人员的行为可能依法承担重大损害赔偿责任;(7) 上市公司收购的有关方案;(8) 国务院证券监督管理机构认定的对证券交易价格有显著影响的其他重要信息。

2. 操纵市场的行为

操纵市场是指以获取不正当利益或者转嫁风险为目的,利用资金、信息等优势或者利用职权操纵市场,影响证券市场价格,制造证券市场假象,诱导或者致使投资者在不了解事实真相的情况下做出投资决定的违法行为。操纵证券市场行为给投资者造成损失的,行为人应当依法承担赔偿责任。

操纵市场的行为包括:(1) 单独或者通过合谋,集中资金优势、持股优势或者利用信息优势联合或者连续买卖,操纵证券交易价格或者证券交易量;(2) 与他人串通,以事先约定的时间、价格和方式相互进行证券交易,影响证券交易价格或者证券交易量;(3) 在自己实际控制的账户之间进行证券交易,影响证券交易价格或者证券交易量;(4) 以其他手段操纵证券市场。

3. 虚假信息传播行为

虚假信息传播是指有关机构和人员传播虚假的与证券交易有关的信息,误导投资者,扰乱证券市场的行为。禁止国家工作人员、传播媒介从业人员和有关人员编造、传播虚假信息,扰乱证券市场。各种传播媒介传播证券市场信息必须真实、客观,禁止误导。禁止证券交易所、证券公司、证券登记结算机构、证券服务机构及其从业人员,证券业协会、证券监督管理机构及其工作人员,在证券交易活动中做出虚假陈述或者信息误导。虚假陈述或者信息误导给投资者造成损失的，应依法承担赔偿责任。

4. 欺诈客户的行为

欺诈客户是指在证券交易中，证券公司及其从业人员从事违背客户真实意思，严重损害客户利益的违法行为。欺诈客户行为给客户造成损失的，行为人应当依法承担赔偿责任。证券法禁止的欺诈客户行为包括：(1) 违背客户的委托为其买卖证券；(2) 不在规定时间内向客户提供交易的书面确认文件；(3) 挪用客户所委托买卖的证券或者客户账户上的资金；(4) 未经客户的委托，擅自为客户买卖证券，或者假借客户的名义买卖证券；(5) 为牟取佣金收入，诱使客户进行不必要的证券买卖；(6) 利用传播媒介或者通过其他方式提供、传播虚假或者误导投资者的信息；(7) 其他违背客户真实意思表示，损害客户利益的行为。

5. 其他禁止的交易行为

不得从事账外交易行为，即法人非法利用他人账户，出借自己或者他人的证券账户从事证券交易。不得挪用公款从事证券交易。国有企业和国有资产控股的企业买卖上市交易的股票，必须遵守国家有关规定。

## 四、上市公司收购

1. 上市公司收购的含义

上市公司收购是指投资者为了取得或巩固对特定上市公司的控制权，而在证券市场上购买该上市公司有表决权股票的行为。上市公司收购的主体是投资者，其本质是投资者之间的股权转让行为，其目的在于获得对特定上市公司的控制权。上市公司收购可以采取要约收购、协议收购及其他合法方式，如公开市场收购等。

2. 要约收购

要约收购是指投资者向被收购公司的股东发出公开购买其股份的要约，以此实现获取被收购公司控制权的行为。要约收购的具体规则如下：

(1) 要约收购的发起。通过证券交易所的证券交易，投资者持有或者通过协议、其他安排与他人共同持有一个上市公司已发行的股份达到30%时，继续进行收购的，应当依法向该上市公司所有股东发出收购上市公司全部或者部分股份的要约。

(2) 收购要约。收购要约是收购人向被收购公司股东发出的，愿意按照要约条件购买被收购公司股东所持有的被收购公司股份的意思表示。收购要约约定的收购期限不得少于30日，并不得超过60日。在收购要约确定的承诺期限内，收购人不得撤销其收购要约。收购人需要变更收购要约的，必须及时公告，载明具体变更事项。收购要约对股东待遇平等，即所提出的各项收购条件，适用于被收购公司的所有股东。收购上市公司部分股份的收购要约应当约定，被收购公司股东承诺出售的股份数额超过预定收购的股份数额的，收购人按比例进行收购。

(3) 要约收购的排他性。采取要约收购方式的，收购人在收购要约期限内，不得卖出被收购公司的股票，也不得采取要约规定以外的形式和超出要约的条件买入被收购公司的股票。

3. 协议收购

协议收购是指收购人与被收购公司的个别股东(通常是大股东)订立股份转让协议，以约定的价格购买被收购公司股东持有的股份，从而实现其收购目的的行为。采取协议收购方式的，收购人可以依照法律、行政法规的规定同被收购公司的股东以协议方式进行股份转让。

采取协议收购方式的，收购人收购或者通过协议、其他安排与他人共同收购一个上市公司已发行的股份达到30%时，继续进行收购的，应当向该上市公司所有股东发出收购上市公司全部或者部分股份的要约。但是，经国务院证券监督管理机构免除发出要约的除外。依据上述规定采取要约方式收购上市公司股份的，应遵守要约收购的具体规则。

4. 公开市场收购

公开市场收购是指投资者按照集中竞价交易的规则，通过证券交易所收购不超过上市公司发行在外股份30%的收购行为。投资者持有上市公司股票数量低于上市公司发行在外股票的5%的，仅为普通投资者，适用证券交易的一般规则，而不纳入上市公司收购制度之列。投资者持有上市公司30%以上的股票后，继续购买该种股票的，则属于要约收购或者协议收购，应受有关继续收购规则的约束。

通过证券交易所的证券交易，投资者持有或者通过协议、其他安排与他人共同持有一个上市公司已发行的股份达到5%时，应当在该事实发生之日起3日内，向国务院证券监督管理机构、证券交易所做出书面报告，通知该上市公司，并予公告；在上述期限内，不得再行买卖该上市公司的股票。

投资者持有或者通过协议、其他安排与他人共同持有一个上市公司已发行的股份达到5%后，其所持该上市公司已发行的股份比例每增加或者减少5%，应当依照前述规定进行报告和公告。在报告期限内和做出报告、公告后2日内，不得再行买卖该上市公司的股票。

5. 收购成功的法律后果

收购期限届满，被收购公司股权分布不符合上市条件的，该上市公司的股票应当由证券交易所依法终止上市交易；其余仍持有被收购公司股票的股东，有权向收购人以收购要约的同等条件出售其股票，收购人应当收购。收购行为完成后，被收购公司不再具备股份有限公司条件的，应当依法变更企业形式。在上市公司收购中，收购人持有的被收购的上市公司的股票，在收购行为完成后的12个月内不得转让。

## 五、证券机构

### （一）证券交易所

证券交易所是为证券集中交易提供场所和设施，组织和监督证券交易，实行自律管理的法人。证券交易所的设立和解散，由国务院决定。证券交易所可分为会员制证券交易所和公司制证券交易所。目前我国证券交易所为会员制证券交易所，进入证券交易所参与集中交易的，必须是证券交易所的会员。

因突发性事件而影响证券交易的正常进行时，证券交易所可以采取技术性停牌的措施；因不可抗力的突发性事件或者为维护证券交易的正常秩序，证券交易所可以决定临时停市。证券交易所采取技术性停牌或者决定临时停市，必须及时报告国务院证券监督管理机构。

### （二）证券公司

1. 证券公司的含义及设立

证券公司是指依照《公司法》和《证券法》的规定设立的经营证券业务的有限责任公司或者股份有限公司。设立证券公司应当具备下列条件：(1) 有符合法律、行政法规规定的公司章程；(2) 主要股东具有持续盈利能力，信誉良好，最近三年无重大违法违规记录，净资产不低于人民币2亿元;(3) 有符合《证券法》规定的注册资本;(4) 董事、监事、高级管理人员具备任职资格,从业人员具有证券从业资格;(5) 有完善的风险管理与内部控制制度;(6) 有合格的经营场所和业务设施;(7) 法律、行政法规规定的和经国务院批准的国务院证券监督管理机构规定的其他条件。但并非具备上述条件的,就可以设立证券公司,设立证券公司,必须经国务院证券监督管理机构审查批准。

2. 证券公司的业务范围及最低注册资本

证券公司的业务范围包括:(1) 证券经纪;(2) 证券投资咨询;(3) 与证券交易、证券投资活动有关的财务顾问;(4) 证券承销与保荐;(5) 证券自营;(6) 证券资产管理;(7) 其他证券业务。经国务院证券监督管理机构批准,证券公司可以经营上述业务中的部分或者全部业务。

出于维护投资者利益的考虑,证券公司经营不同的业务应当具备相应的最低注册资本:(1) 证券公司经营证券经纪,证券投资咨询,与证券交易、证券投资活动有关的财务顾问的,注册资本最低限额为人民币5 000万元;(2) 经营证券承销与保荐,证券自营,证券资产管理和其他证券业务之一的,注册资本最低限额为人民币1亿元;经营两项以上的,注册资本最低限额为人民币5亿元。证券公司的注册资本应当是实缴资本。

3. 证券公司的监督与管理

(1) 证券公司设立、收购或者撤销分支机构,变更业务范围或者注册资本,变更持有5%以上股权的股东、实际控制人,变更公司章程中的重要条款,合并、分立、变更公司形式、停业、解散、破产,必须经国务院证券监督管理机构批准。证券公司在境外设立、收购或者参股证券经营机构,必须经国务院证券监督管理机构批准。

(2) 证券公司不得为其股东或者股东的关联人提供融资或者担保。证券公司必须将其证券经纪业务、证券承销业务、证券自营业务和证券资产管理业务分开办理,不得混合操作。证券公司不得将客户的交易结算资金和证券归入其自有财产。证券公司破产或者清算时,客户的交易结算资金和证券不属于其破产财产或者清算财产。

(3) 证券公司为客户买卖证券提供融资融券服务,应当按照国务院的规定并经国务院证券监督管理机构批准。证券公司办理经纪业务,不得接受客户的全权委托而决定证券买卖、选择证券种类、决定买卖数量或者买卖价格。证券公司不得以任何方式对客户证券买卖的收益或者赔偿证券买卖的损失做出承诺。证券公司及其从业人员不得未经过其依法设立的营业场所私下接受客户委托买卖证券。证券公司的从业人员在证券交易活动中,执行所属的证券公司的指令或者利用职务违反交易规则的,由所属的证券公司承担全部责任。

(4) 在证券公司被责令停业整顿、被依法指定托管、接管或者清算期间,或者出现重大风险时,经国务院证券监督管理机构批准,可以对该证券公司直接负责的董事、监事、高级管理人员和其他直接责任人员采取以下措施:通知出境管理机关依法阻止其出境;申请司法机关禁止其转移、转让或者以其他方式处分财产,或者在财产上设定其他权利。

**(三) 证券登记结算机构**

证券登记结算机构是为证券交易提供集中登记、存管与结算服务,不以营利为目的的法人。证券登记结算机构的设立和解散,必须经国务院证券监督管理机构批准。

**(四) 证券服务机构**

证券服务机构是指为证券交易提供证券投资咨询和证券资信评估以及证券发行与交易

中的会计、审计和法律服务的机构，包括专业的证券服务机构和其他的证券服务机构。前者如证券投资咨询机构和证券资信评估机构等，后者如经批准可从事相关证券业务的律师事务所、会计师事务所和资产评估事务所等。投资咨询机构、财务顾问机构、资信评级机构、资产评估机构、会计师事务所从事证券服务业务，必须经国务院证券监督管理机构和有关主管部门批准。

证券服务机构为证券的发行、上市、交易等证券业务活动制作、出具审计报告、资产评估报告、财务顾问报告、资信评级报告或者法律意见书等文件，应当勤勉尽责，对所制作、出具的文件内容的真实性、准确性、完整性进行核查和验证。其制作、出具的文件有虚假记载、误导性陈述或者重大遗漏，给他人造成损失的，应当与发行人、上市公司承担连带赔偿责任，但是能够证明自己没有过错的除外。

### （五）证券监督管理机构

1. 证券监督管理机构

根据《证券法》的规定，我国依法对证券市场实行监督管理的机构是国务院证券监督管理委员会(中国证监会)。国务院证券监督管理机构依法对证券市场实行监督管理，维护证券市场秩序，保障其合法运行。

2. 证券监督管理机构的职责

国务院证券监督管理机构在对证券市场实施监督管理中履行下列职责：(1) 依法制定有关证券市场监督管理的规章、规则，并依法行使审批或者核准权；(2) 依法对证券的发行、交易、登记、托管、结算，进行监督管理；(3) 依法对证券发行人、上市公司、证券交易所、证券公司、证券登记结算机构、证券投资基金管理机构、证券投资咨询机构、资信评估机构以及从事证券业务的律师事务所、会计师事务所、资产评估机构的证券业务活动，进行监督管理；(4) 依法制定从事证券业务人员的资格标准和行为准则，并监督实施；(5) 依法监督检查证券发行和交易的信息公开情况；(6) 依法对证券业协会的活动进行指导和监督；(7) 依法对违反证券市场监督管理法律、行政法规的行为进行查处；(8) 法律、行政法规规定的其他职责。

3. 证券监督管理措施

国务院证券监督管理机构依法履行职责，有权采取下列措施：(1) 进入涉嫌违法行为发生场所调查取证；(2) 询问当事人和与被调查事件有关的单位和个人，要求其对与被调查事件有关的事项做出说明；(3) 查阅、复制当事人和与被调查事件有关的单位和个人的证券交易记录、登记过户记录、财务会计资料及其他相关文件和资料；对可能被转移或者隐匿的文件和资料，可以予以封存；(4) 查询当事人和与被调查事件有关的单位和个人的资金账户、证券账户，对有证据证明有转移或者隐匿违法资金、证券迹象的，可以申请司法机关予以冻结。

## 六、违反证券法的法律责任

违反证券法的法律责任是指证券法律关系中的主体在证券发行、交易过程中违反有关证券法律、行政法规和规章而应当承担的法律责任。

由于证券市场具有高风险、高收益、投机性强、涉及人数多等特点，使证券活动既有利于促进经济的发展，又容易被违法行为所侵害。为规范证券发行和交易行为，保护投资者的合法权益，维护社会经济秩序，《证券法》专章规定法律责任，对各类证券违法行为及其法律责任做出明确规定。

《证券法》中规定的应当承担法律责任的证券违法主体众多,包括:证券发行人、证券公司、信息披露义务人、内幕知情人员、法人。禁止人员包括:具有证券从业资格的会计师事务所、资产评估机构、律师事务所、证券交易所、证券公司、证券登记结算机构、证券交易服务机构的从业人员;证券业协会、证券监督管理机构的工作人员以及其他人员等。

《证券法》中规定的法律责任主要包括民事责任、行政责任,具体责任形式包括:责令停止,责令改正,责令依法处理,责令关闭,退还资金,依法赔偿,取缔,取消从业资格,停止其自营业务,吊销从业资格证,吊销公司营业执照,取消许可证,吊销原核定的证券经营资格警告,罚款,没收违法所得,行政处分等。如违反《证券法》规定,构成犯罪的,依法追究刑事责任。

## 第四节 保险法

### 一、保险与保险法概述

#### (一) 保险的概念与特征

1. 保险的概念

保险包括商业保险和社会保险,保险法上所称保险是指商业保险。《中华人民共和国保险法》(简称《保险法》第 2 条规定,本法所称保险,是指投保人根据合同约定,向保险人支付保险费,保险人对于合同约定的可能发生的事故因其发生所造成的财产损失承担赔偿保险金责任,或者当被保险人死亡、伤残、疾病或者达到合同约定的年龄、期限等条件时承担给付保险金责任的商业保险行为。作为一种集中众人之财力,以填补因意外发生的危险事故所带来的损失的制度,保险制度得以存在需要三个要素,即存在的危险、众人的参保以及对损失的填补。

2. 保险的特征

保险的特征体现在以下几个方面:(1) 保险的互助性,保险具有"一人为众,众为一人"的互助特征,这种经济互助关系通过保险人用多数投保人缴纳的保险费建立的保险基金对少数遭受损失的被保险人提供补偿或给付而得以体现;(2) 保险的自愿性,除法律、行政法规另有规定的外,是否参保应遵循合同自由原则;(3) 保险的射幸性,也称为保险的损益性,投保人缴纳保险费的义务是确定的,但保险人是否赔付保险金则取决于不确定的危险是否发生;(4) 保险的补偿性,保险是一种通过对因保险事故而遭受损失给予补偿的方式分担不确定风险的制度,具有补偿性。

3. 保险的分类

根据划分的标准不同,保险可以有不同的分类:

(1) 按保险经营性质可分为政策性保险和商业性保险。绝大多数保险都具有商业动机,由保险公司按商业惯例经营,而政策性保险则按政府有关法令或政策规定开办,有社会保险、财产保险和责任保险等,多为贯彻政府的某项经济或社会政策服务。

(2) 按保险实施方式可分为自愿保险和强制保险。自愿保险是当事人在平等互利和自愿的基础上确立合同关系,被保险人可自行决定是否投保、保险标的种类、金额和期限等,保险人也可选择承保与否及其有关承保项目和内容。强制保险又称法定保险,是政府以法令或政策形式强制规定被保险人与保险人的法律关系，在规定范围内，不管当事人双方自愿与否，必须按规定办理保险。凡属法令规定必须保险的标的，其保险责任自动开始，保险金额按规定标准收取，被保险人不得自行选定。强制保险的另一种形式是政府规定某些行业或个人从事某种经营或其他活动时，必须参加保险，否则不准从业。

(3) 按业务保障对象分为财产保险、人身保险、责任保险和信用保险四个类别

财产保险以物质财富及其有关的利益为保险标的的险种。主要有海上保险、货物运输保险、工程保险、航空保险、火灾保险、汽车保险、家庭财产保险、盗窃保险、营业中断保险(又称利润损失保险)、农业保险等(见财产保险)。

人身保险是以人的身体为保险标的的险种。主要有人身意外伤害保险、疾病保险(仅称健康保险)、人寿保险(分为死亡保险、生存保险和两全保险)等(见人身保险)。

责任保险是以被保险人的民事损害赔偿责任为保险标的的险种。凡根据法律被保险人应对其他人的损害所负经济赔偿责任，均由保险人承担，一般附加在损害赔偿保险中，如船舶保险的碰撞责任、汽车保险、飞机保险、工程保险、海洋石油开发保险等均已扩展了第三者责任险。主要有：公众责任保险，承保被保险人对他人造成人身伤害或财产损失应负的法律赔偿责任；雇主责任保险，又称劳工险，承保雇主根据法律或雇佣合同对受雇人员的人身伤亡应负的经济赔偿责任；产品责任保险，承保被保险人因制造或销售的产品质量缺陷导致消费者或使用者遭受人身伤亡或其他损失所引起的赔偿责任；职业责任保险，承保医生、律师、会计师、工程师等自由职业者因工作中的过失造成他人的人身伤亡或其他损失所引起的赔偿责任；保赔保险，全称保障与赔偿保险，承保船主在经营中按照法律或合同规定对他人应负的损害赔偿责任。

信用保险是以第三者对被保险人履约责任为标的的险种。主要有：忠诚保证保险，承保雇主因雇员的不法行为所致损失；履约保险，承保合同当事人中一方违约所负的经济责任。

### (二) 保险法的概念、内容与原则

1. 保险法的概念

保险法是调整保险关系的法律规范的总和。保险法有广义和狭义之分。狭义的保险法仅指以保险法命名的法律，如《保险法》；广义的保险法，除狭义的保险法外，还包括其他法律、行政法规中关于保险的规定。

2. 保险法的内容

保险法一般由保险合同法律制度、保险业法律制度和保险监督管理制度三大部分构成。保险合同法律制度是调整保险合同双方当事人关系的法律制度。保险业法律制度是关于保险组织的法律规定，以及有关保险代理和保险经纪方面的法律规定。保险监督管理法律制度是关于国家对保险业的监管关系方面的法律规定。

3. 保险法的原则

保险当事人在参与保险活动时，必须遵循一定的原则。保险法的基本原则包括：(1) 公序良俗原则。各方当事人从事保险活动必须遵守法律、行政法规，尊重社会公德，不得损害社会公共利益。(2) 诚实信用原则。其基本内容包括：投保人在订立保险合同时应将有关保险标的重要情况如实告知保险人，在履行保险合同义务时应信守允诺，严格履行自己的义务；保险人在订立保险合同时应将保险合同条款，特别是免责条款告知投保人，在保险事故发生时应及时支付保险金，不得欺瞒或赖责。(3) 自愿原则。订立保险合同应当协商一致，除法律、行政法规规定必须保险的外，保险合同自愿订立。(4) 保险利益原则。保险利益是

指投保人或者被保险人对保险标的具有的法律上承认的利益。其应具备三个要件：必须是法律上承认的合法利益；必须是可用金钱估量的经济利益；必须是可以确定的利益。保险利益原则旨在预防道德风险的发生，避免将保险作为赌博的工具以及防止故意诱发保险事故而牟利的企图。当事人订立人身保险合同时，投保人对被保险人不具有保险利益的，合同无效。在财产保险合同中，保险事故发生时，被保险人对保险标的不具有保险利益的，不得向保险人请求赔偿保险金。

## 二、保险合同

### （一）保险合同的概念、特征与分类

1. 保险合同的概念

保险合同是投保人与保险人约定保险权利义务关系的协议。这一概念明确了保险合同的当事人为投保人和保险人，保险合同是二者意思表示一致的产物；保险合同的内容是有关保险的权利义务关系，具体而言，投保人负有依约缴纳保险费的义务，保险人则在约定的保险事故发生或者约定的保险事件出现或者期限届满时，履行赔偿或者给付保险金的义务。

2. 保险合同特征

（1）保险合同是最大诚信合同。保险的危险补偿功能能否实现取决于当事人的诚实信用，特别是投保人和被保险人的诚实信用，所以，法律对于保险当事人尤其是投保人和被保险人的诚实信用程度的要求远远高于对一般人的要求。

（2）保险合同是射幸合同。保险合同所承保的危险损失是否发生以及在何种程度上发生，在合同订立时具有极大的不确定性，因此，投保人缴纳保险费后能否获得保险金是不确定的，其投保的收益可能为零也可能远超过保险费，从而保险合同具有射幸性。

（3）保险合同是附合合同。保险合同条款由保险人预先拟定，投保人在订立保险合同时，只能表示接受全部条款或者拒绝整个合同，而不能就合同内容与保险人充分协商，故《保险法》第30条规定，采用保险人提供的格式条款订立的保险合同，保险人与投保人、被保险人或者受益人对合同条款有争议的，应当按照通常理解予以解释。对合同条款有两种以上解释的，人民法院或者仲裁机构应当作出有利于被保险人和受益人的解释。

（4）保险合同是双务、有偿合同。保险合同双方当事人互负义务，故为双务合同。被保险人或者受益人获得保险赔偿或者给付是以投保人缴纳保险费为对价的，相应地，保险人收取保险费是以今后可能赔偿或者给付保险金为对价的，故为有偿合同。

（5）保险合同是诺成性合同。根据《保险法》第13条第1款的规定，投保人提出保险要求，保险人同意承保，并就保险合同的条款达成一致协议，保险合同成立。据此，保险合同自双方当事人意思表示一致时成立，故为诺成性合同。

3. 保险合同的分类

保险合同根据不同的标准，可以做如下分类：

（1）财产保险合同与人身保险合同。这是根据保险合同的标的不同而进行的分类。财产保险合同是以物或者其他财产利益为保险标的的保险合同，如以企业的厂房、设备等为保险标的的一般财产保险合同，以及以生长中的种植物和养殖物为保险标的的农业保险合同等。人身保险合同是以人的生命或者身体为保险标的的保险合同，如人寿保险、健康保险、老年保险和伤残保险等。

（2）单保险合同与复保险合同。这是根据保险人的人数不同而进行的分类。单保险合

同是指投保人就同一保险标的、同一保险利益、同一保险事故，向一个保险人投保而订立的保险合同。复保险合同又称重复保险合同，是指投保人就同一保险标的、同一保险利益、同一保险事故，分别向两个以上保险人投保而订立的且保险金额总和超过保险价值的保险合同。重复保险的各保险人赔偿保险金的总和不得超过保险价值；除合同另有约定外，各保险人按照其保险金额与保险金额总和的比例承担赔偿保险金的责任。

(3) 原保险合同与再保险合同。这是根据保险人的责任次序不同而进行的分类。原保险合同又称为第一次保险，是指保险人对被保险人直接承担保险责任的合同。再保险合同又称为分保合同或者第二次保险合同，是指保险人将其承担的保险业务以承保方式部分转移给其他保险人而订立的合同。原保险是保险人与投保人之间的保险合同关系，而再保险则是原保险人与再保险人之间的保险合同关系。原保险是再保险的基础，再保险人的保险责任以原保险人的责任为前提，原保险合同终止时，再保险合同也应终止。再保险合同是独立的合同，再保险合同的当事人是分出人与分入人，原保险合同的投保人、被保险人、受益人是再保险合同的利害关系人。再保险人与原保险合同的投保人、被保险人、受益人不发生直接的权利义务关系。据此，再保险人不得向原保险的投保人要求支付保险费，原保险的被保险人或者受益人，不得向再保险人提出赔偿或者给付保险金的请求；原保险人不得以再保险人未履行再保险责任为由，拒绝履行或者迟延履行其原保险责任。

(4) 足额保险合同与不足额保险合同。这是以保险金额与保险价值之间的关系为标准而进行的分类。足额保险合同是指保险金额等于保险价值的保险合同。不足额保险合同是指保险金额低于保险价值的保险合同。对足额保险合同，保险标的全部损失，保险人按保险金额全部赔偿；若部分损失，保险人按实际损失额赔偿。对不足额保险合同，保险人对被保险人的损失仅以保险金额为限负赔偿责任，超出保险金额的部分损失，保险人不承担赔偿责任。根据《保险法》第55条的规定，保险金额不得超过保险价值。超过保险价值的，超过部分无效，保险人应当退还相应的保险费。

此外，保险合同还有定值保险合同与不定值保险合同，强制保险合同与自愿保险合同，个别保险合同、集合保险合同和总括保险合同等不同分类。

**(二) 保险合同的形式**

《保险法》第13条规定："投保人提出保险要求，经保险人同意承保，保险合同成立。保险人应当及时向投保人签发保险单或者其他保险凭证。保险单或者其他保险凭证应当载明当事人双方约定的合同内容。当事人也可以约定采用其他书面协议形式载明合同内容。"由此可见，我国保险合同的形式为书面形式，实践中主要包括投保单、保险单、暂保单、保险凭证和批单。

(1) 投保单。投保单又称要保单，是投保人向保险人提出的、订立保险合同的书面要约。投保单通常由保险人事先统一印制，投保人依其所列项目逐一据实填写后交付给保险人，投保人在投保单上需要填写的主要内容有：① 投保人、被保险人的名称和住所；② 保险标的的名称及存放地点；③ 保险险别；④ 保险期限和保险责任；⑤ 保险价值和保险金额；⑥ 保险费及支付办法等。投保人在投保单中，必须将投保危险的有关事项，据实向保险人告知。

投保单本身并非正式合同文本，但一经保险人接受后，即成为保险合同的一部分。

(2) 保险单。保险单简称保单，又称大保单，它是保险人与投保人之间订立保险合同的正式书面凭证。保险单由保险人制作，明确完整地记载保险双方的权利义务，经保险人签章并交付给投保人，一旦发生保险事故，保险单是被保险人向保险人索赔的主要凭证，也是保险人向被保险人赔偿的主要依据。保险单的内容包括保险合同的全部条款。

(3) 保险凭证。保险凭证也称小保单，它是保险人出具给被保险人以证明保险合同已有效成立的文件，实际上是一种简化的保险单，与保险单有相同的效力。保险凭证未列明的内容均以正式保单为准。

(4) 暂保单。暂保单又称临时保单，它是保险人或其代理人在正式保险单签发之前出具给被保险人的临时保险凭证。它表明保险人或其代理人已接受了保险，等待出具正式保险单；暂保单的内容比较简单，只载明被保险人的姓名、承保危险的种类、保险标的等重要事项。凡未列明的内容，均以正式保险单的内容为准。暂保单的法律效力与正式保险单相同，但有效期较短，一般为30天，正式保险单发出后，暂保单自动失效。

(5) 批单。批单是保险公司应投保人或被保险人的要求出具的修订或更改保险合同内容的书面文件，实质是对保险合同内容的变更，一经签发，就成为保险合同的重要组成部分。

### (三) 保险合同的主体

1. 保险合同的当事人

保险合同的当事人是指订立保险合同并享有和承担保险合同所明确的权利义务的人，包括保险人和投保人。

(1) 保险人是指与投保人订立保险合同，并按照合同约定承担赔偿或者给付保险金责任的保险公司。

(2) 投保人是指与保险人订立保险合同，并按照合同约定负有支付保险费义务的人。

2. 保险合同的关系人

保险合同的关系人是指在保险事故或者保险合同约定的条件满足时，对保险人享有保险金给付请求权的人，包括被保险人和受益人。

(1) 被保险人。被保险人是指其财产或者人身受保险合同保障，享有保险金请求权的人。投保人可以为被保险人。

(2) 受益人。受益人是指人身保险合同中由被保险人或者投保人指定的享有保险金请求权的人。投保人、被保险人可以为受益人。投保人指定受益人时须经被保险人同意

### (四) 保险合同的客体

保险合同的客体是保险当事人权利义务所指向的对象。由于保险合同保障的对象不是保险标的本身，而是被保险人对其人身或财产所享有的利益即保险利益，所以保险合同的客体是保险利益。保险利益是指投保人或者被保险人对保险标的具有的法律上承认的利益。

无论是人身保险，还是财产保险，当事人所签订的保险合同的效力必须以保险利益的存在为前提。人身保险的投保人在保险合同订立时，对被保险人应当具有保险利益。财产保险的被保险人在保险事故发生时，对保险标的应当具有保险利益。

### (五) 保险合同的成立与生效

1. 保险合同的成立与生效

保险合同的订立，须经投保和承保两个阶段：投保是投保人向保险人提出订立保险合同的意思表示，属于要约；承保是保险人同意订立保险合同的意思表示，属于承诺。投保人提出保险要求，经保险人同意承保，保险合同成立。保险人应当及时向投保人签发保险单或者其他保险凭证。依法成立的保险合同，自成立时生效。投保人和保险人可以对合同的效力约定附条件或者附期限。

2. 订立保险合同的说明和告知义务

保险合同是最大诚信合同，当事人在订立保险合同中，须履行相应的说明和告知义务。

保险人在订立保险合同时应当向投保人说明保险合同的条款内容。保险合同往往由保险人预先拟定合同条款，对采用保险人提供的格式条款订立保险合同的，保险人向投保人提供的投保单应当附格式条款，保险人应当向投保人说明合同的内容。对保险合同中免除保险人责任的条款，保险人在订立合同时应当在投保单、保险单或者其他保险凭证上做出足以引起投保人注意的提示，并对该条款的内容以书面或者口头形式向投保人做出明确说明；未做提示或者明确说明的，该条款不产生效力。

对投保人而言，在订立保险合同时，保险人就保险标的或者被保险人的有关情况提出询问的，投保人应当如实告知。投保人故意或者因重大过失未履行如实告知义务，足以影响保险人决定是否同意承保或者提高保险费率的，保险人有权在法定期限内主张解除合同。投保人故意不履行如实告知义务的，保险人对于合同解除前发生的保险事故，不承担赔偿或者给付保险金的责任，并不退还保险费。投保人因重大过失未履行如实告知义务，对保险事故的发生有严重影响的，保险人对于合同解除前发生的保险事故，不承担赔偿或者给付保险金的责任，但应当退还保险费。保险人在合同订立时已经知道投保人未如实告知的情况的，保险人不得解除合同；发生保险事故的，保险人应当承担赔偿或者给付保险金的责任。

3. 保险合同的条款

保险合同应当包括下列事项：保险人的名称和住所；投保人、被保险人的姓名或者名称、住所，以及人身保险的受益人的姓名或者名称、住所；保险标的；保险责任和责任免除；保险期间和保险责任开始时间；保险金额；保险费以及支付办法；保险金赔偿或者给付办法；违约责任和争议处理；订立合同的年、月、日。投保人和保险人可以约定与保险有关的其他事项，主要包括协会条款，如伦敦协会货物保险条款、美国协会货物保险条款；保证条款，即保险人要求投保人或者被保险人担保过去或者现在某一事实状态的真实、存在或者不存在，或者担保作为或者不作为某种事项的条款；附加条款，如附加险的内容。

**(六) 保险合同的履行**

1. 投保人的义务

(1) 缴纳保险费的义务。保险费可以一次付清，也可以分期支付。人身保险的保险费多采取分期支付方式。保险人对人寿保险的保险费，不得以诉讼方式要求投保人交付。

(2) 保险事故的通知义务。投保人、被保险人或者受益人知道保险事故发生后，应当及时通知保险人。故意或者因重大过失未及时通知，致使保险事故的性质、原因、损失程度等难以确定的，保险人对无法确定的部分，不承担赔偿或者给付保险金的责任，但保险人通过其他途径已经及时知道或者应当及时知道保险事故发生的除外。

(3) 维护保险标的安全的义务。投保人、被保险人未按照约定履行其对保险标的的安全应尽责任的，保险人有权要求增加保险费或者解除合同。

(4) 危险程度增加的通知义务。在合同有效期内，保险标的的危险程度显著增加的，被保险人应当按照合同约定及时通知保险人，保险人可以按照合同约定增加保险费或者解除合同。保险人解除合同的，应当将已收取的保险费，按照合同约定扣除自保险责任开始之日起至合同解除之日止应收的部分后，退还投保人。被保险人未履行上述通知义务的，因保险标的的危险程度显著增加而发生的保险事故，保险人不承担赔偿保险金的责任。

(5) 采取必要措施防止或者减少损失的义务。保险事故发生后，被保险人为防止或者减少保险标的的损失所支付的必要的、合理的费用，由保险人承担；保险人所承担的费用数额在保险标的损失赔偿金额以外另行计算，最高不超过保险金额的数额。

(6) 保险标的转让时的通知义务。保险标的转让的，保险标的的受让人承继被保险人的权利和义务，被保险人或者受让人应当及时通知保险人(货物运输保险合同和另有约定的合同除外)。被保险人、受让人未履行上述通知义务的，因转让导致保险标的危险程度显著增加而发生的保险事故，保险人不承担赔偿保险金的责任。

2. 保险人的义务

给付保险金是保险人应当履行的基本保险义务。在保险事故发生或者保险合同约定的条件满足时，保险人应当给付保险金。保险人收到被保险人或者受益人的赔偿或者给付保险金的请求后，应当及时做出核定；情形复杂的，应当在 30 日内做出核定，但合同另有约定的除外。保险人应当将核定结果通知被保险人或者受益人；对属于保险责任的，在与被保险人或者受益人达成赔偿或者给付保险金的协议后 10 日内，履行赔偿或者给付保险金义务。保险合同对赔偿或者给付保险金的期限有约定的，保险人应当按照约定履行赔偿或者给付保险金义务。保险人未及时履行前述义务的，除支付保险金外，应当赔偿被保险人或者受益人因此受到的损失。

保险人自收到赔偿或者给付保险金的请求和有关证明、资料之日起 60 日内，对其赔偿或者给付保险金的数额不能确定的，应当根据已有证明和资料可以确定的数额先予支付；保险人最终确定赔偿或者给付保险金的数额后，应当支付相应的差额。

人寿保险以外的其他保险的被保险人或者受益人，向保险人请求赔偿或者给付保险金的诉讼时效期间为 2 年，自其知道或者应当知道保险事故发生之日起计算。人寿保险的被保险人或者受益人向保险人请求给付保险金的诉讼时效期间为 5 年，自其知道或者应当知道保险事故发生之日起计算。

3. 索赔和理赔

(1) 索赔。索赔是被保险人在保险标的出险后，按照保险合同的有关规定，向保险人要求支付赔偿金的行为。索赔按下列程序进行：提出出险通知；提供索赔证明；提出索赔请求；领取保险金。

(2) 理赔。理赔是保险人依据规定的工作程序处理被保险人所提出的索赔要求的行为。理赔按下列程序进行：立案检验；审核责任；核算损失，给付赔偿金；损余处理。

4. 代位求偿权

代位求偿权是指财产保险中因第三者对保险标的的损害而造成保险事故的，保险人赔偿被保险人的损失后，在其赔付保险金的范围内，享有代位行使被保险人对第三者请求赔偿的权利。

代位求偿权是由保险法的补偿原则派生而来的，当第三人的行为造成保险标的损害而引起保险事故时，被保险人既可以要求该第三人赔偿损失，也可以要求保险人赔偿。如果被保险人主张保险赔偿请求权，根据补偿原则的要求，保险人在承担赔付保险金责任后，就应取得被保险人对第三人的求偿权。保险人向第三人的求偿权是法律明确规定的一项独立权利，它不以被保险人同意或者单独地转移对第三人的损害赔偿请求权于保险人为要件。由于该项权利系从被保险人所享有的权利移转而来，第三人得对抗被保险人的事由仍得对保险人主张。

代位求偿权的行使及保护应当注意以下几点：

(1) 代位求偿权的范围限于财产保险合同，在人身保险合同中，保险人不得享有代位求偿权。此外，第三者一般不包括被保险人的一定范围的亲属或者雇员。根据《保险法》第62条的规定，除被保险人的家庭成员或者其组成人员故意造成本法规定的保险事故外，保险人不得对被保险人的家庭成员或者其组成人员行使代位请求赔偿的权利。

(2) 保险人只有在向被保险人支付了保险金后才能行使对第三人的代位求偿权，且其行使求偿权的金额不得超过其向被保险人支付的保险金。保险人行使代位求偿权不影响被保险人就未取得赔偿的部分向第三者请求赔偿的权利。

(3) 保险事故发生后，保险人未赔偿保险金之前，被保险人放弃对第三者请求赔偿的权利的，保险人不承担赔偿保险金的责任。保险人向被保险人赔偿保险金后，被保险人未经保险人同意放弃对第三者请求赔偿的权利的，该行为无效。被保险人故意或者因重大过失致使保险人不能行使代位请求赔偿的权利的，保险人可以扣减或者要求返还相应的保险金。

(4) 保险事故发生后，被保险人已经从第三者取得损害赔偿的，若保险人尚未支付保险金，可以相应扣减被保险人从第三者已取得的赔偿金额；若保险人已经支付保险金，则可以要求被保险人返还相应的保险金。

5. 委付

委付是指保险事故发生后，保险人已支付了全部保险金额，并且保险金额等于保险价值的，受损保险标的的全部权利归于保险人；保险金额低于保险价值的，保险人按照保险金额与保险价值的比例取得受损保险标的的部分权利。

### (七) 保险合同的变更与解除

1. 保险合同的变更

在保险合同的有效期内，投保人和保险人经协商同意，可以变更保险合同的有关内容。

(1) 保险合同主体的变更，即投保人、被保险人及受益人的变更，实际上就是保险合同的转让或者保险单的转让。在财产保险中，保险标的转让的，保险标的的受让人承继被保险人的权利和义务，被保险人或者受让人应当及时通知保险人，但货物运输保险合同和另有约定的合同除外。在人身保险中，被保险人或者投保人可以变更受益人并书面通知保险人。投保人变更受益人时须经被保险人同意。

(2) 保险合同内容的变更，即对保险合同的内容进行修改或者补充，如延长或缩短保险期，增加或减少保险金等。此外，根据法律规定，因情况发生变化也需要对合同的某些条款予以更改，从而引起合同变更。

(3) 保险合同效力的中止与复效。人身保险合同约定分期支付保险费，投保人支付首期保险费后，除合同另有约定外，投保人自保险人催告之日起超过30日未支付当期保险费，或者超过约定的期限60日未支付当期保险费的，合同效力中止，或者由保险人按照合同约定的条件减少保险金额。在保险合同效力中止期间，保险人不负保险责任，但在前述30日或者60日的催告期或者宽限期内发生保险事故的，保险人应当按照合同约定给付保险金，但可以扣减欠交的保险费。

人身保险合同效力中止后，经保险人与投保人协商并达成协议，在投保人补交保险费后，合同效力恢复。但是，自合同效力中止之日起满2年双方未达成协议的，保险人有权解除合同。保险人依照前述规定解除合同的，应当按照合同约定退还保险单的现金价值。

2. 保险合同的解除

保险合同成立后，基于法定的或者约定的事由，当事人可行使合同解除权，从而使保险合同失去效力。《保险法》第15条规定:"除本法另有规定或者保险合同另有约定外,保险合同成立后,投保人可以解除合同,保险人不得解除合同。"据此,原则上投保人享有任意解除权,而保险人除法律另有规定外不得解除合同。投保人的任意解除权是以法律或者合同无另外规定者为限,如对于货物运输保险合同和运输工具航程保险合同,保险责任开始后,无论是保险人或者投保人(被保险人)均不得解除合同。

保险人原则上不得解除保险合同,但在法律有规定的情况下,保险人有权解除合同,主要包括:

(1) 投保人故意或者因重大过失未履行如实告知义务,足以影响保险人决定是否同意承保或者提高保险费率的,保险人有权解除合同。此项合同解除权,自保险人知道有解除事由之日起,超过30日不行使而消灭。自合同成立之日起超过2年的,保险人不得解除合同;发生保险事故的,保险人应当承担赔偿或者给付保险金的责任。保险人在合同订立时已经知道投保人未如实告知的情况的,保险人不得解除合同;发生保险事故的,保险人应当承担赔偿或者给付保险金的责任。

(2) 未发生保险事故,被保险人或者受益人谎称发生了保险事故,向保险人提出赔偿或者给付保险金请求的,保险人有权解除合同,并不退还保险费。投保人、被保险人故意制造保险事故的,保险人有权解除合同,不承担赔偿或者给付保险金的责任,不退还保险费,但在人身保险中,投保人故意造成被保险人死亡、伤残或者疾病的,投保人已交足2年以上保险费的,保险人应当按照合同约定向其他权利人退还保险单的现金价值。

(3) 在人身保险中,投保人申报的被保险人年龄不真实,并且其真实年龄不符合合同约定的年龄限制的,保险人可以解除合同,并按照合同约定退还保险单的现金价值。此项合同解除权,自保险人知道有解除事由之日起,超过30日不行使而消灭。自合同成立之日起超过2年的,保险人不得解除合同;发生保险事故的,保险人应当承担赔偿或者给付保险金的责任。保险人在合同订立时已经知道投保人未如实告知的情况的,保险人不得解除合同;发生保险事故的,保险人应当承担赔偿或者给付保险金的责任。

(4) 在人身保险中,因投保人延期缴纳保险费导致保险合同效力中止的,自合同效力中止之日起满2年双方未达成协议的,保险人有权解除合同。

(5) 在财产保险中,投保人、被保险人未按照约定履行其对保险标的的安全应尽责任的,保险人有权要求增加保险费或者解除合同。在财产保险合同有效期内,保险标的的危险程度显著增加的,被保险人应当按照合同约定及时通知保险人,保险人可以按照合同约定增加保险费或者解除合同。

(6) 在财产保险中,保险标的发生部分损失的,自保险人赔偿之日起30日内,投保人可以解除合同;除合同另有约定外,保险人也可以解除合同,但应当提前15日通知投保人。合同解除的,保险人应当将保险标的未受损失部分的保险费,按照合同约定扣除自保险责任开始之日起至合同解除之日止应收的部分后,退还投保人。

## 三、保险业法律制度

### (一) 保险公司

1. 保险公司的设立

保险公司是指经过保险监督管理机构核准经营保险业务的公司。设立保险公司应当具备下列条件:主要股东具有持续盈利能力,信誉良好,最近3年内无重大违法违规记录,净资产不低于人民币2亿元；有符合《保险法》和《公司法》规定的章程；有符合《保险法》规定的注册资本，即注册资本的最低限额为人民币2亿元，且必须为实缴货币资本；有具备任职专业知识和业务工作经验的董事、监事和高级管理人员；有健全的组织机构和管理制度；有符合要求的营业场所和与经营业务有关的其他设施；法律、行政法规和国务院保险监督管理机构规定的其他条件。

2. 保险公司的变更、终止与清算

保险公司有下列情形之一的，应当经保险监督管理机构批准：变更名称；变更注册资本；变更公司或者分支机构的营业场所；撤销分支机构；公司分立或者合并；修改公司章程；变更出资额占有限责任公司资本总额5%以上的股东，或者变更持有股份有限公司股份5%以上的股东；国务院保险监督管理机构规定的其他情形。

保险公司终止的原因包括：(1) 解散。保险公司因分立、合并需要解散，或者股东会、股东大会决议解散，或者公司章程规定的解散事由出现，经国务院保险监督管理机构批准后解散。保险公司解散，应当依法成立清算组进行清算。但经营有人寿保险业务的保险公司，除因分立、合并或者被依法撤销外，不得解散。(2) 破产。保险公司有《企业破产法》第2条规定情形的，经国务院保险监督管理机构同意，保险公司或者其债权人可以依法向人民法院申请重整、和解或者破产清算；国务院保险监督管理机构也可以依法向人民法院申请对该保险公司进行重整或者破产清算。

保险公司破产时破产财产的清偿顺序：破产财产在优先清偿破产费用和共益债务后，按照下列顺序清偿：(1) 所欠职工工资和医疗、伤残补助、抚恤费用，所欠应当划入职工个人账户的基本养老保险、基本医疗保险费用，以及法律、行政法规规定应当支付给职工的补偿金；(2) 赔偿或者给付保险金；(3) 保险公司欠缴的除第(1)项规定以外的社会保险费用和所欠税款；(4) 普通破产债权。破产财产不足以清偿同一顺序的清偿要求的，按照比例分配。破产保险公司的董事、监事和高级管理人员的工资，按照该公司职工的平均工资计算。

3. 保险公司的分支机构和外国保险公司

保险公司在我国境内设立分支机构，应当经保险监督管理机构批准。保险公司分支机构不具有法人资格，其民事责任由保险公司承担。外国保险机构在我国境内设立代表机构，应当经国务院保险监督管理机构批准。代表机构不得从事保险经营活动。

**(二) 保险经营规则**

1. 保险经营原则

保险经营原则包括：(1) 分业经营原则。保险业与其他金融业务实行分业经营，在保险内部财产保险与人身保险实行分业经营。除国家另有规定的外，保险业和银行业、证券业、信托业实行分业经营、分业管理，保险公司与银行、证券、信托业务机构分别设立。保险人不得兼营人身保险业务和财产保险业务。但是，经营财产保险业务的保险公司经国务院保险监督管理机构批准，可以经营短期健康保险业务和意外伤害保险业务。(2) 禁止兼营原则。保险公司不得同时兼营非保险业务。(3) 保险专营原则。保险业务只能由依照保险法设立的商业保险公司经营，非保险业者不能经营保险业务。

2. 保险公司偿付能力的维持

保险公司的偿付能力是指保险公司对承担的保险责任所具有的赔偿或者给付能力。保险公司应当提取相应的基金，维护正常的偿付能力：

(1) 保险公司应当具有与其业务规模和风险程度相适应的最低偿付能力。保险公司的认可资产减去认可负债的差额不得低于国务院保险监督管理机构规定的数额;低于规定数额的,应当按照国务院保险监督管理机构的要求采取相应措施达到规定的数额。

(2) 保证金。保险公司应当按照其注册资本总额的20%提取保证金,存入国务院保险监督管理机构指定的银行,除公司清算时用于清偿债务外,不得动用。

(3) 保险准备金。保险公司应当根据保障被保险人利益、保证偿付能力的原则,提取各项责任准备金。

(4) 保险公积金。保险公司应当依法提取公积金。

(5) 保险保障基金。保险公司应当缴纳保险保障基金。保险保障基金应当集中管理,并在下列情形下统筹使用:在保险公司被撤销或者被宣告破产时,向投保人、被保险人或者受益人提供救济;在保险公司被撤销或者被宣告破产时,向依法接受其人寿保险合同的保险公司提供救济;国务院规定的其他情形。

3. 保险公司的风险管理与资金营运限制

(1) 再保险的强制。保险公司对每一危险单位,即对一次保险事故可能造成的最大损失范围所承担的责任,不得超过其实有资本金加公积金总和的10%;超过的部分应当办理再保险。

(2) 自留保险费的限制。经营财产保险业务的保险公司当年自留保险费,不得超过其实有资本金加公积金总和的4倍。

(3) 资金营运的限制。保险公司的资金运用限于下列形式:银行存款;买卖债券、股票、证券投资基金份额等有价证券;投资不动产;国务院规定的其他资金运用形式。

### (三) 保险代理人与保险经纪人

1. 保险代理人

保险代理人是根据保险人的委托,向保险人收取佣金,并在保险人授权的范围内代为办理保险业务的机构或者个人。个人保险代理人、保险代理机构的代理从业人员、保险经纪人的经纪从业人员,应当品行良好,具有从事保险代理业务或者保险经纪业务所需的专业能力。个人保险代理人在代为办理人寿保险业务时,不得同时接受两个以上保险人的委托。保险人委托保险代理人代为办理保险业务,应当与保险代理人签订委托代理协议,依法约定双方的权利和义务。保险代理人根据保险人的授权代为办理保险业务的行为,由保险人承担责任。保险代理人没有代理权、超越代理权或者代理权终止后以保险人名义订立合同,使投保人有理由相信其有代理权的,该代理行为有效。保险人可以依法追究越权的保险代理人的责任。

2. 保险经纪人

保险经纪人是基于投保人的利益,为投保人与保险人订立保险合同提供中介服务,并依法收取佣金的机构。保险经纪人具有如下特征:(1) 保险经纪人不是保险合同的当事人,其仅为投保人和保险人订立保险合同提供居间服务;(2) 保险经纪人是依法成立的单位,个人不能成为保险经纪人;(3) 保险经纪人以自己的名义从事居间服务,承担由此产生的法律后果;(4) 因保险经纪人在办理保险业务中的过错,给投保人、被保险人造成损失的,由保险经纪人承担责任;(5) 保险经纪行为是营利性行为,保险经纪人有权收取佣金。

### (四) 保险业的监督管理

保险监督管理机构是中国银行保险监督管理委员会。保险监督管理机构依照保险法和国务院规定的职责，遵循依法、公开、公正的原则，对保险业实施监督管理，维护保险市场秩序，保护投保人、被保险人和受益人的合法权益。保险业监督管理的具体措施主要包括：

1. 保险条款和保险费率的审批和备案

关系社会公众利益的保险险种、依法实行强制保险的险种和新开发的人寿保险险种等的保险条款和保险费率，应当报国务院保险监督管理机构批准。其他保险险种的保险条款和保险费率，应当报保险监督管理机构备案。

2. 关联交易的监管

保险公司的股东利用关联交易严重损害公司利益，危及公司偿付能力的，由国务院保险监督管理机构责令改正。在按照要求改正前，国务院保险监督管理机构可以限制其股东权利；拒不改正的，可以责令其转让所持的保险公司股权。

3. 保险公司偿付能力的监管

对偿付能力不足的保险公司，国务院保险监督管理机构应当将其列为重点监管对象，并可以根据具体情况采取下列措施：责令增加资本金、办理再保险；限制业务范围；限制向股东分红；限制固定资产购置或者经营费用规模；限制资金运用的形式、比例；限制增设分支机构；责令拍卖不良资产、转让保险业务；限制董事、监事、高级管理人员的薪酬水平；限制商业性广告；责令停止接受新业务。

4. 保险公司的整顿

保险公司未依照《保险法》规定提取或者结转各项责任准备金，或者未办理再保险，或者严重违反关于资金运用的规定的，由保险监督管理机构责令限期改正。逾期未改正的，保险监督管理机构可以决定选派保险专业人员和指定该保险公司的有关人员组成整顿组，对公司进行整顿。整顿过程中，被整顿保险公司的原有业务继续进行。但是，国务院保险监督管理机构可以责令被整顿公司停止部分原有业务、停止接受新业务，调整资金运用。

经整顿保险公司已纠正其违法行为，恢复正常经营状况的，由整顿组提出报告，经保险监督管理机构批准，结束整顿。被整顿的保险公司有《企业破产法》第 2 条规定情形的，国务院保险监督管理机构可以依法向人民法院申请对该保险公司进行重整或者破产清算。

5. 保险公司的接管

保险公司的偿付能力严重不足的，或者违反《保险法》规定损害社会公共利益，可能严重危及或者已经严重危及公司的偿付能力的，国务院保险监督管理机构可以对其实行接管。接管的目的是对被接管的保险公司采取必要措施，以保护被保险人的利益，恢复保险公司的正常经营。被接管的保险公司的债权债务关系不因接管而变化。

接管期限届满，国务院保险监督管理机构可以决定延长接管期限，但接管期限最长不得超过 2 年。接管期限届满，被接管的保险公司已恢复正常经营能力的，由国务院保险监督管理机构决定终止接管，并予以公告。被接管的保险公司有《企业破产法》第 2 条规定情形的，国务院保险监督管理机构可以依法向人民法院申请对该保险公司进行重整或者破产清算。

## 第五节　外汇管理的法律规定

### 一、外汇和外汇管理概述

1. 外汇和外汇管理的概念

外汇是指以外币表示的可以用作国际清偿的支付手段和资产。它包括：(1) 外国货币，包括纸币、铸币；(2) 外币支付凭证或者支付工具，包括票据、银行存款凭证、银行卡等；(3) 外币有价证券，包括债券、股票等；(4) 特别提款权；(5) 其他外汇资产。

外汇管理是一国政府为了稳定本国货币，保持国际收支平衡，增加本国的经济实力，通过法令对外汇买卖、收支、结算、外汇汇率以及外汇资金来源和利用进行干预和控制，也称为外汇管制。

2. 外汇管理条例

为了加强外汇管理，促进国际收支平衡，促进国民经济健康发展，1980 年 12 月 18 日国务院颁布了《中华人民共和国外汇管理暂行条例》，1996 年 1 月 29 日国务院颁布了《中华人民共和国外汇管理条例》(以下简称《外汇管理条例》)，同时废止 1980 年国务院颁布的《外汇管理暂行条例》及其配套的细则。《外汇管理条例》于 1997 年 1 月 14 日根据《国务院关于修改〈中华人民共和国外汇管理条例〉的决定》修订，2008 年 8 月 1 日国务院第 20 次常务会议修订通过，2008 年 8 月 5 日公布，自发布之日起施行。

《外汇管理条例》适用于境内机构、境内个人的外汇收支或者外汇经营活动，以及境外机构、境外个人在境内的外汇收支或者外汇经营活动。国家对经常性国际支付和转移不予限制。国家实行国际收支统计申报制度。在中华人民共和国境内，禁止外币流通，并不得以外币计价结算。

### 二、我国外汇管理的主要内容

#### (一) 经常项目外汇管理

经常项目，是指国际收支中涉及货物、服务、收益及经常转移的交易项目等。我国对经常项目的外汇管理实行有条件的可兑换制度，这些条件主要体现在结汇、售汇和付汇上。结汇是指个人或者单位将各类外汇收入调回国内时，按照规定将外汇售给指定的银行的行为。售汇是指个人或单位用人民币到银行购买外汇，银行按照规定出售外汇的行为；付汇就是对外支付外汇的行为。

国家对经常性国际支付和转移不予限制。经常项目外汇收入，可以按照国家有关规定保留或者卖给经营结汇、售汇业务的金融机构。境内机构、境内个人的外汇收入可以调回境内或者存放境外；调回境内或者存放境外的条件、期限等，由国务院外汇管理部门根据国际收支状况和外汇管理的需要做出规定。

经常项目外汇收支应当具有真实、合法的交易基础。经营结汇、售汇业务的金融机构应当按照国务院外汇管理部门的规定，对交易单证的真实性及其与外汇收支的一致性进行合理审查。

#### (二) 资本项目外汇管理

资本项目，是指国际收支中引起对外资产和负债水平发生变化的交易项目，包括资本转移、直接投资、证券投资、衍生产品及贷款等。

1. 外商投资外汇管理

境外机构、境外个人在境内直接投资，或者在境内从事有价证券、衍生产品发行、交易，在取得市场准入资格后，按照国务院外汇管理部门的规定办理登记。

2. 境外直接投资外汇管理

境内机构、境内个人向境外直接投资或者从事境外有价证券、衍生产品发行、交易，按照国务院外汇管理部门的规定办理登记。

3. 外债管理

国家对外债实行规模管理。借用外债应当按照国家有关规定办理，并到外汇管理机关办理外债登记。

4. 对外担保管理

提供对外担保，应当向外汇管理机关提出申请，由外汇管理机关根据申请人的资产负债等情况做出批准或者不批准的决定。申请人签订对外担保合同后，应当到外汇管理机关办理对外担保登记。

5. 信贷登记管理

银行业金融机构在经批准的经营范围内可以直接向境外提供商业贷款；其他境内机构向境外提供商业贷款，应当向外汇管理机关提出申请，外汇管理机关根据申请人的资产负债等情况做出批准或者不批准的决定。向境外提供商业贷款，按照国务院外汇管理部门的规定办理登记。

6. 资本项目外汇收支管理

除国家规定无须批准的外，资本项目外汇收入保留或者卖给经营结汇、售汇业务的金融机构，应当经外汇管理机关批准。资本项目外汇支出，按照国务院外汇管理部门关于付汇与购汇的管理规定，凭有效单证以自有外汇支付或者向经营结汇、售汇业务的金融机构购汇支付。国家规定应当经外汇管理机关批准的，应当在外汇支付前办理批准手续。

7. 资金用途管理

资本项目外汇及结汇资金，按照有关主管部门及外汇管理机关批准的用途使用。外汇管理机关有权对资本项目外汇及结汇资金使用和账户变动情况进行监督检查。

### （三）金融机构外汇业务管理

1. 金融机构经营外汇业务须经外汇管理机关批准，领取经营外汇业务许可证。未经外汇管理机关批准，任何单位和个人不得经营外汇业务。经批准经营外汇业务的金融机构，经营外汇业务不得超出批准的范围。

2. 经营外汇业务的金融机构应当按照国家有关规定为客户开立外汇账户，办理有关外汇业务，并且还应当按照国家有关规定交存外汇存款准备金，遵守外汇资产负债比例管理的规定，并建立呆账准备金。

3. 外汇指定银行办理结汇业务所需人民币资金，应当使用自有资金。外汇指定银行的结算周转外汇实行比例幅度管理，具体幅度由中国人民银行根据实际情况核定。

4. 金融机构经营外汇业务，应当接受外汇管理机关的检查、监督。经营外汇业务的金融机构应当向外汇管理机关报送外汇资产负债表、损益表以及其他财务会计报表和资料。金融机构终止经营外汇业务，应当向外汇管理机关提出申请。金融机构经批准终止经营外汇业务的，应当依法进行外汇债权、债务的清算，并缴销经营外汇许可证。

**（四）人民币汇率和外汇市场管理**

1. 人民币汇率管理

汇率是指两国货币间的交换比率，是用一国货币表示的另一国货币的价格。用外国货币来表示本国货币，称为间接标价法；用本国货币来表示外国货币，称为直接标价法。我国采用的是直接标价法。

各国的汇率制度主要有固定汇率制和浮动汇率制。浮动汇率制又分为自由浮动汇率和管理浮动汇率两种。我国目前人民币汇率实行以市场供求为基础的、有管理的浮动汇率制度。

2. 外汇市场管理

经营结汇、售汇业务的金融机构和符合国务院外汇管理部门规定条件的其他机构，可以按照国务院外汇管理部门的规定在银行间外汇市场进行外汇交易。国务院外汇管理部门可以根据外汇市场的变化和货币政策的要求，依法对外汇市场进行调节。

## 练习题

**一、单项选择题**

1. 人民币的发行权属于（　　）。

A. 中国人民银行　　B. 政策性银行

C. 中国银监会　　D. 国务院

2. 根据我国商业银行法的规定，下列关于商业银行资产业务管理表述不正确的是（　　）。

A. 商业银行贷款，应当对借款人的借款用途严格审查

B. 商业银行贷款，借款人应当提供担保

C. 商业银行不得向关系人发放信用贷款

D. 商业银行在我国境内可以从事股票经营业务

3. 经营财产保险业务的保险公司对每一危险单位所承担的责任不得超过其实有资本金加公积金总和的（　　）。

A. 10%　　B. 20%　　C. 2倍　　D. 4倍

4. 设立证券公司的批准机构是（　　）。

A. 国务院　　B. 国务院证券监督管理机构

C. 中国证券业协会　　D. 中国人民银行

5. 作为保险对象的财产及其有关利益或人的寿命和身体，在保险合同中称为（　　）。

A. 保险责任　　B. 保险价值

C. 保险标的　　D. 保险利益

6. 商业银行贷款应当遵守资产负债的比例管理的规定，其中资本充足率不得低于（　　）。

A. 8%　　B. 10%　　C. 25%　　D. 75%

7. 我国目前实行的汇率制度是（　　）。

A. 盯住美元的汇率机制

B. 完全浮动的汇率机制

C. 以市场供求为基础的、有管理的浮动汇率制度

D. 单一不变的汇率制度

8. 甲为自己投保一份人寿险，指定其妻为受益人。甲有一子4岁，甲母50岁且自己单独生活。某日，甲因交通事故身亡。该份保险的保险金依法应如何处理？（　　）

A. 应作为遗产由甲妻、甲子、甲母共同继承

B. 应作为遗产由甲妻一人继承

C. 应作为遗产由甲妻、甲子继承

D. 应全部支付给甲妻

## 二、多项选择题

1. 保险合同的关系人有（　　）。

A. 保险人　B. 投保人　C. 被保险人　D. 受益人

E. 保险代理人

2. 根据我国证券法的规定，上市公司信息披露的具体内容主要包括（　　）。

A. 招股说明书　B. 上市报告书　C. 中期报告　D. 年度报告

E. 临时报告

3. 银行业监督管理的对象包括（　　）。

A. 商业银行　B. 城市信用合作社

C. 金融资产管理公司　D. 信托投资公司

4. 商业银行的业务包括（　　）。

A. 吸收公众存款　B. 从事同业拆借

C. 办理票据再贴现　D. 买卖政府债券

E. 提供担保

5. 下列哪些属于资本项目外汇管理内容（　　）。

A. 甲公司向巴西投资，需要将资金汇往巴西

B. 乙公司获得了世界银行的贷款

C. 丙公司面向欧洲市场发行欧元公司债券

D. 丁公司出口产品收到的外国买方汇来美元

## 三、简答题

1. 我国证券法禁止证券公司及其从业人员从事的损害客户利益的欺诈行为有哪些？

2. 简述证券上市的条件

3. 简述中国人民银行的主要货币政策工具

4. 简述投保人的义务

## 四、案例分析题

案情：甲上市公司欲发行新股6 000万股，由乙证券公司包销，约定承销期为120天。承销期间，乙公司为本公司预留500万股。本次发行中甲公司的招股说明中关于公司利润部分有虚假记载，使投资者因此而受误导导致投资损失，乙公司不能够证明自己没有过错。

根据上述案情，分析回答下列问题，并说明理由。

(1) 甲、乙公司有关承销的约定是否合法？

(2) 乙公司预留500万股是否合法？

(3) 乙公司对投资者的损失是否承担责任？

# 第十章 会计法

## 学习要点

☆ 掌握会计法规定的会计核算和会计监督的内容；会计机构、会计人员的职权。

☆ 熟悉会计和会计法的概念。

☆ 了解违反会计法的法律责任。

## 引 例

某国有公司总经理李某，在2007年通过篡改会计凭证、隐匿销售事项等活动偷逃税款，被该单位会计张某发现，并将李某的行为向税务机关进行报告。为此，李某对张某怀恨在心，此后，在没有任何理由的情况下，将张某调离会计岗位，去从事仓库保管工作。随后，李某又借口张某年龄较大，不能胜任仓库保管工作，强行解聘了张某。请问：李某的行为是否违法？若违法应承担什么法律责任？

会计法律制度属于经济监督法的范畴，是现代国家经济管理的一个重要内容，是实现经济管理重要职能的法律。它对于加强宏观调控和改善微观经营，对于提高国民经济管理水平和企事业单位的经营素质，提高经济效益和社会效益，保证贯彻实施有关经济法律法规都是很重要的。

## 第一节 会计法概述

### 一、会计的概念、职能

1. 会计的概念

会计是以货币为主要计量单位，以凭证为依据，借助于专门的技术方法，按照规定的程序对各企业、各单位的经济活动和财务收支情况进行连续、系统、全面地记录、计算、分析、检查和监督的一种管理活动。

2. 会计的基本职能

会计的基本职能主要有两个：(1) 会计核算，是指会计人员以货币为主要计量单位，通过确认、计量、记录、报告等环节，对特定主体的经济活动进行记账、算账和报账，为各有关方面提供会计信息。会计核算职能也称反映职能，是会计的最基本的职能，它贯穿于经济活动的全过程。(2) 会计监督，是指会计人员在进行会计核算的同时，对特定主体的经济活动的合法性、合理性进行审查的职能。通过审查，达到一定的管理、控制目标。因此，会计监督职能又称控制职能。会计核算与会计监督之间是相辅相成、辩证统一的。会计核算是会计监督的基础，没有会计核算提供的各种信息，会计监督就失去了依据；会计监督是会计核算的保障，没有会计监督就很难保证会计核算所提供的信息的真实性、准确性。

## 二、会计法概述

1. 会计法的概念

会计法是规范会计行为和调整会计关系的法律规范的总称。

所谓会计行为，是指以会计核算和会计监督为主要内容的一系列会计工作。会计行为必须统一规范，否则会造成经济管理工作的混乱；会计行为必须用法律形式固定下来。目前越来越多的国家用法律形式来约束会计行为，因此，规范会计行为就成了会计立法的首要宗旨，会计法是规范会计行为的法律，它为各类经济业务的具体核算提供了法律指南。

所谓会计关系，是会计机构、会计人员在办理会计事务、企业对外报送、披露财务报告以及国家在管理会计工作的过程中发生的社会关系。现代会计不仅要反映和控制单位内部的经济活动，而且要反映与社会的经济联系、反映与单位外部的千丝万缕的经济关系。会计法为参与会计关系的各个主体规定了相应的权利义务，以保障会计系统的有效运作，为社会提供真实可靠的财务信息。

2. 会计法律制度

我国的会计法律制度包括会计法律、会计行政法规和会计规章。

(1) 会计法律

1985 年 1 月 21 日第六届全国人大常委会第九次会议通过了《中华人民共和国会计法》(简称《会计法》)；并根据 1993 年 12 月 29 日第八届全国人大常委会第五次会议《关于修改(中华人民共和国会计法)的决定》进行第一次修正；1999 年 10 月 31 日第九届全国人大常委会第十二次会议对《会计法》进行修订；2017 年 11 月 4 日第十二届全国人民代表大会常务委员会第三十次会议对该法进行再次修正。

《会计法》是会计法律制度中层次最高的法律规范，是制定其他会计法规的依据，也是指导会计工作的最高准则。

还有一部会计法律是《中华人民共和国注册会计师法》，由中华人民共和国第八届全国人民代表大会常务委员会第四次会议于 1993 年 10 月 31 日通过，自 1994 年 1 月 1 日起施行。2014 年 8 月 31 日第十二届全国人民代表大会常务委员会第十次会议对该法进行了修订。

(2) 会计行政法规

会计行政法规是调整经济生活中某些方面会计关系的法律规范。会计行政法规是由国务院制定发布，或者由国务院有关部门拟定经国务院批准发布，制定依据是《会计法》。如，1990 年 12 月 31 日国务院发布的《总会计师条例》，1992 年 11 月 16 日经国务院批准，11 月 30 日财政部发布的《企业会计准则》，2000 年 6 月 21 日国务院颁布的《企业财务会计报告条例》等。

(3) 会计规章

会计规章是由主管全国会计工作的行政部门——财政部就会计工作中某些方面的内容所制定的规范性文件。如财政部发布的《股份有限公司会计制度》、《会计基础工作规范》、

《财政部门实施会计监督办法》，财政部与国家档案局联合发布的《会计档案管理办法》等。

3. 会计法的适用范围

《会计法》明确规定：国家机关、社会团体、公司、企业、事业单位和其他组织（以下统称单位）必须依照本法办理会计事务。

## 三、会计法的立法宗旨和基本原则

《会计法》的立法宗旨主要体现为：规范会计行为，保证会计资料真实、完整，加强经济管理和财务管理，提高经济效益，维护社会主义市场经济秩序。

为了保障会计立法宗旨的实现，充分发挥《会计法》的作用，《会计法》规定了以下基本原则：

1. 真实性原则

确保会计资料真实，是对会计工作的基本要求，也是为单位经营管理、业务活动和国家宏观经济管理以及为投资人、债权人提供准确、可靠的会计信息的重要保证。根据《会计法》规定，各单位必须依法设置会计账簿，并保证其真实、完整；单位负责人对本单位的会计工作和会计资料的真实性、完整性负责。任何单位和个人不得以任何方式授意、指使、强令会计机构、会计人员伪造、变造会计凭证、会计账簿和其他会计资料，提供虚假财务会计报告。

2. 完整性原则

各单位必须根据实际发生的经济业务事项进行会计核算，填制会计凭证，登记会计账簿，编制财务会计报告，不得残缺、丢失、隐匿和损毁，确保其完整。

3. 合法性原则

各项会计工作必须依法进行，各单位必须依法设置会计账簿，会计机构、会计人员要遵守法律法规，依照《会计法》规定办理会计事务，进行会计核算，实行会计监督。单位负责人应当保证会计机构、会计人员依法履行职责，不得授意、指使、强令会计机构、会计人员违法办理会计事项。

## 四、会计工作管理体制

1. 会计工作的领导制度

根据《会计法》的有关规定，国务院财政部门主管全国的会计工作，县级以上地方各级人民政府财政部门管理本行政区域内的会计工作。

会计工作由财政部门管理，在管理体制上实行“统一领导，分级管理”，国家实行统一的会计制度。国家统一的会计制度由国务院财政部门制定。《会计法》规定：“国务院有关部门可以依照本法和国家统一的会计制度制定对会计核算和会计监督，有特殊要求的行业实行国家统一的会计制度的具体办法或者补充规定，报国务院财政部门备案。中国人民解放军总后勤部可以依照《会计法》和国家统一的会计制度制定军队实施国家统一的会计制度的具体办法，报国务院财政部门备案。

2. 会计工作管理

会计工作管理包括两个方面的管理，第一是对会计人员的管理，即对会计人员的业务管理和人事管理。根据《会计法》和有关法规规定，财政部门、业务主管部门负责会计人员的业务管理，包括组织会计人员的业务培训，确认会计人员的专业技术资格，颁发会计人员的荣誉证书等。第二是单位内部的会计工作管理，根据《会计法》及有关规定，单位负责人为本单位会计行为责任主体的同时，也规定了会计机构、会计人员和其他人员的职责、法律责任。即会计人员和会计工作其他相关人员不仅要对单位负责人负责，也同样要对法律负责。

会计工作是一项综合性的经济管理工作，国家通过各有关部门了解会计主体的经营管理情况、财务状况，从而宏观上为国家进行经济管理和决策提供信息。所以，《会计法》规定了统一领导，分级管理的体制，也对会计工作的具体管理做了详细的规定。

## 五、会计机构和会计人员

### （一）会计机构和会计人员的设置

根据《会计法》的规定，各单位应当根据会计业务的需要，设置会计机构，或者在有关机构中设置会计人员并指定会计主管人员；不具备设置条件的，应当委托经批准设立从事会计代理记账业务的中介机构代理记账。

国有和国有资产占控股地位或者主导地位的大、中型企业必须设置总会计师。总会计师的任职资格、任免程序、职责权限由国务院规定。

会计机构内部应当建立稽核制度。出纳人员不得兼任稽核、会计档案保管和收入、支出、费用、债权债务项目的登记工作。

会计人员应当具备从事会计工作所需要的专业能力。担任单位会计机构负责人（会计主管人员）的，应当具备会计师以上专业技术职务资格或者从事会计工作 3 年以上经历。会计人员应当遵守职业道德，提高业务素质。对会计人员的教育和培训工作应当加强。

### （二）会计机构和会计人员的职责

根据《会计法》的规定，会计机构和会计人员的主要职责是：(1) 依法进行会计核算；(2) 依法实行会计监督；(3) 拟定本单位办理会计事务的具体办法；(4) 参与拟订经济计划、业务计划，考核、分析预算、财务计划的执行情况；(5) 办理其他会计事项。

会计人员应当遵守职业道德，提高业务素质。因有提供虚假财务会计报告，做假账、隐匿或者故意销毁会计凭证、会计账簿、财务会计报告，贪污、挪用公款，职务侵占等与会计职务有关的违法行为被依法追究刑事责任的人员，不得再从事会计工作。

### （三）会计人员的工作交接

会计人员调动工作或者离职，必须与接管人员办清交接手续。一般会计人员办理交接手续，由会计机构负责人（会计主管人员）监交；会计机构负责人办理交接手续的，由单位负责人监交，必要时主管单位可以派人会同监交。

### （四）总会计师的职责和职权

总会计师是在单位负责人领导下，主管经济核算和财务会计工作的负责人。总会计师是单位行政领导成员，协助单位负责人工作，直接对单位负责人负责。总会计师作为单位财务会计的主要负责人，全面负责本单位的财务会计管理和经济核算，参与本单位的重大经营决策活动。

根据《总会计师条例》规定，总会计师的基本职责是：负责本单位的预算、财务收支计划、信贷计划，拟订资金筹措和使用方案，开辟财源，有效地使用资金；进行成本费用预测、计算、控制、核算、分析和考核，督促本单位有关部门降低消耗、节约费用，提供经济效益；建立健全经济核算制度，利用财务会计资料进行经济活动分析；承办单位领导人交办的其他工作。另外，总会计师还要负责对本单位的财务机构的设置和会计人员的配备、会计专业技术职务的设置和聘任提出方案;组织会计人员的业务培训和考核;支持会计人员依法行使职权,协助本单位主要行政领导者对企业生产经营、行政事业单位的业务发展以及基本建设核算等问题做出决策;参与新产品开发、技术改造、科研、商品劳务价格和工资奖金方案的制订;参与重大经济合同和经济协议的研究和审查等。

总会计师的职权主要包括:(1) 对违反国家财经法律、法规、方针、政策、制度和有可能在经济上造成损失、浪费的行为,有权制止或纠正;制止和纠正无效时,提请单位主要领导人处理;(2) 有权组织本单位各职能部门、直属基层组织的经济核算、财务会计和成本管理等方面的工作;(3) 主管审批财务收支工作;(4) 预算与财务收支计划、成本和费用计划、信贷计划、财务专题报告、会计决算报表,须经总会计师签署;涉及财务收支的重大业务计划、合同等,在单位内部须经总会计会签;(5) 会计人员的任用、晋升、调动、奖惩应事先征求总会计师的意见;财会机构负责人或会计主管人员的人选,应当由总会计师进行业务考核,依照有关规定审批。

## 六、注册会计师、会计师事务所和注册会计师协会

为了充分发挥注册会计师在社会经济监督活动中的作用,促进社会主义市场经济的健康发展,1993 年 10 月 31 日第八届全国人大常委会第四次会议通过了《中华人民共和国注册会计师法》以下简称《注册会计师法》,并于 2014 年 8 月 31 日十二届全国人大常委会第十次会议进行修正。

### (一) 注册会计师

注册会计师是依法取得注册会计师证书并接受委托从事审计和会计咨询、会计服务业务的执业人员。国家实行注册会计师全国统一考试制度。参加注册会计师全国统一考试成绩合格,并从事审计业务工作 2 年以上的,可以向省、自治区、直辖市注册会计师协会申请注册。

根据《注册会计师法》规定,注册会计师承办下列审计业务:

(1) 审查企业会计报表,出具审计报告;

(2) 验证企业资本,出具验资报告;

(3) 办理企业合并、分立、清算事宜中的审计业务,出具有关报告;

(4) 法律、行政法规规定的其他审计业务。

注册会计师依法执行审计业务出具的报告,具有证明效力。

注册会计师可以承办会计咨询、会计服务业务。

注册会计师依法独立、公正执行业务,受法律保护。注册会计师执行业务时,可以根据需要查阅委托人的有关会计资料和文件,查看委托人的业务现场和设施,要求委托人提供其他必要的协助。注册会计师与委托人有利害关系的,应当回避;委托人有权要求其回避。注册会计师对执行业务中知悉的商业秘密,负有保密义务。注册会计师执行业务,必须遵守法律、行政法规。

### (二) 会计师事务所

会计师事务所是依法设立并承办注册会计师业务的机构。注册会计师执行业务,应当加入会计师事务所。设立会计师事务所,由国务院财政部门或者省、自治区、直辖市人民政府财政部门批准。

会计师事务所可以由注册会计师合伙设立。合伙设立的会计师事务所的债务,由合伙人按照出资比例或者协议的约定,以各自的财产承担责任。合伙人对会计师事务所的债务承担连带责任。

会计师事务所符合下列条件的,可以是负有限责任的法人:

(1) 不少于 30 万元的注册资本;

(2) 有一定数量的专职从业人员,其中至少有 5 名注册会计师;

(3) 国务院财政部门规定的业务范围和其他条件。

负有限责任的会计师事务所以全部资产对其债务承担责任。

注册会计师承办业务,由其所在的会计师事务所统一受理并与委托人签订委托合同。

会计师事务所受理业务,不受行政区域、行业的限制,但法律、行政法规另有规定的除外。会计师事务所依法独立、公正执行业务,受法律保护。委托人委托会计师事务所办理业务,任何单位和个人不得干预。会计师事务所执行业务,必须遵守法律、行政法规。

会计师事务所对本所注册会计师依照该所与委托人签订的委托合同承办的业务,承担民事责任。会计师事务所要依法纳税,同时按照国务院财政部门的规定建立职业风险基金,办理职业保险。

**(三) 注册会计师协会**

注册会计师协会是由注册会计师组成的社会团体,依法取得社会团体法人资格。

中国注册会计师协会是注册会计师的全国性组织,省、自治区、直辖市注册会计师协会是注册会计师的地方性组织。中国注册会计师协会依法拟订注册会计师执业准则、规则,报国务院财政部门批准后施行。注册会计师协会应当支持注册会计师依法执行业务,维护其合法权益,向有关部门反映其意见和建议,同时要对注册会计师的任职资格和执业情况进行年度检查。

## 第二节 会计核算

会计核算是会计的最基本职能之一,它通过会计形式,根据财政、财务制度,对生产经营活动实施全过程、全方位地预测、计算、比较、分析和考核。《会计法》所规范的会计核算,是指会计工作中事后记账、算账、报账。会计核算的基本内涵,是指以货币为计量单位,运用专门的会计方法,对各单位的生产经营活动或者预算执行的过程及其结果进行连续地、系统地记录、计算、分析,定期编制会计报表,形成一系列会计指标,据以考核目标或计划的完成情况,为制定经营决策和宏观经济管理提供可靠的信息和资料的一项管理活动。

### 一、会计核算的基本要求

1. 对会计核算依据的基本要求

根据《会计法》规定,各单位必须根据实际发生的经济业务事项进行会计核算,填制会计凭证,登记会计账簿,编制财务会计报告。任何单位不得以虚假的经济业务事项或者资料进行会计核算,这是对会计核算依据的基本要求,包含两层含义:

(1) 会计核算必须以实际发生的经济业务事项为依据。

(2) 以虚假的经济业务事项或资料进行会计核算是一种严重的违法行为。

2. 对会计资料的基本要求

根据《会计法》相关规定，对会计资料的基本要求如下：

(1) 会计资料必须符合国家统一的会计制度的规定。会计资料是在核算过程中形成的记录和反映实际发生的经济业务事项的资料，包括会计凭证、会计账簿、财务会计报告和其他会计资料。

(2) 生成和提供虚假会计资料是一种严重的违法行为。《会计法》明确规定，禁止任何单位和个人伪造、变造会计凭证、会计账簿和其他会计资料，不得提供虚假的财务报告。

所谓伪造是指以虚假的财务会计事项为前提编造不真实的会计凭证、会计账簿和其他会计资料。所谓变造是指用涂改、挖补等手段来改变会计凭证、会计账簿内容、歪曲事实真相的行为。所谓提供虚假财务会计报告，是指通过编造虚假的会计凭证、会计账簿和其他会计资料或直接篡改财务会计报告，使财务会计报告不真实、不完整地反映企业财务状况和经营成果，借以误导、欺骗会计资料使用者的行为。

3. 会计处理方法和会计记录文字

会计处理方法是指在会计核算中所采用的具体方法，通常包括：收入确认方法、企业所得税的会计处理方法、存货计价方法、坏账损失的核算方法等。《会计法》和国家统一的会计制度规定，各单位采用的会计处理方法前后各期应保持一致，不得随意变更；确有必要变更的，应当按照国家统一的会计制度规定进行变更，并将变更的原因、情况和影响，在财务报告中予以说明，以便于会计资料使用者了解。

会计记录文字是在会计核算时，为记载经济业务发展情况和辅助情况说明会计数字所体现的经济内涵而使用的文字。根据规定，会计记录的文字应当使用中文；民族自治地方的单位的会计文字可以同时使用当地通用的一种民族文字；在中国境内设立的外商投资企业、外国企业和其他外国组织的会计记录文字可以同时使用一种外国文字。

4. 对会计电算化的基本要求

《会计法》规定："使用电子计算机进行会计核算的，其软件及其生成的会计凭证、会计账簿、财务会计报告和其他会计资料，也必须符合国家统一的会计制度的规定。"这是对会计电算化的单位有关会计软件及其会计资料的基本要求。

5. 对会计期间与记账本位币的要求

会计核算应当划分会计期间，分期结算账目和编制财务会计报表。会计期间分为年度、半年度、季度和月份。《会计法》第十一条规定，我国是以公历年度为会计年度，即以每年1月1日起至12月31日为一个会计年度，季度、月份的起止日期也采用公历日期。

记账本位币是指用于日常登记账簿和编制会计报表用以计量的货币。《会计法》第十二条规定，会计核算以人民币作为记账本位币。业务收支以人民币以外的货币为主的单位，可以选定其中一种货币作为记账本位币，但是编制的财务会计报告应当折算成人民币。

## 二、会计核算的内容

会计核算的内容，是指必须进行会计核算的经济业务事项。根据《会计法》规定，下列经济业务事项应当办理会计手续，进行会计核算：款项和有价证券的收支；财务的收支、增减和使用；债券债务的发生和结算；资本的增减和经费的收支；收入、费用、成本的计算；财务成果的计算和处理；其他需要办理会计手续、进行会计核算的事项。

各单位必须根据实际发生的经济业务事项进行会计核算，填制会计凭证、登记会计账簿、编制财务会计报告。各单位必须按照国家统一的会计制度的规定，设置会计科目和会计账簿，并应建立财产清查制度，保证账簿记录与实物、款项相符。

## 三、会计核算中对会计凭证、会计账簿和财务报告的要求

1. 对会计凭证的要求

会计凭证包括原始凭证和记账凭证。《会计法》规定，原始凭证记载的各项内容不得涂改；原始凭证有错误的，应当由出具单位重新开出或者更正，更正处应当加盖出具单位印章。原始凭证金额有错误的，应当由出具单位重开，不得在原始凭证上更正。记账凭证应当根据经过审核的原始凭证及其有关资料编制。

2. 对会计账簿的要求

会计账簿包括总账、明细账、日记账和其他辅助性账簿。会计账簿应当按照连续编号的页码顺序登记。会计账簿记录发生错误或者隔页、缺号、跳行的，应当按照国家统一的会计制度规定的方法更正，并由会计人员和会计机构负责人(会计主管人员)在更正处盖章。

3. 对会计主体的要求

各单位发生的各项经济业务员事项应当在依法设置的账簿上统一登记、核算，不得违反《会计法》和国家统一的会计制度的规定私设会计账簿登记、核算。

各单位应当定期将会计账簿记录与实物、款项及有关资料相互核对，保证会计账簿记录与会计凭证的有关内容相符合、会计账簿之间相对应的记录相符、会计账簿记录与会计报表的有关内容相符。

4. 对财务会计报告的要求

财务会计报告由会计报表、会计报表附注和财务情况说明书组成，向不同的会计资料使用者提供的财务会计报告，其编制依据应当是一致的。财务会计报告应当根据经过审核的会计账簿记录和有关资料编制，并符合《会计法》和国家统一的会计制度关于财务会计报告的编制要求、提供对象和提供期限的规定。其他法律、行政法规另有规定的，从其规定。财务会计报告应当由单位负责人和主管会计工作的负责人、会计机构负责人(会计主管人员)签名并盖章；设置总会计师的单位，还须由总会计师签名并盖章。单位负责人应当保证财务会计报告的真实完整。

## 四、公司、企业会计核算的特别规定

1. 公司、企业会计核算必须遵循的基本行为准则

公司、企业必须根据实际发生的经济业务事项，按照国家统一的会计制度的规定确认、计量和记录资产、负债、所有者权益、收入、费用、成本和利润。

2. 公司、企业会计核算不得实施的行为

公司、企业进行会计核算不得有下列行为：(1) 随意改变资产、负债、所有者权益的确认标准或者计量方法，虚列、多列、不列或者少列资产、负债、所有者权益；(2) 虚列或者隐瞒收入，推迟或者提前确认收入；(3) 随意改变费用、成本的确认标准或者计量方法，虚列、多列、不列或者少列费用、成本；(4) 随意调整利润的计算、分配方法，编造虚假利润或者隐瞒利润；(5) 违反国家统一的会计制度规定的其他行为。

## 第三节　会计监督

会计监督也称会计检查，是会计的基本职能之一，也是我国经济监督体系的重要组成部分。会计监督可以分为单位内部会计监督、以政府财政部门为主体的国家监督和以注册会计师为主体的社会监督，也可以分为内部监督和外部监督。

### 一、内部监督

内部监督是指各单位的会计机构、会计人员对本单位实行的会计监督。各单位应当建立、健全本单位内部会计监督制度。根据《会计法》的规定，单位内部会计监督制度应当符合以下要求：

(1) 记账人员与经济业务事项和会计事项的审批人员、经办人员、财务保管人员的职责权限应当明确，并相互分离、相互制约。

(2) 重大对外投资、资产处置、资金调度和其他重要经济业务事项的决策和执行的相互监督、相互制约程序应当明确。

(3) 财产清查的范围、期限和组织程序应当明确；

(4) 对会计资料定期进行内部审计的办法和程序应当明确。

单位负责人应当保证会计机构、会计人员依法履行职责，不得授意、指使、强令会计机构、会计人员违法办理会计事项。

会计机构、会计人员对违反《会计法》和国家统一的会计制度规定的会计事项，有权拒绝办理或者按照职权予以纠正。会计机构、会计人员发现会计账簿记录与实物、款项及有关资料不相符的，按照国家统一的会计制度的规定有权自行处理的，应当及时处理；无权处理的，应当立即向单位负责人报告，请求查明原因，做出处理。

### 二、外部监督

外部监督是指财政、审计、税务、人民银行、证券监管、保险监管等部门依据法律、行政法规的规定和部门的职责权限，对有关单位的会计行为、会计资料进行监督检查，以及社会中介机构如会计师事务所的注册会计师接受委托，依法对有关单位的经济活动进行审计，并据实做出客观评价的一项工作。

1. 国家监督

根据《会计法》及相关规定，财政部门对各单位的会计工作实施监督主要包括：(1) 监督各单位是否依法设置会计账簿；(2) 监督各单位的会计凭证、会计账簿、财务会计报告及其他会计资料是否真实、完整。(3) 监督各单位的会计核算是否符合《会计法》和国家统一的会计制度的规定；(4) 监督从事会计工作的人员是否具备专业能力、遵守职业道德。

2. 社会监督

《会计法》规定，财政、审计、税务、人民银行、证券监管、保险监管等部门应当依照有关法律、行政法规规定的职责，对有关单位的会计资料实施监督检查。

有关法律、行政法规规定，须经注册会计师进行审计的单位，应当向受委托的会计师事务所如实提供会计凭证、会计账簿、财务会计报告和其他会计资料以及有关情况。任何单位和个人不得以任何方式要求或者示意注册会计师及其所在的会计师事务所出具不实或者不当的审计报告。财政部门有权对会计师事务所所出具的审计报告的程序和内容进行监督。

## 三、违反《会计法》的法律责任

违反《会计法》的法律责任，是指会计机构和会计人员违反会计核算和会计监督的法律规范而承担的责任，包括行政责任、民事责任和刑事责任。

1. 违反国家统一会计制度行为的法律责任根据《会计法》规定，有下列行为之一的，由县级以上人民政府财政部门责令限期改正，可以对单位并处 3 000 元以上 5 万元以下的罚款；对其直接负责的主管人员和其他直接责任人员，可以处 2 000 元以上 2 万元以下的罚款；属于国家工作人员的，还应当由其所在单位或者有关单位依法给予行政处分：

(1) 不依法设置会计账簿的；

(2) 私设会计账簿的；

(3) 未按照规定填制、取得原始凭证或者填制、取得的原始凭证不符合规定的；

(4) 以未经审核的会计凭证为依据登记会计账簿或者登记会计账簿不符合规定的；

(5) 随意变更会计处理方法的；

(6) 向不同的会计资料使用者提供的财务会计报告编制依据不一致的；

(7) 未按照规定使用会计记录文字或者记账本位币的；

(8) 未按照规定保管会计资料，致使会计资料毁损、灭失的；

(9) 未按照规定建立并实施单位内部会计监督制度或者拒绝依法实施的监督或者不如实提供有关会计资料及有关情况的；

(10) 任用会计人员不符合《会计法》规定的。

有上述所列行为之一，构成犯罪的，依法追究刑事责任。会计人员有上述所列行为之一，情节严重的，5 年内不得从事会计工作。

2. 伪造、变造会计凭证、会计账簿，编制虚假财务会计报告或者隐匿、故意销毁依法应当保存的会计凭证、会计账簿、财务会计报告，构成犯罪的，依法追究刑事责任。尚不构成犯罪的，由县级以上人民政府财政部门予以通报，可以对单位并处 5 000 元以上 10 万元以下的罚款；对其直接负责的主管人员和其他直接责任人员，可以处 3 000 元以上 5 万元以下的罚款；属于国家工作人员的，还应当由其所在单位或者有关单位依法给予撤职直至开除的行政处分；对于其中的会计人员，5 年内不得从事会计工作。

3. 隐匿或者故意销毁依法应当保存的会计凭证、会计账簿、财务会计报告，构成犯罪的，依法追究刑事责任。尚不构成犯罪的，由县级以上人民政府财政部门予以通报，可以对单位并处 5 000 元以上 10 万元以下的罚款；对其直接负责的主管人员和其他直接责任人员，可以处 3 000 元以上 5 万元以下的罚款；属于国家工作人员的，还应当由其所在单位或者有关单位依法给予撤职直至开除的行政处分；其中的会计人员，5 年内不得从事会计工作。

4. 授意、指使、强令会计机构、会计人员及其他人员伪造、变造会计凭证、会计账簿，编制虚假的财务会计报告或者隐匿、故意销毁依法应当保存的会计凭证、会计账簿、财务会计报告，构成犯罪的，依法追究刑事责任；尚不构成犯罪的，可以处 5 000 元以上 5 万元以下的罚款；属于国家工作人员的，还应当由其所在单位或者有关单位依法给予降级、撤职、开除的行政处分。

5. 单位负责人对依法履行职责、抵制违反《会计法》规定行为的会计人员以降级、撤职、调离工作岗位、解聘或者开除等方式实行打击报复，构成犯罪的，依法追究刑事责任；尚不构成犯罪的，由其所在单位或者有关单位依法给予行政处分。对于受打击报复的会计人员，应当恢复其名誉和原有职务、级别。

6. 财政部门及有关行政部门的工作人员在实施监督管理中滥用职权、玩忽职守、徇私舞弊或者泄露国家秘密、商业秘密，构成犯罪的，依法追究刑事责任；尚不构成犯罪的，依法给予行政处分。

7. 违反《会计法》有关规定，将检举人姓名和检举材料转给被检举单位和被检举个人的，由所在单位或者有关单位依法给予行政处分。

## 练习题

### 一、单项选择题

1. 会计是以(　　)为主要计量单位，对一定主体的经济业务进行核算和监督。

A. 工时　　B. 货币　　C. 重量　　D. 数量

2.《会计法》规定，国有和国有资产占控股地位的大、中型企业必须设置(　　)。

A. 高级会计师　B. 注册会计师　C. 总会计师　D. 助理会计师

3. 原始凭证金额有错误的，应当(　　)。

A. 由出具单位重开

B. 由开具单位更正，更正处应当加盖出具单位的公章

C. 自行更正后要求出具单位加盖公章

D. 由开具单位更正

4. 下列各项中，属于会计法律的是(　　)。

A.《中华人民共和国会计法》　B.《总会计师条例》

C.《会计基础工作规范》　D.《企业会计制度》

5. 根据《会计法》的规定，对随意变更会计处理方法的单位，县级以上人民政府财政部门责令限期改正，并可以处(　　)。

A. 2 000 元以上 20 000 元以下的罚款

B. 3 000 元以上 50 000 元以下的罚款

C. 4 000 元以上 50 000 元以下的罚款

D. 5 000 元以上 50 000 元以下的罚款

6. 会计人员办理交接手续，一般由(　　)负责人监交。

A. 会计机构负责人　B. 县级以上人民政府

C. 总会计师　D. 主管机关

7. 根据《会计法》的规定，某公司的下列人员中，应当对本公司会计工作和会计资料的真实性、完整性负责的单位负责人是(　　)。

A. 董事长张某　B. 总经理王某

C. 总会计师李某　D. 财务部经理赵某

8. 下列各项中，有权对各单位会计工作行使监督权，并依法对违法会计行为实施行政处罚的为(　　)。

A. 县级以上财政部门　B. 县级以上税务部门

C. 县级以上审计部门　　D. 县级以上人民银行

## 二、多项选择题

1. 我国会计法律制度分为会计法律、会计行政法规、会计规章、地方性会计法规和会计规范性文件5个层次。下列各项中，属于会计行政法规的有(　　)。

A. 国务院发布的《总会计师条例》

B. 国务院发布的《企业财务会计报告条例》

C. 省级人大常委会发布的地方会计管理条例

D. 财政部发布的《财政部门实施会计监督办法》

2. 根据《中华人民共和国会计法》的规定，下列人员中，应当在单位财务会计报告上签名并盖章的有(　　)。

A. 单位负责人　　B. 总会计师

C. 会计机构负责人　　D. 出纳人员

3. 出纳人员不得从事(　　)工作。

A. 会计档案保管　　B. 债权债务账目的登记

C. 货币资金收付　　D. 收入、支出、费用账目的登记

4. 下列各项中，属于会计监督体系组成部分的有(　　)。

A. 社会舆论监督

B. 单位内部会计监督

C. 以注册会计师为主体的会计工作社会监督

D. 以政府财政部门为主体的会计工作政府监督

5. 单位负责人在内部会计监督中的职责，下列表述正确的是(　　)。

A. 单位负责人必须事事参与，严格把关

B. 单位负责人对本单位会计资料的真实性、完整性负责

C. 不能授意、指使、强令会计人员办理违法事项

D. 应依法做好会计核算工作

## 三、简答题

1. 简述会计核算的基本要求和内容。
2. 简述会计监督的含义及其分类。
3. 简述会计机构和会计人员的工作职责。

## 四、案例分析题

大台公司是一家大型国有控股企业，该企业发生以下情况：

(1) 2013年3月，公司董事长胡某主持召开董事会会议，研究进一步加强会计工作问题，根据公司经理的提名，会议决定增设一名副经理主管财会工作，现任总会计师配合其工作。

(2) 2013年5月，公司会计科负责收入、费用账目登记的会计张某提出休产假。因会计科科长出差在外，主管财会工作的副经理指定出纳员兼管会计张某的工作，并让出纳员与张某自行办理交接手续。

(3) 2014年2月，公司财务会计报告经主管财会工作的副经理、总会计师、会计科科长签名并盖章后报出，公司董事长胡某在财务会计报告上签章。

请问：(1) 该公司增设主管财会工作的副经理的做法是否符合法律制度？简要说明理由。

(2) 该公司指定出纳员兼管会计张某的工作并让出纳员与张某自行办理会计工作交接是否符合法律规定？分别简要说明理由。

(3) 该公司是否还存在其他会计违法行为？

# 第十一章 税 法

学习要点

☆ 掌握我国现行流转税制、所得税制和财产、行为和资源税制的主要内容。

☆ 熟悉我国税收征收管理制度。

☆ 了解税收的概念及特点，税法的相关概念，税法的构成要素以及我国现行的主要税种。

引 例

华悦公司开业并办理了税务登记。两个月后的一天，税务机关发来一份税务处理通知书，称该公司未按规定期限办理纳税申报(每月的1日至15日为申报期限)，并处罚款。公司经理对此很不理解，到税务机关辩称，本公司虽已开业两个月，但尚未做成一笔生意，收入都没有，为何还要纳税申报呢？

请问：税务机关的做法有没有错误，税务机关的行为的依据是什么？

## 第一节 税收与税法概述

税收作为一种财政收入，在社会再生产过程中属于分配范畴。征税的过程，就是一部分社会产品和国民收入从社会成员手中转变为国家所有的分配过程。税收是实现国家政治、经济、文化等职能的物质基础，是国家财政收入的主要来源。税收活动是国家参与社会产品分配和再分配的重要手段，也是国家进行宏观调控的杠杆。没有税收，国家机器就不能有效运作，国家也将难以存续。税法是经济法律制度体系中的一个重要组织部分，也是调整社会分配关系的基本法律规范。一个国家的税收制度总是通过税收立法加以明确规定的。

### 一、税收概述

1. 税收的概念

税收是国家为实现其职能，凭借政治权力参与社会产品和国民收入分配，按照法定的标准和程序、无偿地、强制取得财政收入的分配关系。这种分配关系的主体是国家，客体是劳动人民创造的国民收入和积累的社会财富，目的是为了实现国家的职能。

2. 税收的基本特征

税收与其他财政收入形式相比，具有强制性、无偿性、固定性三个特征。这就是所谓的税收“三性”，它是税收本身所固有的。

第一，税收在征收上具有强制性。国家税务机关依照法律规定直接向纳税人征税，法律的强制力是导致税收的特征的最直接原因。即税收的征税以国家强制力为后盾，纳税与否不以纳税人的意志为征税的要件，纳税人必须依法纳税，否则国家通过法律强制力迫使纳税人履行纳税义务，并追究其相应的法律责任。

第二，税收在交纳性质上具有无偿性。即国家的征税过程，就是把纳税人所有的这部分财产转移给国家所有，形成国家财政收入，不再返还给原纳税人，也不向纳税人支付任何报酬。

第三，税收在征税对象和标准上具有固定性。税收的固定性来源于税收法定原则，国家以法律的形式明确规定税收的纳税主体、征收对象和税率等基本要素，即通过税法把对什么征税、对谁征税和征多少税预先固定下来，不仅纳税人必须严格依法按时足额申报纳税，而且国家也只能依法定程序和标准征税。

税收三性是一个完整的统一体，它们相辅相成、不可分离。其中，无偿性是核心，强制性是保障，固定性是对强制性和无偿性的一种规范和约束。

## 二、税法概述

### 1. 税法的概念

税收法律制度，简称"税法"。它是调整国家通过税务机关与纳税人之间产生的、无偿征收一定货币或者实物的税收征纳关系的法律规范的总称。税法是国家取得财政收入的重要保障，是国家税务机关对纳税人征税的法律依据，也是纳税人履行纳税义务的基本准则。为了加强国家对国民经济进行宏观调控，保障国家财政收入的稳定增长，我国制定和颁布了一系列有关税收方面的法律、法规和规章。

### 2. 税法的调节对象

税法的调整对象是税收关系。税收关系是指税收利益在各个相关主体之间进行分配时所产生的各种关系的总称，其核心内容就是税收利益的分配。税收关系包括国家与税收机关之间的税收归属关系，税务机关与纳税人之间的征纳关系及它们的衍生关系。如中央政府与地方政府之间的税收归属关系，税务机关与委托代征人的行政委托关系，其他行政机关或机构与税务机关的行政协助关系，代扣代缴义务人与纳税人之间的代扣代缴关系等。

### 3. 税法的功能

税法调整的对象涉及社会经济活动的各个方面，与国家的整体利益及企业、单位、个人的直接利益有着密切的关系。正确认识税法的目标和本身应具有的功能价值，对于推动税收事业各项工作，具有重要意义。我国税法的目标和功能主要体现在以下几个方面：

(1) 为国家组织财政收入提供法律保障。

(2) 为国家调控宏观经济提供一种经济法律手段。

(3) 维护和促进现代市场经济秩序。

(4) 规范税务机关合法征税，有效保护纳税人的合法权益。

(5) 为维护国家利益，促进国际经济交往提供可靠保证。

### 4. 税法的分类

(1) 按照税法的基本内容和效力的不同，可分为税收基本法和税收普通法。

税收基本法也称税收通则，是税法体系的主体和核心，在税法体系中起着税收母法的作用，其基本内容包括税收制度的性质、税务管理机构、税收立法与管理权限、纳税人的基本权利与义务、征税机关的权利和义务、税种设置等。我国目前还没有制定统一的税收基本法。税收普通法是根据税收基本法的原则,对税收基本法规定的事项分别立法实施的法律,如个人所得税法、税收征收管理法等。

(2) 按照税法的职能作用的不同.可分为税收实体法和税收程序法。

税收实体法主要是指确定税种立法,具体规定各税种的征收对象、征收范围、税目、税率、纳税地点等。例如,《中华人民共和国企业所得税法》和《中华人民共和国个人所得税法》就属于税收实体法。

税收程序法是指税务管理方面的法律,主要包括税收管理法、纳税程序法、发票管理法、税务机关组织法、税务争议处理法等。《中华人民共和国税收征收管理法》(以下简称《税收征收管理法》)就属于税收程序法。

(3) 按照主权国家行使税收管辖权的不同,可分为国内税法、国际税法、外国税法等。

国内税法一般是按属人或属地原则,规定一个国家的内部税收制度。国际税法是指国家间形成的税收制度,主要包括双边或多边国家间的税收协定、条约和国际惯例等,一般而言,其效力高于国内税法。外国税法是指外国各个国家制定的税收制度。

此外,按照税法征收对象的不同,可分为流转税税法、所得税税法、资源税税法、财产与行为税税法、特定目的税法。

## 三、税法的构成要素

税法的构成要素,又称课税要素,是指各种单行税法具有的共同的基本要素的总称。具体而言,税法的构成要素主要有:

1. 总则

主要包括立法依据、立法目的、适用原则等。

2. 纳税主体

又称纳税人或纳税义务人,是指税法规定的直接负有纳税义务的单位和个人。纳税人有两种基本形式:自然人和法人。自然人和法人是两个相对称的法律概念。自然人是基于自然规律而出生的,有民事权利和义务的主体,包括本国公民,也包括外国人和无国籍人。法人是自然人的对称,法人是基于法律规定享有权利能力和行为能力,具有独立的财产和经费,依法独立承担民事责任的社会组织。我国的法人主要有四种:机关法人、事业法人、企业法人和社团法人。

3. 征税对象,又称征税客体、课税对象

指税法规定对什么征税,它是征纳税双方权利义务共同指向的客体或标的物,是区别一种税与另一种税的重要标志。征税对象是税法的最基本的要素,因为它体现着税收的最基本界限,决定着某一税种的基本征税范围,同时,征税对象也决定了各个不同税种的名称。征税对象按其性质的不同,通常可划分为流转额、所得额、财产、资源、特定行为等五大类,通常也因此将税收分为相应的五大类即流转税或称货物和劳务税、所得税、财产税、资源税和特定行为税。

4. 税目

税目是在税法中对征税对象分类规定的具体的征税项目,反映具体的征税范围,是对课税对象质的界定。有些税种的征税对象简单、明确,例如房产税等,但对大多数税种来说,一般征税对象都比较复杂,在具体征税时,对这些征税对象还必须做进一步划分并做出具体界限规定，这些规定的界限范围就是税目。

5. 税率

税率是对征税对象的征收比例或征收额度。税率是计算税额的尺度，也是衡量税负轻重与否的重要标志。我国现行的税率主要有：

(1) 比例税率。即对同一征税对象，不分数额大小，规定相同的征收比例。我国的增值税、城市维护建设税、企业所得税等采用的是比例税率。比例税率在使用中又可分为三种具体形式：单一比例税率、差别比例税率、幅度比例税率。比例税率具有计算简单、税负透明度高、有利于保证财政收入、有利于纳税人公平竞争、不妨碍商品流转额或非商品营业额扩大等优点，符合税收效率原则。

(2) 超额累进税率。指把征税对象按数额的大小分为若干等级，每一等级规定一个税率，税率依次提高，但每一纳税人的征税对象则依所属等级同时适用几个税率分别计算，将结果相加后得出应纳税款。目前我国采用这种税率的税种有个人所得税。

(3) 定额税率。即按征税对象确定的计算单位，直接规定一个固定的税额。目前采用定额税率的有资源税、城镇土地使用税、车船税等。

(4) 超率累进税率。即以征税对象数额的相对率划分若干级距，分别规定相应的差别税率，相对率每超过一个级距的，对超过的部分就按高一级的税率计算征税。目前我国税收体系中采用这种税率的是土地增值税。

6. 纳税环节

主要指税法规定的征税对象在从生产到消费的流转过程中应当缴纳税款的环节。合理选择纳税环节，对加强税收征管、有效控制税源、保证国家财政收入的及时、稳定、可靠，方便纳税人生产经营活动和财务核算，灵活机动地发挥税收调节经济的作用，具有十分重要的理论和实践意义。

7. 纳税期限

纳税期限是指税法规定的关于税款缴纳时间方面的限定。是衡量征纳双方是否按时行使征税权力和履行纳税义务的尺度。纳税期限一般分为按次征收和按期征收两种。在现代税制中，一般还将纳税期限分为缴税期限和申报期限两段，但也可以将申报期限内含于缴税期限之中。

8. 纳税地点

主要是指根据各个税种纳税对象的纳税环节和有利于对税款的源泉控制而规定的纳税人(包括代征、代扣、代缴义务人)的具体纳税地点。

9. 减税免税

主要是对某些纳税人和征税对象采取减少征税或者免予征税的特殊规定。

10. 罚则

主要是指对纳税人违反税法的行为采取的处罚措施。

11. 附则

附则一般都规定与该法紧密相关的内容，比如该法的解释权、生效时间等。

# 第二节 流转税法

## 一、流转税法的概念

流转税法是调整以商品流转额和非商品流转额为征税对象的一系列税收关系的法律规范的总称。所谓商品流转额,是指在商品流转中因销售或购进商品而发生的货币收入或支出金额。所谓非商品流转额是指各种劳务或服务性业务的收入金额。流转税包括增值税、消费税、关税等,是我国税收收入的主要来源。它在保证国家财政收入、配合价格政策、调节生产经营、促进经济核算方面有显著的作用。

## 二、增值税

增值税是以商品生产和流通、劳务服务在流转过程中产生的新增价值——增值额为计税依据征收的一种流转税。

对增值税概念的理解,关键是要理解增值额的含义。增值额是指企业或者其他经营者从事生产经营或者提供劳务,在购入的商品或者取得劳务的价值基础上新增加的价值额。

按照我国现行增值税法,增值税的定义可表述为:增值税是对在我国境内销售货物或者加工、修理修配劳务(以下简称劳务),销售服务、无形资产、不动产以及进口货物的单位和个人,就其应税销售额计算税款,并实行税款抵扣制的一种流转税。

1. 纳税主体

在我国境内销售货物和劳务,销售服务、无形资产、不动产以及进口货物的单位和个人,为增值税的纳税人。

单位是指各类企业、行政单位、事业单位、军事单位、社会团体及其他单位。个人是指个体工商户和其他个人(指自然人,下同)。单位租赁或者承包给其他单位或者个人经营的,以承租人或者承包人为纳税人。

财政部、国家税务总局《关于资管产品增值税政策有关问题的补充通知》(财税[2017]2号)规定,2017 年 7 月 1 日(含)以后,资管产品运营过程中发生的增值税应税行为,以资管产品管理人为增值税纳税人,按照现行规定缴纳增值税。

增值税的纳税人分为一般纳税人和小规模纳税人两种。

增值税一般纳税人是指年应征增值税销售额(以下简称"年应税销售额",包括一个公历年度内的全部应税销售额)超过法律规定的小规模纳税人标准的企业和企业性单位。一般纳税人的特点是增值税进项税额可抵扣销项税额。年应税销售额超过规定标准的其他个人不属于一般纳税人。年应税销售额超过规定标准但不经常发生应税行为的单位和个体工商户可选择按照小规模纳税人纳税。年应税销售额未超过规定标准的纳税人,会计核算健全,能够提供准确税务资料的,可以向主管税务机关办理一般纳税人资格登记,成为一般纳税人。

按照《中华人民共和国增值税暂行条例实施细则》第二十八条规定,已登记为增值税一般纳税人的单位和个人,在 2018 年 12 月 31 日前可转登记为小规模纳税人,其未扣的进项税额作转出处理。

小规模纳税人是指年应税销售额在规定标准以下,并且会计核算不健全,不能按规定报送有关税务资料的增值税纳税人。按照《财政部税务总局关于统一增值税小规模纳税人标准的通知》(财税[2018]33号)规定,自2018年5月1日起,小规模纳税人的认定标准统一为:年应征增值税销售额500万元及以下。

2. 税目、税率

(1) 基本税率。增值税的基本税率定为13%,适用的具体范围如下。

① 除适用低税率的货物外,销售、进口货物适用13%的税率。

② 提供加工、修理修配劳务,适用13%的税率。

③ 提供有形动产租赁服务,适用13%的税率。

(2) 低税率。

① 销售或进口下列应税货物的按照9%的低税率征收增值税:粮食、食用植物油、食用盐;自来水、暖气、冷气、热水、煤气、石油液化气、天然气、沼气、居民用煤炭制品;图书、报纸、杂志、音像制品、电子出版物;饲料、化肥、农药、农机(不包括农机零部件)、农膜;国务院规定的其他货物。

② 提供下列应税服务的,按照9%或者6%的低税率征收增值税:提供交通运输、邮政、基础通信、建筑、不动产租赁服务,销售不动产,转让土地使用权,税率为9%;增值电信服务、金融服务、现代服务(除有形动产租赁服务和不动产租赁服务外)、生活服务、销售无形资产(除转让土地使用权外),税率为6%。

(3) 零税率

① 纳税人出口货物,一般适用于零税率,国务院另有规定的除外。

② 境内单位和个人发生的跨境应税行为,税率为零。具体范围由财政部和国家税务总局另行规定。

③ 境内单位和个人提供的国际运输服务、航天运输服务、向境外单位提供的完全在境外消费的特定服务以及财政部和国家税务总局规定的其他应税服务,税率为零。

(4) 征收率

增值税对小规模纳税人采用简易征收的办法。自2018年5月1日起,小规模纳税人增值税征收率为3%或5%。一般纳税人在特殊情况下,也按简易办法征收。

3. 计税依据及方法

我国增值税实行扣税法。一般纳税人凭增值税专用发票及其他合法扣税凭证注明的税款进行抵扣,增值税应纳税额的计算公式为:

应纳税额=当期销项税额—当期进项税额—上期留抵进项税额

=当期销售额×适用税率—当期进项税额—上期留抵进项税额

当期销项税额小于进项税额时,其不足抵扣的部分可以结转到下期继续抵扣。

(1) 销售额

销售额包括纳税人向购买方收取的全部价款和价外费用。纳税人采用销售额和销项税额合并定价的,按下列公式计算销售额:

不含税销售额=含税销售额÷(1+增值税税率)

(2) 销项税额

销项税额=销售额×适用税率

**【例11-1】** 华悦公司为增值税一般纳税人,2019年4月1日销售一批货物并开具增值税专用发票,取得销售收入(不含增值税)40 000元,增值税税率为13%,计算该销售业务的增值税销项税额。

增值税销项税额＝40 000×13%＝5 200(元)

(3) 进项税额

纳税人购进货物或者接受应税劳务(以下简称购进货物或者应税劳务)支付或者负担的增值税额，为进项税额。下列进项税额准予从销项税额中抵扣：

① 从销售方取得的增值税专用发票上注明的增值税额。

② 从海关取得的海关进口增值税专用缴款书上注明的增值税额。

③ 购进农产品，除取得增值税专用发票或者海关进口增值税专用缴款书外，按照农产品收购发票或者销售发票上注明的农产品买价和9%的扣除率计算的进项税额。纳税人购进用于生产或者委托加工13%税率货物的农产品，按照10%的扣除率计算进项税额。

进项税额计算公式：

进项税额＝买价×扣除率

准予抵扣的项目和扣除率的调整，由国务院决定。

**【例 11－2】** 华悦公司2019年4月共销售应税货物取得不含增值税的收入额500 000元，当月购进货物100 000元，取得的增值税专用发票上注明的进项税额为13 000元，增值税适用税率为13%，计算该公司当月增值税应纳税额。

当月销项税额＝500 000×13%＝65 000(元)

当月进项税额＝13 000(元)

当月应纳税额＝65 000－13 000＝52 000(元)

小规模纳税人实行简易办法征收增值税，并不得抵扣进项税额，其应纳税额计算公式为：

应纳税额＝销售额×征收率

小规模纳税人采用销售额和应纳税额合并定价方法的，应将其换算为不含税销售额计算公式为：

销售额＝含税销售额÷(1＋征收率)

**【例 11－3】** 华悦公司为增值税小规模纳税人，2018年7月销售货物，开具的增值税普通发票上注明价税合计为41 200元，其适用的增值税征收率为3%，计算该企业当月应缴纳的增值税税额。

应纳税额＝41 200÷(1＋3%)×3%＝1 200(元)

自2019年1月1日起施行，月销售额10万以下小规模纳税人免征增值税。

## 三、消费税

消费税又称货物税，是以特定消费品的流转额为计税依据而征收的一种商品税。消费税可分为一般消费税和特别消费税，前者主要指对所有消费品包括生活必需品和日用品普遍课税，后者主要指对特定消费品或特定消费行为(如奢侈品等)课税。消费税以消费品为课税对象，税收随价格转嫁给消费者负担，消费者是间接的纳税人、实际的负税人。我国现行消费税是对在我国境内从事生产、委托加工和进口应税消费品的单位和个人就其应税消费品征收的一种流转税，是对特定的消费品和消费行为在特定的环节征收的一种流转税。

与增值税相比，消费税具有以下几个显著的特点：(1) 课征范围具有选择性。只对特定消费品和消费行为征税；(2) 征税环节具有单一性。只选择在消费品生产、委托加工、进口或零售等某一环节征税；(3) 征收税率的调节性。针对不同税目设置高低不同的税率，以体现消费税的调节作用;(4) 征收方法具有多样性。消费税的税目既有从价定率征收的设计,又有从量定额征收的安排,还有复合征收的方式,征收方法多样。

1. 纳税主体

在中国境内生产、委托加工和进口应税消费品的单位和个人,以及国务院确定的销售《消费税暂行条例》规定的消费品的其他单位和个人为消费税的纳税人。

2. 税目、税率(税额)

税目是征税对象的具体化。我国的消费税共有 15 个税目,分别是:烟、酒、化妆品、贵重首饰及珠宝玉石、鞭炮、焰火、成品油、摩托车、小汽车、游艇、高尔夫球及球具、高档手表、木制一次性筷子、实木地板、电池、涂料。其中,有些还包括若干子目。

消费税实行的税率有比例税率和定额税率两种,根据不同的税目或子目确定相应的税率或单位税额。具体消费税税目、税率(税额)见下表。

**消费税税目、税率(税额)**

| 税目 | 税率 |
|---|---|
| 一、烟 | |
| 1. 卷烟 | |
| (1) 甲类卷烟[调拨价 70 元(不含增值税)条] | 56%加 0.003 元/支(生产环节) |
| (2) 乙类卷烟[调拨价 70 元(不含增值税)条以下] | 36%加 0.003 元/支(生产环节) |
| (3) 商业批发 | 11%(批发环节) |
| 2. 雪茄烟 | 36%(生产环节) |
| 3. 烟丝 | 30%(生产环节) |
| 二、酒及酒精 | |
| 1. 白酒 | 20%加 0.5 元/500 克(或者 500 毫升) |
| 2. 黄酒 | 240 元/吨 |
| 3. 啤酒 | |
| (1) 甲类啤酒 | 250 元/吨 |
| (2) 乙类啤酒 | 220 元/吨 |
| 4. 其他酒 | 10% |
| 5. 酒精 | 5% |
| 三、化妆品 | 30% |
| 四、贵重首饰及珠宝玉石 | |
| 1. 金银首饰、铂金首饰和钻石及钻石饰品 | 5% |
| 2. 其他贵重首饰和珠宝玉石 | 10% |
| 五、鞭炮、焰火 | 15% |
| 六、成品油 | |
| 1. 汽油 | |
| (1) 含铅汽油 | 1.52 元/升 |
| (2) 无铅汽油 | 1.52 元/升 |
| 2. 柴油 | 1.20 元/升 |
| 3. 航空煤油 | 1.20 元/升 |
| 4. 石脑油 | 1.52 元/升 |
| 5. 溶剂油 | 1.52 元/升 |
| 6. 润滑油 | 1.52 元/升 |
| 7. 燃料油 | 1.20 元/升 |

(续表)

| 税目 | 税率 |
| --- | --- |
| 七、摩托车<br>1. 汽缸容量(排气量,下同)在250毫升(含250毫升)以下的<br>2. 汽缸容量在250毫升以上的 | <br>3%<br>10% |
| 八、小汽车<br>1. 乘用车<br>(1) 汽缸容量(排气量,下同)在1.0升(含1.0升)以下的<br>(2) 汽缸容量在1.0升以上至1.5升(含1.5升)的<br>(3) 汽缸容量在1.5升以上至2.0升(含2.0升)的<br>(4) 汽缸容量在2.0升以上至2.5升(含2.5升)的<br>(5) 汽缸容量在2.5升以上至3.0升(含3.0升)的<br>(6) 汽缸容量在3.0升以上至4.0升(含4.0升)的<br>(7) 汽缸容量在4.0升以上的<br>2. 中轻型商用客车 | <br><br>1%<br>3%<br>5%<br>9%<br>12%<br>25%<br>40%<br>5% |
| 九、高尔夫球及球具 | 10% |
| 十、高档手表 | 20% |
| 十一、游艇 | 10% |
| 十二、木制一次性筷子 | 5% |
| 十三、实木地板 | 5% |
| 十四、铅蓄电池 | 4%(2016年1月1日起实施) |
| 无汞原电池、金属氢化物镍蓄电池、锂原电池、锂离子蓄电池、太阳能电池、燃料电池和全钒液流电池 | 免征 |
| 十五、涂料 | 4% |

3. 计税依据及方法

消费税应纳税额的计算主要分为从价计征、从量计征和从价从量复合计征三种。

(1) 从价定率征收,即根据不同的应税消费品确定不同的比例税率。

应纳税额=应税消费品的销售额(不含增值税额)×比例税率

**【例11-4】** 华悦公司2018年8月销售一批自产化妆品,开具的增值税专用发票上注明不含增值税的售价为90 000元,增值税为14 400元,已知该化妆品适用的消费税税率30%,计算该企业8月份应缴纳的消费税税额。

应纳税额=90 000×30%=27 000(元)

(2) 从量定额征收,即根据不同的应税消费品确定不同的单位税额。

应纳税额=应税消费品的销售数量×单位税额

实际销售数量要根据具体情况予以确认:① 销售应税消费品的,为销售数量。② 自产自销应税消费品的,为移送使用数量。③ 委托加工应税消费品的,为收回数量。④ 进口应税消费品的,为进口征税数量。

**【例11-5】** 华悦公司2018年8月销售甲类啤酒500吨,每吨出厂价为2 800元,计算该公司8月份应缴纳的消费税税额。

应纳税额=250×500=125 000(元)

(3) 从价定率和从量定额复合征收，即

应纳税额＝应税消费品的销售数量×单位税额＋应税消费品的销售额×比例税率

**【例 11-6】** 华悦公司 2018 年 8 月销售白酒 1 000 千克，开具的增值税专用发票上注明不含增值税的销售收入为 34 250 元。已知白酒的消费税定额税率为 0.5 元/500 克，比例税率为 20%。计算该公司 8 月份应缴纳的消费税税额。

应纳税额＝34 250×20%＋2 000×0.5＝7 850(元)

## 四、关税

关税是指设在边境、沿海口岸或国家指定的其他水、陆、空国际交往通道的海关，按照国家的规定，对进出国境的货物和物品所征收的一种税。关税分为进口税和出口税。关税是一种特殊的税种，是国家主权完整的重要表现。它是维护国家主权和经济利益，执行国家对外经济政策的重要手段。它通过对出口货物大部分免税、小部分征税来鼓励出口，增强产品的国际竞争力，保护国内的某些资源。它利用高低不同的税率以及关税的减免，鼓励国内必需品的进口，有利于引进技术和先进设备。它还能促使企业加强经济核算，增加国家财政收入。

1. 纳税主体

关税的纳税主体是进口货物的收货人、出口货物的发货人，进出境物品的所有人(持有人)，接受委托办理有关进出口货物手续的代理人负有代纳关税义务。

2. 税目、税率

关税税率是指海关税则规定的对课征对象征税时计算税额的比例。《进出口关税条例》规定我国的关税实行比例税率，并对进口税率和出口税率分别做了规定。

(1) 进口关税税率

进口关税设普通税率和优惠税率。根据《进出口关税条例》，自 2004 年 1 月 1 日起，我国进口税则设有最惠国税率、协定税率、特惠税率、普通税率、关税配额税率等税率。此外，对进口货物在一定期限内可以实行暂定税率。

(2) 出口关税税率

我国出口税则为一栏税率，即出口税率，没有普通税率与优惠税率之分，按不同商品实行差别比例税率。国家仅对少数资源性产品及易于竞相杀价、盲目进口、需要规范出口秩序的半制成品征收出口关税。目前，我国真正征收出口关税的商品只有 20 种，税率也较低。

特别关税包括报复性关税、反倾销税与反补贴税、保障性关税。征收特别关税的货物、适用国别、税率、期限和征收办法，由国务院关税税则委员会决定，海关总署负责实施。

3. 计税依据及方法

(1) 计税依据

关税以进出口货物的价格为计税依据。进出口货物的价格应当等于进出口货物数量乘以单位完税价格。《海关法》规定，进出口货物的完税价格，由海关以该货物的成交价格基础审查确定；成交价格不能确定时，由海关依法估定。

关税完税价格，是指为计算应纳关税税额而由海关审核确定的进出口货物的价格。进出口货物的价格经货主或申报人向海关申报后，海关须按本国关税法令规定的内容进行审查，确定或估定进出口货物的完税价格。由于国际贸易中的货物价格形式多种多样，各国海关估价的基准价格也不尽相同，通常采用离岸价格或到岸价格为估价依据。根据国际性估价规定，海关估价的主要依据是成交价格，即没有从属或特殊经济利益关系的进出口货物买卖双方在公开市场上成交的已付或应付的价格，它基本上以具体成交的合同价格或发票价格为准，同时规定了该价格中应包括的费用和不应包括的费用。作为估价依据的价格不等于完税价格，海关在审定价格时可以根据国家的估价规则审核和调整发票中的价格，使其符合规定，作为完税价格。

(2) 应纳税额的计算

① 从价税应纳税额的计算

从价税是按进出口货物的价格为标准计征的关税。这里的价格不是指成交价格，而是指进出口商品的完税价格。因此，按从价税计算关税，首先要确定货物的完税价格。从价税额的计算公式如下：

关税税额＝应税进出口货物数量×单位完税价格×税率
＝进出口货物完税价格×税率

**【例 11-7】** 某进出口公司从日本进甲醇，进口申报价格为 CIF 天津 500 000 美元。当日人民币对美元汇率中间价为 6.20，税率 12%，请计算该企业应纳的进口关税。

根据填发税款缴款书日的外汇牌价，将货价折算成人民币：500 000×6.2＝3 100 000（元）

计算出甲醇应缴的进口关税：3 100 000×12%＝372 000（元）

② 从量税应纳税额的计算

从量税是依据商品的数量、重量、容量、长度和面积等计量单位为标准来征收关税。它的特点是不因商品价格的涨落而改变税额，计算比较简单。从量税额的计算公式如下

关税税额＝应税进（出）口货物数量×单位货物税额

③ 复合税应纳税额的计算

我国目前实行的复合税都是先计征从量税，再计征从价税。

关税税额＝应税进（出）口货物数量×单位货物税额＋应税进（出）口货物数量×单位完税价格×税率

**【例 11-8】** 国内某一公司，从日本购进该国企业生产的广播级电视摄像机 40 台，成交价格为 CIF 天津 4 000 美元/台。适用的人民币对美元汇率中间价为 6.10。已知原产国日本关税税率适用最惠国税率，完税价格低于 5 000 美元/台的，关税税率为 12 960 元从量税再加 3% 的从价关税，请计算应征的进口关税。

关税税额＝40×12 960＋40×400×6.1×3%
＝518 400＋29 280
＝547 680（元）

④ 滑准税应纳税额的计算

关税税额＝应税进出口货物数量×单位完税价格×滑准税税率

现行《进（出）口商品从量税、复合税、滑准税税目税率表》后注明了滑准税税率的计算公式，该公式是一个与应税进（出）口货物完税价格相关的取整函数。

# 第三节 所得税法

## 一、所得税的概念

所得税又称为收益税，是以纳税人的所得额为征税对象的税。所谓所得税，是指纳税人在一定时期内由于生产经营取得的可用货币计量的收入，扣除为取得这些收入所需各种耗费后的净额。所得税属于直接税，其纳税人和实际负担人是一致的，可以直接调节纳税人的收入，是现代税收制度中的主体税种。

## 二、企业所得税

1. 企业所得税的概念

企业所得税是对我国企业和其他组织的生产经营所得和其他所得征收的一种税。

企业分为居民企业和非居民企业。居民企业是指依法在中国境内成立，或者依照外国（地区）法律成立但实际管理机构在中国境内的企业。非居民企业是指依照外国（地区）法律成立且实际管理机构不在中国境内，但在中国境内设立机构、场所的，或者在中国境内未设立机构、场所，但有来源于中国境内所得的企业。纳税人的划分采用注册地和实际管理机构所在地双重标准。

2. 征税对象

居民企业应就来源于中国境内境外的所得作为征税对象。

非居民企业在中国境内设立机构、场所的，应当就其所设机构、场所取得的来源于中国境内的所得，以及发生在中国境外但与其所设机构、场所有实际联系的所得，缴纳企业所得税。

3. 税率

(1) 基本税率

企业所得税的基本税率为25%，适用于居民企业和在中国境内设有机构、场所且所得与机构、场所有关联的非居民企业。

(2) 优惠税率

① 对符合条件的小微型企业，减按20%的税率征收企业所得税。对小型微利企业年应纳税所得额不超过100万元的部分，减按25%计入应纳税所得额，按20%的税率缴纳企业所得税；对年应纳税所得额超过100万元但不超过300万元的部分，减按50%计入应纳税所得，按20%的税率缴纳企业所得税。

② 对国家需要重点扶持的高新技术企业，减按15%的税率征收企业所得税。

4. 企业所得税应纳税额的计算

企业所得税应纳税所得额是企业所得税的计税依据。应纳税所得额为企业每一个纳税年度的收入总额减去不征税收入、免税收入、各项扣除，以及弥补以前年度亏损之后的余额，应纳税所得额有两种计算方法：

直接计算法：

应纳税所得额＝收入总额－不征税收入额－免税收入额－各项扣除额－准予弥补的以前年度亏损额

间接计算法：

应纳税所得额＝利润总额＋纳税调整项目金额

（1）收入总额

企业以货币形式和非货币形式从各种来源取得的收入，为收入总额，包括销售货物收入，提供劳务收入，转让财产收入，股息、红利等权益性投资收益，利息收入，租金收入，特许权使用费收入，接受捐赠收入，其他收入。

（2）不征税收入

不征税收入是指从性质和根源上不属于企业营利性活动带来的经济利益、不负有纳税义务并不作为应纳税所得额组成部分的收入，如财政拨款、依法收取并纳入财政管理的行政事业性收费、政府性基金以及其他不征税收入。

（3）免税收入

免税收入是指属于企业的应税所得，但按照税法规定免予征收企业所得税的收入。免税收入包括国债利息收入，符合条件的居民企业之间的股息、红利收入，在中国境内设立机构、场所的非居民企业从居民企业取得与该机构、场所有实际联系的股息、红利收入，符合条件的非营利组织的收入等。

（4）准予扣除项目

企业实际发生的与取得收入有关的、合理的支出，包括成本、费用、税金、损失和其他支出等，准予在计算应纳税所得额时扣除。

① 成本是指企业在生产经营活动中发生的销售成本、销货成本、业务支出以及其他耗费，即企业销售商品、提供劳务、转让固定资产及无形资产的成本。

② 费用是指企业在生产经营活动中发生的销售费用、管理费用和财务费用。

③ 税金是指企业发生的除企业所得税和允许抵扣的增值税以外的企业缴纳的各项税金及附加，如消费税、资源税、关税、土地增值税、印花税等。

④ 损失是指企业在生产经营过程中发生的固定资产和存货的盘亏、毁损、报废损失、转让财产损失、呆账损失、坏账损失、自然灾害等不可抗力因素造成的损失以及其他损失。

（5）不得扣除项目

① 向投资者支付的股息、红利等权益性投资收益款项。

② 企业所得税税款。

③ 税收滞纳金。

④ 罚金、罚款和被没收财物的损失。

⑤ 超过规定标准的捐赠支出。

⑥ 赞助支出，是指企业发生的与生产经营活动无关的各种非广告性支出。

⑦ 未经核定的准备金支出。

⑧ 与取得收入无关的其他支出。

（6）职工福利费、工会经费和职工教育经费支出的税前扣除

① 企业发生的职工福利费支出，不超过工资薪金总额14%的部分，准予扣除。

② 企业拨缴的工会经费，不超过工资薪金总额2%的部分，准予扣除。

③ 除国务院财政、税务主管部门另有规定外，企业发生的职工教育经费支出，不超过工资薪金总额2.5%的部分，准予扣除；超过部分，准予在以后纳税年度结转扣除。

**【例11-9】** 华悦公司已计入成本、费用中的全年实发工资总额为400万元（属于合理

的工资范围)，实际发生的职工工会经费 6 万元，职工福利费 60 万元，职工教育经费 15 万元。要求计算：允许税前扣除的金额；纳税调整的金额。

(1) 允许税前扣除的金额：

允许税前扣除的职工福利费限额＝400×14%＝56(万元)，实际发生额 60 万元，因此，应调增 4 万。

允许税前扣除的工会经费限额＝400×2%＝8(万元)，实际发生 6 万元，因此按发生额扣除，不需调整。

允许税前扣除的职工教育经费限额＝400×25%＝10(万元)，实际发生额 15 万元，因此，应调增 5 万元。

三项经费允许税前扣除的金额合计＝56＋6＋10＝72(万元)。

(2) 三项经费应纳税调整的金额合计＝4＋5＝9(万元)

(7) 业务招待费、广告费和业务宣传费的税前扣除

① 企业发生的与生产经营活动有关的业务招待费支出，按照发生额的 60%扣除，但最高不得超过当年销售(营业)收入的 5‰。

② 企业发生的符合条件的广告费和业务宣传费支出，除国务院财政、税务主管部门另有规定外，不超过当年销售(营业)收入 15%的部分，准予扣除；超过部分，准予在以后纳税年度结转扣除。

**【例 11-10】** 华悦公司 2017 年度销售收入净额为 2 000 万元，全年发生业务招待费 25 万元，且能提供有效凭证。该公司在计算企业所得税应纳税所得额时，准予扣除的业务招待费为多少？

2000×5‰＝10(万元)

25×60%＝15(万元)

因为 15 大于 10，所以业务招待费按 10 万元扣除。

(8) 公益性捐赠

企业发生的公益性捐赠支出，在年度利润总额 12%以内的部分，准予在计算应纳税所得额时扣除；超过年度利润总额 12%的部分，准予结转以后三年内在计算应纳税所得额时扣除。

公益性捐赠是指通过公益性社会团体或者县级以上人民政府及其部门，用于公益事业的捐赠。具体范围包括：救助灾害、救济贫困、扶助残疾人等困难的社会群体和个人的活动；教育、科学、文化、卫生、体育事业；环境保护、社会公共设施建设；促进社会发展和进步的其他社会公共和福利事业。

**【例 11-11】** 华悦公司 2017 年实现利润总额 100 万元，在营业外支出账户列支了通过公益性社会团体向贫困地区的捐款 20 万元、直接向某小学捐款 10 万元。

请计算 2017 年度该企业可税前扣除的捐赠支出。

准予扣除的公益性捐赠支出限额为：100×12%＝12(万元)，20 万元＞12 万元，允许扣除 12 万元。

直接捐款 5 万元不允许税前扣除。因此，该企业当年可税前扣除的捐款支出为 12 万元。

(9) 亏损弥补

纳税人发生年度亏损的，可以用下一纳税年度的所得弥补；下一纳税年度的所得不足弥补的，可以逐年延续弥补，但是延续弥补期最长不能超过 5 年。

【例 11-12】 华悦公司,2011—2017 年度盈亏情况如下:(单位:万元)

| 年度 | 2011 | 2012 | 2013 | 2014 | 2015 | 2016 | 2017 |
|---|---|---|---|---|---|---|---|
| 应纳税所得额 | —90 | —60 | 20 | 30 | 35 | —10 | 100 |

计算 2017 年该公司应缴纳的企业所得税?

2017 年应纳税额=(100—60—10)×25%=7.5(万元)

## 三、个人所得税

个人所得税是对个人所得额征收的一种税。它不分纳税人的国籍,适用于在中国境内的中、外国籍人员和港澳台同胞。根据《个人所得税法》及其实施条例,个人所得税的内容主要包括:

1. 纳税主体

个人所得税的纳税义务人,以住所和居住时间为标准,分为居民纳税义务人和非居民纳税义务人。

(1) 居民纳税义务人 居民纳税义务人是指在中国境内有住所,或者无住所而一个纳税年度内在中国境内居住累计满一百八十三天的个人。居民纳税义务人负有无限纳税义务,其从中国境内和境外取得的所得,都要在中国缴纳个人所得税。

(2) 非居民纳税义务人 非居民纳税义务人是指在中国境内无住所又不居住,或者无住所而在中国境内居住累计不满一百八十三天的个人。非居民纳税义务人承担有限纳税义务,仅就其从中国境内取得的所得,在中国缴纳个人所得税。

2018 年 8 月 31 日,修改个人所得税法的决定通过,起征点每月 5 000 元。新个人所得税法规定:居民个人的综合所得,以每一纳税年度的收入额减除费用 6 万元以及专项扣除、专项附加扣除和依法确定的其他扣除后的余额,为应纳税所得额。新个人所得税法规定:专项附加扣除,包括子女教育、继续教育、大病医疗、住房贷款利息或者住房租金、赡养老人等支出,具体范围、标准和实施步骤由国务院确定,并报全国人大常委会备案。新个人所得税法于 2019 年 1 月 1 日起实施,2018 年 10 月 1 日其实施最新起征点和税率。

2. 征税对象

个人所得税的征税对象为:(1) 工资、薪金所得;(2) 劳务报酬所得;(3) 稿酬所得;(4) 特许权使用费所得;(5) 经营所得;(6) 利息、股息、红利所得;(7) 财产租赁所得;(8) 财产转让所得;(9) 偶然所得。居民个人取得前款第一项至第四项所得(以下称综合所得)按纳税年度合并计算个人所得税;非居民个人取得前款第一项至第四项所得,按月或者按次分项计算个人所得税。纳税人取得前款第五项至第九项所得,分别计算个人所得税。

3. 税率

个人所得税实行超额累进税率与比例税率相结合的税率体系,具体分为以下三种情况:

(1) 综合所得,适用超额累进税率,税率为 3%～45%。

个人所得税税率表(综合所得适用)

| 级数 | 全年应纳税所得额 | 税率(%) | 速算扣除数 |
|---|---|---|---|
| 1 | 不超过36 000元的 | 3 | 0 |
| 2 | 超过36 000元至144 000元的部分 | 10 | 2 520 |
| 3 | 超过144 000元至300 000元的部分 | 20 | 16 920 |
| 4 | 超过300 000元至420 000元的部分 | 25 | 31 920 |
| 5 | 超过420 000元至660 000元的部分 | 30 | 52 920 |
| 6 | 超过660 000元至960 000元的部分 | 35 | 85 920 |
| 7 | 超过960 000元的部分 | 45 | 181 920 |

按月预扣预缴工资薪金所得税率表

| 级数 | 全月应纳税所得额 | 税率(%) | 速算扣除数 |
|---|---|---|---|
| 1 | 不超过3 000元的 | 3 | 0 |
| 2 | 超过3 000元至12 000元的部分 | 10 | 210 |
| 3 | 超过12 000元至25 000元的部分 | 20 | 1 410 |
| 4 | 超过25 000元至35 000元的部分 | 25 | 2 660 |
| 5 | 超过35 000元至55 000元的部分 | 30 | 4 410 |
| 6 | 超过55 000元至80 000元的部分 | 35 | 7 160 |
| 7 | 超过80 000元的部分 | 45 | 15 160 |

(2) 经营所得,适用5%～35%超额累进税率。

个人所得税税率表(经营所得适用)

| 级数 | 全年应纳税所得额 | 税率(%) | 速算扣除数 |
|---|---|---|---|
| 1 | 不超过30 000元的 | 5 | 0 |
| 2 | 超过30 000元至90 000元的部分 | 10 | 1 500 |
| 3 | 超过90 000元至300 000元的部分 | 20 | 10 500 |
| 4 | 超过300 000元至500 000元的部分 | 30 | 40 500 |
| 5 | 超过500 000元的部分 | 35 | 65 500 |

(3) 利息、股息、红利所得,财产租赁所得,财产转让所得和偶然所得,适用比例税率,税率为20%。

4. 应纳税所得额的计算

(1) 工资、薪金所得应纳税额的计算

应纳税所得额=月度收入－5 000元(起征点)－专项扣除(三险一金等)－专项附加扣除－依法确定的其他扣项。

**【例11-13】** 已婚人士小李在北京上班,月收入1万元,"三险一金"专项扣除为2 000元,每月住房租金4 000元,有一子女上幼儿园,同时父母已经60多岁。请计算小李应缴的个人所得税。

根据新税法，小李可以享受住房租金 1 500 元扣除、子女教育 1 000 元扣除、赡养老人 1 000 元扣除(跟姐姐分摊扣除额)，因此

个税＝(10 000－5 000－2 000－1 500－1 000－1 000)×3%＝0(元)

(2) 个体工商户的生产、经营所得应纳税额的计算

以每一纳税年度的收入总额，减除成本、费用以及损失后的余额，为应纳税所得额；

应纳税额＝应纳税所得额×适用税率－速算扣除数

＝(收入总额－成本、费用以及损失等)×适用税率－速算扣除数

**【例 11－14】** 某个体工商户 2017 年全年收入额为 80 000 元，经税务机关核定的成本、费用和损失为 30 000 元。该个体工商户 2018 年应纳个人所得税税额是多少？

应纳税额＝(80 000－30 000)×20%－3 750＝6 250(元)

(3) 对企事业单位的承包经营、承租经营所得应纳税额的计算

以每一纳税年度的收入总额，减除必要费用后的余额，为应纳税所得额；减除必要费用，是指按月减除 3 500 元。

应纳税额＝应纳税所得额×适用税率－速算扣除数

＝(纳税年度收入总额－必要费用)×适用税率－速算扣除数

(4) 劳务报酬所得，每次收入不超过 4 000 元的，减除费用 800 元；4 000 元以上的，减除 20%的费用，其余额为应纳税所得额。

**【例 11－15】** 2018 年 7 月，演员李某演出，取得出场费 40 000 元，计算其当月应个人得税税额？

纳税所得额＝40 000×(1－20%)＝32 000(元)

应纳税额＝32 000×30%－2 000＝7 600(元)

(5) 稿酬所得，应纳税额的计算：

每次不足 4 000 元的，应纳税额＝(每次收入额－800)×20%×(1－30%)

每次收入超过 4 000 元的，应纳税额＝每次收入额×(1－20%)×20%×(1－30%)

**【例 11－16】** 2018 年 7 月，作家张某一次性取得稿酬 20 000 元，计算其当月应纳个人所得税税额。

应纳税所得额＝20 000×(1－20%)＝16 000(元)

应纳税额＝16 000×20%×(1－30%)＝2 240(元)

(6) 财产转让所得应纳税额的计算公式

应纳税额＝应纳税所得额×适用税率

＝(收入总额－财产原值－合理费用)×20%

(7) 利息、股息、红利所得、偶然所得和其他所得，以每次收入额为应纳税所得额。

应纳税额＝应纳税所得额×适用税率＝每次收入额×20%

5. 免征个人所得税

下列各项个人所得税免税：(1) 省级人民政府、国务院部委和中国人民解放军军以上单位，以及外国组织、国际组织颁发的科学、教育、技术、文化、卫生、体育、环境保护等方面的奖金；(2) 国债和国家发行的金融债券利息；(3) 按照国家统一规定发给的补贴、津贴；(4) 福利费、抚恤金、救济金；(5) 保险赔款；(6) 军人的转业费、复员费、退役金；(7) 按照国家统一规定发给干部、职工的安家费、退职费、基本养老金或者退休费、离休费、离休生活补助费；(8) 依照有关法律规定应予免税的各国驻华使馆、领事馆的外交代表、领事官员和其他人员

的所得;(9) 中国政府参加的国际公约、签订的协议中规定免税的所得;(10) 国务院规定的其他免税所得。

## 第四节 财产、行为和资源税法

### 一、财产税

财产税是以法人和自然人拥有和归其支配的财产为对象所征收的一类税,主要包括房产税、契税等税种。财产税的纳税人可以包括财产的所有人或占有人。财产税可以是根据估价确定的应税财产的价值来进行计算,也可以是对应税财产的收益计算征税。财产税是一种地方税,用以满足地方政府的财政支出,作为现代三大税收体系的一个独立体系,它在为政府特别是为地方政府筹集财政收入和调节社会财富等方面发挥着其他税种不可替代的作用。

#### (一) 房产税

房产税是以房屋为征税对象,按照房屋的计税余值或租金收入,向产权所有人征收的一种财产税。

房产税的征税范围是在城市、县城、建制镇和工矿区,不涉及农村。房产税以征税范围内的房屋产权所有人为纳税人,其中产权属国家所有的,由经营管理单位纳税;产权属集体和个人所有的,由集体单位和个人缴纳;产权出典的,由承典人纳税;产权所有人、承典人不在房屋所在地的,由房产代管人或者使用人纳税;产权未确定及租典纠纷未解决的,由房产代管人或者使用人纳税;无租使用其他房产的,由使用人代为缴纳;自 2009 年 1 月 1 日起,外商投资企业、外国企业和组织及外籍个人,应依法缴纳房产税。

房产税的计税依据是房产的计税价值或房产的租金收入。我国现行房产税采用的是比例税率。房产税的计税依据分为从价计征和从租计征两种形式,一种是按房屋原值一次减除 10%～30%后的余值计征的,税率为 1.2%;另一种是按房产出租的租金收入计征的,税率为 12%。从 2001 年 1 月 1 日起,对个人按市场价格出租的居民住房,用于居住的,可暂减按 4%的税率征收房产税。

房产税应纳税额的计算方法有两种:一种是从价计征,应纳税额=房产原值×(1－扣除比例)×1.2%;第二种是从租计征,应纳税额=租金收入×12%或 4%。

#### (二) 契税

契税是以在中华人民共和国境内转移土地、房屋权属为征税对象,向产权承受人征收的一种财产税。

契税的纳税义务人是境内转移土地、房屋权属,承受的单位和个人。契税实行 3%～5%的幅度税率,各省、自治区、直辖市人民政府按照本地区实际情况决定具体税率。

契税的计税依据为不动产的价格,由于土地、房屋权属转移方式不同,定价方法不同,因而具体计税依据视情况不同而定,主要包括:(1) 国有土地使用权出让、土地使用权出售、房屋买卖,以成交价格为计税依据;(2) 土地使用权赠予、房屋赠予,由征收机关参照土地使用权出售、房屋买卖的市场价格核定;(3) 土地使用权交换、房屋交换,为所交换的土地使用权、房屋的价格差额;(4) 以划拨方式取得土地使用权,经批准转让房地产时,由房地产转让者补交契税，计税依据为补交的土地使用权出让费用或者土地收益。

契税采用比例税率，应纳税额的计算公式为：应纳税额＝计税依据×税率。

## 二、行为税

行为税是以纳税人的某些特定行为为课税对象的一类税。行为税的最大特点是征纳行为的发生具有偶然性或一次性，属于行为税的税种较多，主要有车船税、印花税、城镇土地使用税、城市维护建设税、车辆购置税、土地增值税等。由于行为税中很多税种是国家根据一定时期的客观需要征收的，大部分是为了限制某种特定的行为而开征的，因此，行为税各个税种的具体课征对象差异较大，征收制度各不相同。行为税税源零星，征收管理难度较大，又多为地方税，在税法体系中此类税收一般作为辅助税种存在。

### (一) 车船税

车船税是指对中国境内车船管理部门登记的车辆、船舶(以下简称车船)依法征收的一种税。车船税的纳税人为在中国境内拥有或者管理车辆的单位和个人。由于租赁关系，使拥有人与使用人不一致时，如拥有人未缴车船税，使用人应代为缴纳车船税。车船税的征税范围包括：(1) 载客汽车(包括电车)；(2) 载货汽车(包括半挂牵引车、挂车)；(3) 三轮汽车、低速货车；(4) 摩托车；(5) 船舶(包括拖船和非机动驳船)；(6) 专项作业车、轮式专用机械车。车船税的计税依据包括：(1) 载客汽车、电车、摩托车，以每辆为计税依据；(2) 载货汽车、三轮汽车、低速货车，按自重每吨为计税依据；(3) 船舶，按净吨位每吨为计税依据。车船税根据车船分别采用有幅度的定额税率，具体见下表。

**车船税税目税额表**

| 税目 | 计税单位 | 每年税额(元) | 备注 |
|---|---|---|---|
| 载客汽车 | 每辆 | 60～660 | 包括电车 |
| 载货汽车专项作业车 | 按自重每吨 | 16～120 | 包括半挂牵引车、挂车 |
| 三轮汽车低速货车 | 按自重每吨 | 24～120 | |
| 摩托车 | 每辆 | 36～180 | |
| 船舶 | 按净吨位每吨 | 3～6 | 拖船和非机动驳船分别按船舶税额的50%计算 |

### (二) 印花税

印花税是对经济活动和经济交往中书立、使用、领受应税凭证的单位和个人征收的一种税。印花税的纳税人是指在我国境内书立、领受应税凭证的单位和个人。印花税的征税范围包括：(1) 合同或者具有合同性质的凭证；(2) 产权转移书据；(3) 营业账簿；(4) 权利、许可证照，包括商标注册证、专利证书、工商营业执照、房屋产权证、土地使用证；(5) 经财政部确定征税的其他凭证。印花税采用比例税率和按件定额计算应纳税额。各类经济合同及合同性质的凭证、记载资金的账簿和产权转移书据等适用比例税率。权利、许可证照等，规定按件定额征税。

印花税的计税依据包括：(1) 合同，以凭证所载金额为计税依据；(2) 营业账簿中记载资金的账簿，以“实收资本”和“资本公积”两项的合计金额为计税依据减半征收；(3) 权利、许可证照(房屋产权证、营业执照、专利证)，以件数作为计税依据。

印花税应纳税额的计算：(1) 实行比例税率的凭证，应纳税额＝应税凭证计税金额×比例税率；(2) 实行的定额税率的凭证，应纳税额＝应税凭证计税件数×定额税率。

**(三) 城镇土地使用税**

城镇土地使用税，是对在城市、县城、建制镇和工矿区使用土地的单位和个人，以其实际占用的土地面积为计税依据，实行从量定额征收的一种税。城镇土地使用税的纳税人是在城市、县城、建制镇和工矿区使用土地的单位和个人，包括外商投资企业、外国企业和外籍个人。凡是城市、县城、建制镇和工矿区范围内的土地，不论是国家所有，还是集体所有，均属城镇土地使用税的征税范围。城镇土地使用税的计税依据是纳税人实际占用土地的面积。土地占用面积的组织测量工作，由省、自治区、直辖市人民政府根据实际情况确定。城镇土地使用税采用有幅度的定额税率。以每平方米年税额为单位，按大、中、小城市和县城、建制镇、工矿区分别确定税额。大、中、小城市以公安部门登记在册的非农业正式户口人数为依据，按照国务院颁布的《城市规划条例》中规定的标准划分。人口在 50 万以上者为大城市；人口在 20 万至 50 万之间者为中城市；人口在 20 万以下者为小城市。城镇土地使用税税率见下表：

**城镇土地使用税税率**

| 级别 | 人口(人) | 每平方米税额(元) |
|---|---|---|
| 大城市 | 50 万以上 | 1.5～30 |
| 中等城市 | 20 万～50 万 | 1.2～24 |
| 小城市 | 20 万以下 | 0.9～18 |
| 县城、建制镇、工矿区 | | 0.6～12 |

各省、自治区、直辖市人民政府可根据市政建设情况和经济繁荣程度在规定税额幅度内，确定所辖地区的适用税额幅度。

城镇土地使用税实行按年计算，分期缴纳，其应纳税额的计算为：

应纳税额＝实际占用应税土地面积(平方米)×适用税额。

**(四) 城市维护建设税**

城市维护建设税，是指以单位和个人实际缴纳的增值税、消费税(以下简称“两税”)的税额为计税依据而征收的一种税。城市维护建设税属于附加税。城市维护建设税的纳税人，是从事工商经营，缴纳“两税”的单位和个人。外商投资企业、外国企业和进口货物者不征收城市维护建设税。城市维护建设税的计税依据是纳税人实缴的“两税”税额，不包括纳税人违反“两税”而加收的滞纳金和罚款。纳税人在被查补“两税”和被处以罚款时，应同时对其偷漏的城市维护建设税进行补税、征收滞纳金和罚款。纳税人免征、减征“两税”也减免城市维护建设税。纳税人出口退还增值税与消费税，不退还城市维护建设税。城市维护建设税的适用税率，应当按纳税人所在地的规定税率执行，但是，由受托方代扣代缴“两税”的单位和个人，其代扣代缴、代收代缴法人的城市维护建设税按照受托方所在地的适用税率执行。

城建税按纳税人所在地的不同，设置了三档地区差别比例税率，即：

1. 纳税人所在地为市区的，税率为 7%；
2. 纳税人所在地为县城、镇的，税率为 5%；
3. 纳税人所在地不在市区、县城或者镇的，税率为 1%。

城市维护建设税应纳税额的计算为：应纳税额=(增值税+消费税)×适用税率。

**(五) 车辆购置税**

车辆购置税，是国家对购置应税车辆的单位和个人，以其购置车辆的计税价格为计税依据，按照规定的税率计算并一次性征收的一种税。车辆购置税实行单环节征收，购置已征车辆购置税的车辆，不再征收车辆购置税。车辆购置税的纳税人是在我国境内购置车辆的单位和个人，包括以购买、进口、自产、受赠、获奖等方式取得并自用应税车辆的行为。车辆购置税的征税范围包括汽车、摩托车、电车、挂车、农用运输车。车辆购置税的计税依据包括：(1) 纳税人购买自用的应税车辆的计税价格，为纳税人购买应税车辆而支付给销售者的全部价款和价外费用，不包括增值税税款；(2) 纳税人进口自用的应税车辆计税价格的计算公式为：计税价格=关税完税价格+关税+消费税；(3) 纳税人自产、受赠、获奖或者以其他方式取得并自用的应税车辆的计税价格，由主管税务机关参照最低计税价格核定。车辆购置税实行10%的固定比例税率。车辆购置税应纳税额的计算为：应纳税额=计税价格×10%。

**(六) 土地增值税**

土地增值税，是对有偿转让国有土地使用权及地上建筑物和其他附着物产权并取得增值收入的单位和个人征收的一种税。土地增值税的纳税人为转让国有土地使用权、地上的建筑物及其附着物(简称转让房地产)并取得收入的单位和个人。土地增值税的征税范围包括转让国有土地使用权和地上的建筑物及其附着物连同国有土地使用权一并转让。在实际工作中，可以通过以下几条标准来判定：(1) 转让的土地使用权必须是国家所有；(2) 土地使用权、地上的建筑物及其附着物的产权必须发生转让；(3) 必须取得转让收入。以继承、赠予方式无偿转让房地产的行为，以及房地产的出租、抵押等未转让房产产权、土地使用权的行为不缴纳土地增值税。从2008年11月1日起，对个人销售住房暂免征收土地增值税。土地增值税实行四级超率累进税率：

1. 增值额未超过扣除项目金额50%的部分，税率为30%；
2. 增值额超过扣除项目金额50%，未超过扣除项目金额100%的部分，税率为40%；
3. 增值额超过扣除金额100%，未超过扣除项目金额200%的部分，税率为50%；
4. 增值额超过扣除项目金额200%的部分，税率为60%。

纳税人建设普通住宅出售的，增值额未超过扣除金额20%的，免征土地增值税。

土地增值税的计税依据是纳税人转让房地产所取得的增值额。土地增值税应纳税额计算公式为：

应纳税额=增值额×适用税率-扣除项目金额×速算扣除数

## 三、资源税

资源税，是国家对我国境内从事资源税法规定的资源开发的单位和个人，因资源生产和开发条件的差异而形成的级差收入征收的一种税。在我国境内开采应税矿产品和生产盐的单位和个人，是资源税的纳税人。资源税的应纳税额，按照从价定率或者从量定额的办法，分别以应税产品的销售额乘以纳税人具体适用的比例税率或者以应税产品的销售数量乘以纳税人具体适用的定额税率计算。

资源税税目、税额包括7大类，在7个税目下面又设有若干个子目。现行资源税的税目及子目主要是根据资源税应税产品和纳税人开采资源的行业特点设置的。具体见下表：

资源税税目、税率表

| 税目 | | 税率 |
|---|---|---|
| 一、原油 | | 销售额的5%～10% |
| 二、天然气 | | 销售额的5%～10% |
| 三、煤炭 | 焦煤 | 每吨8～20元 |
| | 其他煤炭 | 每吨0.3～5元 |
| 四、其他非金属矿原矿 | 普通非金属矿原矿 | 每千克或者每克拉0.5～20元 |
| | 贵重非金属矿原矿 | 每千克或者每克拉0.5～20元 |
| 五、黑色金属矿原矿 | | 每吨2～30元 |
| 六、有色金属矿原矿 | 稀土矿 | 每吨0.4～60元 |
| | 其他有色金属矿原矿 | 每吨0.4～30元 |
| 七、盐 | 固体盐 | 每吨10～60元 |
| | 液体盐 | 每吨2～10元 |

资源税的销售额或者销售数量是计算资源税应纳税额的计税依据，纳税人开采或者生产不同税目应税产品的，应当分别核算不同税目应税产品的销售额或者销售数量；未分别核算或者不能准确提供不同税目应税产品的销售额或者销售数量的，从高适用税率。

纳税人开采或者生产应税产品，自用于连续生产应税产品的，不缴纳资源税；自用于其他方面的，视同销售，缴纳资源税。

# 第五节　税收征收管理法

## 一、税收管理体制

税收管理体制是指在中央和地方政府之间划分税收管理权限的制度。我国税收管理体制的总原则是“统一领导、分级管理”。分级管理主要是指由国务院、财政部和省、直辖市、自治区行使的税收管理权限。现行税收管理体制对税收管理权限的具体划分是：

1. 属于全国人大和国务院管理的权限

税法的制定、税收的开征、停征以及以法律形式规定减税、免税、退税、补税，法律授权国务院规定的，国务院依法制定相应的行政法规。

2. 属于财政部管理的权限

制定和执行国家税收方针、政策、组织制定税收条例或有关实施细则，制定税种的增减和税目税率的调整等规范性文件，具有对税法的解释权，审计临时性减免税，管理和监督全国各项财政收入，包括税收收入。

3. 属于省、直辖市、自治区政府的权限

主要是对个别纳税单位因经济情况发生较大变化、纳税有困难的可定期减免税。对于地方税，在法律授权范围内，有减免税、变更税率、调整税额及停征、开征的管理权限。

## 二、税收征收管理

税收征收管理是税务机关对纳税人依法征收税款和进行税务监督管理的总称。税收征收管理机关是税务机关。税收征收管理机关的职权包括税务管理、税款征收、税务检查和税务处罚。

## 三、税务管理

税务管理包括税务登记管理，账簿、凭证管理，发票管理和纳税申报四个部分的内容。

### （一）税务登记管理

税务登记又称纳税登记，是税务机关对纳税人的开业、变动、歇业以及生产经营范围变化实行法定登记的一项制度，是确定纳税人履行纳税义务的法定手续，也是税务机关切实控制税源和对纳税人进行纳税监督的一种手段。税务登记包括开业登记，变更登记，停业、复业登记，注销登记，外出经营报验登记等。

从事生产、经营的纳税人，应当自领取营业执照之日起，或依法成为纳税人之日起 30 日内，向所在地税务机关申请办理开业税务登记。纳税人税务登记的内容发生变化的，应当自工商行政管理部门办理变更登记之日起 30 日内，到原税务登记机关申报办理变更税务登记。

### （二）账簿、凭证管理

从事生产经营的纳税人、扣缴义务人按照国务院财政、税务主管部门的规定设置账簿，根据合法、有效凭证记账进行核算。纳税人、扣缴义务人应自领取营业执照之日起 15 日内设置账簿。扣缴义务人应当在法定扣缴义务发生之日起 10 日内，按照所代扣、代收的税种，分别设置代扣代缴、代收代缴税款账簿。

### （三）发票的管理

根据国家有关管理的法律的规定，在全国范围内统一式样的发票，由国家税务总局确定；在省、自治区、直辖市范围内统一式样的发票，由省级税务机关确定，增值税专用发票由国务院税务部门指定的企业印制；其他发票按照国务院税务主管部门的确定，分别由省、自治区、直辖市税务机关指定的企业印制。

### （四）纳税申报

纳税人、扣缴义务人必须按照法定的或税务机关确定的申报期限、申报内容如实办理纳税申报和代扣代缴、代收代缴税款的申报手续，报送纳税申报表、财务会计报表及税务机关要求纳税人报送的其他纳税资料。

## 三、税款征收

税款征收是税务机关依照税收法律、法规的规定，将纳税人依法应纳的税款以及扣缴义务人代扣代缴的税款通过不同的方式组织征收入库的活动。

### （一）税款征收方式

我国税款征收主要有以下几种方式：

(1) 查账征收。适用于掌握税收法律法规，账簿、凭证、财务会计制度比较健全，能够如实反映生产经营成果，正确计算应纳税额的纳税人。

(2) 查定征收。适用于生产规模较小、账册不健全、财务管理和会计核算水平较低、产品零星、税源分散的纳税人。

(3) 查验征收。适用于某些零星、分散的高税率工业产品。

(4) 定期定额征收。适用于生产经营规模小，又确无建账能力，经主管税务机关审核，县级以上(含县级)税务机关批准可以不设置账簿或暂缓建账的小型纳税人。

(5) 其他征收方式。主要包括代扣代缴、代收代缴、委托征收、邮寄申报纳税等

**(二) 税款征收措施**

税收征收措施是指为保证税款即时征收入库，税收征收管理机关所采取的特殊措施。主要有加收滞纳金、核定应纳税额、税收保全措施、税收强制执行措施、出境清税、税款追征等。

(1) 加收滞纳金。纳税人、扣缴义务人未按期缴纳或解缴税款的，税务机关除责令限期缴纳外，从滞纳税款之日起，按日加收滞纳税款 0.5‰的滞纳金。纳税人确有特殊困难，不能按期缴纳税款的，经县以上税务局(分局)批准，可以延期缴纳税款，但最长不得超过 3 个月。

(2) 税收保全措施。纳税人在纳税期限到来前，有逃避纳税义务行为，可能导致征税决定不能执行，并且不能提供担保的，税务机关可以按照法定的程序通知银行暂停支付，或者扣押查封其财产。

(3) 税收强制执行措施。纳税期限已经届满，纳税人不仅未缴纳税款，而且在税务机关责令限期缴纳或扣押查封财产后仍未缴纳的，税务机关可以按照法定的程序通知银行扣缴税款，或者扣押、查封、拍卖纳税人的财产抵缴税款。

(4) 出境清税。欠税人应当在出境前结清税款或提供担保，否则税务机关可以阻止其出境。

(5) 税款追征。因纳税人、扣缴义务人计算错误等失误，未缴或者少缴税款的，税务机关在 3 年内可以追征税款、滞纳金；有特殊情况的，追征期可以延长到 5 年。对于偷税、抗税、骗税的行为，实行无限期追征。因税务机关责任，致使纳税人、扣缴义务人未缴或者少缴税款的，税务机关在 3 年内可以要求他们补缴税款，但不得加收滞纳金。

## 四、税务检查

税务检查是税务机关依法对纳税人、扣缴义务人履行纳税义务和扣缴义务的情况进行的审查监督活动。税务检查的形式主要有重点检查、分类计划检查、集中性检查、临时性检查、专项检查等；税务检查的方法主要有全查法、抽查法、顺查法、逆查法、现场检查法、调账检查法、比价分析法、控制计算法、审阅法、核对法、观察法、外调法、盘存法、交叉稽核法等；根据《税收征收管理法》的规定，税务机关有权进行以下税务检查：

(1) 检查纳税人的账簿、记账凭证、报表和有关资料，检查扣缴义务人代扣代缴、代收代缴税款账簿、记账凭证和有关资料；

(2) 到纳税人的生产、经营场所和货物存放地检查纳税人应纳税的商品、货物或者其他财产，检查扣缴义务人与代扣代缴、代收代缴税款有关的经营情况；

(3) 责成纳税人、扣缴义务人提供与纳税或者代扣代缴、代收代缴税款有关的文件、证明材料和有关资料；

(4) 询问纳税人、扣缴义务人与纳税或者代扣代缴、代收代缴税款有关的问题和情况；

(5) 到车站、码头、机场、邮政企业及其分支机构检查纳税人托运、邮寄应税商品、货物或者其他财产的有关单据、凭证和有关资料；

(6) 经县级以上税务局(分局)局长批准，凭全国统一格式的检查存款账户许可证明，查询从事生产、经营的纳税人、扣缴义务人在银行或者其他金融机构的存款账户。税务机关在调查税收违法案件时，经设区的市、自治州以上税务局(分局)局长批准，可以查封案件涉嫌人员的储蓄存款。

税务人员进行税务检查时，应当出示税务检查证和税务检查通知书，并有责任为被检查人员保守秘密。

纳税人、扣缴义务人必须接受税务机关依法进行的税务检查，要如实反映情况，提供有关资料，不得拒绝、隐瞒。

## 五、法律责任

违反税法的法律责任是指违反税法的行为人应承担的经济责任、行政责任和刑事责任。违反税法的行为是指纳税主体或者征税机关以及直接责任人员故意或过失地侵害了税收征收管理制度的行为。

违反税收征收管理法的法律责任包括纳税人违反税法行为的法律责任、扣缴义务人违反税法行为的法律责任、开户银行及金融机构违反税法行为的法律责任和税务机关及其税务人员违反税法行为的法律责任等。

危害税收征管罪的种类有：偷税罪；抗税罪；逃避追缴欠税罪；骗取出口退税罪；虚开增值税专用发票、用于骗取出口退税、抵扣税款发票罪；伪造、出售伪造的增值税专用发票罪；非法出售增值税专用发票罪；非法购买增值税专用发票、购买伪造的增值税专用发票罪；非法制造、出售非法制造的用于骗取出口退税、抵扣税款发票罪；非法制造、出售非法制造的发票罪；非法出售用于骗取出口退税、抵扣税款发票罪；非法出售发票罪。

## 练习题

### 一、单项选择题

1. 在税法的构成要素中，区分不同税种的主要标志是(　　)。

A. 纳税义务人　B. 征税对象　C. 适用税率　D. 纳税环节

2. 增值税一般纳税人当期的销项税额小于进项税额时，对不足抵扣部分的处理办法是(　　)。

A. 税务部门予以退还　B. 不再予以抵扣
C. 可抵扣以前的欠税　D. 结转下期继续抵扣

3. 下列各项中，不能计入应税消费品销售额中的项目是(　　)。

A. 消费税　B. 关税　C. 增值税　D. 销售价款

4. 下列各项中，属于消费税征收范围的是(　　)。

A. 汽车配件　B. 木制一次性筷子　C. 实木家具　D. 原油

5. 下列各项中，属于关税法定纳税义务人的是(　　)。

A. 进口货物的收货人，出口货物的发货人

B. 进口货物的收货人和代理人

C. 出口货物的发货人和代理人

D. 进出境物品的实际使用人

6. 个人的工资薪金所得税适用(  )的超额累进税率。

A. 1%～2%  B. 5%～35%  C. 3%～45%  D. 10%～45%

7. 纳税人发生年度亏损的,可以用下一年度的所得弥补,不足弥补的,可以逐年延续弥补,但弥补期最长不得超过(  )年。

A. 5  B. 10  C. 3  D. 6

8. 下列各项中,属于城市维护建设税计税依据的是(  )。

A. 纳税人当期应当缴纳的增值税、消费税的税额

B. 纳税人当期实际缴纳的增值税、消费税的税额

C. 纳税人被处罚的增值税、消费税的罚款

D. 纳税人因增值税、消费税而加收的滞纳金

9. 土地增值税的计税依据是(  )。

A. 转让房地产取得的收入额  B. 房地产开发总投资额

C. 转让房地产取得的利润额  D. 转让房地产取得的增值额

10. 我国不征收房产税的地方是(  )。

A. 县城  B. 农村  C. 城市  D. 建制镇

11. 下列不属于资源税征税范围的是(  )。

A. 原油及天然气  B. 煤炭  C. 水资源  D. 盐

12. 房屋产权属于印花税应税凭证,其纳税义务人是(  )。

A. 发证机关  B. 持证人  C. 建房单位  D. 售房单位

13. 企业应自领取营业执照之日起(  )内,持有关证件向税务机关申请办理税务登记。

A. 15 日  B. 30 日  C. 45 日  D. 60 日

14. 对于会计账簿、凭证、核算制度等比较健全,能够据以如实核算生产经营情况,正确计算应纳税款的纳税人,可采取的税款征收方式是(  )。

A. 查账征收  B. 查定征收  C. 查验征收  D. 定期定额征收

15. 因纳税人、扣缴义务人计算错误等失误,未缴或者少缴税款的,税务机关在(  )内可以追征。

A. 1 年  B. 2 年  C. 3 年  D. 4 年

**二、多项选择题**

1. 税收的特征主要表现在(  )。

A. 强制性  B. 无偿性  C. 安全性  D. 固定性

2. 税法的三个基本构成要素包括(  )。

A. 计税依据  B. 纳税义务人  C. 征税对象  D. 税率

3. 根据"营改增"的最新规定,下列关于增值税税率的表述正确的有(  )。

A. 提供交通运输服务,增值税税率为 9%

B. 提供不动产租赁服务,增值税税率为 9%

C. 销售不动产,增值税税率为 9%

D. 提供增值电信服务，增值税税率为9%

4. 下列各项中，属于消费税征收范围的有(　　)。

A. 汽车销售公司销售小轿车　　B. 木材公司销售自产的实木地板

C. 百货公司销售的化妆品　　D. 烟草公司销售自产的烟丝

5. 下列收入中，属于企业所得税征税范围的收入有(　　)。

A. 销售货物收入　　B. 转让财产收入

C. 特许权使用费收入　　D. 财政拨款

6. 下列所得项目中，不减除费用，直接以每次收入额为应纳税所得额计算纳税个人所得税的有(　　)。

A. 财产租赁所得　　B. 股息、利息、红利所得

C. 偶然所得　　D. 特许权使用费所得

7. 房产税的纳税人有(　　)。

A. 承典人　　B. 房产使用人　　C. 经营管理人　　D. 产权所有人

8. 下列各项中，属于车船使用税征收范围的有(　　)。

A. 汽车、无轨电车　　B. 三轮车、自行车　　C. 客轮、货轮　　D. 火车

9. 税务检查权是税务机关在检查活动中依法享有的权利。《税务征管法》规定税务机关有权(　　)。

A. 检查纳税人的账簿、记账凭证、报表和有关资料

B. 责成纳税人提供与纳税有关的文件、证明材料和有关资料

C. 到纳税人的生产、经营场所和货物存放地检查纳税人应纳税的商品、货物或其他财产

D. 对纳税人的住宅及其他生活场所进行检查

10. 税务登记的种类主要有(　　)。

A. 开业登记　　B. 变更登记、注销登记

C. 停业、复业登记　　D. 外出经营报验登记

## 三、简答题

1. 什么是税收？税收的特征是什么？

2. 简述税法的构成要素？

3. 一般纳税人和小规模纳税人是如何划分的？

4. 什么情况下可以免征个人所得税？

5. 简述税务管理的主要内容？

## 四、案例分析题

1. 华悦有限责任公司为增值税一般纳税人，2019年4月有关生产经营业务如下：

(1) 购进生产用原材料一批，取得的增值税专用发票上注明价款为600 000元，增值税78 000元；同时支付购货运费10 900元，取得的增值税专用发票上注明运费为10 900元，增值税900元。

(2) 从农民手中购进粮食作为原料进行适用13%税率的产品加工，取得收购发票，注明价款200 000元。

(3) 购进生产设备，取得的增值税普通发票上注明价税合计为113 000元。

要求：计算该企业当月可以抵扣的进项税额。

2. 据反映，某县木器厂有违反税收法律、法规的行为。税务机关派人去木器厂检查其账簿、记账凭证、报表和有关资料，并为此向木器厂的有关负责人刘某咨询情况。刘某称纳税的事由分管财务的副厂长具体管理，作为厂长，他只管厂内大事，因工作繁忙，不能接待税务人员。为了进一步查明情况，税务机关又兵分两路：一路去木器厂存放其待售产品的仓库检查，该仓库是木器厂向甲单位租用的，甲单位负责人称其单位无违反税收法规的行为，税务机关人员不得进厂检查；另一路税务机关人员去木器厂的开户银行，查核木器厂的存款账户。银行以税务人员未持有县税务局局长批准的全国统一格式的检查存款账户的许可证明，拒绝税务人员核查。

根据上述资料，回答以下问题：

(1) 税务机关是否有权对木器厂进行检查？

(2) 刘某是否有义务回答税务人员的询问？甲单位负责人是否有权阻止税务人员进厂检查木器厂待售产品情况？

(3) 银行是否有权拒绝税务人员查核木器厂的存款账户？

# 第十二章 劳动法

## 学习要点

☆ 掌握劳动法调整对象、劳动法律关系概念和特征、劳动者的劳动权利能力和劳动行为能力、劳动保护和劳动条件的具体法律规定、劳动合同的概念、订立、变更、终止、劳动争议处理机构和处理程序。

☆ 熟悉劳动法适用范围、劳动报酬、工作时间和休息休假制度的具体规定、对女职工和未成年职工的法律特别保护、劳动合同的解除、劳动争议处理机构的受案范围以及相互之间的关系。

☆ 了解劳动合同主要条款，劳动者和用人单位的权利和义务，劳动争议的处理方式。

## 引　例

某公司与张某之间的劳动合同期限为2年，该公司与张某约定试用期为6个月，试用期内的月工资为2 000元，试用期满后的月工资为3 000元，如果张某在该单位按照合同约定完成了6个月的试用期工作，而且该公司按照合同支付了试用期的全部工资，那么某公司与张某约定的试用期是否合法？如果违法，该公司与张某最多可以约定试用期的期限为多长？某公司实际应当承担的违约成本为多少？

## 第一节　劳动法概述

**案例1-1**

张某等6人系某县私立中学教师，自2011年起即在该中学任教，与学校未签订劳动合同。2013年2月中学因为生源减少，而将张某等6人辞退。

问题：

张某等6人与某中学之间的关系是否属于《劳动法》的适用范围？

### 一、劳动法概述

劳动法是指调整劳动关系以及与劳动关系密切相联系的其他社会关系的法律规范总称，是融实体法和程序法为一体的劳动法律规范。劳动法有狭义和广义之分。狭义的劳动法仅指1994年7月5日第八届全国人大常委会第八次会议通过兼于2018年修正的《中华人民共和国劳动法》。广义的劳动法是指除了狭义的劳动法外，还包括全国人大、国务院制定的有关法律法规和国务院各部门以及地方机关制定的规章、地方性法规等，比如劳动合同法、工作时间法和休息休假法、劳动安全卫生法、女职工和未成年工特殊劳动保护法、社会保险和福利法、劳动争议处理法等。

## 二、劳动法调整对象和调整范围

### （一）调整对象

劳动法调整对象包括劳动关系和与劳动关系密切相联系的其他社会关系。

劳动关系，是指它是指在实现社会劳动过程中，劳动者与所在单位（用人单位）之间的社会劳动关系。与劳动关系有密切联系的某些其他关系也属于劳动法的调整对象，主要是指：(1) 国家管理劳动力和保障公民劳动权实现方面的关系；(2) 社会保险方面的关系；(3) 处理劳动争议所发生的某些关系，这里主要是指劳动争议的处理方式和程序；(4) 工会组织与单位行政之间的关系；(5) 对执行劳动法进行监督检查而发生的关系等。

### （二）调整范围

依据我国相关法律规定，下列由劳动法加以调整：(1) 各类企业的劳动关系和个体经济组织中形成的劳动关系是劳动法规范调整的主要对象；(2) 国家机关、事业组织、社会团体通过与劳动者签订劳动合同建立的劳动关系由劳动法调整；(3) 劳动力派遣、非全日制用工形成的部分类型的非标准劳动关系；(4) 用人单位不合格的劳动关系、劳动者不合格的劳动关系已经被纳入《劳动合同法》的适用范围，进而被纳入劳动法的适用范围；(5) 退休人员重新受聘的劳动关系有条件地纳入劳动法调整范围，即达到退休年龄的劳动者若不享受基本养老保险待遇，退休人员重新就业的劳动关系由劳动法调整，否则，作为民事雇佣关系由民法调整；(6) 将个人承包经营中的劳动关系有条件地纳入劳动法的调整范围；(7) 将依法成立的会计师事务所、律师事务所等合伙组织和基金会与其劳动者的劳动关系纳入劳动法的调整范围。

而对于下列社会关系则不属于劳动法的调整范围：(1) 国家机关、事业单位、社会团体中的非合同劳动关系；(2) 农村集体经济组织的劳动关系；(3) 现役军人、家庭保姆、自然人用工等劳动关系。

# 第二节　劳动法法律关系

**案例2-1**

龙某系某市从事货物运输经营活动的个体经营者，长期雇佣刘某为其工作，并为其缴纳社会保险费。2013年10月，在一次长途运输过程中，发生交通事故，刘某致残。刘某向劳动行政部门提出申请，要求进行工伤事故认定。

问题：

刘某是否为工伤？（提示：工伤前提是刘某与龙某之间关系是否为劳动法律关系。）

## 一、劳动法律关系的概念

劳动法律关系，是指劳动者和用人单位之间由劳动法调整而形成的权利义务关系。其特征为：劳动法律关系主体双方具有平等性和隶属性；劳动法律关系内容体现了国家与当事人的双重意志；劳动法律关系的客体为特定的劳动行为。

## 二、劳动法律关系主体

劳动法律关系主体是指参与劳动法律关系，享受劳动权利、承担劳动义务的劳动者和用人单位。

### （一）劳动者

1. 劳动者的概念

劳动法中的劳动者，是指达到法定年龄、具有能力，以从事某种社会劳动获得收入作为主要生活来源的自然人，这里不包括法人和其他经济组织。劳动者作为劳动法律关系主体必须具备一定的条件，即必须具备有劳动权利能力和劳动行为能力。

2. 劳动权利能力

劳动权利能力是指劳动者能够依法享有劳动权利和承担劳动义务的资格或能力。劳动权利能力具有平等性，任何一个自然人自出生就具备劳动权利能力，至自然人死亡时消灭。这里特别需要注意的是对于退休人和未成年人同样有劳动权利能力。

3. 劳动行为能力

劳动行为能力，是指劳动者能够以自己的行为依法行使劳动权利和履行劳动义务的能力。一般情况下不具备劳动行为能力的自然人不能实际参与劳动法律关系，除非由法律另行规定，且一般由其法定代理人进行代理。根据我国相关法律规定，劳动者具备劳动行为能力应符合下列条件：

（1）达到法定年龄。我国劳动法规定就业年龄为 16 周岁，禁止招用未满 16 周岁的未成年人；某些特殊职业，如文艺、体育和特种工艺单位，确需招用未满 16 周岁的人，须报县级以上劳动行政部门批准。

（2）具有劳动能力。劳动能力属于劳动者的生理因素，一般表现为三种：有完全劳动能力、有部分劳动能力和无劳动能力。无劳动能力是指因生理状况不能劳动的人；有部分劳动能力是指因生理状况不能进行正常劳动，但又没有完全丧失劳动能力的人。一般情况下，劳动法和相关法律对于有部分劳动行为能力的人往往给予一些特殊帮助，如税收优惠、贷款支持等。

**案例 2－2**

某高校工会经过学校批准将学校食堂某一店面出租给曲某，由曲某从事餐饮经营，曲某从在校大一学生中聘用胡某（17 周岁）从事服务员工作，双方没有签订劳动合同，口头约定每月工资 800 元。胡某工作一个月后，曲某将店面转给他人，没有给胡某支付工资。

问题：

1. 曲某可否雇用胡某？

2. 胡某应当如何保护自己的权益？

### (二) 用人单位

用人单位，是劳动法律关系中与劳动者相对应的另一方，包括企业、事业、国家机关、社会团体等单位及个体经济组织。

用人单位作为劳动法律关系的主体，必须具备用人的权利能力和行为能力。用人权利能力一般受到职工编制定员、社会保险、最低工资标准、社会责任等因素影响。

## 三、劳动法律关系内容

**案例 2－3**

某技术有限公司公开招聘员工，在当地一家晚报上登出招工启事。李某为女性，参加了这次招工考试，笔试在参加考试的人员中名列第一名，面试也获通过。但李某迟迟未接到该公司的录用通知，并得知同一批参加考试的人员被录用的已开始在该公司工作。

李某遂到该公司询问为什么不录用自己，该公司人事部门回答，因李某是女性，且已婚，虽考试成绩优秀，但必须未婚，故不予录用。

问题：

(1) 该公司的做法是否合法？为什么？

(2) 该公司侵犯了劳动者哪些基本劳动权利？

劳动法律关系内容，是指劳动者与用人单位之间相互的权利和义务。

1. 劳动者基本权利和义务

(1) 劳动者基本权利

《劳动法》第 3 条第 1 款规定，我国劳动者的基本权利有：平等就业和选择职业权利、劳动报酬权、休息休假权、劳动安全卫生保护权、职业培训权、社会福利权和社会保险权、提请劳动争议处理权以及其他劳动权利。

(2) 劳动者的义务

《劳动法》第 3 条第 2 款规定，我国劳动者的基本义务有：

① 劳动者应当完成劳动任务。劳动者在建立劳动法律关系后，应参加用人单位安排的工作，并按时和按质完成劳动任务。

② 提高职业技能。劳动者应参加相关劳动培训、在业余时间也应进行各类学习。以丰富科学知识和提高专业理论水平。

③ 执行劳动安全卫生规程，遵守劳动纪律和职业道德等。

2. 用人单位基本权利和义务

就用人单位的基本权利，相对应劳动者的基本义务，主要有：招收录用职工权、合理组织调配权、劳动报酬分配权、劳动奖惩权和合理辞退职工权。

用人单位的基本义务有：应当保障职工的劳动者工作条件、告知劳动者相关劳动内容和要求、防治劳动者的职业危害、及时支付劳动者劳动报酬、提供必要的职业培训机会、保障劳动者的休息休假、依法缴纳社会保险费用等。

## 第三节　劳动条件和劳动保护

劳动条件，是指用人单位使用劳动者进行劳动，必须为劳动者提供必要的劳动条件，从而达到劳动者的正常生活需求、身心健康，实现社会化再生产。劳动条件主要包括：劳动报酬、工资制度、休息休假等。

劳动保护，是指用人单位在使用劳动者进行劳动过程中，必须为劳动者提人身安全和身心健康的保护措施。劳动保护除了涉及安全卫生保护标准、保护设施和制度等内容外，还针对女职工和未成年职工进行特殊保护。

### 一、劳动条件

**案例 3-1**

某企业职工沈某负责该厂供销工作。随着业务量的扩大，企业增派职工李某协助工作。一日，企业安排沈、李两人一起去送货，沈某拒不答应，坚持自己一人送货，并拦住汽车，致使给客户送货被拖延达 4 小时之多，为此企业增加支付借用汽车费 300 元，并影响了企业的声誉。企业根据规章制度，扣发了沈某当月的全部工资报酬和当月的奖金，沈某不服，向劳动争议仲裁委员会提起仲裁。

问题：

某企业能否扣发沈某当月的全部工资和当月的奖金？

1. 劳动报酬的概念

劳动报酬，即工资，是指用人单位依据国家有关规定或劳动合同的约定，以货币形式直接支付给劳动者的劳动报酬，它包括基本工资、奖金、津贴、补贴、加班费等。

2. 工资的基本职能

工资的基本职能为：分配职能，保障职能，激励职能。

3. 工资立法的基本原则

我国劳动法在立法时主要贯彻了以下几项基本原则：同工同酬原则；按劳分配为主、多种分配方式并存原则；工资总量宏观调控原则；效率优先、兼顾公平原则；在经济发展的基础上，逐步提高工资水平原则。

4. 工资形式

(1) 计时工资。是指按照单位时间工资率和工作时间支付劳动者个人工资的一种形式。其又可以分为月工资制、日工资制和小时工资制，我国明确一般采取月工资制。其优点在于操作简易，适用面广；缺点为只以劳动时间作为计量工资的依据，不能很好反映劳动的数量和质量，不能激励劳动者的劳动积极性和创造性。

(2) 计件工资。是指安装劳动者完成的合格产品的数量和预先规定的计件单位计算工资的行使。其优点在于准确地反映劳动的数量，能够激励劳动者劳动的积极性和创造性、易于用人单位计算产品的直接人工成本；其缺点为易导致追求劳动产品数量而忽视质量，适用面较窄，易导致劳动者追求劳动的数量而过度紧张、劳累、影响健康。

(3) 年薪制。是指以年度为时限计算和支付劳动者薪金的工资制度。我国目前主要在企业对工程技术人员和管理人员以及出资人对企业经理实行年薪制。

5. 工资构成

最常见的工资构成为：

(1) 基本工资。是指劳动者与用人单位在劳动合同中约定的与工资岗位相关的相对固定的工资单位。其实工资构成的基础和主干，其具有固定性、主要性和等级性的三个特征，一般表现为岗位工资、技能工资的部分。

(2) 奖金。是指用人单位支付给劳动者超额劳动量或与劳动质量等因素相关的考量的劳动报酬，其为辅助工资之一，对于调动劳动者的积极性和创造性具有重要意义。一般有超产奖、质量奖、节约奖、安全生产奖、考勤奖等形式。

(3) 津贴。是指对于特殊劳动条件下超常劳动消耗的劳动报酬补偿。其具有补偿性、激励性和调节性的特点。

(4) 补贴。是指针对特定条件下因物价变动影响到劳动者收入水平而给予的临时性工资补助。其是工资构成中相对稳定的部分。

**(二) 工资制度**

1. 工资支付保障

(1) 工资支付形式。工资应当以货币形式支付，不能以实物或其他非货币形式支付。

(2) 工资支付时间。按照我国相关法律规定，工资应当按月支付。不管何种工资形式，还是年薪制，用人单位都应当按月及时向劳动者支付工资。

(3) 禁止克扣工资。劳动者进行了正常的劳动，用人单位不得随意克扣劳动者的应获得的劳动保障，否则就构成了对劳动者合法权益的侵害，劳动者可以通过相关的程序来实现自己的权益，对用人单位应当按照法律的规定给予相应的法律制裁。但是下列情况扣除劳动者部分工资的，不属于克扣工资：① 由于劳动者本人的过失造成事故，给用人单位或其他人常常遭受损失的，用人单位可以要求劳动者赔偿损失；② 劳动者违反劳动纪律或请事假超过一定期限，按照用人单位的相关管理制度扣除一部分工资；③ 劳动者应偿还用人单位债务；④ 法律规定应当由劳动者负担的社会保险费用；⑤ 法律要求用人单位代扣代缴的其他费用。

2. 最低工资制度

**案例 3－2**

孙某为河北省某县农民，在某市打工。2010 年 12 月孙某到某搬家公司成为搬运工人，公司每月支付孙某工资 800 元，并安排孙某在公司的集体宿舍居住。

2011 年 2 月份，孙某通过工友得知当地的最低工资标准为每月 1 412 元，遂找到公司要求增加工资。公司不同意，认为公司为孙某提供住处不是免费的，而是每月从工资中扣除 100 元，发到孙某手里 700 元，而且公司为工人提供免费午餐，并给工人统一购买服装，遇到加班加点还按法律规定付给加班加点费，这些费用加起来孙某的每月收入早已超过 1 412 元，公司没有违反当地最低工资的规定。

问题：

1. 该公司是否违反我国最低工资标准制度？为什么？

2. 若公司的行为不符合法律规定，应承担哪些法律责任？

(1) 最低工资的概念

最低工资,是指劳动者在法定工作时间或依法签订的劳动合同约定的工作时间内提供了正常劳动的前提下,用人单位依法应支付的最低劳动报酬。根据国家有关规定,其不包括:延长工作时间工资;中班、夜班、高温、低温、井下、有毒有害等特殊工作环境、条件下的津贴;法律、法规和国家规定的劳动者福利待遇等。

其中法定工作时间,是指国家规定的工作时间;正常劳动是指劳动者按照劳动合同约定或法律规定,在法定工作时间内提供的劳动。对于劳动者在法定休假期间,也视为提供了正常劳动。

(2) 最低工资制的适用范围

根据国家有关规定,最低工资制适用于我国境内的企业、民办非企业单位、有雇工的个体工商户和与之形成劳动关系的劳动者;国家机关、事业单位、社会团体和与之建立劳动合同关系的劳动者。在我国最低工资适用于境内的各种经济类型的企业,但是乡镇企业是否适用,由省、自治区、直辖市人民政府决定。

下列情况不适用于最低工资制:① 公务员和比照实行公务员的国家工作人员;② 租赁经营企业或承包经营企业的租赁人或承包人;③ 学徒、利用假期勤工俭学的学生、退休人员、现役军人、家庭保姆、残疾人等。

(3) 违反最低工资保障制度的法律责任

用人单位支付劳动者的工资低于当地最低工资标准的,由劳动保障行政部门责令限期支付劳动者工资低于当地最低工资标准的差额;逾期不支付的,责令用人单位按照应付金额50%以上1倍以下的标准计算,向劳动者加付赔偿金。

## (三) 工作时间和工作日

**案例 3-3**

赵某系某化工厂催化车间技术工人。2014 年 4 月 6 日催化炉发生故障,影响了全厂的生产,急需抢修。车间主任要求所有职工加班,抢修设备。赵某以自己家住太远,小孩太小没人照顾为由,不同意加班。因赵某是车间骨干,没有参加加班,使抢修工作受到一定影响。

问题:车间主任是否有权做出加班决定?

1. 工作时间和工作日概念

(1) 工作时间,是指劳动者根据法律的规定,在用人单位为完成本职工作所用的时间。其是衡量劳动者劳动贡献和给付劳动报酬最基本的计算单位,工作时间一般是以小时为计算单位,包括每日工作小时数和每周工作的天数和小时数。

工作时间由法律进行规定,并进行限制,用人单位一般情况下不得超过,对于超过工作时间,法律则规定延长工作时间限制并用加班加点工资制度进行限制。

(2) 工作日,是工作时间主要表现形式,是指法律规定的劳动者在一昼夜内的工作时间长度,其包括日工作时间和周工作时间。根据《劳动法》规定,工作日分为定时工作日、不定时工作日和计件工作日。

2. 定时工作日

根据我国现行的法律规定,定时工作日又可以分为标准工作日、缩短工作日和延长工作日。

(1) 标准工作日。其是指由法律规定的国家机关、社会团体、企业、事业单位普遍实现的工作日。按照我国相关法律规定，劳动者每天工作时间不超过8小时，每周工作时间不超过44小时；每周至少休息1天，即用人单位必须保障劳动者每周至少有一次24小时不间断的休息。

(2) 缩短工作日，是指由法律直接规定对特殊岗位上的劳动者实行短于标准工作日的工时制度。以下适用缩短工作日：① 从事矿山、井下(四班6小时工作日)，高山、低温、有毒有害("三工一休"制，即工作3日休息1天，每天工作时间为6～7小时，并轮流定期脱离接触1个半月至2个月)、特别繁重或过度紧张等作业的劳动者；② 从事夜班工作的劳动者，实行缩短工作日：一般比日班工作时间少1小时；③ 在哺乳期内的女职工、实行缩短工作日：正在哺乳不满1周岁婴儿的女职工，在每日工作时间内有2次哺乳时间，每次30分钟，生育多胞胎的，每多哺乳1个婴儿，每次哺乳时间增加30分钟。女职工每班劳动时间内的2次哺乳时间，可以合并使用；④ 未成年工和怀孕妇女。未成年工实行少于8小时的工作时间；怀孕7个月以上的女职工，在劳动时间内应安排一定的休息时间；⑤ 其他依法可以缩短工作时间的职工。

(3) 延长工作日，一般又称为加班加点，指在法定的特殊情况下，用人单位无须与工会和劳动者协商，就可以安排延长工作时间，并加班加点的时间也不受每日不超过1小时或3小时、每个月合计不超过36小时的限制。其主要适用于生产受自然条件或技术条件限制的具有突击性、季节性特点的行业，如农场、制糖业等。

延长工作后，应当补休，无法补休的，应补发工资。具体为：① 用人单位依法安排劳动者在日法定标准工作时间以外延长工作时间的，按照不低于劳动合同的劳动者本人小时工资标准的150%支付劳动者工资；② 用人单位依法安排劳动者在休息日工作，而又不能安排补休的，按照不低于劳动合同规定的劳动者本日或小时工资标准的200%支付劳动者工资；③ 用人单位依法安排劳动者在法定休假日工作的，按照不低于劳动合同规定的劳动者本人日或小时工资标准的300%支付劳动者工资；④ 实行计件工资的劳动者，在完成计件定额任务后，由用人单位安排延长工作时间的，应根据上述规定的原则，分别按照不低于其本人法定工作时间计件单价的150%、200%、300%支付其工资；⑤ 经劳动行政部门批准的实行综合计算工作制的，其综合计算工作时间超过标准工资部分的，应视为延长工作时间，并按照本规定支付劳动者延长工作时间的工资。

但是下列情况例外：① 发生自然灾害、事故或其他原因，使人民的安全健康和国家资财遭到严重威胁，需要紧急处理的；② 生产设备、交通运输线路、公共设施等临时发生故障，影响生产和公共利益，必须及时抢修的；③ 必须利用法定节假日或公休日的停产期间进行设备检修、保养的；④ 国家机关、事业单位未完成国家紧急任务或完成上级安排的其他紧急任务，以及商业、供销企业在旺季完成收购、运输、加工农副产品紧急任务的；⑤ 为完成国防紧急任务，或者完成上级在国家计划外安排的其他紧急生产任务的；⑥ 法律、行政法规规定的其他特殊情况。

3. 不定时工作日

不定时工作日，是针对因生产特点、工作特殊需要或职责范围的关系，需要机动作业无法执行标准工作日的职工所采取的一种工作时间制度。

其主要适用于：(1) 企业中的高级管理人员、外勤人员、推销人员、部分值班人员和其他工作无法按标准工作时间衡量的职工;(2) 企业中的长途运输人员、出租汽车司机和铁路、港口、仓库的部分装卸人员,及因工作性质特殊,需要机动作业的职工。(3) 其他因生产特点、工作特殊需要或职责范围的关系适合实行不定时工作制的职工,如技术工作人员等。

对于上述情形的不定时工作日并非没有工作时间限制,而是基本上按照标准工作日执行,但是当一日工作时间超过 8 小时的标准工作日,超过部分不算加班加点,只是给予补假休息。其工资由企业按照本单位的工资制度,根据劳动者的实际工作时间和完成劳动定额的情况计发。

4. 计件工作日

计件工作日,是指劳动者以完成一定劳动定额为计酬标准的工作时间制度。

**(四) 休息与休假**

1. 休息概念

休息是指劳动者按照法律规定,在用人单位任职期间内,不必从事生产和工作而自行支配的时间。其包括休息时间和休假,是劳动者休息权的体现。

2. 休息时间制度

(1) 一个工作日内的间歇休息时间。是指劳动者用餐和工间休息时间。一般情况下劳动者应当在工作 4 小时后有一次间歇休息时间,一般间歇时间为 1～2 小时,最短不得少于半小时。

(2) 工作日之间的休息时间。是指劳动者在一个工作日结束到下一个工作日开始之间的时间。一般两个工作日之间的休息时间为 14～16 小时。实行轮班的,其班次必须平均轮换,且不得使劳动者连续工作 2 个工作日。

(3) 工作周之间的休息时间。又称为公休假,是指劳动者连续工作一周后应当享有的休息时间。我国《劳动法》第 38 条规定:用人单位应当保证劳动者每周至少休息一日。国家机关和事业单位实行统一的工作时间,星期六和星期日为周休息日。其他的则可以灵活安排周休息日,但是每周不得少于 1 天休息时间。

3. 休假制度

(1) 法定节假日。即由国家法律法规规定的全体公民或部分公民的休息日。按照相关法律规定,全体公民放假的节日有:新年(1 月 1 日放假一天)、春节(农历除夕、正月初一、正月初二放假三天)、清明节(农历清明当日放假一天)、劳动节(5 月 1 日放假一天)、端午节(农历五月初五放假一天)、中秋节(农历八月十五放假一天)、国庆节(10 月 1、2、3 日放假三天)。

部分公民放假的节日及纪念日有:妇女节(3 月 8 日,妇女放假半天)、青年节(5 月 4 日,14 周岁以上的青年放假半天)、儿童节(6 月 1 日,不满 14 周岁的少年儿童放假一天)、中国人民解放军建军纪念日(8 月 1 日,现役军人放假半天)。

少数民族习惯的节日。由各少数民族聚居区的地方人民政府,按照该民族习惯,规定放假日。

全体公民放假的假日,若适逢星期六、星期日,应当在工作日补假;部分公民放假的节日,若适逢星期六、星期日,则不补假。

(2) 带薪年休假制度。是指依照法律规定当劳动者连续工作满 1 年以上,每年可以享受带薪连续休假时间。2008 年 1 月 1 日正式实施的《职工带薪年休假条例》对此做了具体规定。

职工累计工作已满1年不满10年的，年休假5天；已满10年不满20年的，年休假10天；已满20年的，年休假15天。国家法定休假日、休息日不计入年休假的假期。

职工有下列情形之一的，不享受当年的年休假：职工依法享受寒暑假，其休假天数多于年休假天数的；职工请事假累计20天以上且单位按照规定不扣工资的；累计工作满1年不满10年的职工，请病假累计2个月以上的；累计工作满10年不满20年的职工，请病假累计3个月以上的；累计工作满20年以上的职工，请病假累计4个月以上的。

单位根据生产、工作的具体情况，并考虑职工本人意愿，统筹安排职工年休假。年休假在1个年度内可以集中安排，也可以分段安排，一般不跨年度安排。单位因生产、工作特点确有必要跨年度安排职工年休假的，可以跨1个年度安排。单位确因工作需要不能安排职工休年休假的，经职工本人同意，可以不安排职工休年休假。对职工应休未休的年休假天数，单位应当按照该职工日工资收入的300%支付年休假工资报酬。

(3) 探亲假。是指与父母或配偶分居两地的劳动者，在一定期限内所享受的一定期限的带薪休假制度。

我国相关法律法规规定，凡国家机关、人民团体、全民所有制企业、事业单位，工作满一年的固定职工，与配偶不住在一起，又不能在公休假团聚的，每年给予一方探亲假，假期为30天；未婚职工探望父母，责任上每年给假一次，假期为20天；已婚职工探望父母，每4年给假一次，假期为20天。

(4) 其他休假。主要有婚假、丧假、产假等。

## 二、劳动保护

### (一) 劳动安全卫生

*1. 劳动保护的概念*

又称劳动安全卫生，是指国家为了保护劳动者的安全与健康而制定的各种法律规范的总称。其包括劳动安全技术规程、劳动安全卫生规程、企业安全卫生管理制度等。

*2. 劳动安全规程和劳动卫生规程*

(1) 劳动安全规程。是指国家为防止和消除劳动者在生产和工作过程中的伤亡事故，保障劳动者安全和防止生产设备、工作环境遭到破坏而制定的各种法律规范。

其主要内容为：建筑物和通道的安全，机器设备的安全，电气设备的安全，动力锅炉和气瓶的安全，建筑工程的安全，矿山的安全等。

(2) 劳动卫生规程。劳动卫生规程，是指国家为改善劳动条件，保障劳动者在生产过程中的健康，防止、消除职业病和各种职业危害而规定的各种法律规范。

我国劳动卫生规程的主要内容有：防止粉尘危害，防止有毒有害物质的危害，防止噪音和强光的危害，防暑降温和防寒，通风和照明，防护用品，职工健康管理等。

*3. 劳动安全卫生管理制度*

是指为了保障劳动者在劳动过程中的安全和健康，在组织劳动和科学管理方面的各项规章制度。

其基本制度有：安全生产责任制度，安全生产卫生教育、考核制度，安全卫生设施“三同时”制度等。

*4. 安全卫生标准制度*

是指国家有关行政部门依照法定程序制定和公布的执行劳动安全卫生标准法规时参照

或依据的各项指标或规程，其是劳动安全卫生的一项基础性制度。

目前我国主要有劳动安全及劳动卫生工程技术标准、特种设备安全技术标准以及附件安全技术标准等七类。

5. 安全卫生检查与监督制度等

**(二) 女职工特殊法律保护**

1. 概念和意义

女职工，一般是指全体女性工作者。女职工特殊法律保护是世界上大多数国家劳动法的一个重要组成部分，其是根据女职工身体结构、生理机能的特点以及抚育子女的特殊需要，在劳动方面对女职工特殊权益给予的法律保护。

我国《劳动法》第58条规定：国家对女职工和未成年工实行特殊劳动保护。有利于调动女职工的生产、工作积极性，促进生产力的发展，有利于下一代健康体质的续延，促进中华民族的繁荣兴旺。

2. 女职工特殊劳动保护的主要内容

(1) 对女职工在劳动过程中的特殊保护

禁止安排女职工从事矿山井下、国家规定的第四级体力劳动强度的劳动和其他禁忌从事的劳动。

(2) 对女职工生理机能变化过程中的特殊保护

不得安排女职工在经期从事高处、低温、冷水作业和国家规定的第三级体力劳动强度的劳动；不得安排女职工在怀孕期间从事国家规定的第三级体力劳动强度的劳动和孕期禁忌从事的活动；对怀孕七个月以上的女职工，不得安排其延长工作时间和夜班劳动；女职工生育享受不少于90天的产假。不得安排女职工在哺乳未满一周岁的婴儿期间从事国家规定的第三级体力劳动强度的劳动和哺乳期禁忌从事的其他劳动，不得安排其延长工作时间和夜班劳动。

**(三) 未成年工特殊法律保护**

1. 概念和意义

未成年工是指年满16周岁而未满18周岁的劳动者。未成年工特殊保护，是指国家为保证未成年工的健康成长，在劳动方面对未成年工特殊权益给予的法律保护。

2. 未成年工特殊劳动保护的主要内容

(1) 最低就业年龄的规定

用人单位不得招用16周岁以下的童工。某些特殊职业，如文艺、体育和特种工艺单位，确需招用未满16周岁的人，必须遵守国家有关规定，并保障其接受义务教育的权利。

(2) 未成年工禁忌从事的劳动

不得安排未成年工从事矿山井下、有毒有害、国家规定的第四级体力劳动强度的劳动和其他禁忌从事的劳动。

(3) 定期健康检查制度

用人单位应当对未成年工定期进行健康检查。

(4) 对未成年工的使用和特殊保护实行登记制度

# 第四节　劳动合同

**案例 4-1**

李某与某企业签订了为期五年的劳动合同。合同订立后，企业未经协商，三年中多次变更李的工作岗位并以李未交单位向职工集资的 1 000 元为由，扣发了李某三个月工资。为此，李某向劳动争议仲裁委员会提出申诉，要求补发工资并解除劳动合同。企业提出反诉，要求李某承担在上岗前企业自办临时培训的费用。

问题：

1. 某企业做法是否正确？

2. 某企业要求李某承担上岗前临时培训费用是否合法？

## 一、劳动合同概述

### （一）劳动合同概念

我国《劳动法》第 16 条规定：劳动合同是劳动者与用人单位确立劳动关系、明确双方权利和义务的协议。建立劳动关系应当订立劳动合同。劳动合同是实现劳动者劳动权的重要法律形式，是维护劳动者和用人单位合法权益的重要手段，有利于防止和减少当事人双方之间的矛盾和纠纷。

### （二）劳动合同的分类

对劳动合同，理论上按照不同标准有很多分类，其中具有法律意义的分类有：

1. 按就业方式的不同，可分为全日制劳动合同、非全日制劳动合同、劳务派遣合同。

2. 按期限的不同，可分为有固定期限的劳动合同、无固定期限的劳动合同、以完成一定的工作为期限的劳动合同。

3. 按劳动者一方的人数不同，可分为个人劳动合同、集体劳动合同。

4. 按劳动合同存在形式不同，可分为书面劳动合同、口头劳动合同等。

## 二、劳动合同订立

劳动合同订立，是指劳动者和用人单位经过平等、自愿的协商，就合同条款达成协议，确立双方权利义务关系的法律行为。

### （一）订立劳动合同的原则和程序

1. 订立劳动合同，应当遵循以下原则：平等自愿、协商一致的原则、合法原则和诚实信用原则。

2. 订立劳动合同的程序

具体要求：建立劳动关系必须订立书面劳动合同，用人单位必须在一个月内签订劳动合同，劳动关系的建立始自实际用工之日，经双方协商一致，签字或盖章生效，双方各执一份。

### (二) 未依法订立劳动合同的法律责任

对于在实践中存在的没有订立劳动合同或订立书面劳动合同的，尤其是用人单位拒绝订立劳动合同的，为了确实保护劳动者权益，我国法律对用人单位和劳动者的法律责任做了如下规定：

1. 用人单位自用工之日起超过一个月不满一年未与劳动者订立书面劳动合同的，应当向劳动者每月支付二倍的工资，并补订劳动合同。

2. 用人单位自用工之日起满一年不与劳动者订立书面劳动合同的，视为用人单位与劳动者已订立无固定期限劳动合同。

3. 用人单位违反《劳动合同法》规定不与劳动者订立无固定期限劳动合同的，自应当订立无固定期限劳动合同之日起向劳动者每月支付二倍的工资。

4. 自用工之日起一个月内，经用人单位书面通知后，劳动者不与用人单位订立书面劳动合同的，用人单位应当书面通知劳动者终止劳动关系，无需向劳动者支付经济补偿，但是应当依法向劳动者支付其实际工作时间的劳动报酬。

5. 自用工之日起超过一个月不满一年，劳动者不与用人单位订立书面劳动合同的，用人单位应当书面通知劳动者终止劳动关系，并依照《劳动合同法》第四十七条的规定支付经济补偿。

## 三、劳动合同变更、终止与无效

### (一) 劳动合同的生效

劳动合同的生效是指依法成立的劳动合同对当事人双方产生法律约束力，即成立的劳动合同要符合劳动合同有效要件：1. 主体合格，即劳动者应当具备劳动行为能力（年满16周岁），用人单位具有用人的权利能力和行为能力；2. 合同内容和形式合法，不得违反法律禁止性或强制性规定；3. 当事人意思表示真实，不得通过欺诈、胁迫等方式违背一方当事人真实意思表示而订立合同。

在一般情况下，劳动合同生效时间为双方当事人签字之日起。劳动合同订立后，需要鉴证或公证的，其生效时间始于鉴证或公证之日。

劳动合同一旦生效后，就产生了法律效力。

### (二) 劳动合同的变更

劳动合同的变更，是指在合同履行期间，由于与合同有关的一些因素发生了变化，合同双方当事人协商一致后，变更劳动合同的内容的行为。劳动合同的变更仅指合同内容的变更，而不是合同主体的变更。

1. 合同变更的条件

(1) 订立劳动合同时所依据的法律、法规已经修改或废止；

(2) 企业经有关部门批准转产、调整生产任务，或者由于上级主管机关决定改变单位的工作任务；

(3) 企业严重亏损或发生自然灾害，确实无法履行劳动合同规定的义务；

(4) 当事人双方协商同意；

(5) 法律允许的其他情况。

2. 劳动合同变更的程序

一般分为以下三个步骤:当事人一方及时提出变更劳动合同的要求;另一方按期做出答复;双方达成书面协议。

如果双方当事人根据特定的需要,在劳动合同中对生效的期限或者条件做出特别约定的,那么当事人约定的时间或条件一旦成立,劳动合同即生效。

**(三) 劳动合同的终止**

劳动合同的终止,是指终止劳动合同的法律效力。当事人不得随意终止劳动合同,只有法律规定或当事人约定的劳动合同终止条件出现,当事人才能终止劳动合同。《劳动法》第23条规定:"劳动合同期满或者当事人约定的劳动合同终止条件出现,劳动合同即行终止。"根据此条规定,我国关于劳动合同的终止有两种:法定终止和约定终止。

1. 约定终止,是指劳动合同因为当事人约定的终止事由出现而终止合同。约定的事由可以是在劳动合同订立时约定合同终止条款,也可以在劳动合同履行过程中通过协商而达成终止劳动合同的协议。

2. 法定终止,是指劳动合同终止的法律事由出现而终止合同。根据我国《劳动合同法》第44条规定,有下列情形之一的,劳动合同终止:(1) 劳动合同期满的;(2) 劳动者开始依法享受基本养老保险待遇的;(3) 劳动者死亡,或者被人民法院宣告死亡或者宣告失踪的;(4) 用人单位被依法宣告破产的;(5) 用人单位被吊销营业执照、责令关闭、撤销或者用人单位决定提前解散的;(6) 法律、行政法规规定的其他情形。

3. 劳动终止应给予劳动者相应经济补偿金。经济补偿按劳动者在本单位工作的年限,每满一年支付一个月工资的标准向劳动者支付。六个月以上不满一年的,按一年计算;不满六个月的,向劳动者支付半个月工资的经济补偿。劳动者月工资高于用人单位所在直辖市、设区的市级人民政府公布的本地区上年度职工月平均工资三倍的,向其支付经济补偿的标准按职工月平均工资三倍的数额支付,向其支付经济补偿的年限最高不超过十二年。

**(四) 劳动合同的无效**

无效劳动合同,是指因违反法律、行政法规的规定,或不是当事人的真实意思表示,而不具有法律效力的劳动合同。劳动合同无效,是自始无效。

1. 劳动合同无效的法律事由:

(1) 违反法律、行政法规禁止性或强制性规定的劳动合同。这里强制性规定主要有劳动保护、工作时间制度、对妇女和未成年人的特殊法律保护等。

(2) 采取欺诈、威胁等手段订立的劳动合同。当事人一方通过欺诈、胁迫等使另外一方当事人在违背真实意思情况下订立劳动合同,不是当事人真实意思。

(3) 用人单位免除自己的法定责任,排除劳动者权利或加重劳动义务的劳动合同。劳动者权利和义务具有法定性,不得由用人单位随意加以改变,否则劳动合同无效。

2. 劳动合同的无效,由劳动争议仲裁机构或者人民法院确认。对劳动合同法规定的必备条款的无效,而导致整个合同目的不能实现,整个劳动合同无效,而对于非必备条款或虽是法定必备条款但不影响劳动合同目的实现,该条款无效,不影响整个合同的效力。合同被认为无效后,应当由有过错方承担缔约过失责任。

## 四、劳动合同的内容、形式和期限

### (一) 劳动合同的内容

劳动合同的内容,是指劳动合同的双方当事人有关权利和义务的具体约定。根据相关的内容是否可以由当事人自由约定,可以将劳动合同的内容分为法定条款和约定条款:

1. 法定条款

具体包括劳动合同期限;工作内容;劳动保护和劳动条件;劳动报酬;劳动纪律;劳动合同终止的条件;违反劳动合同的责任。

2. 约定条款

当事人还可就用人单位出资招收录用、出资培训、劳动者保守用人单位商业秘密、试用期等事项,约定双方的权利和义务。

3. 试用期和保密条款

(1) 试用期。劳动合同期限 3 个月以上不满一年的,试用期不得超过 1 个月;劳动合同期限 1 年以上不满 3 年的,试用期不得超过两个月;3 年以上固定期限和无固定期限的劳动合同,试用期不得超过 6 个月。试用期包含在劳动合同期限内。劳动合同仅约定试用期的,试用期不成立,该期限为劳动合同期限。同一用人单位与同一劳动者只能约定一次试用期。

以完成一定工作任务为期限的劳动合同或者劳动合同期限不满 3 个月的,不得约定试用期。

试用期工资不得低于本单位相同岗位最低档工资或者劳动合同约定工资的 80%,并不得低于用人单位所在地的最低工资标准。

依照劳动合同法规定的条件和程序且告知劳动者录用条件的,当劳动者在试用期间被证明不符合录用条件的,用人单位在试用期内可单方解除劳动合同。

(2) 保密条款。用人单位与劳动者可以在劳动合同中约定保守用人单位的商业秘密和与知识产权相关的保密事项。对负有保密义务的劳动者,用人单位可以在劳动合同或者保密协议中与劳动者约定竞业限制条款,并约定在解除或者终止劳动合同后,在竞业限制期限内按月给予劳动者经济补偿。劳动者违反竞业限制约定的,应当按照约定向用人单位支付违约金。

### (二) 劳动合同形式

劳动合同应当以书面形式订立。书面形式是指直接使用书面文字来记载双方当事人通过协商一致而达成的权利和义务形式。

《劳动合同法》规定,建立劳动关系,应当订立书面劳动合同。已建立劳动关系,未同时订立书面劳动合同的,应当自用工之日起一个月内订立书面劳动合同。用人单位与劳动者在用工前订立劳动合同的,劳动关系自用工之日起建立。用人单位未在用工的同时订立书面劳动合同,与劳动者约定的劳动报酬不明确的,新招用的劳动者的劳动报酬按照集体合同规定的标准执行;没有集体合同或者集体合同未规定的,实行同工同酬。

### (三) 劳动合同期限

劳动合同期限,是指劳动法律关系双方当事人行使权利和承担义务的时间。我国《劳动合同法》第 12 条规定:劳动合同分为固定期限劳动合同、无固定期限劳动合同和以完成一定工作任务为期限的劳动合同。

1. 有固定期限的合同

固定期限劳动合同,是指用人单位与劳动者约定合同终止时间的劳动合同。用人单位与劳动者协商一致,可以订立固定期限劳动合同。

2. 无固定期限的合同

无固定期限劳动合同,是指用人单位与劳动者约定无确定终止时间的劳动合同。用人单位与劳动者协商一致,可以订立无固定期限劳动合同。有下列情形之一,劳动者提出或者同意续订、订立劳动合同的,除劳动者提出订立固定期限劳动合同外,应当订立无固定期限劳动合同:(1) 劳动者在该用人单位连续工作满10年的;(2) 用人单位初次实行劳动合同制度或者国有企业改制重新订立劳动合同时,劳动者在该用人单位连续工作满10年且距法定退休年龄不足10年的;(3) 连续订立2次固定期限劳动合同,续订劳动合同的。

用人单位自用工之日起满一年不与劳动者订立书面劳动合同的,视为用人单位与劳动者已订立无固定期限劳动合同。

3. 以完成一定工作为期限的劳动合同

以完成一定工作任务为期限的劳动合同,是指用人单位与劳动者约定以某项工作的完成为合同期限的劳动合同。用人单位与劳动者协商一致,可以订立以完成一定工作任务为期限的劳动合同。

## 五、劳动合同解除

**案例4-4**

李某与某宾馆签订了为期5年的劳动合同,其中有一条规定:"鉴于宾馆服务行业本身的特殊要求,凡在本宾馆工作的女性服务员,合同期内不得结婚。否则企业有权解除劳动合同。"李某还依照宾馆内部规定,向宾馆纳了2 000元抵押金。合同履行约1年后,李某与男友结婚,不久怀了孕。宾馆得知后,以李某违反合同条款为由做出与李某解除劳动合同的决定,并没收了李某交纳的抵押金。

问题:

1. 某宾馆能否单方解除劳动合同?

2. 某宾馆违反了《劳动法》的哪些规定?

劳动合同解除,是指劳动合同订立后,尚未全部履行以前,由于某种原因导致劳动合同一方或双方当事人提前消灭劳动关系的法律行为。劳动合同解除有协商解除和法定解除两种。

### (一) 协商解除

《劳动法》第24条规定,经劳动合同当事人协商一致,劳动合同可以解除。劳动合同的协商解除是劳动合同双方的法律行为,应按要约、承诺的程序达成解除劳动合同的书面协议,劳动合同才能解除。

### (二) 法定解除

法定解除,是指劳动合同一方当事人在履行合同过程中,由于出现了法律、行政法规规定的解除事由,可以单方面解除合同的行为。

1. 用人单位解除劳动合同

(1) 单方面随时解除。即用人单位可以不必依法提前通知而立即单方面解除劳动合同的行为,依据我国《劳动法》具体情形有:① 在试用期间被证明不符合录用条件的;② 严重违反用人单位的规章制度的;③ 严重失职,营私舞弊,给用人单位造成重大损害的;④ 劳动者同时与其他用人单位建立劳动关系,对完成本单位的工作任务造成严重影响,或者经用人单位提出,拒不改正的;⑤ 以欺诈、胁迫的手段或者乘人之危,使对方在违背真实意思的情况下订立或者变更劳动合同致使劳动合同无效的;⑥ 被依法追究刑事责任的。

(2) 提前通知解除。即用人单位应当提前 30 日以书面形式通知劳动者或额外支付一个月工资后,可以解除劳动合同,情形有:① 劳动者患病或者非因工负伤,在规定的医疗期满后不能从事原工作,也不能从事由用人单位另行安排的工作的;② 劳动者不能胜任工作,经过培训或调整工作岗位,仍不能胜任工作;③ 劳动合同订立时所依据的客观情况发生重大变化,致使劳动合同无法履行,经用人单位与劳动者协商,未能就变更劳动合同内容达成协议。

(3) 经济性裁员。有下列情形之一,需要裁减人员 20 人以上或者裁减不足 20 人但占企业职工总数 10%以上的,用人单位提前 30 日向工会或者全体职工说明情况,听取工会或者职工的意见后,裁减人员方案经向劳动行政部门报告,可以裁减人员:① 依照企业破产法规定进行重整的;② 生产经营发生严重困难的;③ 企业转产、重大技术革新或者经营方式调整,经变更劳动合同后,仍需裁减人员的;④ 其他因劳动合同订立时所依据的客观经济情况发生重大变化,致使劳动合同无法履行的。

裁减人员时,应当优先留用下列人员:① 与本单位订立较长期限的固定期限劳动合同的;② 与本单位订立无固定期限劳动合同的;③ 家庭无其他就业人员,有需要扶养的老人或者未成年人的。

用人单位依照规定裁减人员,在六个月内重新招用人员的,应当通知被裁减的人员,并在同等条件下优先招用被裁减的人员。

2. 劳动者解除劳动合同

(1) 单方面解除:我国《劳动合同法》规定:劳动者提前 30 日以书面形式通知用人单位,可以解除劳动合同。劳动者在试用期内提前 3 日通知用人单位,可以解除劳动合同。

(2) 用人单位违法时解除:① 未按照劳动合同约定提供劳动保护或者劳动条件的;② 未及时足额支付劳动报酬的;③ 未依法为劳动者缴纳社会保险费的;④ 用人单位的规章制度违反法律、法规的规定,损害劳动者权益的;⑤ 以欺诈、胁迫的手段或者乘人之危,使对方在违背真实意思的情况下订立或者变更劳动合同致使劳动合同无效的;⑥ 法律、行政法规规定劳动者可以解除劳动合同的其他情形。

(3) 立即解除,无须事先告知

用人单位以暴力、威胁或者非法限制人身自由的手段强迫劳动者劳动的,或者用人单位违章指挥、强令冒险作业危及劳动者人身安全的。

3. 为防止劳动者滥用解除劳动合同的权利,《劳动法》第 102 条规定:"劳动者违反本法规定的条件解除劳动合同或者劳动合同中约定的保密事项,对用人单位造成经济损失的,应当依法承担赔偿责任。"

**(三) 用人单位解除劳动合同的限制**

在实践中,用人单位往往存在随意解除劳动合同的情况,损害了劳动者应得利益,为了保护劳动者合法利益，防止用人单位随意解除劳动合同，法律对此做出了限制性规定。

1. 用人单位解除劳动合同的禁止性规定

劳动者有下列情形之一的，用人单位不得依照《劳动合同法》第40条、第41条的规定解除劳动合同：

(1) 从事接触职业病危害作业的劳动者未进行离岗前职业健康检查，或者疑似职业病病人在诊断或者医学观察期间的；

(2) 在本单位患职业病或者因工负伤并被确认丧失或部分丧失劳动能力；

(3) 患病或者非因工负伤，在规定的医疗期内的；

(4) 女职工在孕期、产期、哺乳期的；

(5) 在本单位连续工作满十五年，且距法定退休年龄不足五年的；

(6) 法律、行政法规规定的其他情形。

2. 工会监督

用人单位单方解除劳动合同，应当事先将理由通知工会。用人单位违反法律、行政法规规定或者劳动合同约定的，工会有权要求用人单位纠正。用人单位应当研究工会的意见，并将处理结果书面通知工会。

## 六、违反劳动合同的责任

### (一) 用人单位的责任

1. 用人单位规章制度违法的法律责任

用人单位直接涉及劳动者切身利益的规章制度违反法律、法规规定的，由劳动行政部门责令改正，给予警告；给劳动者造成损害的，应当承担赔偿责任。

2. 用人单位订立劳动合同违法的法律责任

(1) 用人单位提供的劳动合同文本未载明《劳动合同法》规定的劳动合同必备条款或者用人单位未将劳动合同文本交付劳动者的，由劳动行政部门责令改正。给劳动者造成损害的，应当承担赔偿责任。

(2) 用人单位自用工之日起超过1个月不满1年未与劳动者订立书面劳动合同的，应当向劳动者每月支付2倍的工资。用人单位违反规定不与劳动者订立无固定期限的劳动合同的，自应当订立无固定期限劳动合同之日起向劳动者每月支付2倍的工资。

(3) 用人单位违反《劳动合同法》规定与劳动者约定试用期的，由劳动行政部门责令改正。违法约定的试用期已经履行的，由用人单位以劳动者试用期满月工资为标准，按已经履行的超过法定试用期的期间向劳动者支付赔偿金。

(4) 用人单位违反法律规定，扣押劳动者居民身份证等证件的，由劳动行政部门责令限期退还劳动者本人，并依照有关法律规定给予处罚。

(5) 用人单位违反规定，以担保或者其他名义向劳动者收取财物的，由劳动行政部门责令限期退还劳动者本人，并以每人500元以上2 000元以下的标准处以罚款。给劳动者造成损害的，应当承担赔偿责任。

3. 用人单位履行劳动合同违法的法律责任

(1) 用人单位有下列情形之一的，由劳动行政部门责令限期支付劳动报酬、加班费或者经济补偿金。劳动报酬低于当地最低工资标准的，应当支付其差额部分，逾期不支付的，责令用人单位按应支付金额50%以上100%以下的标准向劳动者加付赔偿金；未按照劳动合同的约定或者国家规定及时足额支付劳动者劳动报酬的;安排加班不支付加班费的;解除或者终止劳动合同,未按照法律规定向劳动者支付经济补偿的。

(2) 用人单位有下列情形之一的,依法给行政处罚;构成犯罪的,依法追究刑事责任;给劳动者造成损害的,应当承担赔偿责任:以暴力、威胁或者非法限制人身自由的手段强迫劳动的;违章指挥或者强令冒险作业危及劳动者人身安全的;侮辱,体罚、殴打、非法搜查或者拘禁劳动者的;劳动条件恶劣、环境污染严重,给劳动者身心健康造成严重损害的。

(3) 用人单位无故不缴纳社会保险费的,由劳动行政部门责令其限期缴纳,逾期不缴的,可以加收滞纳金。

(4) 用人单位的劳动安全设施和劳动卫生条件不符合国家规定或者未向劳动者提供必要的劳动防护用品和劳动保护设施的,由劳动行政部门或者有关部门责令改正,可以处罚款。情节严重的,提请县级以上人民政府决定责令停产整顿。对事故隐患不采取措施,致使发生重大事故,造成劳动者生命和财产损失的,对责任人员比照《刑法》第 137 条的规定追究刑事责任。

4. 用人单位违法解除和终止劳动合同的法律责任

(1) 用人单位违反《劳动合同法》的规定解除或者终止劳动合同的,应当依照《劳动合同法》规定的经济补偿标准的 2 倍向劳动者支付赔偿金。

(2) 用人单位违反《劳动合同法》的规定未向劳动者出具解除或者终止劳动合同的书面证明,由劳动行政部门责令改正。给劳动者造成损害的,应当承担赔偿责任。

(3) 劳动者依法解除或者终止劳动合同,用人单位扣押劳动者档案或者其他物品的,由劳动行政部门责令限期退还劳动者本人,并以每人 500 元以上 2 000 元以下的标准处以罚款。给劳动者造成损害的,应当承担赔偿责任。

5. 用人单位的其他法律责任

(1) 用人单位招用与其他用人单位尚未解除或者终止劳动合同的劳动者,给其他用人单位造成损失的,应当承担连带赔偿责任。

(2) 个人承包经营者违反《劳动合同法》规定招用劳动者,给劳动者造成损害的,发包的组织与个人承包经营者承担连带赔偿责任。

(3) 用人单位无理阻挠劳动行政部门、有关部门及其工作人员行使监督检查权,打击报复举报人员的,由劳动行政部门或者有关部门处以罚款。构成犯罪的,对责任人员依法追究刑事责任。

### (二) 劳动者的法律责任

劳动者违反劳动合同中约定的保密义务或者竞业限制,劳动者应当按照劳动合同的约定,向用人单位支付违约金。给用人单位造成损失的,应承担赔偿责任。劳动者违反培训协议,未满服务期解除或者终止劳动合同的,或者因劳动者严重违纪,用人单位与劳动者解除约定服务期的劳动合同的,劳动者应当按照劳动合同的约定向用人单位支付违约金。

## 七、劳动合同的特别规定

### (一) 集体合同

1. 集体合同的概念

集体合同,是指用人单位的工会组织或者职工代表大会代表全体职工与所在用人单位为规范劳动关系而签订的，以全体劳动者的共同利益为中心的书面协议。

2. 集体劳动合同的内容和形式

集体劳动合同一般应包括以下内容：劳动报酬；工作时间；休息休假；劳动安全与卫生；补充保险和福利；女职工和未成年工特殊保护；职业技能培训；劳动合同管理；奖惩；裁员；集体合同期限；变更、解除集体合同的程序；履行集体合同发生争议时的协商处理办法违反集体合同的责任；双方认为应当协商的其他内容。

集体合同必须以书面形式订立。

**(二) 劳务派遣**

劳动派遣就是由派遣单位通过与用工单位订立劳动派遣协议，将和自己签订劳动合同的劳动者派往用工单位从事劳动的一种用工方式。根据《劳动合同法》及其相关规定，劳务派遣应当注意如下法律规定：

1. 劳务派遣单位即《劳动合同法》所称的用人单位，应当履行用人单位对劳动者的义务。劳务派遣单位与被派遣劳动者应订立劳动合同，劳动合同的内容除应当载明《劳动合同法》第十七条规定的事项外，还应当载明被派遣劳动者的用工单位以及派遣期限、工作岗位等情况。

2. 劳务派遣单位应当与被派遣劳动者订立 2 年以上的固定期限劳动合同，按月支付劳动报酬。被派遣劳动者在无工作期间，劳务派遣单位应当按照所在地人民政府规定的最低工资标准，向其按月支付报酬。

3. 劳务派遣单位和用工单位不得向被派遣劳动者收取费用。劳务派遣单位不得克扣用工单位按照劳务派遣协议支付给被派遣劳动者的劳动报酬。

4. 用工单位应当执行国家劳动标准，告知被派遣劳动者的工作要求和劳动报酬，支付加班费与绩效奖金，提供与工作岗位相关的福利待遇，对在岗被派遣劳动者进行工作岗位所必需的培训，提供相应的劳动条件和劳动保护。用工单位不得将被派遣劳动者再派到其他用人单位。

5. 被派遣劳动者享有与用工单位的劳动者同工同酬的权利；有权在劳务派遣单位或者用工单位依法参加工会组织，维护自身的合法权益。

**(三) 非全日制用工**

非全日制用工，是指以小时计酬为主，劳动者在同一用人单位一般平均每日工作时间不超过 4 小时，每周工作时间累计不超过 24 小时的用工形式。非全日制用工应当注意如下法律规定：

1. 非全日制用工双方当事人可以订立口头协议。从事非全日制用工的劳动者可以一个或者一个以上用人单位订立劳动合同。但是，后订立的劳动合同不得影响先订立的劳动合同的履行。非全日制用工双方当事人不得约定试用期。

2. 非全日制用工双方当事人任何一方都可以随时通知对方终止用工。终止用工，用人单位不向劳动者支付经济补偿。

3. 非全日制用工小时计酬标准不得低于用人单位所在地人民政府规定的最低小时工资标准。非全日制用工劳动报酬结算支付周期最长不得超过 15 日。

# 第五节　社会保险法律制度

## 一、社会保险概述

### (一) 社会保险的概念和特征

社会保险是国家通过立法强制征集专门资金,用于保障劳动者在暂时或永久丧失劳动能力时,或在工作间断期间基本生活需求的一种物质帮助制度。

社会保险制度的目的在于劳动者因年老、患病、生育、伤残、死亡及失业等原因丧失劳动能力或机会时,能够从社会获得一定的物质帮助。

劳动者享受社会保险的权利,是以其对社会履行劳动义务为前提的。国家建立社会保险制度,这是国家对劳动者履行的社会责任,同时也是劳动者享受的基本权利。社会保险具有以下特征。

1. 基本保障性。这是实施社会保险的根本目的。

2. 国家强制性。社会保险是国家通过立法强制实施,用人单位和劳动者都必须参加并按照法律规定的费率交费,一般不允许投保人和被投保人自由选择。

3. 互助共济性。社会保险实行社会共担风险的原则,保险费一般由国家、单位和个人三方负担,建立社会保险基金,通过统一调剂、互助互济等办法支付保险金和提高服务,实现收入的再分配。

4. 定期储存性。将劳动者在劳动过程中创造的一部分收入逐年扣除并储存起来,由社会保险经办机构统一分配和发放,当劳动者遇到劳动风险时,依法享受这种物质帮助。

5. 待遇的差别性。社会保险由于劳动者工龄长短、保险事故发生原因、缴纳费用多少等因素不同,决定了社会保险待遇也有所差别。

6. 社会福利性。通过支付社会保险金给符合条件的劳动者,使其享受到医疗护理、伤残康复、职业重建等各种社会服务。

### (二) 社会保险的结构

我国确立了国家基本保险、企业补充保险和个人储蓄保险相结合的养老保险结构。

1. 国家基本保险

基本社会保险由国家统一立法、强制实施,在社会保险结构中,它是基本组成部分。这是根据支付费用的实际需要与劳动者和用人单位的承受能力,按照"以支定收、略有结余,留有部分积累"的原则,费用由国家、企业和职工合理分担,并实现社会统筹。

2. 用人单位补充保险

用人单位补充保险是在国家法定基本保险的基础上,根据自己的经济实力,为提高社会保险的水平,自主地为劳动者建立起来的,旨在使本单位劳动者在已有基本生活保障的基础上,进一步获得物质帮助的一种补充保险制度。

3. 劳动者个人储蓄保险

劳动者个人储蓄保险,是劳动者个人根据自己收入的情况,自愿以储蓄的形式为自己建立的社会保险。一般实行个人自愿的原则,定期或不定期地向社会保险机构或其他机构投保,享受保险机构按规定支付的待遇。

**(三) 社会保险法概述**

社会保险法有广义和狭义两种理解。广义上的社会保险法是指调整社会保险关系的法律规范的总称,包括狭义的《中华人民共和国社会保险法》(以下简称《社会保险法》)和国务院或相关社会保障行政部门颁布的一系列关于社会保险的法规或规章。狭义的社会保险法是指 2011 年 7 月 1 日实施生效的《社会保险法》,该法于 2018 年 12 月 29 日第十三届全国人大常委会第七次会议修正。《社会保险法》中对五种基本的社会保险种类(基本养老保险、基本医疗保险、工伤保险、失业保险、生育保险)做出了基本原则性的规定,下面就这五种社会保险种类做进一步的介绍。

## 二、养老保险

养老保险,又称年金保险,是指劳动者因年老或病残失去劳动能力而退出岗位后,定期领取一定数额的生活费用的一种社会保险制度。

**(一) 养老保险基金的统筹**

基本养老保险基金由用人单位和个人缴费以及政府补贴等组成。

用人单位应当按照国家规定的本单位职工工资总额的比例缴纳基本养老保险费,记入基本养老保险统筹基金。职工应当按照国家规定的本人工资的比例缴纳基本养老保险费,记入个人账户。无雇工的个体工商户、未在用人单位参加基本养老保险的非全日制从业人员以及其他灵活就业人员参加基本养老保险的,应当按照国家规定缴纳基本养老保险费,分别记入基本养老保险统筹基金和个人账户。个人账户不得提前支取,记账利率不得低于银行定期存款利率,免征利息税。个人死亡的,个人账户余额可以继承。

国有企业、事业单位职工参加基本养老保险前,视同缴费年限期间应当缴纳的基本养老保险费由政府承担。基本养老保险基金出现支付不足时,政府给予补贴。

**(二) 基本养老金的领取**

基本养老金由统筹养老金和个人账户养老金组成。基本养老金根据个人累计缴费年限、缴费工资、当地职工平均工资、个人账户金额、城镇人口平均预期寿命等因素确定。

参加基本养老保险的个人,达到法定退休年龄时累计缴费满十五年的,按月领取基本养老金。参加基本养老保险的个人,达到法定退休年龄时累计缴费不足十五年的,可以缴费至满十五年,按月领取基本养老金;也可以转入新型农村社会养老保险或者城镇居民社会养老保险,按照国务院规定享受相应的养老保险待遇。

法定退休年龄的规定:

(1) 一般退休年龄。男年满 60 周岁,女干部年满 55 周岁,女工人年满 50 周岁。

(2) 提前退休年龄。从事井下、高空、高温,特别繁重体力劳动或其他有害工作的,男性满 55 周岁,女性满 45 周岁,连续工龄满 10 年的;男职工年满 50 周岁,女职工年满 45 周岁,连续工龄满 10 年,由医院证明,并经劳动鉴定委员会确认,完全丧失劳动能力的;因公致残,由医院证明,并经劳动鉴定委员会确认,完全丧失劳动能力的。

公务员符合下列条件之一的,本人自愿提出申请,经任免机关批准,可以提前退休:① 工作年限满三十年的;② 距国家规定的退休年龄不足五年,且工作年限满二十年的;③ 符合国家规定的可以提前退休的其他情形的。

(3) 延迟退休年龄。高级专家经批准可以延迟退休,但是正高职称的不超过 70 周岁,副高职称的不超过 65 周岁。从 2015 年 3 月 1 日起，党政机关、人民团体中的正、副县处级及相应职务层次的女干部，事业单位中担任党务、行政管理工作的相当于正、副处级的女干部和具有高级职称的女性专业技术人员，年满六十周岁退休。

## 三、医疗保险

### (一) 医疗保险的概述

医疗保险，又称为疾病保险或健康保险。是指劳动者由于患病或非因工负伤后，在医疗和生活上获得物质帮助的一种社会保险制度。

建立城镇职工医疗保险制度应遵循以下基本原则：基本医疗保险的水平要与社会生产力发展水平相适应；城镇所有用人单位及其职工都要参加基本医疗保险，实行属地管理；基本医疗保险费由用人单位和职工双方共同负担；基本医疗保险基金实行社会统筹和个人账户相结合。

### (二) 职工医疗保险制度的基本内容

职工应当参加职工基本医疗保险，由用人单位和职工按照国家规定共同缴纳基本医疗保险费。无雇工的个体工商户、未在用人单位参加职工基本医疗保险的非全日制从业人员以及其他灵活就业人员可以参加职工基本医疗保险，由个人按照国家规定缴纳基本医疗保险费。

参加职工基本医疗保险的个人，达到法定退休年龄时累计缴费达到国家规定年限的，退休后不再缴纳基本医疗保险费，按照国家规定享受基本医疗保险待遇；未达到国家规定年限的，可以缴费至国家规定年限。

符合基本医疗保险药品目录、诊疗项目、医疗服务设施标准以及急诊、抢救的医疗费用，按照国家规定从基本医疗保险基金中支付。

## 四、工伤保险

### (一) 工伤保险的概念、内容和特征

1. 工伤保险的概念

工伤保险，又称职业伤害保险，是指依法对因工而致伤、疾病、残废、死亡的劳动者及供养的亲属给予补偿性物质帮助的社会保险制度。

2. 工伤保险的内容

职工应当参加工伤保险，由用人单位缴纳工伤保险费，职工不缴纳工伤保险费。国家根据不同行业的工伤风险程度确定行业的差别费率，并根据使用工伤保险基金、工伤发生率等情况在每个行业内确定费率档次。社会保险经办机构根据用人单位使用工伤保险基金、工伤发生率和所属行业费率档次等情况，确定用人单位缴费费率。用人单位应当按照本单位职工工资总额，根据社会保险经办机构确定的费率缴纳工伤保险费。职工因工作原因受到事故伤害或者患职业病，且经工伤认定的，享受工伤保险待遇；其中，经劳动能力鉴定丧失劳动能力的，享受伤残待遇。工伤认定和劳动能力鉴定应当简捷、方便。

3. 工伤保险的特征

工伤保险具有以下基本特征：① 工伤保险适用范围最广，它适用任何用工形式的职工，不论其劳动合同期限长短；② 劳动者不缴纳保险费，全部费用由用人单位全部负担；③ 工

伤保险中赔偿责任实行无过错责任原则，即劳动者只要在劳动过程中受工伤，无论劳动者有无过错，也无须劳动者主张和举证，用人单位都应承担责任，使劳动者享受工伤保险待遇；④ 工伤保险待遇相对优厚，标准较高，但因工伤事故的不同而有所差别。

**（二）工伤的认定**

1. 工伤的概念

工伤，也称为职业伤害，是指劳动者在生产、劳动过程中，因工作、执行职务行为或从事与生产有关的活动，发生意外事故而受到的伤、残、亡或患职业病。

2. 工伤的范围

职工有下列情形之一的，应当认定为工伤：① 在工作时间和工作场所内，因工作原因受到事故伤害的；② 工作时间前后在工作场所内，从事与工作有关的预备性或者收尾性工作受到事故伤害的；③ 在工作时间和工作场所内，因履行工作职责受到暴力等意外伤害的；④ 患职业病的；⑤ 因工外出期间，由于工作原因受到伤害或者发生事故下落不明的；⑥ 在上下班途中，受到非本人主要责任的交通事故或者城市轨道交通、客运轮渡、火车事故伤害的；⑦ 法律、行政法规规定应当认定为工伤的其他情形。

职工有下列情形之一的，视同工伤：① 在工作时间和工作岗位，突发疾病死亡或者在48小时之内经抢救无效死亡的；② 在抢险救灾等维护国家利益、公共利益活动中受到伤害的；③ 职工原在军队服役，因战、因公负伤致残，已取得革命伤残军人证，到用人单位后旧伤复发的。

职工有下列情形之一的，不得认定为工伤或者视同工伤：① 故意犯罪的；② 醉酒或者吸毒；③ 自残或者自杀的。

3. 工伤的认定

职工发生事故伤害或者按照职业病防治法规定被诊断、鉴定为职业病，所在单位应当自事故伤害发生之日或者被诊断、鉴定为职业病之日起30日内，向统筹地区劳动保障行政部门提出工伤认定申请遇有特殊情况经报劳动保障行政部门同意，申请时限可以适当延长。

用人单位未按上述规定提出工伤认定申请的，工伤职工或者其直系亲属、工会组织在事故伤害发生之日或者被诊断、鉴定为职业病之日起1年内，可以直接向用人单位所在地统筹地区劳动保障行政部门提出工伤认定申请。

劳动保障行政部门应当自受理工伤认定申请之日起6日内做出工伤认定的决定，并书面通知申请工伤认定的职工或者其直系亲属和该职工所在单位。

4. 劳动能力的鉴定

劳动能力鉴定是指劳动功能障碍程度和生活自理障碍程度的等级鉴定。劳动能力鉴定由用人单位、工伤职工或者其直系亲属向设区的市级劳动能力鉴定委员会提出申请，并提供工伤认定决定和职工工伤医疗的有关资料。

劳动功能障碍分为十个伤残等级，最重的为一级，最轻的为十级。生活自理障碍分为三个等级：生活完全不能自理、生活大部分不能自理和生活部分不能自理。劳动能力鉴定标准由国务院劳动保障行政部门会同国务院卫生行政部门等部门制定。

省、自治区、直辖市劳动能力鉴定委员会和设区的市级劳动能力鉴定委员会分别由省、自治区、直辖市和设区的市级劳动保障行政部门、人事行政部门、卫生行政部门、工会组织、经办机构代表以及用人单位代表组成。

### (三)工伤保险待遇

因工伤发生的下列费用,按照国家规定从工伤保险基金中支付:① 治疗工伤的医疗费用和康复费用;② 住院伙食补助费;③ 到统筹地区以外就医的交通食宿费;④ 安装配置伤残辅助器具所需费用;⑤ 生活不能自理的,经劳动能力鉴定委员会确认的生活护理费;⑥ 一次性伤残补助金和一至四级伤残职工按月领取的伤残津贴;⑦ 终止或者解除劳动合同时,应当享受的一次性医疗补助金;⑧ 因工死亡的,其遗属领取的丧葬补助金、供养亲属抚恤金和因工死亡补助金;⑨ 劳动能力鉴定费。

因工伤发生的下列费用,按照国家规定由用人单位支付:① 治疗工伤期间的工资福利;② 五级、六级伤残职工按月领取的伤残津贴;③ 终止或者解除劳动合同时,应当享受的一次性伤残就业补助金。

工伤职工符合领取基本养老金条件的,停发伤残津贴,享受基本养老保险待遇。基本养老保险待遇低于伤残津贴的,从工伤保险基金中补足差额。

职工所在用人单位未依法缴纳工伤保险费,发生工伤事故的,由用人单位支付工伤保险待遇。用人单位不支付的,从工伤保险基金中先行支付。从工伤保险基金中先行支付的工伤保险待遇应当由用人单位偿还。

由于第三人的原因造成工伤,第三人不支付工伤医疗费用或者无法确定第三人的,由工伤保险基金先行支付。工伤保险基金先行支付后,有权向第三人追偿。

工伤职工有下列情形之一的,停止享受工伤保险待遇:① 丧失享受待遇条件的;② 拒不接受劳动能力鉴定的;③ 拒绝治疗的。

## 五、失业保险

### (一) 失业保险的概念

失业保险,是指劳动者因失业而暂时失去劳动报酬时,由政府给予物质帮助的社会保险制度。

职工应当参加失业保险,由用人单位和职工按照国家规定共同缴纳失业保险费。

### (二) 享受失业保险待遇的条件

失业人员符合下列条件的,从失业保险基金中领取失业保险金:① 失业前用人单位和本人已经缴纳失业保险费满一年的;② 非因本人意愿中断就业的;③ 已经进行失业登记,并有求职要求的。

### (三) 失业保险待遇的内容、标准和支付

失业人员失业前用人单位和本人累计缴费满一年不足五年的,领取失业保险金的期限最长为十二个月;累计缴费满五年不足十年的,领取失业保险金的期限最长为十八个月;累计缴费十年以上的,领取失业保险金的期限最长为二十四个月。重新就业后,再次失业的,缴费时间重新计算,领取失业保险金的期限与前次失业应当领取而尚未领取的失业保险金的期限合并计算,最长不超过二十四个月。

失业保险金的标准,由省、自治区、直辖市人民政府确定,不得低于城市居民最低生活保障标准。

失业人员在领取失业保险金期间,参加职工基本医疗保险,享受基本医疗保险待遇。失业人员应当缴纳的基本医疗保险费从失业保险基金中支付,个人不缴纳基本医疗保险费。

失业人员在领取失业保险金期间死亡的，参照当地对在职职工死亡的规定，向其遗属发给一次性丧葬补助金和抚恤金。所需资金从失业保险基金中支付。个人死亡同时符合领取基本养老保险丧葬补助金、工伤保险丧葬补助金和失业保险丧葬补助金条件的，其遗属只能选择领取其中的一项。

### 六、生育保险

#### (一) 生育保险的概述

生育保险，是指妇女劳动者因怀孕、分娩而暂时中断劳动时，从国家和社会获得物质帮助的一种社会保险制度。

生育保险实行“产前和产后都应享受”的原则，生育保险适用达到法定结婚年龄的已婚妇女，并且还必须符合和服从国家计划生育的规定，否则，均不能享受生育保险待遇。

#### (二) 生育保险基金

生育保险根据“以支定收，收支基本平衡”的原则筹集资金，由企业按照其工资总额的一定比例向社会保险经办机构缴纳生育保险费，建立生育保险基金。生育保险费的提取比例由当地人民政府根据计划内生育人数和生育津贴、生育医疗费等项费用确定，并可根据费用支出情况适时调整，但最高不得超过工资总额的1%。职工应当参加生育保险，由用人单位按照国家规定缴纳生育保险费，职工不缴纳生育保险费。

#### (三) 生育保险待遇

用人单位已经缴纳生育保险费的，其职工享受生育保险待遇；职工未就业配偶按照国家规定享受生育医疗费用待遇。所需资金从生育保险基金中支付。

生育保险待遇包括生育医疗费用和生育津贴。

女职工生育的检查费、接生费、手术费、住院费和药费由生育保险基金支付。超出规定的医疗服务费和药费(含自费药品和营养药品的药费)由职工个人负担。

女职工生育按照法律、法规的规定享受产假。产假期间的生育津贴按照职工所在用人单位上年度职工月平均工资计发，由生育保险基金支付。

女职工生育出院后，因生育引起疾病的医疗费，由生育保险基金支付：其他疾病的医疗费，按照医疗保险待遇的规定办理。女职工产假期满后，因病需要休息治疗，按照有关病假待遇和医疗保险待遇规定办理。

## 第六节　劳动争议处理

**案例6-1**

王某于2007年8月经招工考试被某企业录用，并签订为期三年的劳动合同。2008年8月，因为北京奥运会，王某连续旷工28天，企业以王某严重违反劳动纪律为由，对其做出除名并解除劳动合同的处理，同时开具退工单。王某不服，向当地法院提出诉讼请求，要求维持劳动关系。

问题：

1. 人民法院是否可以受理王某的诉讼请求？为什么？

## 一、劳动争议处理法概述

### (一) 劳动争议的概念

劳动争议又称劳动纠纷、劳资纠纷或劳资争议。从广义上指以劳动关系为中心发生的一切争议。狭义上是指劳动法律关系当事人关于劳动权利、义务的争执。在这里是指的狭义的概念。

劳动争议的实质是基于劳动关系发生的,是发生在劳动法律关系当事人之间的争议,一方是用人单位,一方是劳动者。劳动争议的内容具有特定性,即劳动权利和劳动义务。

### (二) 处理劳动争议的原则

争议处理原则,是指劳动争议处理过程中应当遵守的基本准则。在我国主要有如下原则:着重调解,及时处理原则;依法处理原则;公正处理原则,三方原则。

### (三) 劳动争议处理的范围

劳动争议处理的范围,是指可以由劳动争议处理机构受理并处理的争议范围。依据我国相关法律下列争议属于劳动争议处理的范围:

1. 因企业开除、除名、辞退职工和职工辞职、自动离职发生的争议;
2. 因执行国家有关工资、保险、福利、培训、劳动保护的规定发生的争议;
3. 因劳动报酬、工伤医疗费、经济补偿或赔偿金等发生的争议;
4. 因确认劳动关系发生的争议;
5. 因订立、履行、变更、解除和终止劳动合同而发生的争议;
6. 法律、法规规定应当依照《企业劳动争议处理条例》处理的其他争议。

此外,国家机关、事业单位、社会团体与本单位工人之间以及个体工商户与帮工、学徒之间发生的争议,可参照《劳动争议处理条例》执行。

## 二、我国劳动争议的处理机构

1. 劳动争议调解委员会

劳动争议调解委员会包括企业劳动争议调解委员会、依法设立的基层人民调解组织和在乡镇、街道设立的具有劳动争议调解职能的组织。其中企业劳动争议调解委员会由职工代表、用人单位代表和工会代表组成,其主任由工会代表或双方共同推选的人员担任。

2. 劳动争议仲裁委员会

劳动争议仲裁委员会由省、自治区人民政府决定在市、县设立劳动争议仲裁委员会;直辖市人民政府可以决定在区、县设立劳动争议仲裁委员会。直辖市、设区的市也可设立一个或若干个劳动争议仲裁委员会。

劳动争议仲裁委员会由劳动行政部门代表、同级工会代表、用人单位方面的代表组成,人数为单数,其主任由劳动行政部门代表担任。争议仲裁委员会的受理范围同劳动争议处理范围。

3. 人民法院

劳动诉讼不是劳动争议处理的必经程序,其受案范围是不服仲裁裁决在法定期限内起诉到法院的劳动争议案件。《劳动法》规定,劳动争议发生后,当事人可以向本单位劳动争议调解委员会申请调解;调解不成,当事人一方要求仲裁的,可以向劳动争议仲裁委员会申请仲裁。当事人一方也可以直接向劳动争议仲裁委员会申请仲裁。对仲裁裁决不服的，可以向人民法院提起诉讼。劳动争议当事人对仲裁裁决不服的，可以自收到仲裁裁决书之日起15日内向人民法院提起诉讼。

注意，下列不属于劳动诉讼的受案范围：(1) 劳动者请求社会保险经办机构发放社会保险金的纠纷；(2) 劳动者与用人单位因住房制度改革产生的公有住房转让纠纷；(3) 劳动者对劳动能力鉴定委员会的伤残等级鉴定结论或对职业病诊断鉴定委员会的职业病诊断鉴定结论的异议纠纷；(4) 家庭或个人与家政服务人员之间的纠纷；(5) 个体工匠与学徒、帮工之间的纠纷；(6) 农村承包经营户与受雇人之间的纠纷。

## 三、劳动争议处理程序

### (一) 调解程序

调解是劳动争议处理的非必经程序，当事人不愿调解的，可以直接申请劳动仲裁。劳动争议调解委员会受理调解申请后，应按下列程序处理：对争议事项进行全面调查；主持召开调解会议，在查清事实、分清是非的基础上依法进行调解；经调解达成协议的，制作调解协议书，达不成协议的，填写调解意见书。

调解协议书不具有强制执行力。

### (二) 劳动仲裁程序

**案例 6-2**

孙某被某私营快餐店招聘为厨房勤杂工，双方未签订劳动合同。一日孙某正在厨房埋头洗碗，被正在与顾客争吵的本店一名服务员韩某用菜刀误伤，经公安机关认定为轻伤。孙某住院治疗20天，花费医疗费7 000余元。孙某要求快餐店支付医药费，快餐店拒绝支付。理由是与孙某没有签订劳动合同，又是韩某所伤，应由韩某支付医疗费。孙某遂向劳动争议仲裁委员会申请仲裁，要求认定工伤，由快餐店支付医疗费用。

问题：

1. 劳动争议仲裁委员会是否应受理此案？
2. 劳动争议仲裁委员会能否支持孙某的请求？

劳动仲裁是处理劳动争议案件的必经程序，是劳动诉讼的前置程序，即没有经过劳动仲裁而直接起诉的，人民法院不予受理。

1. 仲裁的原则

(1) 强制仲裁原则

劳动争议发生后，不允许劳动者或用人单位通过劳动合同或协议等方式选择排除劳动仲裁的适用，且根据《劳动法》的规定，劳动仲裁是当事人进行劳动权益救济的必经程序。

(2) 先行调解原则

中华人民共和国《劳动争议调解仲裁法》第42条规定：仲裁庭在做出裁决前，应当先行调解。调解达成协议的，仲裁庭应当制作调解书。调解是仲裁必要组成部分，为必经程序。

(3) 一裁原则

《劳动争议调解仲裁法》第 47 条规定：下列劳动争议，除本法另有规定的外，仲裁裁决为终局裁决，裁决书自做出之日起发生法律效力：① 追索劳动报酬、工伤医疗费、经济补偿金或赔偿金，不超过当地月最低工资标准 12 个月金额的争议；② 因执行国家的劳动标准在工作时间、休息休假、社会保险等方面发生的争议。

《劳动争议调解仲裁法》第 48、第 49 条规定了例外情况：① 劳动者对本法的第 47 条规定的仲裁裁决不服的，可以自收到仲裁裁决书之日起 15 日内向人民法院起诉。即这里终局是针对"用人单位"而言的；② 用人单位有证据证明本法第 47 条规定的仲裁裁决有下列情况之一的，可以自收到仲裁裁决书之日起 30 日内向劳动争议仲裁委员会所在地的中级人民法院申请撤销裁决：适用法律、法规有错误的；劳动争议仲裁委员会无管辖权的；违反法定程序的；裁决所根据的证据是伪造的；对方当事人隐瞒了足以影响公正裁决的证据的；仲裁员在仲裁该案时有索贿受贿、徇私舞弊、枉法裁决行为的。

2. 仲裁的程序

(1) 申请

《劳动争议调解仲裁法》第 27 条规定：劳动争议申请仲裁的时效期间为一年。仲裁时效期间从当事人知道或者应当知道其权利被侵害之日起计算。仲裁时效，因当事人一方向对方当事人主张权利，或者向有关部门请求权利救济，或者对方当事人同意履行义务而中断。从中断时起，仲裁时效期间重新计算。

申请人申请仲裁应当提交书面仲裁申请，并按照被申请人人数提交副本。

(2) 受理

劳动争议仲裁委员会收到仲裁申请之日起 5 日内，认为符合受理条件的，应当受理，并通知申请人；认为不符合受理条件的，应当书面通知申请人不予受理，并说明理由。对劳动争议仲裁委员会不予受理或者逾期未做出决定的，申请人可以就该劳动争议事项向人民法院提起诉讼。劳动争议仲裁委员会受理仲裁申请后，应当在五日内将仲裁申请书副本送达被申请人。

被申请人收到仲裁申请书副本后，应当在十日内向劳动争议仲裁委员会提交答辩书。劳动争议仲裁委员会收到答辩书后，应当在五日内将答辩书副本送达申请人。被申请人未提交答辩书的，不影响仲裁程序的进行。

(3) 开庭和裁决

劳动争议仲裁委员会裁决劳动争议案件实行仲裁庭制。仲裁庭由三名仲裁员组成，设首席仲裁员。简单劳动争议案件可以由一名仲裁员独任仲裁。劳动争议仲裁委员会应当在受理仲裁申请之日起 5 日内将仲裁庭的组成情况书面通知当事人。

仲裁员有下列情形之一，应当回避，当事人也有权以口头或者书面方式提出回避申请：① 是本案当事人或者当事人、代理人的近亲属的；② 与本案有利害关系的；③ 与本案当事人、代理人有其他关系，可能影响公正裁决的；④ 私自会见当事人、代理人，或者接受当事人、代理人的请客送礼的。

仲裁庭应当在开庭 5 日前，将开庭日期、地点书面通知双方当事人。当事人有正当理由的，可以在开庭 3 日前请求延期开庭。是否延期，由劳动争议仲裁委员会决定。申请人收到书面通知，无正当理由拒不到庭或者未经仲裁庭同意中途退庭的，可以视为撤回仲裁申请。

先行调解，调解不成或者调解书送达前，一方当事人反悔的，仲裁庭应当及时做出裁决。

裁决应当按照多数仲裁员的意见做出，少数仲裁员的不同意见应当记入笔录。仲裁庭不能形成多数意见时，裁决应当按照首席仲裁员的意见做出。

3. 仲裁的效力

下列劳动争议，除法律另有规定的外，仲裁裁决为终局裁决，裁决书自做出之日起发生法律效力：(1) 追索劳动报酬、工伤医疗费、经济补偿或者赔偿金，不超过当地月最低工资标准十二个月金额的争议；(2) 因执行国家的劳动标准在工作时间、休息休假、社会保险等方面发生的争议。劳动者对仲裁裁决不服的，可以自收到仲裁裁决书之日起 15 日内向人民法院提起诉讼。期满不起诉的，裁决书发生法律效力。

4. 仲裁的执行

当事人对发生法律效力的调解书、裁决书，应当依照规定的期限履行。一方当事人逾期不履行的，另一方当事人可以依照民事诉讼法的有关规定向人民法院申请执行。受理申请的人民法院应当依法执行。

仲裁庭对追索劳动报酬、工伤医疗费、经济补偿或者赔偿金的案件，根据当事人的申请，可以裁决先予执行，移送人民法院执行。仲裁庭裁决先予执行的，应当符合下列条件：(1) 当事人之间权利义务关系明确；(2) 不先予执行将严重影响申请人的生活。劳动者申请先予执行的，可以不提供担保。

### (三) 诉讼程序

**案例 6-3**

王某与某有限公司签订有 2 年期的劳动合同，合同期限内王某因旷工较多，公司对其做出除名决定。王某得知后，以对除名处分不服为由向人民法院起诉。人民法院不予受理后，王某向劳动争议仲裁委员会申请仲裁，仲裁委员会也未受理。

问题：

1. 人民法院应否受理王某的诉讼请求？为什么？

2. 仲裁委员会应否受理王某的仲裁申请？

当事人不服劳动仲裁裁决的，可在法定时效内向人民法院起诉，由人民法院依照民事诉讼程序进行审理，实行两审终审制。

## 四、处理劳动争议的有关制度

### (一) 案件管辖制度

1. 仲裁管辖

县、市、市辖区劳动争议仲裁委员会负责处理本行政区域内发生的劳动争议；设区的市仲裁委员会和市辖区仲裁委员会受理争议案件的范围由省级人民政府规定。争议双方当事人不在同一仲裁委员会管辖地区的，由职工当事人工资关系所在地的仲裁委员会受理。

2. 诉讼管辖

劳动争议案件由用人单位所在地或者劳动合同履行地的基层人民法院管辖。劳动合同履行地不明确的，由用人单位所在地的基层人民法院管辖。

**(二) 时效制度**

1. 劳动争议申请仲裁的时效期间为一年。仲裁时效期间从当事人知道或者应当知道其权利被侵害之日起计算。

2. 当事人不服仲裁裁决的,应于收到裁决书之日起15日内向人民法院起诉。一方当事人在法定期限内不起诉又不履行仲裁裁决的,另一方当事人可以申请人民法院强制执行。

## 练习题

### 一、单项选择题

1. 劳动者不能胜任工作,经过培训或者调整工作岗位后,仍不能胜任工作的,用人单位可以依法(　　)。

A. 解除合同　　B. 终止合同　　C. 变更合同　　D. 续订合同

2. 工会与企业签订的以劳动条件、工作条件、生活条件为主要内容的合同是(　　)。

A. 集体合同　　B. 经济合同　　C. 民事合同　　D. 劳动合同

3. 支付(　　)以及由此产生的社会关系不属于劳动法调整。

A. 临时工的劳动报酬　　B. 加工承揽的劳动报酬

C. 轮换工的劳动报酬　　D. 雇佣工人的收入

4. 劳动争议当事人对仲裁裁决不服的,可以自收到裁决书之日起(　　)内向人民法院提起诉讼。

A. 一年　　B. 六个月　　C. 一个月　　D. 十五天

5. 下列不是劳动合同具有的特征是(　　)。

A. 自愿性　　B. 平等性　　C. 强制性　　D. 隶属性

6. 作为劳动者赖以生存的权利,并在下列各项劳动权利中居于首要地位的是(　　)。

A. 劳动安全卫生保护权　　B. 休息休假权

C. 劳动就业权　　D. 获得报酬权

7. 下列关于劳动就业服务的表述不正确的是(　　)。

A. 就业服务的内容包括失业登记、职业指导、生产自救、就业训练等

B. 就业服务的对象包括有劳动力供给愿望的各种劳动者及需求劳动力的各种用人单位

C. 提供就业服务是政府的职责和义务

D. 享受就业服务是每个公民的权利

8. 甲公司在新建化工生产线投入生产的过程中,其下列行为符合《劳动法》规定的是(　　)。

A. 试运行期间,从事特种作业的操作员已经接受了专门培训,但未取得相应的资格证书

B. 安排女技术员参加公司技术攻关小组并到位于地下的设备室进行检测

C. 安排怀孕的女职工在新生产线上从事夜间劳动

D. 在防止有毒气体泄漏的预警装置调试完成之前,将生产线投入生产和使用

9. 在劳动法律关系体现的意志因素中,居于主导地位的是(　　)。

A. 当事人意志　　B. 劳动者意志　　C. 用人单位意志　　D. 国家意志

10. 用人单位可以招用未满16周岁的未成年人,并须报县级以上的劳动行政部门批准的情形是(　　)。

A. 某私人餐馆招用勤杂工　　B. 某国有企业招用电工

C. 某俱乐部招用体操运动员　　D. 某职业介绍所招用职员

## 二、多项选择题

1. 劳动者可以解除劳动合同的情形包括(　　)。

A. 试用期间

B. 用人单位以暴力、威胁或者非法限制人身自由的手段强迫劳动的

C. 用人单位未按劳动合同约定给付劳动报酬的

D. 用人单位支付的工资低于社会平均水平的

2. 法律禁止企业安排参加加班加点的职工包括(　　)。

A. 未成年人　　B. 经期女工　　C. 哺乳期女工　　D. 患病女工

3. 根据有关规定,我国劳动争议调解委员会由以下各方代表组成,具体包括(　　)。

A. 职工群众代表　　B. 企业行政代表

C. 企业工会代表　　D. 劳动行政部门代表

4. 下列人员可实行不定时工时制的有(　　)。

A. 铁路行业中须连续作业的职工　　B. 出租汽车司机

C. 企业的高级管理人员　　D. 港口行业中须机动作业的职工

5. 劳动者可以立即解除劳动合同的情形有(　　)。

A. 在试用期内

B. 用人单位强迫劳动的

C. 用人单位未按照劳动合同约定支付劳动报酬的

D. 用人单位违章作业危及劳动者人身安全的

## 三、名词解释

1. 劳动　　2. 劳动法　　3. 劳动法律关系　　4. 劳动者的劳动行为能力

5. 用人单位　　6. 劳动条件　　7. 劳动保护　　8. 劳动报酬

9. 休息权　　10. 标准工作日　　11. 延长工作日　　12. 无固定期限劳动合同

13. 集体劳动合同　　14. 劳动争议　　15. 一裁原则

## 四、简答题

1. 什么是劳动法律关系? 其特征是什么?

2. 什么是劳动合同? 有何特征?

3. 劳动合同终止的原因有哪些?

4. 劳动合同解除有哪些类型? 用人单位和劳动者在什么情况下可以解除劳动合同?

5. 什么是未成年工? 我国对未成年工的保护有何规定?

6. 如何对女职工实行特殊保护?

7. 劳动仲裁受案范围?

8. 劳动仲裁效力的内容?

## 五、案例题

1. 小李托亲戚找朋友好不容易进了一家公司,当时没有签合同,进去后干的活很杂,工

作岗位不固定,每个月领的工资也不一样,一年后,他多次与公司协商签订劳动合同,想把工作岗位内容、工资等各方面固定下来,可公司总是以"我们需要的就是一个能干杂活的人","公司效益不固定工资也不能固定","如果不想干就另谋高就"等各种理由予以推托。结果,他干了一年多,合同也没签成。后来公司换了个老板,一上任就把他辞退了。

问题:该公司哪些行为违反劳动法规定?

2. 某企业与5名职工分别签订了为期5年的劳动合同,约定这5名职工担任专用车床的车工。3年后,该企业由于转产,这些专用车床不再使用,企业就解除了这5名职工的劳动合同。

问题:

该企业解除劳动合同的决定是否正确,本案应如何处理,理由何在?

# 第十三章 经济争议的解决

学习要点

☆ 掌握经济争议的解决方式，民事诉讼的管辖及程序，仲裁程序

☆ 熟悉仲裁的基本原则，仲裁协议的含义

☆ 了解经济仲裁的概念和特点，仲裁法的概念及适用范围

引 例

价值1 080亿元的“王老吉”商标合同争议案，被称为中国商标第一案。“红罐王老吉”与“绿盒王老吉”分别有各自的“娘家”，“红罐王老吉”的生产商是加多宝集团及其母公司鸿道集团，而“绿盒王老吉”的生产商则是广药集团。2011年4月26日，广药集团向中国国际经济贸易仲裁委员会提出仲裁请求，要求鸿道集团停止使用“王老吉”商标。2012年5月9日，中国国际经济贸易仲裁委员会做出裁决，加多宝母公司鸿道集团停止使用“王老吉”商标。该裁决为终局裁决，自做出之日起生效。2012年5月27日，鸿道集团向北京市第一中级人民法院申请撤销仲裁裁决。2012年7月13日，北京市第一中级人民法院裁定驳回鸿道集团关于撤销王老吉仲裁结果的申请。“红绿王老吉之争”最终以广药集团的完胜为大结局，广药集团收回加多宝母公司鸿道集团的红色罐装及红色瓶装王老吉凉茶的生产经营权。

问题：加多宝母公司鸿道集团败诉的原因是什么？

## 第一节 经济争议的解决方式

### 一、经济争议的含义

在经济交往中，各方当事人之间在权利、义务等方面经常会发生各种内容十分复杂的争议和纠纷，纠纷能否解决好，不但影响到当事人的继续交往，而且也影响社会经济秩序的稳定和有序。所以，如何解决经济纠纷、用何种方式解决经济纠纷，是经济法的重要内容。

经济争议，是指在经济交往中或经济活动中发生在自然人、法人和其他经济组织之间或他们与政府机关之间的争议。按争议产生的原因可以分为合同的争议和侵权的争议。

### 二、解决经济争议的方式

解决经济交往中的争议，首先要确定采用何种方式。解决争议的方式分为两类：一类是

当事人自己协商解决,即协商的方式;另一类的是求助于第三人解决,即调解、仲裁或诉讼。

1. 协商

协商是指当事人在自愿的基础上,按照有关法律和合同条款,通过磋商、谈判等方式,自愿达成和解协议,从而解决纠纷的一种方式。协商以自愿原则为出发点。当事人本着平等、互利的原则,就有关问题协商一致,达成了一项新的协议,对当事人具有法律约束力。

协商的特点:(1) 没有第三人参与,不会泄露各方的商业秘密;(2) 方便、灵活,兼顾双方的利益,不易伤和气;(3) 经济,解决纠纷的成本低,对当事人以后的交往影响不大。因此发生纠纷时,应首先考虑协商方式。

2. 调解

调解,是指在当事人自愿的基础上,请求第三人出面,在第三人的主持下当事人协商同意,达成新的协议,从而解决争议的方式。

调解分为民间机构的调解、专门仲裁机构的调解、法院的调解。不同的调解机构所做的调解,其法律效力是不同的:(1) 通过法院调解,当事人在调解书上签字后,调解书就与判决书具有同等的法律效力;(2) 通过仲裁机构调解,当事人在仲裁调解书上签字后,仲裁机构制作的调解书与裁决书具有同等的法律效力;(3) 通过其他人的调解,当事人在调解书上签字以后,同样对当事人具有法律的约束力,但没有强制执行力;若达成意思一致后,一方当事人拒绝在调解书上签字,则调解无效。

3. 仲裁

仲裁是一种民间解决方式,仲裁机构是民间组织。仲裁是一种准司法,依法做出的裁决有强制性的法律效力。

4. 诉讼

诉讼是通过国家审判机关解决争议的方式。一切争议都可以通过诉讼解决,并最终得到一个法律效力的裁决。包括民事诉讼与行政诉讼。民事诉讼解决的是平等主体之间的经济争议;行政诉讼解决的是行政主体与公民、法人或者其他组织之间的行政争议。

## 第二节 民事诉讼

民事诉讼是指当事人依法将发生的争议请求法院运用审判权解决经济争议的一种方式。人民法院审理经济争议案件在程序上应依照 2017 年修订的《中华人民共和国民事诉讼法》。

### 一、民事诉讼管辖

民事诉讼的管辖是指各级人民法院之间以及同级人民法院之间受理第一审案件的分工与处理权限的划分。

1. 级别管辖

级别管辖是按照人民法院组织系统上下级别来划分对第一审案件的管辖权。划分的依据是案件的性质、复杂程度及对社会的影响程度。

(1) 基层人民法院管辖除上级法院管辖以外的所有第一审经济纠纷案件。

(2) 中级人民法院管辖的第一审经济纠纷案件有:重大涉外案件;在本辖区内有重大影响的案件;最高人民法院确定由中级人民法院管辖的案件。

(3) 高级人民法院管辖在本辖区内有重大影响的第一审民事案件。

(4) 最高人民法院管辖的第一审民事案件是:在全国有重大影响的案件以及最高人民法院认为应当由其审理的案件。

2. 地域管辖

地域管辖,是指按地区确定人民法院的管辖权。我国人民法院的管辖区与行政区的划分是一致的。地域管辖可以分为以下几类。

(1) 一般地域管辖

这是指按照当事人住所地行使管辖权。地域管辖一般采取原告就被告的原则,即由被告住所地的人民法院管辖。被告的住所地与经常居住地人民法院不一致的,由经常居住地人民法院管辖。同一诉讼的几个被告住所地、经常居住地在两个以上人民法院辖区的,各人民法院都有管辖权。只有对不在中国领域内居住的人、下落不明的人或宣告死亡的人提起有关身份的诉讼,以及对劳动教养的人、被监禁的人提起诉讼才由原告住所处或经常居住地人民法院管辖。

(2) 特殊地域管辖

这是指根据诉讼标的或诉讼标的所在地及被告住所地确定行使管辖权。以下几类属于特殊地域管辖:① 因合同纠纷引起的诉讼,由被告住所地或合同履行地人民法院管辖;② 因保险合同纠纷提起的诉讼,由被告住所地或保险标的物所在地人民法院管辖;③ 因票据纠纷提起的诉讼,由票据支付地或者被告住所地人民法院管辖;④ 因公司设立、确认股东资格、分配利润、解散等纠纷提起的诉讼,由公司住所地人民法院管辖。⑤ 因铁路、公路、水上、航空运输和联合运输合同纠纷提起的诉讼,由运输始发地、目的地或被告住所地人民法院管辖;⑥ 因侵权行为提起的诉讼,由侵权行为地或被告住所地人民法院管辖;⑦ 因铁路、公路、水上和航空事故请求损害赔偿提起的诉讼,由事故发生地或车辆、船舶最先到达地,航空器最先降落地或被告住所地人民法院管辖;⑧ 因船舶碰撞或其他海事损害事故请求损害赔偿提起的诉讼,由碰撞发生地、碰撞船舶最先到达地、加害船舶被扣留地或被告住所地人民法院管辖;⑨ 因海难救助费提起的诉讼,由救助地或被救助船舶最先到达地人民法院管辖;⑩ 因共同海损提起的诉讼,由船舶最先到达地、共同海损理算地或航程终止地人民法院管辖。

(3) 专属地域管辖

据案件的特定性质,某一类案件必须由一定地区的人民法院管辖。属于此类的是:① 因不动产提起的诉讼,由不动产所在地人民法院管辖;② 因港口作业中发生纠纷提起的诉讼,由港口所在地人民法院管辖;③ 因继承遗产纠纷提起的诉讼,由被继承人死亡时住所地或遗产所在地人民法院管辖。

3. 协议管辖

协议管辖,是指当事人在协商的基础上对第一审案件共同协议选择应由哪一个人民法院管辖。它体现了对当事人意愿的尊重,有利于克服地方保护主义,使审判更为公正。国内协议管辖仅限于我国规定的合同纠纷案件,即国内合同纠纷只能选择我国人民法院管辖;涉外协议管辖既可选择中国法院也可选择外国法院;而且当事人可以选择与争议有关的人民法院,如被告住所地、合同履行地、合同签订地、原告住所地、标的物所在地等人民法院管辖。但要注意,协议管辖要用书面协议的形式,同时不得违反级别管辖、专属管辖的规定。但有些特殊案件不能选择、只能由中国的法院管辖,属于此类的是:在中国境内履行的中外合资经营企业合同、中外合作经营企业合同、中外合作勘探自然资源合同发生的纠纷提起的诉讼。

4. 移送管辖及指定管辖

人民法院受理经济纠纷案件后，发现不属于自己管辖时，应当移送有管辖权的人民法院。受移送的人民法院认为受移送的案件不属于自己管辖的，应当报上级人民法院指定管辖。有管辖权的人民法院由于特殊原因，不能行使管辖权的，由上级人民法院指定管辖。

5. 转移管辖

上级人民法院有权审理下级人民法院管辖的第一审民事案件；确有必要将本院管辖的第一审民事案件交下级人民法院审理的，应当报请其上级人民法院批准。下级人民法院对它所管辖的第一审民事案件，认为需要由上级人民法院审理的，可以报请上级人民法院审理。

## 二、民事诉讼程序

1. 一审程序

一审程序，是指最初受理案件的法院审理案件时所用的程序。可以分为普通程序、简易程序和特别程序。普通程序分为以下阶段。

(1) 起诉和受理

原告起诉时应具备的法定条件：① 原告是与本案有直接利害关系的当事人；② 有明确的被告；③ 有具体的诉讼请求和事实、理由；④ 属于人民法院受理的范围和受诉人民法院管辖。

起诉应向人民法院递交起诉状，起诉状应记明的事项是：① 当事人的姓名、性别、年龄、民族、职业、工作单位和住所，法人或其他经济组织的名称、住所和法定代表人或主要负责人的姓名、职务；② 诉讼请求和所根据的事实与理由；③ 证据和证据来源，证人姓名和住所。同时按被告人数提出副本。人民法院收到起诉状后，经审查，认为符合起诉条件的，应当在7日内立案，对不符合条件的应裁定不予受理。

(2) 审理前的准备

首先，人民法院应在受理案件后的5日内将起诉状副本发送被告，被告可在收到之日起15日内提出答辩状。人民法院在收到答辩状5日内将答辩状副本发送原告。被告不提交答辩状的，不影响人民法院审理。其次，人民法院要告知当事人有关的权利、义务。再次，合议庭组成人员确立后，应当在3日内告知当事人。最后，审判人员要认真审核诉讼材料，调查收集必要的证据。

(3) 开庭审理

人民法院应公开审理，但涉及国家机密、个人隐私及法律另有规定的情况则不公开审理；另外，当事人申请不公开审理的，可以不公开审理。开庭审理的主要阶段是：开庭准备、法庭调查、法庭辩论及宣告判决。一审判决在当事人收到判决书之日起15日后发生法律效力。

2. 二审程序

二审程序，是指当事人任何一方不服第一审人民法院的第一审判决或裁定，在法定的期间内，按法定的程序提起上诉，上一级人民法院审理案件时所适用的程序。

当事人不服一审判决，有权在判决书送达之日起15日内向上一级人民法院上诉，上诉应当向一审人民法院提出。当事人直接向第二审人民法院上诉的，第二审法院应当在5日内将上诉状交原审人民法院;原审人民法院收到上诉状后应当在5日内将上诉状副本送达对方当事人,对方当事人应在15日内提出答辩状。人民法院在收到答辩状之日起5日内将副本送达上诉人;原审人民法院收到上诉状、答辩状后,应当在5日内连同案卷和证据,送第二审人民法院。

第二审法院应当对其进行审查,经过审理,做出维持原判、依法改判或发回重审的判决。当事人对发回重审的判决、裁定可以上诉。第二审人民法院的判决、裁定,是终审的判决、裁定,判决书自送达之日起发生法律效力。

3. 审判监督程序

审判监督程序,是指对已经发生法律效力的判决、裁定,发现有错误而重新再审,纠正错误的程序。提起审判监督程序有以下途径。

(1) 各级人民法院院长对本院已经发生法律效力的判决、裁定、调解书,发现确有错误,认为需要再审的,应当提交审判委员会讨论决定。

(2) 最高人民法院对地方各级人民法院已经发生法律效力的判决、裁定、调解书,上级人民法院对下级人民法院已经发生法律效力的判决、裁定、调解书,发现确有错误的,有权提审或指令下级人民法院再审。

(3) 最高人民检察院对各级人民法院已经发生法律效力的判决、裁定,上级人民检察院对下级人民法院已经发生法律效力的判决、裁定,发现有《民事诉讼法》第200条规定情形之一的,或者发现调解书损害国家利益、社会公共利益的,应当提出抗诉。地方各级人民检察院对同级人民法院已经发生法律效力的判决、裁定,发现有《民事诉讼法》第200条规定情形之一的,或者发现调解书损害国家利益、社会公共利益的,可以向同级人民法院提出检察建议,并报上级人民检察院备案;也可以提请上级人民检察院向同级人民法院提出抗诉。

(4) 当事人对已经发生法律效力的判决、裁定,认为有错误的,可以向上一级人民法院申请再审;当事人一方人数众多或者当事人双方为公民的案件,也可以向原审人民法院申请再审。当事人申请再审的,不停止判决、裁定的执行。

(5) 当事人对已经生效的判决、裁定,符合以下法定情形之一的,可以提起再审:① 有新的证据,足以推翻原判决、裁定;② 原判决、裁定认定基本事实缺乏证据证明的;③ 原判决、裁定认定事实的主要证据是伪造的;④ 原判决、裁定认定事实的主要证据未经质证的;⑤ 对审理案件需要的主要证据,当事人因客观原因不能自行收集,书面申请人民法院调查收集,人民法院未调查收集的;⑥ 原判决、裁定适用法律确有错误的;⑦ 审判组织的组成不合法或者依法应当回避的审判人员没有回避的;⑧ 无诉讼行为能力人未经法定代理人代为诉讼,或者应当参加诉讼的当事人,因不能归责于本人或者其诉讼代理人的事由,未参加诉讼的;⑨ 违反法律规定,剥夺当事人辩论权利的;⑩ 未经传票传唤,缺席判决的;⑪ 原判决、裁定遗漏或者超出诉讼请求的;⑫ 据以做出原判决、裁定的法律文书被撤销或者变更的;⑬ 审判人员审理该案件时有贪污受贿、徇私舞弊、枉法裁判行为的。

(6) 当事人对已经发生法律效力的调解书,提出证据证明调解违反自愿原则或者调解协议的内容违反法律的,可以申请再审。经人民法院审查属实的,应当再审。

(7) 当事人申请再审的,应当提交再审申请书等材料。人民法院应当自收到再审申请书之日起五日内将再审申请书副本发送对方当事人。对方当事人应当自收到再审申请书副本之日起十五日内提交书面意见;不提交书面意见的,不影响人民法院审查。人民法院应当自收到再审申请书之日起三个月内审查,符合本法规定的,裁定再审;不符合本法规定的,裁定驳回申请。

(8) 当事人提起再审,应当在判决、裁定发生法律效力后的6个月内提出。人民法院审理再审案件,应当另行组成合议庭。按照审判监督程序再审的案件,发生法律效力的判决、裁定是由第一审人民法院做出的,按照第一审程序审理,当事人可以上诉;发生法律效力的判决、裁定是由第二审人民法院做出的,按照第二审程序审理,所做的判决、裁定是发生法律效力的判决、裁定,当事人不能上诉。一方当事人不履行,另一方当事人可以向人民法院申请强制执行。

4.督促程序

督促程序又称支付令程序,是指人民法院根据债权人要求债务人给付金钱或有价证券的请求,不经人民法院审理,直接向债务人发出支付令并要求给付的程序。申请支付令的条件是:① 支付令只适用于给付金钱或有价证券;② 债权人与债务人没有其他债务纠纷,不存在抵销关系;③ 支付令能够送达当事人。申请书应当写明请求给付金钱或者有价证券的数量和所根据的事实、证据。

债权人提出申请后,人民法院应当在5日内通知债权人是否受理。人民法院受理债权人的申请后,经审查债权人提供的事实、证据证明债权债务关系明确、合法的,应当在受理之日起15日内向债务人发出支付令;申请不成立的,则裁定驳回。债务人在收到支付令之日起15日内清偿债务,或者向人民法院提出书面异议。债务人在规定的时间内不提异议又不履行支付令的,债权人可以向人民法院申请执行。

5. 公示催告程序

公示催告程序,是指票据支付地基层人民法院根据可以背书转让的票据持有人的申请,以公示的方式,催告不明的票据关系当事人,在人民法院指定的期限内向人民法院申请票据权利,逾期无人申报,人民法院则做出宣告票据无效的判决程序。

6. 财产保全与先予执行程序

(1) 财产保全

财产保全是指在起诉前或人民法院受理案件后,做出判决前,根据当事人的申请或认为必要的时候,对于可能因一方当事人的行为或其他原因,使判决难以执行或者造成当事人其他损害的案件,做出财产保全的裁定,从而使判决得以执行的程序。

保全限于请求的范围,或者与本案有关的财物。财产保全采取查封、扣押、冻结或者法律规定的其他方法。人民法院保全财产后,应当立即通知被保全财产的人。财产已被查封、冻结的,不得重复查封、冻结。

人民法院采取保全措施,可以责令申请人提供担保,申请人不提供担保的,驳回申请。申请人在人民法院采取保全措施后30日内不依法提起诉讼或者申请仲裁的,或被申请人提供担保的,人民法院应当解除保全措施。因申请人的错误采取保全措施,给被申请人造成损失的,申请人应当赔偿。

(2) 先予执行

先予执行是指人民法院受理案件后,做出判决前,根据当事人一方的申请,先裁定另一方给付一定的财物,或先行裁定另一方作为或不作为的程序。人民法院裁定先予执行前可以责令申请人提供担保,申请人不提供担保的,驳回申请。申请人败诉的,应当赔偿被申请人因先予执行遭受的财产损失。

先予执行的条件是:① 当事人提出申请;② 当事人之间权利、义务关系明确;③ 不先予执行将严重影响申请人的生活或生产经营；④ 被申请人有履行能力。

申请先予执行的范围有：① 追索赡养费、扶养费、抚育费、抚恤金及医疗费用的；② 追索劳动报酬的；③ 因情况紧急需要先予执行的。如追索货款、追索赔偿费用、追索生产中急需的原材料和辅助材料及设备、追索急需的图纸和资料、追索一方重大违约给另一方造成重大损失急需的赔偿等。当事人对财产保全或先予执行的裁定不服的，可以申请复议一次。复议期间不停止裁定的执行。

7. 执行程序

执行是指人民法院按照法定程序，运用国家强制力量，根据执行文书的规定，强制民事义务人完成其所承担的义务，以保证权利人的权利得以实现。

(1) 人民法院执行的依据

根据《民事诉讼法》的规定：对于发生法律效力的民事判决、裁定，当事人必须履行。一方拒绝履行的，对方当事人可以向人民法院申请执行，也可以由审判员移送执行员执行。对于调解书和其他应当由人民法院执行的法律文书，当事人必须履行。一方拒绝履行的，对方当事人可以向人民法院申请执行。对依法设立的仲裁机构的裁决，一方当事人不履行的，对方当事人可以向有管辖权的人民法院申请执行。受申请的人民法院应当执行。

(2) 执行的措施

人民法院可以采取下列强制执行措施：① 查询、冻结和划拨被执行人的存款；② 查封、扣押、冻结、拍卖及变卖被执行人的财产；③ 搜查被执行人及其住所或财产隐匿地；④ 强制执行被执行人交付法律文书指定交付的财物或票证；⑤ 强制迁出房屋或强制退出土地；⑥ 强制被执行人完成判决、裁定和其他司法文书指定的行为，费用由被执行人承担；⑦ 强制被执行人加倍支付延期履行给付金钱债务的利息，强制被执行人支付未在指定期限内履行其他义务的迟延履行金。

(3) 申请执行的期限

申请执行的期间为二年。从法律文书规定履行期间的最后一日起计算；法律文书规定分期履行的，从规定的每次履行期间的最后一日起计算；法律文书未规定履行期间的，从法律文书生效之日起计算。

## 第三节 经济仲裁

### 一、仲裁概述

#### (一) 仲裁的概念和特点

1. 仲裁的概念

仲裁也称公断，是指当事人双方发生纠纷时，自愿提请无利害关系的第三者对纠纷的事实进行审理，居间调解，按照一定的程序做出具有约束力的裁决，从而解决纠纷的活动。

2. 仲裁的特点

(1) 仲裁以双方当事人自愿为前提

仲裁机构对当事人发生的争议进行仲裁的行为要以当事人双方自愿为基础，当事人一方或双方不同意提交仲裁，则仲裁机构无权受理。

(2) 仲裁具有独立性

仲裁委员会是民间组织，仲裁委员会依法行使仲裁权，不受行政机关、社会团体和个人的干涉。

(3) 仲裁程序具有较大的灵活性和便利性

当事人有权协议约定仲裁机构，有权选择仲裁员，因此仲裁裁决可以更大程度地赢得当事人的信任。

(4) 仲裁人员具有较强的专业知识

从事经济仲裁的仲裁人员一般都是从事司法实践、经济贸易、法律教学和研究的专家，具有较强的专业知识。

(5) 仲裁过程和结果具有保密性

仲裁开庭审理案件以及宣布仲裁裁决一般都不公开进行，这样可以保守当事人的商业秘密。

(6) 仲裁的裁决具有强制性的法律效力

当事人一旦选择了用仲裁的方式来解决经济纠纷，那么仲裁机构依法制作的裁决书就具有法律效力，对双方当事人都有约束力，当事人应当履行，否则权利人可依法向法院申请强制执行。

(7) 仲裁具有快捷性

仲裁实行一裁终局的制度，仲裁程序也较为简便，有利于迅速、彻底地解决当事人之间的争议，从而避免经历诉讼中复杂的程序，节省了时间和费用。

## (二) 仲裁法及其适用范围

1. 仲裁法的概念

仲裁法是国家制定或认可的，规范仲裁法律关系主体的行为和调整仲裁法律关系的法律规范的总称。1994 年 8 月 31 日第八届全国人民代表大会常务委员会通过了《中华人民共和国仲裁法》(以下简称《仲裁法》)。2005 年 12 月 26 日最高人民法院审判委员会通过了《最高人民法院关于适用(中华人民共和国仲裁法)若干问题的解释》。广义的仲裁法还包括所有涉及仲裁制度的相关法律规范。

2. 仲裁法的适用范围

仲裁范围为平等主体的公民、法人和其他组织之间发生的合同纠纷和其他财产权益纠纷。所谓“合同纠纷”，既包括《合同法》中规定的合同纠纷，也包括著作权合同纠纷等；所谓“其他财产权益纠纷”，是指具有财产内容的其他纠纷，主要为各种侵权纠纷，包括海事侵权纠纷、侵害消费者权益纠纷和其他涉及财产权益方面的侵权纠纷。有关婚姻、收养、监护、抚养、继承纠纷和依法应当由行政机关处理的行政争议不能仲裁。有关劳动争议和农村承包合同纠纷的仲裁不适用《仲裁法》的有关规定。

## (三) 仲裁的基本原则

仲裁的基本原则是仲裁活动必须遵守的准则，主要有以下几个方面。

1. 自愿原则

自愿原则是仲裁制度的一个基本原则，实行或裁或审的制度，当事人选择仲裁的，实际上就放弃了向法院起诉的权利，不能再向法院起诉。《仲裁法》根据自愿原则，做了以下规定:第一,当事人采用仲裁方式解决纠纷,应当双方自愿,达成仲裁协议。没有仲裁协议,一方申请仲裁的,仲裁委员会不予受理。第二,向哪个仲裁委员会申请仲裁,应由当事人协议选定。第三,仲裁员由当事人选定或者委托仲裁委员会主任指定。第四,当事人可以进行和解,达成和解协议的,可以请求仲裁庭根据和解协议做出裁决书,也可以撤回仲裁,申请。

2. 一裁终局原则

仲裁实行一裁终局的制度。裁决做出后,当事人就同一纠纷再申请仲裁或者向人民法院起诉的,仲裁委员会或人民法院不予受理。裁决被人民法院依法裁定撤销或者不予执行的,当事人就该纠纷可以根据双方重新达成的仲裁协议申请仲裁,也可以向人民法院起诉。

一裁终局原则是《仲裁法》的重要原则。这一原则不仅赋予了仲裁裁决的有效性和权威性,同时也为快捷地处理合同纠纷提供了保证。

3. 根据事实,依法仲裁的原则

这一原则要求经济仲裁委员会和仲裁员在调解、仲裁纠纷过程中,必须根据事实,符合法律规定,公平合理地解决纠纷。

4. 独立原则

仲裁机构在处理经济纠纷时,依法独立进行仲裁,不受行政机关、社会团体和个人的干涉,经济仲裁不实行级别管辖和地域管辖,各自独立地对经济纠纷进行仲裁。

## 二、仲裁机构

### (一) 仲裁委员会

1. 仲裁委员会的设立

对于国内经济纠纷,行使仲裁权的机构是仲裁委员会。仲裁委员会独立于行政机关,与行政机关没有隶属关系。仲裁委员会之间也没有隶属关系。

仲裁委员会可以在直辖市和省、自治区人民政府所在地的市设立,也可以根据需要在其他设区的市设立,不按行政区的划分层层设立。仲裁委员会由市人民政府组织有关部门和商会统一组建。设立仲裁委员会,应当经省、自治区、直辖市的司法行政部门登记。

2. 仲裁委员会的设立条件

仲裁委员会应具备下列条件:有自己的名称、住所和章程;有必要的财产;有该委员会的成员;有聘任的仲裁员。仲裁委员会的章程应依法制定。

仲裁委员会由主任1人、副主任2～4人和委员7～11人组成。主任、副主任和委员应由法律、经济贸易专家和有实际工作经验的人员担任。仲裁委员会的组成人员中,法律、经济贸易专家不得少于2/3。

### (二) 仲裁员

仲裁员由仲裁委员会聘任。仲裁员应当符合下列条件之一:

(1) 从事仲裁工作满8年的;(2) 从事律师工作满8年的;(3) 曾任审判员满8年的;(4) 从事法律研究、教学工作并具有高级职称的;(5) 具有法律知识、从事经济贸易等专业工作并具有高级职称或者具有同等专业水平的。

仲裁委员会按照不同专业设仲裁员名册,以便需要时聘用。

### (三) 仲裁协会

中国仲裁协会是社会团体法人,是仲裁委员会的自律性组织,根据章程对仲裁委员会及其组成人员、仲裁员的违纪行为进行监督，并依照仲裁法和民事诉讼的有关规定制定仲裁规则。仲裁委员会是中国仲裁协会的会员。中国仲裁协会的章程由全国会员大会制定。

## 三、仲裁协议

1. 仲裁协议的概念

仲裁协议是指各方当事人自愿将他们之间已经发生的争议或可能发生的争议提交仲裁解决的书面约定。仲裁协议是仲裁机构受理案件的唯一依据。

仲裁协议必须采取书面形式，包括合同中订立的仲裁条款和以其他书面方式在经济纠纷发生前或者经济纠纷发生后达成的请求仲裁的协议。其他书面方式是指合同书、信件和数据电文（电报、电传、传真、电子数据交换和电子邮件）等形式。

2. 仲裁协议的内容

仲裁协议应当具备下列内容：(1) 请求仲裁的意思表示；(2) 仲裁事项。当事人概括约定仲裁事项为合同争议的，基于合同成立、效力、变更、转让、履行、违约责任、解释、解除等产生的纠纷都可以认定为仲裁事项；(3) 选定的仲裁委员会。

仲裁协议对仲裁事项或者仲裁委员会没有约定或者约定不明确的，当事人可以补充协议；达不成补充协议的，仲裁协议无效。当事人约定争议可以向仲裁机构申请仲裁，也可以向人民法院起诉的，仲裁协议无效。但一方向仲裁机构申请仲裁，另一方未在仲裁庭首次开庭前提出异议的，该仲裁协议有效。

有下列情形之一的，仲裁协议无效：

(1) 约定的仲裁事项超出法律规定的仲裁范围的；(2) 无民事行为能力人或者限制民事行为能力人订立的仲裁协议；(3) 一方采取胁迫手段，迫使对方订立仲裁协议的。

3. 仲裁协议的效力

仲裁协议是独立存在的。当合同发生变更、解除、终止或者无效、合同成立后未生效或者被撤销时，仲裁协议的效力仍然存在，当事人双方仍可依照仲裁协议向仲裁委员会申请仲裁。当事人在订立合同时就争议达成仲裁协议的，合同未成立不影响仲裁协议的效力。

除当事人订立仲裁协议时另有约定的以外，当事人订立仲裁协议后合并、分立的，仲裁协议对其权利义务的继受人有效；当事人订立仲裁协议后死亡的，仲裁协议对承继其仲裁事项中的权利义务的继承人有效。债权债务全部或者部分转让的，仲裁协议对受让人有效，但当事人另有约定、在受让债权债务时受让人明确反对或者不知有单独仲裁协议的除外。

当事人对仲裁协议的效力有异议的，可以请求仲裁委员会做出决定或者请求人民法院做出裁定。一方请求仲裁委员会做出决定，另一方请求人民法院做出裁定的，由人民法院裁定。当事人向人民法院申请确认仲裁协议效力的案件，由仲裁协议约定的仲裁机构所在地的中级人民法院管辖；仲裁协议约定的仲裁机构不明确的，由仲裁协议签订地或者被申请人住所地的中级人民法院管辖。当事人对仲裁协议的效力有异议，请求仲裁委员会裁定的，应当在仲裁庭首次开庭前提出，此后向人民法院申请确认仲裁协议无效的，人民法院不予受理。仲裁机构对仲裁协议的效力做出决定后，当事人向人民法院申请确认仲裁协议效力或者申请撤销仲裁机构的决定的，人民法院也不受理。

## 四、仲裁程序

1. 申请和受理

(1) 申请

当事人申请仲裁应当符合下列条件:

① 有仲裁协议;

② 有具体的仲裁请求和事实、理由;

③ 属于仲裁委员会的受理范围。

在符合上述申请仲裁条件的基础上,当事人应当按规定向仲裁委员会递交仲裁协议、仲裁申请书及副本。仲裁申请书应当载明下列事项:

① 当事人的姓名、性别、年龄、职业、工作单位和住所,法人或者其他组织的名称、住所和法定代表人或者主要负责人的姓名、职务;

② 仲裁请求和所根据的事实、理由;

③ 证据和证据来源,证人姓名和住所。

(2) 受理

仲裁委员会收到仲裁申请书之日起 5 日内,认为符合受理条件的,应当受理,并通知当事人;认为不符合受理条件的,应当书面通知当事人不予受理,并说明理由。

仲裁委员会受理仲裁申请后,应当在仲裁规则规定的期限内将仲裁规则和仲裁员名册送达申请人,并将仲裁申请书副本和仲裁规则、仲裁员名册送达被申请人。被申请人收到仲裁申请书副本后,应当在仲裁规则规定的期限内向仲裁委员会提交答辩书。仲裁委员会收到答辩书后,应当在仲裁规则规定的期限内将答辩书副本送达申请人。被申请人未提交答辩书的,不影响仲裁程序的进行。

当事人达成仲裁协议,一方向人民法院起诉未声明有仲裁协议,人民法院受理后,另一方在首次开庭前提交仲裁协议的,人民法院应当驳回起诉,但仲裁协议无效的除外;另一方在首次开庭前未对人民法院受理该案提出异议的,视为放弃仲裁协议,人民法院应当继续审理。申请人可以放弃或者变更仲裁请求。被申请人可以承认或者反驳仲裁请求,有权提出反请求。当事人、法定代理人可以委托律师和其他代理人进行仲裁活动。委托律师和其他代理人进行仲裁活动的,应当向仲裁委员会提交授权委托书。

2. 仲裁庭的组成

仲裁委员会进行仲裁活动的组织形式是仲裁庭。仲裁庭可以由 3 名仲裁员组成,也可以由 1 名仲裁员组成。3 人仲裁庭由仲裁员 2 人和首席仲裁员 1 人组成。

当事人约定由 3 名仲裁员组成仲裁庭的,应当各自选定或者各自委托仲裁委员会主任指定 1 名仲裁员,第 3 名仲裁员由当事人共同选定或者共同委托仲裁委员会主任指定。第 3 名仲裁员是首席仲裁员。当事人约定由 1 名仲裁员成立仲裁庭的,应当由当事人共同选定或者共同委托仲裁委员会主任指定仲裁员。当事人没有在仲裁规定的期限内约定仲裁庭的组成方式或者选定仲裁员的,由仲裁委员会主任指定。

仲裁庭组成后,仲裁委员会应当将仲裁庭的组成情况书面通知当事人。

为了保证经济纠纷案件得到公正的处理,仲裁庭的组成人员如果与案件当事人有利害关系,或者与案件的处理结果有利害关系,应当自行回避,当事人也有权申请他们回避。根据《仲裁法》规定,仲裁员有下列情形之一的,必须回避,当事人也有权提出回避申请:

① 是本案当事人或者当事人、代理人的近亲属；

② 与本案有利害关系；

③ 与本案当事人、代理人有其他关系，可能影响公正仲裁的；

④ 私自会见当事人、代理人，或者接受当事人、代理人的请客送礼的。

当事人提出回避申请，应当说明理由，在首次开庭前提出。回避事由在首次开庭后知道的，可以在最后一次开庭终结前提出。仲裁员是否回避，由仲裁委员会主任决定；仲裁委员会主任担任仲裁员时，由仲裁委员会集体决定。

仲裁员因回避或者其他原因不能履行职责的，应当依法重新选定或指定仲裁员。因回避而重新选定或指定仲裁员后，当事人可以请求已进行的仲裁程序重新进行，是否准许，由仲裁庭决定。仲裁庭也可以自行决定已进行的仲裁程序是否重新进行。

仲裁员有违法情形，情节严重的，应当依法承担法律责任，仲裁委员会应当将其除名。

3. 开庭和裁决

(1) 开庭

仲裁应当开庭进行，当事人协议不开庭的，仲裁庭可以根据仲裁申请书、答辩书及其他材料做出裁决；仲裁不公开进行，当事人协议公开的，可以公开进行，但涉及国家秘密的除外。

仲裁委员会应当在仲裁规则规定的期限内将开庭日期通知双方当事人。当事人有正当理由的，可以在仲裁规则规定的期限内请求延期开庭，是否延期，由仲裁庭决定。

申请人经书面通知，无正当理由不到庭或者未经仲裁庭许可中途退庭的，可以视为撤回仲裁申请；被申请人经书面通知，无正当理由不到庭或者未经仲裁庭许可中途退庭的，可以按缺席裁决。

(2) 举证

当事人应当对自己的主张提供证据。仲裁庭认为有必要收集的证据，可以自行收集。对于专门性问题认为需要鉴定的，可以交由当事人约定的鉴定部门鉴定，也可以由仲裁庭指定的鉴定部门鉴定。根据当事人的请求或者仲裁庭的要求，鉴定部门应当派鉴定人参加开庭。当事人经仲裁庭许可，可以向鉴定人提问。证据应当在开庭时出示，当事人可以质证。

(3) 庭审辩论

当事人在仲裁过程中有权进行辩论。辩论结束后，首席仲裁员或者独任仲裁员应当征询当事人的最后意见。仲裁庭应当将开庭情况记入笔录。当事人和其他仲裁参与人认为对自己陈述的记录有遗漏或者差错的，有权申请补正。如果不予补正，应当记录该申请。笔录由仲裁员、记录人员、当事人和其他仲裁参与人签名或者盖章。

(4) 先行调解

调解与裁决相结合，是我国仲裁制度的一大特色：仲裁庭在做出裁决前可以先行调解。当事人申请仲裁后，可以自行和解，达成和解协议的，可以请求仲裁庭根据和解协议书做出裁决书，也可以撤回仲裁申请。当事人达成和解协议，撤回仲裁申请后反悔的可以根据仲裁协议申请仲裁。仲裁庭在做出裁决前可先行调解。当事人自愿调解的，仲裁庭应当调解。调解不成的，应当及时做出裁决。调解达成协议的，仲裁庭应当制作调解书或根据协议的结果制作裁决书。调解书与裁决书具有同等法律效力。调解书应当写明仲裁请求和当事人协议的结果。调解书由仲裁员签名，加盖仲裁委员会印章，送达双方当事人。调解书经双方当事人签收后，即发生法律效力。在调解书签收前当事人反悔的，仲裁庭应当及时做出裁决。

(5) 裁决

仲裁庭评议案件时,裁决应当按照多数仲裁员的意见做出。少数仲裁员的不同意见可以记入笔录。仲裁庭不能形成多数意见时,裁决应当按首席仲裁员的意见做出。

裁决书应当写明仲裁请求、争议事实、裁决理由、裁决结果、仲裁费用的负担和裁决日期。当事人协议不愿写明争议事实和裁决理由的,可以不写。裁决书由仲裁员签名,加盖仲裁委员会印章。对裁决持不同意见的仲裁员,可以签名,也可以不签名。

仲裁庭仲裁纠纷时,其中一部分事实已经清楚,可以就该部分先行裁决。

对裁决书中的文字、计算错误或者仲裁庭已经裁决但在裁决书中遗漏的事项,仲裁庭应当补正;当事人自收到裁决书之日起 30 日内,可以请求仲裁庭补正。

裁决书自做出之日起发生法律效力。

## 五、法院对仲裁的协助和监督

我国新的《仲裁法》在仲裁和诉讼的关系上做出了重大改变,变"既裁又审"为"或裁或审"制度。在这种制度下,法院对仲裁不予干涉,但仲裁活动需要法院的协助和监督,以保护当事人的合法权益,减少仲裁工作中的失误。

法院对仲裁的协助主要表现在财产保全、证据保全和强制执行仲裁裁决等方面。法院对仲裁的监督,主要表现在两个方面:一是不予执行仲裁裁决,一是撤销仲裁裁决。

1) 法院对仲裁的协助

(1) 财产保全

财产保全是指为了保证仲裁裁决能够得到实际执行,以免利害关系人的合法利益受到难以弥补的损失,在法定条件下所采取的限制另一方当事人、利害关系人处分财物的保障措施。

《仲裁法》规定,一方当事人因另一方当事人的行为或者其他原因,可能使裁决不能执行或者难以执行的,可以申请财产保全。由于仲裁机构是民间组织,无权做出财产保全措施的决定,需要人民法院做出裁定,因此当事人申请财产保全的,仲裁委员会应当将当事人的申请依照《民事诉讼法》的有关规定提交人民法院。

保全措施主要有:中止合同的履行,查封和扣押货物,变卖不易保存的货物并保存价款,责令被申请人提供担保,或者法律允许的其他方法。

为了保护被申请人的合法权益,防止申请人滥用财产保全申请权,《仲裁法》规定,申请财产保全有错误的,申请人应当赔偿被申请人因财产保全所遭受的损失。

保全措施是仲裁程序的组成部分,但不是必须程序。它只有在争议的财产客观上有必要保全时才采用,并非每一经济纠纷案件都有必要保全。

(2) 证据保全

证据保全是指在证据可能毁损、灭失或者以后难以取得的情况下,为保存其证明作用而采取一定的措施加以确定和保护的制度。

《仲裁法》规定,在证据可能灭失或者以后难于取得的情况下,当事人可以申请证据保全。当事人申请证据保全的,仲裁委员会应当将当事人的申请提交证据所在地的基层人民法院。在仲裁活动中采取证据保全措施,一方面需要当事人提出证据保全申请,另一方面需要仲裁机构将申请提交证据所在地的基层人民法院。是否准予采取证据保全措施由人民法院裁决。

(3) 对仲裁裁决的执行

当事人应当履行裁决。一方当事人不履行的,另一方当事人可以依照《民事诉讼法》的有关规定向人民法院申请执行。受申请的人民法院应当执行。

2) 法院对仲裁的监督

(1) 撤销仲裁裁决

依照《仲裁法》的规定,当事人提出证据证明裁决有下列情形之一的,可以向仲裁委员会所在地的中级人民法院申请撤销裁决:

① 没有仲裁协议的。仲裁协议被认定无效或者被撤销的,也视为没有仲裁协议;

② 裁决的事项不属于仲裁协议的范围或者仲裁委员会无权仲裁的;

③ 仲裁庭的组成或者仲裁程序违反法定程序的;

④ 裁决所根据的证据是伪造的;

⑤ 对方当事人隐瞒了足以影响公正裁决的证据的;

⑥ 仲裁员在仲裁该案时有索贿受贿、徇私舞弊、枉法裁决行为的。

人民法院经组成合议庭审查核实裁决有上述规定情形之一的,应当裁定撤销。人民法院认定该裁决违背社会公共利益的,也应当裁定撤销。当事人以仲裁裁决事项超出仲裁协议范围为由申请撤销仲裁裁决,经审查属实的,人民法院应当撤销仲裁裁决中的超裁部分。但超载部分与其他裁决事项不可分的,人民法院应当撤销仲裁裁决。

当事人申请撤销裁决的,应当自收到裁决书之日起 6 个月内提出,当事人不得以不属于上述规定的事由申请撤销仲裁裁决。人民法院应当在受理撤销裁决申请之日起 2 个月内做出撤销裁决或者驳回申请的裁定。

当事人申请撤销国内仲裁裁决的案件属于下列情形之一的,人民法院可以依法通知仲裁庭在一定期限内重新仲裁:

① 仲裁裁决所根据的证据是伪造的;

② 对方当事人隐瞒了足以影响公正裁决的证据的。

仲裁庭在人民法院指定的期限内开始重新仲裁的,人民法院应当裁定终结撤销程序;未开始重新仲裁的,人民法院应当裁定恢复撤销程序。仲裁庭拒绝重新仲裁的,人民法院应当裁定恢复撤销程序。

仲裁裁决被人民法院裁定撤销的,当事人之间的纠纷并没有解决,当事人就该纠纷可以根据双方重新达成的仲裁协议申请仲裁,也可以向人民法院提起诉讼。

(2) 不予执行仲裁裁决

依照《仲裁法》的规定,被申请人提出证据证明裁决有下列情形之一的,经人民法院组成合议庭审查核对,裁定不予执行:

① 当事人在合同中没有订立仲裁条款或者事后没有达成书面仲裁协议的;

② 裁决的事项不属于仲裁协议的;

③ 仲裁庭的组成或者仲裁程序违反法定程序的;

④ 认定事实的主要证据不足的;

⑤ 适用法律确有错误的;

⑥ 仲裁员在仲裁该案时有贪污受贿、徇私舞弊、枉法裁决行为的。

一方当事人申请执行裁决,另一方当事人申请撤销裁决的,人民法院应当裁定中止执行。

人民法院裁定撤销裁决的,应当裁定终结执行。撤销裁决的申请被人民法院裁定驳回的,人民法院应当裁定恢复执行原仲裁委员会的裁决。

当事人在仲裁程序中未对仲裁协议的效力提出异议.在仲裁裁决做出后,不得以仲裁协议无效为由主张撤销仲裁裁决或者提出不予执行抗辩;当事人在仲裁程序中对仲裁协议的效力提出异议,在仲裁裁决做出后,可以以此为由主张撤销仲裁裁决或者提出不予执行抗辩。

## 练习题

### 一、单项选择题

1. 王某租赁张某一套住房,租赁期间为2009年1月1日至12月31日,约定2009年6月30日之前支付房租,但王某一直未付房租,张某也未催要。根据民事诉讼法律制度关于诉讼时效的规定,张某可以向法院提起诉讼,主张其民事权利的法定期间是( )。

A. 2010年6月30日之前　　B. 2010年12月31日之前
C. 2011年6月30日之前　　D. 2011年12月31日之前

2. 根据《仲裁法》的规定,当事人对仲裁协议有异议的,应当在( )提出。

A. 仲裁庭首次开庭之前　　B. 向仲裁委员会提交答辩书时
C. 仲裁庭开庭审理期间　　D. 在仲裁裁决做出之前

3. 根据《仲裁法》的规定,下列关于仲裁程序的表述中,错误的是( )。

A. 仲裁以不公开审理为原则
B. 仲裁庭仲裁纠纷时,其中一部分事实清楚,可以就该部分先行裁决
C. 裁决书自做出之日起发生法律效力
D. 仲裁一律开庭进行

4. 根据《仲裁法》的规定,仲裁裁决应当按多数仲裁员的意见做出,仲裁庭不能形成多数意见时,裁决应当按照( )的意见做出。

A. 首席仲裁员　　B. 仲裁委员会主任
C. 仲裁委员会的专家委员会　　D. 仲裁委员会集体讨论

5. 当事人在签订合同的过程中约定,双方在履行合同过程中发生的争议,提交上海的仲裁委员会仲裁。那么,下列说法中正确的是( )。

A. 该约定意思表示明确,有效
B. 纠纷发生后,当事人可以选择位于上海的任何一家仲裁机构申请仲裁,而不得起诉
C. 由于该约定对于仲裁委员会的选择不是唯一的,因而无效
D. 合同中可以这样约定:合同争议应提交仲裁委员会仲裁

6. 我国民事诉讼法规定的制度是( )。

A. 一审终审制　　B. 两审终审制
C. 三审终审制　　D. 审判监督制

7. 下列选项中可以使用公示催告程序的是( )。

A. 汇票、本票、支票　　B. 银行存单
C. 仓单　　D. 欠款条

8. 因不动产纠纷提起的诉讼,由以下哪个人民法院管辖( )。

A. 被告住所地　　B. 原告住所地
C. 不动产所在地　　D. 纠纷发生地

9. 民事诉讼中，当事人可以提起上诉的是(　　)。
A. 一审未生效的判决、裁定
B. 二审判决、裁定
C. 一审法庭做出的决定
D. 适用审判监督程序再审的判决、裁定

10. 根据我国仲裁法的规定，当事人申请撤销仲裁裁决的，人民法院应当在多长时间内做出撤销裁决或者驳回申请的裁定(　　)。
A. 在受理撤销仲裁裁决申请之日起2个月内
B. 在受理撤销仲裁裁决申请之日起1个月内
C. 在仲裁裁决书做出之日起2个月内
D. 在仲裁裁决书做出之日起6个月内

## 二、多项选择题

1. 下列关于仲裁审理的表述中，符合仲裁法律制度规定的有(　　)。
A. 除当事人协议外，仲裁开庭进行
B. 仲裁员不实行回避制度
C. 当事人可以自行和解
D. 仲裁庭可以进行调解

2. 根据《民事诉讼法》的规定，下列关于人民法院专属管辖的表述正确的是(　　)。
A. 因票据纠纷提起的诉讼，由票据支付地或者被告住所地法院管辖
B. 因侵权行为提起的诉讼，由侵权行为地或者被告住所地法院管辖
C. 因继承遗产纠纷提起的纠纷，由被继承人死亡时住所地或主要遗产所在地法院管辖
D. 因港口作业中发生纠纷提起的诉讼，由港口所在地法院管辖

3. 根据《民事诉讼法》的规定，下列关于民事审判程序的表述中，正确的有(　　)。
A. 人民法院审理民事案件，必须公开进行
B. 原告未经法庭许可中途退庭的，可以按撤诉处理
C. 对一审判决提起上诉的期限为自判决书送达之日起15日内
D. 上级人民检察院对下级人民法院已经发生法律效力的判决裁定。发现确有错误的，可以提出抗诉

4. 美国A公司与中国B公司在履行合同过程中发生了纠纷。按合同中的仲裁条款，A公司向中国某仲裁委员会提交了仲裁申请。问该仲裁庭的组成可以有哪几种方式(　　)。
A. 双方当事人各自选定1名仲裁员，第三名仲裁员由当事人共同选定
B. 3名仲裁员皆由当事人共同选定
C. 3名仲裁员皆由当事人委托仲裁委员会主任指定
D. 双方当事人各自选定1名仲裁员，第三名仲裁员由当事人共同委托仲裁委员会主任指定

5. 根据仲裁法的规定，下列选项所列纠纷，即使当事人有仲裁协议，仲裁委员会也不予以受理的有(　　)。
A. 张某与李某因是否离婚发生的纠纷

B. 王某的生父母与其养父母就是否解除收养关系发生的纠纷

C. 甲贸易公司与乙建筑公司就所供应木材质量问题所发生的纠纷

D. 教育局对违纪干部胡某做出处分决定，李某不服，与教育局所发生的纠纷

## 三、简答题

1. 简述经济争议的解决方式。
2. 简述民事诉讼管辖是如何划分的。
3. 简述民事诉讼起诉的条件。
4. 简述经济仲裁的特点。
5. 简述当事人可以申请撤销仲裁裁决的情形。

## 四、案例分析题

2006 年 7 月，石家庄市奥龙健身房与广州市健身器械公司签订了一份购销合同。合同中的仲裁条款规定："因履行合同发生的争议，由双方协商解决；无法协商解决的，由仲裁机构仲裁。"2006 年 9 月，双方发生争议，奥龙健身房向其所在地的石家庄市仲裁委员会递交了仲裁申请书，但健身器械公司拒绝答辩。同年 11 月，双方经过协商，重新签订了一份仲裁协议，并商定将此合同争议提交该健身器械公司所在地的广州市仲裁委员会仲裁。事后奥龙健身房担心广州市仲裁委员会实行地方保护主义，偏袒健身器械公司，故未申请仲裁，而向合同履行地人民法院提起诉讼，且起诉时未说明此前两次约定仲裁的情况，法院受理此案，并向健身器械公司送达了起诉状副本，该器械公司向法院提交了答辩状。法院经审理判决被告某健身器械公司败诉，被告不服，理由是双方事先有仲裁协议，法院判决无效。

现问：

(1) 购销合同中的仲裁条款是否有效？请说明理由。

(2) 争议发生后，双方签订的协议是否有效？为什么？

(3) 原告奥龙健身房向法院提起诉讼正确与否？为什么？

(4) 人民法院审理本案是否正确，为什么？

(5) 被告健身器械公司的上诉理由是否正确，为什么？

(6) 被告是否具有上诉权？为什么？

# 参考文献

[1] 李仁玉.经济法概论.北京:中国财政经济出版社,2016.
[2] 杜鹏程,陆明.经济法(第三版).北京:清华大学出版社,2015.
[3] 陈践,梁静.经济法概论.北京:清华大学出版社,2017.
[4] 刘传辉,刘敏.经济法教程.北京:电子工业出版社,2017.
[5] 荣振华,刘怡琳.经济法概论习题与解析.北京:清华大学出版社,2017.
[6] 刘学华.税法(第三版)上海:立信会计出版社,2018.
[7] 中国注册会计师协会.税法.北京:中国财政经济出版社,2018.
[8] 法规应用研究中心.税法一本通.北京:中国法制出版社,2018.
[9] 雷裕春.经济法.北京:高等教育出版社,2015.
[10] 曲振涛.经济法.北京:高等教育出版社,2018.
[11] 吕景胜.经济法实务(第五版).北京:中国人民大学出版社,2015.
[12] 夏露.经济法概论.北京:高等教育出版社,2010.
[13] 刘泽海.新编经济法教程.北京:清华大学出版社,2010.
[14] 徐嫵,侯宽纪,赵琼,李琳.实用经济法习题案例集.上海:上海交通大学出版社,2008.
[15] 中国注册会计师协会.2016 注册会计师全国统一考试辅导教材(经济法).北京:中国财政经济出版社,2016.
[16] 顾功耘.公司法.(第四版),北京:北京大学出版社,2008.
[17] 李东方.公司法教程.北京:中国政法大学出版社,2009.
[18] 赵威.经济法.3 版.北京:中国人民大学出版社,2009.
[19] 孔令秋,李印.经济法基础.大连:东北财经大学出版社,2010.
[20] 韩长印.破产法学.北京:中国政法大学出版社,2007.
[21] 黎建飞.劳动与社会保障法教程.2 版.北京:中国人民大学出版社,2010.
[22] 郭捷.劳动法与社会保障法.3 版.北京:中国政法大学出版社,2009.
[23] 刘天善,张力.经济法教程.北京:清华大学出版社、北京交通大学出版社,2007.
[24] 蓝寿荣,郭英杰.经济法概论.北京:清华大学出版社,2007.
[25] 王伯平.经济法.北京:清华大学出版社,2009.

**图书在版编目(CIP)数据**

经济法 / 陈园，翁怡主编. — 2 版. — 南京 ：南京大学出版社，2019.7

ISBN 978-7-305-21759-3

Ⅰ. ①经… Ⅱ. ①陈… ②翁… Ⅲ. ①经济法—中国—高等学校—教材 Ⅳ. ①D922.29

中国版本图书馆 CIP 数据核字(2019)第 044715 号

出版发行　南京大学出版社
社　　址　南京市汉口路 22 号　　　　邮　编　210093
出 版 人　金鑫荣

**书　　名　经济法(第二版)**
主　　编　陈　园　翁　怡
责任编辑　潘琳宁　　　　　　　　编辑热线　025-83592315

照　　排　南京南琳图文制作有限公司
印　　刷　盐城市华光印刷厂
开　　本　787×1092　1/16　印张 19.25　字数 480 千
版　　次　2019 年 7 月第 2 版　2019 年 7 月第 1 次印刷
ISBN 978-7-305-21759-3
定　　价　48.00 元

网址：http://www.njupco.com
官方微博：http://weibo.com/njupco
官方微信号：njupress
销售咨询热线：(025) 83594756

---

* 版权所有，侵权必究
* 凡购买南大版图书，如有印装质量问题，请与所购图书销售部门联系调换